农村多能互补典型模式与优化运营路径

研究及应用

李 鹏 鞠立伟 田春筝 谭忠富 辛 禾 编著

中国电力出版社
CHINA ELECTRIC POWER PRESS

内 容 提 要

全书共分 10 章，分别从我国农村能源未来发展形态、农村多能互补优化运营路径、农村多能互补利用综合效益评价与均衡、农村多能互补发展商业模式及关键技术应用四个方面展开研究，主要内容包括农村能源发展概论、农村能源发展现状及转型发展思路、国内外多能互补模式与实践现状、农村多能互补典型模式技术经济分析、农村风—光—生物质—小水电协同调度优化模型、农村虚拟电厂多能互补运营优化模型、农村微能源站多能互补运营优化模型、农村县域综合能源多能互补运营优化模型、农村多能互补利用综合效益评价与均衡模型。

本书可作为高等院校、能源研究机构、相关领域科研工作者参考用书。

图书在版编目（CIP）数据

农村多能互补典型模式与优化运营路径研究及应用/李鹏等编著. —北京：中国电力出版社，2020.12

ISBN 978-7-5198-5046-3

Ⅰ. ①农… Ⅱ. ①李… Ⅲ. ①农村能源–能源发展–研究–中国 Ⅳ. ①F323.214

中国版本图书馆 CIP 数据核字（2020）第 192066 号

出版发行：中国电力出版社
地　　址：北京市东城区北京站西街 19 号（邮政编码 100005）
网　　址：http://www.cepp.sgcc.com.cn
责任编辑：孙世通（010-63412326） 郑晓萌
责任校对：黄　蓓　常燕昆
装帧设计：张俊霞
责任印制：钱兴根

印　　刷：三河市万龙印装有限公司
版　　次：2020 年 12 月第一版
印　　次：2020 年 12 月北京第一次印刷
开　　本：710 毫米×1000 毫米 16 开本
印　　张：19.25
字　　数：367 千字
定　　价：75.00 元

前　言

2014年6月13日，习近平总书记提出“四个革命、一个合作”能源安全新战略，指明了新时代我国能源转型发展的新方向，要全面推进能源生产和消费革命，构建清洁低碳、安全高效的能源体系。农村能源是我国能源体系的重要组成部分。面对乡村振兴、新型城镇化建设等国家战略，农村能源转型变革迎来重大发展机遇。当前，我国农村能源生产主要包括生物质能（生物质直燃、沼气、生物质成型等），小型电源（太阳能光伏发电、风力发电、微型水力发电），太阳能热利用（太阳能热水器、热泵、采暖、制冷空调、太阳房、太阳灶等）。近年来，以沼气、太阳能、生物质能发电、生物质成型为代表的农村能源产业保持强劲的发展势头，综合效益明显。但农村能源系统中电力、天然气和可再生能源消费比例偏低，用能品质低，农村能源消费结构不合理，散煤燃烧、生物质原始利用问题突出，亟须能源转型升级。因此，本书结合农村地域特征、资源禀赋、经济承受能力，提出基于多能互补的能源供应体系建设目标，通过分析未来农村能源发展的物理形态，确立农村多能互补的典型模式、优化运营路径和商业模型，并依托国家首个农村能源革命示范区开展实例分析，以期为推进能源梯级利用、循环利用和能源资源综合利用，满足能源消费的多样性，优化农村能源消费结构，践行绿色、低碳、多元、高效和智能的能源生态观提供有价值的决策依据。

本书共分10章，分别从我国农村能源未来发展形态、农村多能互补典型模式、农村多能互补优化运营路径，以及农村多能互补利用综合效益评价与均衡、农村多能互补发展商业模式及关键技术应用四个方面展开研究。在我国农村能源未来发展形态研究方面，主要内容是农村能源发展概论和农村能源发展现状及转型发展思路，包括农村能源发展现状及存在的问题、农村分散式能源梳理及发展趋势、农村能源转型发展思路及方向。通过上述研究形成了农村全品类能源需求预测模型和预测模型，确立了未来农村能源供给和需求形势，并勾勒了未来农村能源产业物理形态，对于开展农村多能互补运营奠定了数据基础。

在我国农村多能互补典型模式研究方面，主要梳理并对比了国内外多能互补发展模式，结合我国农村能源资源禀赋，确立了农村多能互补的可行模式。农村多能互补典型模式的技术经济分析，围绕提升用户用能体验、促进清洁能源利用、提高用能效率，提出适应不同典型应用场景的农村多能互补发展方案；辨识不同方案成本投入、价值产出的影响要素，构建农村多能互补发展成本与价值综合测度模型，通过分析农村多能互补技术可行性和经济可行性，确立适用于不同阶段、不同地理特征、能源资源禀赋、能源供需形态的农村多能互补典型应用场景的最佳方案。

在农村多能互补优化运营路径研究方面，从电源侧、用户侧和综合能源三个维度出发，主要内容包括：风—光—生物质—小水电协同调度优化模型，综合考虑实际调度中需满足的经济效益、环境效益和社会效益等不同目标，提出了多目标调度优化与模型，并建立了基于综合评价理论的多目标模型求解算法；建立了含分布式能源集成虚拟电厂多能互补运营优化模型，并研究了风光不确定性和碳排放权交易对虚拟电厂运行的影响，提出了风险规避调度优化模型和低碳随机调度优化模型；为了开展电、热、冷、气多能互补优化，建立了分布式能源集成微能源网多能互补运营优化模型，包括电热耦合微能源网随机调度优化模型和电热气耦合微能源网调度优化模型；建立了农村县域综合能源系统多能互补优化运行，多能互补运营优化模型兼顾了农村资源分布分散、能量密度低、需求多样化和经济性差等特点，逐层构造了电热互联综合能源系统调度优化模型、电气互联综合能源系统调度优化模型及电热气互联综合能源系统调度优化模型，以实现能量梯级利用、提高能源利用效率的目的，为农村构建现代能源体系提供决策依据。

在农村多能互补利用综合效益评价与均衡、农村多能互补发展商业模式及关键技术应用研究方面，主要内容包括建立了农村多能互补利用综合效益评价与均衡模型。为了评估农村开展多能互补的综合效益，本书从经济、技术、环境和社会四个维度筛选效益指标，确立农村多能互补综合效益指标体系，并利用改进云模糊综合评价方法，对不同类型多能互补项目的综合效益进行评价。为了均衡农村多能互补参与主体获取的效益，在对不同参与方效益关系分析的基础上，度量各主体参与农村多能互补带来的增量成本和价值，利用夏普利值法建立基于主体贡献率的效益动态均衡模型，实现对农村多能互补利用增量收益的最优化再分配。以此为基础，开展了农村多能互补发展商业模式及关键技术研究，依托河南省兰考县能源互联网平台，设计与之适应的商业模式，并重点考虑了兰考“源—网—荷—储”一体化运营和兰考县域虚拟电厂的应用发展，为农村多能互补优化运营提供实例经验，有利于推进能源革命在农村的落地实践。

华北电力大学杨莘博、樊伟、周静涵及国网河南省电力公司经济技术研究院张艺涵、李慧璇、郑永乐等人参与了本书的部分编写工作。其中，本书第 3 章由杨莘博和樊伟合作编写，第 4 章由周静涵、张艺涵和李慧璇合作编写，统稿为郑永乐。本书在编写过程中得到华北电力大学经济与管理学院和国网河南省电力公司经济技术研究院的支持与配合，在此表示衷心的感谢和诚挚的敬意。

本书承蒙国网河南省电力公司课题“河南农村多能互补模式及在兰考能源互联网中的应用研究”、国家电网有限公司总部科技项目“能源互联网环境下农村能源产业关键技术及商业模式研究”（1400－202024222A－0－000）、国家自然科学基金青年项目“微能源网群多能分层互补及协同递进优化模型研究”（71904049）的资助，特此致谢。

由于作者水平所限，书中难免存在疏漏和不足，敬请读者批评指正。

编　者

2020年5月30日

目录

前言

第1章 概论 …… 1

1.1 研究背景、意义及目的 …… 1
1.1.1 研究背景 …… 1
1.1.2 研究意义 …… 3
1.1.3 研究目的 …… 4
1.2 国内外研究现状 …… 6
1.2.1 多能互补系统实践现状 …… 6
1.2.2 多能互补作用机理 …… 8
1.2.3 多能互补协调调度 …… 10
1.2.4 多能互补效益协调均衡 …… 13
1.3 总体研究框架 …… 14

第2章 农村能源发展现状及转型发展思路 …… 16

2.1 农村能源发展现状及主要特征 …… 16
2.1.1 我国农村能源发展现状 …… 16
2.1.2 我国农村能源发展特征 …… 25
2.2 我国农村能源发展存在的问题及应对措施 …… 26
2.2.1 我国农村能源发展存在的问题 …… 26
2.2.2 我国农村能源发展问题解决措施 …… 31
2.3 我国农村类型及能源转型发展路径 …… 33
2.3.1 能源视角下农村类型分析 …… 33
2.3.2 能源转型发展实施路径 …… 34
2.4 本章小结 …… 40

第3章　国内外多能互补模式与实践现状 ······ 41

3.1　多能互补基础理论与政策 ······ 41

3.1.1　多能互补基础理论 ······ 41

3.1.2　多能互补相关政策 ······ 42

3.2　多能互补实践现状与经验启示 ······ 45

3.2.1　国外多能互补实践现状 ······ 45

3.2.2　国内多能互补实践现状 ······ 48

3.2.3　现存问题与经验启示 ······ 50

3.3　多能互补运行典型模式对比研究 ······ 52

3.3.1　电源侧多能互补运行模式 ······ 52

3.3.2　用户侧多能互补运行模式 ······ 53

3.3.3　综合能源系统协同运行模式 ······ 54

3.4　农村多能互补实现形式及典型模式 ······ 54

3.4.1　多能互补实现形式 ······ 54

3.4.2　多能互补多级系统分析 ······ 55

3.4.3　农村多能互补典型方案 ······ 58

3.5　本章小结 ······ 61

第4章　农村多能互补典型模式技术经济分析 ······ 62

4.1　农村多能互补技术可行性分析 ······ 62

4.1.1　多能互补系统构成 ······ 62

4.1.2　农村多能互补系统配置 ······ 70

4.1.3　农村多能互补系统特性分析 ······ 71

4.2　农村多能互补经济性评价 ······ 73

4.2.1　全寿命周期成本效益分析 ······ 74

4.2.2　农村多能互补经济性评价参数确定 ······ 76

4.2.3　农村多能互补经济敏感性分析 ······ 77

4.3　算例分析 ······ 78

4.3.1　典型模式经济性分析 ······ 79

4.3.2　经济性分析结果对比 ······ 90

4.3.3　敏感性分析 ······ 91

4.4　本章小结 ······ 92

第5章　农村风—光—生物质—小水电协同调度优化模型 ······ 93

5.1　引言 ······ 93
5.2　多能互补系统构成 ······ 95
5.3　多能互补系统多目标运行优化模型 ······ 96
5.3.1　系统运行目标 ······ 96
5.3.2　系统约束条件 ······ 97
5.3.3　多目标运行优化模型求解算法 ······ 99
5.4　算例分析 ······ 101
5.4.1　基础数据 ······ 101
5.4.2　算例结果 ······ 102
5.4.3　优化结果 ······ 103
5.4.4　敏感性分析 ······ 104
5.5　本章小结 ······ 106

第6章　农村虚拟电厂多能互补运营优化模型 ······ 107

6.1　引言 ······ 107
6.2　虚拟电厂风险规避调度优化模型 ······ 109
6.2.1　虚拟电厂构成 ······ 109
6.2.2　常规调度优化模型 ······ 112
6.2.3　调度优化风险规避模型 ······ 114
6.2.4　数学模型求解算法 ······ 116
6.2.5　算例分析 ······ 117
6.3　考虑不确定性的虚拟电厂低碳调度优化模型 ······ 126
6.3.1　电—碳流耦合分析 ······ 126
6.3.2　虚拟电厂低碳调度优化模型 ······ 127
6.3.3　模型求解算法 ······ 131
6.3.4　算例分析 ······ 132
6.4　本章小结 ······ 140

第7章　农村微能源站多能互补运营优化模型 ······ 141

7.1　引言 ······ 141
7.2　电热耦合微能源站随机调度优化模型 ······ 143
7.2.1　微能源站结构 ······ 143

7.2.2 微能源站出力模型 ······ 144
7.2.3 微能源站常规调度优化模型 ······ 145
7.2.4 微能源调度优化站风险规避模型 ······ 149
7.2.5 算例分析 ······ 150
7.3 电热气耦合微能源站调度优化模型 ······ 160
7.3.1 电热气互联系统构成 ······ 160
7.3.2 微能源站设备模型 ······ 161
7.3.3 微能源站多目标调度模型 ······ 163
7.3.4 算例分析 ······ 168
7.4 本章小结 ······ 176

第 8 章 农村县域综合能源多能互补运营优化模型 ······ 178

8.1 引言 ······ 178
8.2 电热互联综合能源系统调度优化模型 ······ 180
8.2.1 电热互联综合能源系统构成 ······ 180
8.2.2 电热耦合调度优化模型 ······ 182
8.2.3 算例分析 ······ 186
8.3 电气互联综合能源系统调度优化模型 ······ 193
8.3.1 电气互联综合能源系统构成 ······ 193
8.3.2 多目标调度优化模型 ······ 195
8.3.3 多目标模型求解算法 ······ 199
8.3.4 算例分析 ······ 201
8.4 电热气互联综合能源系统调度优化模型 ······ 210
8.4.1 电热气网络规划模型 ······ 210
8.4.2 综合能源系统调度优化模型 ······ 215
8.4.3 算例分析 ······ 217
8.5 本章小结 ······ 220

第 9 章 农村多能互补利用综合效益评价与均衡模型 ······ 222

9.1 引言 ······ 222
9.2 农村多能互补利用综合效益评价模型 ······ 224
9.2.1 能源系统效益评价指标体系 ······ 224
9.2.2 能源系统综合效益评价模型 ······ 230
9.3 含多能互补的清洁能源系统效益均衡模型 ······ 234

9.3.1 系统参与方效益关系分析 …… 234
9.3.2 系统综合效益优化分析 …… 236
9.3.3 系统多主体效益均衡模型 …… 241
9.4 算例分析 …… 245
9.4.1 基础数据 …… 245
9.4.2 效益评价分析 …… 245
9.4.3 效益均衡分析 …… 248
9.5 本章小结 …… 251

第 10 章 县域多能互补优化运营策略及服务模式应用——以河南省兰考县为例 …… 252

10.1 兰考县域多能互补系统结构 …… 252
10.1.1 多能互补负荷特性 …… 252
10.1.2 多能互补系统结构 …… 254
10.2 兰考“源—网—荷—储”一体化调度运营策略 …… 255
10.2.1 农村多能互补系统出力特性 …… 255
10.2.2 农村多能互补需求响应机制 …… 257
10.2.3 农村多能互补调度优化模型 …… 258
10.2.4 多目标优化方法 …… 261
10.2.5 实例分析 …… 262
10.3 兰考县域多能互补综合能源服务模式 …… 272
10.3.1 多能互补系统服务模式 …… 272
10.3.2 系统效益测算模型 …… 273
10.3.3 主体效益再分配模型 …… 274
10.3.4 算例分析 …… 275
10.4 本章小结 …… 279

参考文献 …… 280

第1章

概　　论

1.1　研究背景、意义及目的

1.1.1　研究背景

能源是人类社会得以发展的先决条件，是国民经济发展的重要物质基础。农村能源是我国能源体系的重要组成部分。面对乡村振兴、新型城镇化建设等国家战略，农村能源转型变革迎来重大发展机遇。随着各类可再生能源补贴政策和激励措施的提出，我国清洁能源发展速度和规模不断提升，预计到 2020 年年底，我国水力发电、风力发电和太阳能发电装机容量将达到 3.8 亿、2.1 亿 kW 和 1.1 亿 kW。但受清洁能源资源禀赋与需求呈逆向分布，电力外送通道不通畅，跨省区交易机制不完善等因素制约，弃能现象仍比较严重。2017 年，“弃水、弃风、弃光”电量达到 1000 亿 kWh。另外，我国能源消费结构仍然以化石能源为主，直接造成了地区环境污染和能源危机等一系列问题，应加强遏制该现象的进一步发展。2017 年，我国全年能源消费总量为 44.9 亿 t 标准煤，煤炭消费占比约为 60.4%，同年二氧化硫、氮氧化物及烟（粉）尘排放量就达到 875 万、1258 万 t 和 796 万 t。同时，我国在《京都议定书》中承诺到 2020 年单位国内生产总值二氧化碳排放比 2005 年下降 40%～45%，环境污染减排问题正成为我国能源持续发展所亟待解决的关键问题。这意味着如何调整能源消费结构，加快清洁能源的深度利用，降低清洁能源弃能，对于解决当前能源危机和环境污染问题意义显著。

2014 年 6 月 13 日，习近平总书记提出“四个革命、一个合作”能源安全新战略，指明了新时代我国能源转型发展的新方向，要全面推进能源生产和消费革命，构建清洁低碳、安全高效的能源体系，积极推动“互联网＋”智慧能源发展。2018 年 9 月，中共中央、国务院正式印发《乡村振兴战略规划（2018—2022 年）》（以下简称《规划》），对实施乡村振兴战略第一个五年工作做出具体部署，要求优化农村能源供给结构、完善农村能源基础设施网络、推进农村能源消费升级、发展“互联网+”智慧能源，探索建设农村能源革命示范区。当前，我国农村能源生产主要包括生物质能（生物质直燃、沼气、生物质成型等），小型电源（太阳能光伏发电、风力发电、微型水力发电），太阳能热利用（太阳能热水器、热泵、采暖、制冷空调、太阳房、太阳灶等）。近年来，以沼气、太阳能、生物质能发电、生物质成型为代表的农村能源产业保持强劲的发展势头，综合效益明显。但农村能源系统中电力、天然气和可再生能源消费比例偏低，用能品质低，亟须建设多种能源（简称多能）互补的能源供应体系，推进能源梯级利用、循环利用和能源资源综合利用，优化农村能源消费结构。农村潜在用能需求较强与能源发展基础薄弱之间的矛盾突出，能源外引比例较高与本地资源开发不充分之间的矛盾突出，农村生产生活垃圾污染严重与废弃物资源化利用不高之间的矛盾突出，农村能源转型发展任务较重与体制机制不完善之间的矛盾突出，做强农村能源产业成为必然选择，迫切要求农村地区转变能源发展方式，加快推动农村能源产业优质发展。

然而，受农村用能分散化、需求多样化、能量密度低、经济性差、市场机制缺失等因素影响，农村多种能源之间相互促进耦合利用尚未深入开展，如何探索农村多能互补典型模式及优化运营路径研究，将成为我国未来农村能源转型的关键问题。本书围绕上述问题展开研究，主要研究内容包括农村能源未来发展物理形态、农村多能互补典型模式、农村多能互补优化运营路径及农村多能互补商业模式等，探索出一条可实现、可推广、可复制的未来农村能源科学发展路径，推动农村能源产业规划的科学性和有效性，提高农村能源的利用效率。在国家能源革命战略下，未来农村多能互补发展运营具有以下必要性：

（1）农村能源供给和需求呈现多元变化趋势，亟须明确未来农村能源发展物理形态。农村可再生能源资源丰富、空间资源充足，如风、光、农作物废弃物等农村可再生能源及居民屋顶、鱼塘、荒地等农村空间资源等。随着国家能源革命和能源转型进程的不断深化，未来农村地区将逐步呈现能源资源化趋势。另外，随着农村居民收入的增加和生活水平的提高，农村居民支付商品能源的潜力增强，对各类能源的需求量随之增加。同时，农村居民对能源消费品质也不断增加，由传统的能源可靠供给需求逐步向能源清洁、低碳供给转型，成为农村能源消费的新需求。未来，如何描绘农村能源供给和需求多元变化趋势，结合柔性光伏、多能互补、智慧用能、废弃物能源资源化利用等技术，研究农村能源供需新模式、新业态，明确未来农村能源发展形态，将是加快农村能源应用形式转变和布局的迫切需求。

（2）农村能源发展起步晚，农村能源利用效率费低和分散化，亟须探究支撑农村能源转型的多能协调互补典型模式及运营路径。2018 年 2 月 4 日颁布的《关于实施乡村振兴战略的意见》（国务院令 1 号）指出：深入开展农村环境综合整治，推进农村可再生能源开发利用。我国农村地区用能模式主要以分散式为主，生物质能、天然气、光伏等清洁能源分布式、灵活性等特点决定了其在农村地区具有广阔的应用前景。分布式天然气发电、生物质能热电联产、分布式光伏发电、分布式风力发电等多种能源开发方式的有机结合，可以形成智能高效的区域能源网络和能源综合梯级利用的系统，满足现代化农业建设中的电力、能量需求，构筑清洁可持续并充满活力的农村经济业态。多能协调互补一直是研究热点，关于多能互补方法本身有待进一步探讨。相比于各能源系统孤立运行，多能源系统互补运行能够有效地考虑各个能源系统之间的互补和耦合关系，弥补原来各个能源系统分开单独运行规划的不足，从而可以提高能源和资产的利用率，显著提升整个能源系统的效率。

（3）农村居民经济承受能力弱、农村能源项目发展经济性差，亟待探索适应乡村特色的农村多能互补发展运作商业模式。农村多处于电、热、气网的末端，各能源网络铺设成本、分布式电源接入成本均较高，这将极大约束农村能源产业项目投资的经济收益，对能源价格承受能力弱。同时，农村能源产业涉及政府、企业、农村居民等多个主体参与，主体间利益关系具有高度的紧密性，如何合理分配不同主体的合作效益，需设计合理的商业模式。由于农村能源产业发展尚处在试点阶段，能源服务模式、运营商业模式不明确、运行管理机制不清晰是其持续发展的瓶颈。因此，如何基于泛在电力物联网先进技术，结合不同区域地理资源禀赋，理顺不同模式下不同主体间的利益关系，提出适宜的农村能源产业发展典型商业模式，有利于实现新能源产品和能源产业的落地和应用，实现乡村振兴。

1.1.2 研究意义

本书研究成果适应能源革命和乡村振兴战略外部大势，研究农村多能互补典型模式和优化运营路径及应用，包括农村能源发展物理形态、农村多能互补典型模式、农村多能互补优化运营路径及农村多能互补商业模式等主要内容，为我国多种能源间的互补利用及实践落地，科学构建农村能源网络提供方法和实践案例。具体有以下三方面的意义：

（1）研究我国未来农村能源产业的物理形态，确立新形势下农村能源供给和需求体系，有利于推动我国能源生产和消费革命的建设。2014 年 6 月 13 日，习近平总书记在中央财经领导小组第六次会议上提出了“四个革命、一个合作”的能源发展战略。“四个革命”即能源消费、能源供给、能源技术和能源体制的革命。2017 年，国家发展和改革委员会发布了首个国家能源生产和消费革命战略。习近平总书记关于“能源革命”战略的重要论述，高度概括了未来我国能源发展战略和政策方向，为我国的能源改革指明了方向。通过研究我国未来农村能源产业的物理形态，确立适应农村地域特性的供需模式，将能够推进农村能源结构调整，完善农村能源服务体制，推动电力、热力、天然气等多能优化互补供给，从而实现能源生产与消费革命在农村的实践化应用，加快我国能源生产与消费革命建设。

（2）研究农村多能互补利用的典型模式，确立农村多能协调互补优化运营策略，有利于推进农村现代能源体系建立。能源供给侧和消费侧革命要求建立清洁、低碳、安全、高效的现代能源体系，是农村能源转型升级和能源领域未来重要的战略方向，本书综合考虑地理位置、发展阶段、产业结构等典型场景，挖掘对应典型场景的多能互补模式，提高了农村能源系统的多形式能源转换效率、经济性和环保性，扩展丰富了传统能源体系的内容，使能源优化配置更加贴合实际场景特点。通过本书研究充分发挥电力作为能源转化枢纽的作用，实现多异质能源子系统之间的交互响应、互补互济，在满足多元化用能需求的同时，提高综合能源利用效率，推动农村可再生能源有效利用，改善农村地区用能形式，进一步推动我国整体能源生产和消费转型升级，最终将推进农村现代能源体系的建立。

（3）研究未来农村能源产业发展成本、价值及商业模式，开展国家能源革命示范区实证研究，有利于加速乡村振兴背景下农村能源产业化进程。在乡村振兴背景下，农村潜在用能需求较强与能源发展基础薄弱之间的矛盾突出，能源外引比例较高与本地资源开发不充分之间的矛盾突出，积极推动农村能源革命补齐农村基础设施短板，做强农村能源产业成为必然选择。考虑农村用能分散化、需求多样化、用能密度低、经济承受力弱、市场机制缺失等特征，通过研究不同补贴政策、不同应用场景、不同发展路径下未来农村能源发展的成本及价值，分析规划方案的投资可行性，确立基于共享经济理念的未来农村多能互补运作商业模式及市场价值分配机制，实现能源扶贫脱贫攻坚，从而发挥泛在电力物联网技术优势，助推未来农村能源升级发展，确立农村能源发展的可行商业模式，探索一条可实现、可推广、可复制的未来农村能源产业科学发展路径。

1.1.3 研究目的

近年来，在强有力的政策支撑下，我国可再生能源发电快速发展，但风能和太阳能等可再生能源具有显著的间歇性和波动性，其大规模并网发电对系统安全稳定运行提出了新的挑战。实际上，不同类型能源间存在着巨大的多能互补空间，如风光互补、风储互补、电热互补等，因此开展多种类型能源间的互补利用，有助于促进清洁能源的优化利用，并对实现能源结构的优化转型有着重要的现实意义。本书基于乡村振兴背景，结合能源革命在广大农村落地实施需求，研究未来农村能源发展的物理形态，重点突破清洁、低碳、安全、高效现代能源体系构建需求下的农村多能互补发展典型模式及运营路径，提出特色场景的农村多能互补项目商业运营模式，促进农村能源产业化和县域能源转型探索，主要研究目的包括以下五个方面：

（1）明晰未来农村能源发展形态，为开展农村多能互补实践发展奠定前提基础。通过辨识影响农村能源供给和需求的关键指标，构建考虑多元驱动因素的农村全品类能源供给和需求预测模型，研判未来农村能源供给和需求的变化趋势。以满足农村居民品质生活、农业现代化建设、农村特色产业发展等全方位能源需求为导向，研究未来农村能源由生产消费链条末端向前端和末端融合发展的新模式；研究风光储柔性出力、多能互补、废弃资源能源化利用等技术推进农村智慧用能的新业态；围绕资源能源化、能源智慧化、用能普惠化、能源产业化，探究农村能源转型发展路径。

（2）归集国内外多能互补的基本理论，为农村多能协调互补发展提供典型模式。对比分析国内外多能互补的实施经验和理顺多能互补的作用机理，包括利用风、光、水、生物质、地热、天然气等不同类型能源间的互补特性。针对农村地区地理资源禀赋，分析能源领域多能互补的新技术发展速度及现有技术未来发展趋势，确立农村多能互补技术经济分析的评估方案。搜集国内外多能互补发展现状及其能源服务模式，归类不同类型能源服务模式，结合我国农村地区地理和资源实际禀赋情况，提出适用于农村多能互补的发展模式。根据河南省农村多能互补技术经济分析结果，研究农村多能互补的能源服务模式。

（3）构造农村集中—分布衔接多能互补优化模型，为农村现代能源体系构建提供策略。针对集中式能源开发方式，构造考虑多能互补的风、光、水、火、储能源基地协同调度优化模型，综合考虑风、光不确定性给系统稳定运行带来的影响，利用鲁棒随机优化理论刻画系统不确定性风险特征，构造多目标调度模型；针对分布式能源开发方式，逐步构造农村虚拟电厂多能互补运营优化模型、农村微能源网多能互补运营优化模型及农村县域综合能源多能互补运营优化模型，在开展风、光、废弃物、小水电多种能源互补供给的同时，实现电、热、冷、气等多种需求的互补满足，从而达到集中—分布衔接的多能互补优化利用目的，为我国农村清洁低碳、安全高效的能源体系构建提供有效的决策支撑。

（4）提出农村多能互补利用效益评价与均衡机制，为农村多能互补实践发展提供保障。针对农村多能互补运行的综合效益开展分析，构造经济、技术、环境和社会等多维度效益指标，提出农村多能互补综合效益评价模型，从整体上量化分析农村多能互补的综合效益。考虑农村多能互补不同主体利益诉求，兼顾不同多能互补模式特点，分析多种能源耦合系统中参与方的角色关系及各个参与方的效益关系，确立各主体对能源系统联合运行产生的增量收益的贡献率，最终利用夏普利（Sharply）值法和核仁法构造多主体效益均衡模型，为推进多能互补清洁能源系统的发展提供决策支撑。

（5）设计农村多能互补商业模式及应用方案，为农村多能互补实践发展提供示范案例。在农村多能互补优化运行模型和效益均衡模型的基础上，进一步设计农村多能互补运营商业模式，分析不同发展阶段影响农村多能互补成本价值的关键因素，研辨因素变化对成本价值的影响，确定适用于不同发展阶段的农村多能互补典型应用场景的最佳方案；开展政府、企业、用户、社会等不同主体之间的利益关系分析，建立基于贡献度的农村多能互补多方主体红利共享市场价值分配模型；分析商业模式关键构成要素，设计资源共享、投资多元、公平分配的农村多能互补运营多方共赢商业模式。

通过上述相关成果研究，可以用于解决农村潜在用能需求较强与能源发展基础薄弱之间的矛盾、能源外引比例较高与本地资源开发不充分之间的矛盾，克服农村用能分散化、需求多样化、用能密度低、经济承受力弱、市场机制缺失等不足，确立未来农村能源产业发展的关键技术和商业模式，有利于推进国家能源革命示范区建设，助力农村现代能源产业省级发展，有助于政府、企业及相关机构提升在广大农村地区的能源基础服务水平和综合能源服务开拓能力，实现未来农村能源科学发展。

1.2 国内外研究现状

1.2.1 多能互补系统实践现状

为了应对日益严重的环境污染，各国政府陆续出台多种政策和方针，大力促进清洁能源产业的发展和应用[1]。但是清洁能源电力生产与消费之间存在诸多矛盾：① 由于风能、太阳能等可再生能源具有显著的不确定性和间歇性，导致清洁能源的开发效率不高；② 发电侧接入电网存在困难、成本高和难以控制，降低了电能质量和可靠性[2]。同时，随着我国经济社会的不断改革，用户侧对各类能源需求逐渐变高，各类能源消费价格也相继提高，造成一系列的环境污染问题。在此背景下，为了解决上述问题，采用各类可再生能源与冷能、热能、电能相结合，提出了多能互补系统（multi－energy hybrid system，MEHS）的概念[3,4]。多能互补系统也称为三联产系统，是以电力系统、天然气系统及可再生能源系统等多种能源网络耦合互联形成的多能互补综合能源系统，以便满足区域用户的电、热、冷、气需求[5]。同时，其他国家也相继开展了多能互补示范项目，如加拿大的 eco ENERGY 示范项目[6]、德国政府的 E－Energy 示范项目[7]、美国能源部的 Chevron Energy 示范项目和日本 NEDO 的智能工业园区示范工程等[8,9]。而且，与欧洲国家相似，美国和日本等国家逐渐开发了住宅用能系统，可以有效地满足地区的各类能源需求。在能源需求大幅度增长与环境保护日益迫切的双重压力下，世界主要国家和地区均将注意力投向了能够实现多能互补的综合能源系统，先后出台了一系列的政策方案保障综合能源体系的研究和发展。欧洲最早提出了综合能源系统的概念，并付诸实施的地区[10]。欧盟第五框架（1998～2002 年）[11]、第六框架（2002～2006 年）[12]和第七框架（2007～2013 年）[13]将多种能源协同优化作为重点，研究能源的协同优化和综合能源系统；英国长期致力于提高自身能源系统的安全性和可持续性，深入研究各类能源供应模式的协同发展问题，即集中式能源供应模式和分布式能源供应模式[5]；丹麦为消纳大量的清洁风力发电，进行多种能源系统相互融合的研究[6]；德国从能源全供应链角度研究能源系统的优化协调，围绕能源系统和信息系统的交互制定了一系列研究计划，以期通过信息通信技术提高地区能源系统的安全性和效率[14]。

截至 2020 年，欧洲 27 个国家将执行可再生能源行动计划，其中，能源消费的 42%用于住宅领域，47%用于供热和供冷，这样的能源消费比例主要归因于欧洲多数国家属于温带和寒带地区，对各类供热需求相对较大，且该类能源消费占比将直接达到全部住宅消耗的一半以上。此外，用户需求的各类能源中，由可再生能源结合相关制热、制冷技术，实现 21%的供热和供冷需求，而且在各类能源中，生物质能占比 81%、热泵占比 2%、地热能占比 2%和太阳能占比 6%。但在欧洲许多国家对可再生能源结合制热和制冷技术应用有一定的局限性，只占整个能源需求的 12%，使大部分欧洲地区普遍采用太阳能与其他能源互补的模式满足各类能源需求，即太阳能和生物质能互补相对普遍。其中，丹麦政府通过制定可再生能源融合的补贴政策，有序促进了地区可再生能源相结合的供热电厂，太阳能与生物质能相结合的供热电厂相对普遍。瑞典从 1989 年开始将太阳能与生物质能相结合建设供热电厂，有着丰富的经验，并在两个典型的项目中联合采用该技术。上述两个国家的能源联合互补模式也将是欧洲许多国家广泛使用的模式，极大地满足了地区用户的供热需求，开发利用了各类可再生能源。与此同时，德国、法国和意大利也将广泛采用热泵系统，满足各类生活用热的需求，但是其他国家对上述技术的使用程度也不是很高[15]。

从各国对多能互补的重视程度可以看出，多能互补系统未来发展情景可观。但是也应该认识到不同类型清洁能源发电具有不同的特性，我国多能互补尚处在起步阶段，对多能互补的理解还不充分[16－18]。因此，如何通过协调优化调度多种能源出力，并提高清洁能源的消纳比例，实现清洁能源的高效利用，实现电网安全、可靠、低碳、经济运行是下一阶段亟须解决的问题。在北美地区，美国早在 2001 年就提出了综合能源系统的发展计划，并在 6 年后颁发了《2007 年能源独立和安全法》，要求在电力、天然气等供能系统间开展综合规划研究[19]，并在 2009 年成立了用于建立多能互补综合能源系统的智能电网投资基金[20]。2009 年，加拿大国会审议通过了综合能源系统发展促进研究报告，将有助于实现社会综合能源系统的技术研究和工程项目作为2010～2050年的国家能源战略[21]。2012年，加拿大安大略省政府与美国通用公司开始合作，研究用于对住宅区、办公区等其他地区用电管控的新一代智能能源系统[11]。在亚洲地区，因其本土化石能源蕴藏量很低，日本于2009年最早关注如何提高能源综合利用效率。2009年，日本公布了未来40年的温室气体减排目标，拟构建全国级别的综合用能管理系统，以期可以提高国家用能能效水平，优化自身能源结构，并更加高效地开发可再生能源[22]。

在我国，多能互补系统被称为构建"互联网+"智慧能源系统的重要组成部分，可以有效地提高能源系统的综合利用效率，对于建设清洁低碳、安全高效的现代能源体系具有重要的现实意义。2016年7月4日，我国出台了《关于推进多能互补集成优化示范工程建设的实施意见》（发改能源〔2016〕1430号），提出了多能互补项目的两种主要模式：① 通过了解终端用户的用能需求，发挥不同类型能源特点和互补机制，形成冷热电联供、智能微能源网或者分布式可再生能源，全面实现能源梯级利用和提高能源利用效率；② 通过集成多种可再生能源，包括太阳能、风能、天然气、水能和煤炭，形成不同类型能源相结合的互补集成系统，满足终端用户的各类能源需求。同时，首次公布了23项首批多能互补集成优化示范工程项目，包括17项终端一体化供能系统，风、光、水、火、储多能互补系统6个。

1.2.2 多能互补作用机理

在开展清洁能源多能互补机理分析时，需对风、光等非可控清洁能源的不确定性进行分析，进而对其所形成的不同类型能源互补系统的动力学特征进行分析，从而能够明晰"源—网—荷—储"等逐环节多能互补机理，具体研究如下：

（1）清洁能源不确定性分析。以风、光为代表的非可控清洁能源具有强波动性、间歇性和随机性等特性，直接影响多能互补系统的最优运行策略，在开展多能互补机理分析时，需对其不确定性进行分析。文献［23］建立了澳大利亚农村家庭能源需求模型，分析当地气候、地理位置和家庭行为等不同驱动因素的影响。文献［24］考虑用户电负荷的不确定性，并建立了鲁棒随机优化组合模型。文献［25］讨论了分布式风力发电的不确定性，设计了兼顾发电侧、用电侧和电网的不确定性分析框架。文献［26］实证分析德国能源转型过程中分布式清洁能源开发和利用的关键影响因素。在不确定性分析的基础上，部分学者对不确定性因素间的交互关系展开了分析。文献［27］引入结构方程模型分析农村居民住宅消耗因素间的交互行为。文献［28］利用解释结构模型方法来分析印度农村分布式光伏发电实施影响因素之间的相互关系。文献［29］采用人工神经网络直接模拟预测误差的分布规律以确定其对调度方案的影响，将训练好的人工神经网络嵌入模型求解中，构建考虑不确定性的多种类型能源电力系统日前调度模型。文献［30］分析风力发电、光伏发电出力的不稳定性，在构建风力发电、光伏发电功率贝塔分布预测模型的基础上，提出一种将新能源电站和并网变电站作为一个整体进行控制的优化策略。文献[31]考虑发电侧和用户侧双边不确定性，通过引入鲁棒系数和预测误差参数处理风力发电的不确定性，同时解决鲁棒方法的保守性。文献［32］基于历史风力发电出力波动特性，提出一种构造风力发电出力时间序列的方法。文献［33］分析光伏发电出力不稳定特性和风险条件值（conditional value-at-risk，CVaR），提出了一种实时滚动的能力管理模型，经验证，该模型在促进当地光伏能源消费、提高居民枢纽管理者利润及降低生产成本等方面均取得较好的效果。

（2）多能互补系统动力学模型。多能互补系统涉及多种清洁能源和主、被动用能负荷，系统内不确定性因素直接影响其动力学模型。文献［34］分析了电网、天然气网、热力网耦合时系统的多时间尺度控制特性，提出了一种包含三个层次的网络控制体系结构，该体系分为三层，即能量管理层、总线控制层和变换器控制层。文献［35］为解决现行静态相关系数无法准确描述风力发电出力、光伏发电出力相依关系的问题，根据风力发电出力、光伏发电出力的动态相关性，提出了基于动态Copula函数的风力发电、光伏发电联合出力模型构建方法。文献［36］为解决风、光等可再生能源就地消纳问题，提出了一种基于宽容分层序列法的微能源网负荷优化方法，该方法既可保证可再生能源发电的高消纳率，又可实现系统的经济运行。文献［37］引入广义椭球的经典表达式，对风力发电预测误差进行不确定性模拟。文献［38］针对风力发电出力的随机性，建立基于概率论的广义稳态特性模拟方法。文献［39］针对初始模拟场景数量多且复杂累赘的问题，构建K－distance距离法的场景削减策略。文献［40］提出了一种用于分布式能源优化规划的多目标随机模型。文献［41］提出一种由小水电群等多种分布式能源构成的微电网混合储能容量配置方法。文献［42］提出考虑分布式能源发电间歇性与不确定性对微电网配置影响的双层优化配置方法。文献［43］考虑电/热负荷需求响应和供需双侧热/电耦合，提出了兼顾优化规划的配置经济性和运行经济性的容量配置方案。

（3）清洁能源多能互补机理研究。从能源传递链来看，清洁能源多能互补系统存在“源—网—荷—储”多种协同互补路径，即源端互补、源网互补、网荷互补等多种互补模式，以及相互之间的协调互补模式[44]。其中，源端互补是电源侧不同类型的能源，按照其处理特性和要求进行互补，即风光互补、风光水互补、风光水火储互补等[45－46]，均实现了不同类型能源之间的互补，从而降低了出力的间歇性和不稳定性。储能装置可以实时跟踪各类可再生能源的出力情况，以便降低各类可再生能源消纳率，具体包括风光储相结合、风储相结合，以及光储相结合等模式[47]。源网互补主要是将各类可再生能源介入到电源侧，调整系统的灵活性和优化系统容量配置，进一步促进可再生能源的消纳率[48]。文献［49］考虑多种类型分布式电源（distributed generation，DG）互补特性，建立了不同类型 DG 和负荷模型的主动配电网协同规划。文献［50］考虑分布式电源的时序特性，以运营效益最大为目标对 DG 进行优化规划。网荷互补是采用需求响应技术柔性调节电网负荷，以便提高系统的稳定性和可靠性[51]。文献［52］为了降低电网损耗，采用储能技术和柔性技术协调整个主动配电网。源荷互动是采用柔性负荷和需求响应技术，促进可再生能源消纳和调节电网峰谷差[53]。文献［54］以时间负荷尺度为主线，构建“多级能源协调、逐级分步细化”的调度优化模型。因此，在整个系统中实现“源—网—荷—储”互补模式是今后发展的一个趋势[55]。文献［56］为了均衡电动汽车可接受汽车数量和提高充电满意度，计及分布式能源出力的不确定性，提出了一种新的电动汽车准入机制和调度模型。

1.2.3　多能互补协调调度

清洁能源发电出力具有较强的不确定性及波动性，因此其大规模化发电并网给电网的正常稳定运行带来了巨大挑战。不同类型能源系统具有较大的差异性，各个能源系统往往单独规划、单独设计、独立运行，彼此之间缺乏协调，造成能源利用效率低、供能系统安全性和自愈能力低等问题[57,58]。提高可再生能源的消纳能力，目前技术可行的途径主要有大规模储能[59－62]、火力发电机组深度调峰[63－65]和多能互补优化调度[66－71]三种。

（1）多种清洁能源的互补利用可以较好地实现能源系统的综合利用效果，目前，常见的集成利用形式主要包括微电网、多能互补、虚拟电厂等。微电网是由分布式电源、储能系统、能量转换装置、监控和保护装置、负荷等构成的小型发、配、用电系统，是一个既可以独立运行，又可以并入外网的自我控制和自我能量管理的系统[72,73]。文献［74］系统介绍了多层微电网在我国的发展历程，分别给出了风力发电、光伏发电、负荷和可控发电机部件的预测误差，并进行了不确定性分析。文献［75］设计了基于代际可再生能源与负荷需求的差异，以及电池状态来控制蓄电池储能系统充放电的控制策略，并将模糊逻辑控制器应用于微电网能源管理系统中，在保证电池安全运行的前提下兼顾可再生能源的动态特性。文献［76］以含有风、光、储、燃料电池和柴油发电机的两个子微能源网为微能源网群系统作为算例，对比分析微能源网群多目标优化协调并网和子微能源网单独并网两种运行方式下整个系统的经济性和环保性。文献［77］为了实现多主体利益的平衡，同时考虑“源—网—荷—储”的交互影响，建立以运行成本和单位购电价格为目标的混合整数规划（MILP）模型，并分析在该微能源网系统中蓄电池与不同利用率的新能源对调度成本的影响。文献［78］描述价格响应负荷消费行为中的不确定性问题，并利用基于鲁棒优化模型来考虑这种不确定性，采用实例验证该模型考虑价格响应负荷的不确定性对智能微电网典型风险约束优化运行的影响。文献［79］提出一种新的两阶段风险约束随机框架，该框架能在正常和紧急情况下对微电网进行最优调度。

针对多能互补系统的研究已经取得了一定成果。该系统结合各类清洁能源和其他能源相互之间进行融合，满足终端用户的各类能源需求，进一步促进可再生能源消纳率、提高经济性和增加系统稳定性[80－84]。文献［85］提出一种面向多能互补的分布式光伏与气电混合容量多场景规划方法。文献［86］利用 Wum 的气候数据，评估混合可再生能源系统在远程应用的可行性，以光伏组件、风力涡轮机、微型水轮机、柴油发电机、电池、充电控制器和逆变器为基础，考虑9种混合动力系统。文献［87］根据多能互补系统的运行特点，利用互补系数将分系统评价与联合系统评价相结合，构建适用于评价风、光、水互补特性的指标框架。针对多能互补系统优化调度问题，文献［88］建立针对综合能源系统的四维能量管理空间模型，基于模型建立对应的控制策略库，运用多种智能算法求解最优调度策略。文献［89］以分布式能源驱动的热电联产系统构建为研究对象，并以减少碳排放、提高能源效率、降低系统成本为目标，建立基于动态目标粒子群算法（dynamic object method－particle swarm optimization，DOM－PSO）的约束机制。文献［90］对有机朗肯循环和卡琳娜循环的两种新型微热电联产系统进行比较研究。文献［91］建立基于双层模型构造方法的热电联产多能互补系统配置与运行优化的关联模型，并提出了基于顺序控制配置方法、顺序二次规划算法和反馈校正机制的模型求解方法。

在多能互补系统中，冷热电联产（combined cooling heating and power，CCHP）系统是典型的应用形式。文献［92］基于区域综合能源系统的基础架构和模型，研究蓄冷、储热、储电和混合储能在冷热电联产（CCHP）机组和电制冷等设备多能互补协同运行情况下的盈利策略，讨论系统配置不同储能的经济性和可行性，建立全寿命周期的冷热电储能调度规划双层优化模型，并利用确定性迭代算法进行求解。文献［93］分析一种微型热电联产系统的瞬态运行情况，该系统同时具有蓄热和蓄电两种功能，并与电网和区域电网相连接。文献［94］提出一个基于地理信息系统（GIS）的模型框架，用以评估沼气平衡可再生能源生产波动的时空潜力。文献［95］介绍一个试验方法来测试不同的控制算法的光伏系统结合存储系统和微型热电联产装置，比较系统中基于规则控制、优化控制和仿真结果的关键性能参数。文献［96］比较了天然气微型热电联产用固体氧化物燃料电池系统与天然气氢气混合燃料电池系统，研究结果表明，在天然气中引入氢气会提高热电联产系统的总效率。文献［97］设计基于启发式算法的软件，评估微型热电联产机组的能源和经济平衡。文献［98］以工业园区综合能源系统为研究对象，在传统需求响应调度的基础上，将用户对冷、热、电等多种能源的需求纳入了广义需求侧资源的范畴中。

（2）针对多能互补型虚拟电厂的研究。虚拟电厂（virtual power plant，VPP）是指通过先进的控制、计量和通信技术，可以将不同类型的分布式能源集合起来，通过更高层次的软件架构，实现多种分布式能源的协同优化运行[99－104]。文献［105］建立基于多代理系统的虚拟电厂控制架构。文献［106］从内部视角（如能源整合与运营）到外部视角（包括电力市场参与）对 VPP 进行了详细地介绍。文献［107］利用多智能体技术和 Stackelberg 动态博弈理论，设计了一种包含 VPP 及其内部 DERs 的双层嵌套动态博弈竞价模型。文献［108］在分析 VPP 运行的基本结构和不确定性因素的基础上，提出电源输出模型和一种多目标（最大运营收益、最小运营风险和最小碳排放量）优化模型，应用鲁棒优化理论，通过转换建立风险规避模型。文献［109］研究虚拟电厂的不确定问题，主要包括可再生能源、市场价格和负荷需求等因素，并对这三个因素进行综合评述。文献［110］根据虚拟电厂的组成单元特征构建虚拟电厂“源—荷—储”多元备用容量体系，利用条件风险价值（CVaR）度量风力发电出力不确定性给虚拟电厂带来的风险损失，基于成本效益分析建立考虑 CVaR 的多种分布式能源发电容量与备用容量的协调优化模型。文献［111］利用风险条件值（CVaR）方法和鲁棒优化理论对虚拟电厂系统中的目标函数和条件约束不确定性因素进行处理，提出风险规避调度模型。当前，售电侧的放开有力地提高了需求侧资源参与电力市场的积极性[112－114]。但是，大量的分布式能源和居民用户参与电力市场需求响应调度时，传统的电网架构难以进行有效管理和合理消纳[115－118]。虚拟电厂作为一个虚拟实体，能够实现用能侧与需求侧资源的互动，使需求侧资源能够高效自由地参与电力市场交易[119－123]。文献［124］以各时段内虚拟电厂在电力市场与碳交易市场中的净收益最大化为目标，构建日前一实时两阶段低碳经济调度模型。文献［125］提出集中控制虚拟电厂（VPP）竞价策略模型。文献［126］构建多虚拟电厂非合作动态博弈日前市场优化交易模型。

（3）针对多能互补综合能源系统研究。综合能源系统实现区域内多种异质能源子系统间的耦合运行，协调满足终端用户不同类型能源需求[127－129]。国内外学者已针对综合能源系统多能协同运行方面开展了深入的研究，现有成果主要涉及清洁能源发电不确定性模拟、容量配置和优化调度三方面[130－132]。针对清洁能源发电不确定性分析，以风、光为代表的清洁能源发电具有随机性、波动性和间歇性等不确定性特征。针对容量配置方面的研究，文献［133］针对各区域 CCHP 系统之间的环状热网，建立多区域 CCHP 系统容量协同优化规划模型。文献［134］建立以电为核心的综合能源系统双层调度模型，上层模型为下层规划模型提供了决策依据。文献［135］从信息源角度出发，梳理能源需求预测的单一能源模型、多种能源模型组合和智能信息融合的三个发展阶段，为容量配置提供有效的决策工具。文献［136］基于传热学原理建立区域热网能量传输模型，建立包含热网并网的多区域综合能源系统优化模型。文献［137］提出一种优化规划和运行的框架，探讨建立综合能源系统需要解决的关键技术。针对优化调度方面的研究，文献［138］构建综合能源系统的调度成本模型，利用信息熵衡量粒子的丰富度结合贪心变异策略提出优化算法。文献［139］基于多能流最优提出一种电—热—气综合能源系统的分层调度模型。文献［140］将 CVaR 理论引入综合能源系统调度运行问题，提出一种计及风力发电、光伏发电出力和电、热负荷不确定性的经济调度模型。文献［141］基于微能源网型能源集线器模型，确立含电转气的多种能源储能型微能源网系统优化调度模型。文献［142］综合考虑资源价格、市场结构、政策等不确定性因素，以收益最大化、效用最大化为目标，构建各主体同时最优的均衡模型。

1.2.4　多能互补效益协调均衡

多能互补系统运行涉及能源供给、转换、存储和消费等多个利益主体，厘清不同类型能源主体、运营主体、上级公共能源网之间的相互利益关系，是其可持续发展和稳定运行的重要保障。同时，为了全面评估多能互补协同运行价值，计算不同参与主体增量价值的贡献率，进一步确立合理的价格分摊机制和提出多能互补协调均衡机制，有助于全面提高其效益水平。

多能互补涉及多种能量转换形式，单一能源系统价格机制不能衡量异质能源间的转换关系，导致不同主体间利益关系复杂，不同主体间利益博弈关系至关重要。文献［143］以能源的转移与投入为决策变量的博弈模型，从理论上分析博弈纳什均衡战略的性质。文献［144］构建联合外送模式与独立外送模式的调度优化模型，提出能源互补系统利润分配方法，进一步在发电经济调度模型中引入污染排放惩罚成本，并采用夏普利（Shapley）模型对合作后的机组利润进行优化分配。文献［145］以社会福利最大化为目标，构建污染约束下可耗竭资源最优消费模型，为构造园区多能源系统均衡机制提供借鉴。文献［146］建立实物期权框架下多主体完全抢滩博弈模型，考虑竞争对手投资时间不完全信息对投资决策的影响。文献［147］分析园区综合能源体系中分布式能源站和用户之间的多种能源交互方式，提出一个基于多主多从能源交易博弈模型。文献［148］提出一种适用于园区综合能源体的供能商、配电网和用户等多主体双层博弈的互动策略。文献［149］针对价格需求响应模型未有效衡量微能源网与供电公司之间主从博弈行为，提出微能源网 Stackelberg 博弈价格方法。文献［150］建立包含能源运营商、含分布式光伏的用户、电动汽车充电代理商三类市场交易主体参与的、各方理性追求自身利益最大化的非合作博弈模型。文献［151］考虑用户自身响应效益最大化，分析了激励机制对分布式光伏及储能容量配置决策的影响。文献［152］建立水风火复合系统的经济调度模型，确立基于调峰里程方法的火力发电机组调峰补偿机制。

1.3 总体研究框架

本书基于能源生产和消费革命战略背景，结合清洁低碳、安全高效的能源体系建设需求，积极推动“互联网+”智慧能源发展，针对农村地区的能源转型发展需求，以及农村用能分散化、需求多样化、用能密度低、经济承受力弱、市场机制缺失等特征，以推进国家能源革命示范区建设为实践目的，通过分析我国农村地区能源系统消费和供给趋势，研究未来农村能源发展的物理形态，重点突破农村多能互补发展典型模式及运营路径，提出特色场景的农村多能互补项目商业运营模式，促进现农村能源产业化促进县域能源转型探索。图 1-1 所示为总体研究框架图。

根据图 1-1，本书主要包括四个方面研究内容，即农村未来能源发展形态（研究内容 1）、农村多能互补典型模式（研究内容 2）、农村多能互补优化运营路径（研究内容 3）、农村多能互补利用商业模式及实证分析研究（研究内容 4）。这四个方面研究内容分别从农村能源产业发展形态、典型模式、运营路径、商业模式及实证分析展开研究，课题间联系紧密，互为依存。研究内容 1 是研究内容 2 和研究内容 3 的研究基础，研究内容 4 是研究内容 2 和研究内容 3 的落地实践和实例验证，研究内容 2 和研究内容 3 分别为农村多能互补典型模式和优化运营模型。通过本书研究和应用，能够有效缓解农村潜在用能需求较强与能源发展基础薄弱之间的矛盾、能源外引比例较高与本地资源开发不充分之间的矛盾，提升政府、电力企业及相关机构在广大农村地区的能源基础服务水平和综合能源服务开拓能力，利用农村现代能源体系补齐农村能源基础设施短板，有助于农村能源效率提升、可再生能源利用水平提升、用能成本降低，促进能源互联网与农村现代能源体系构建的融合发展，实现乡村振兴。

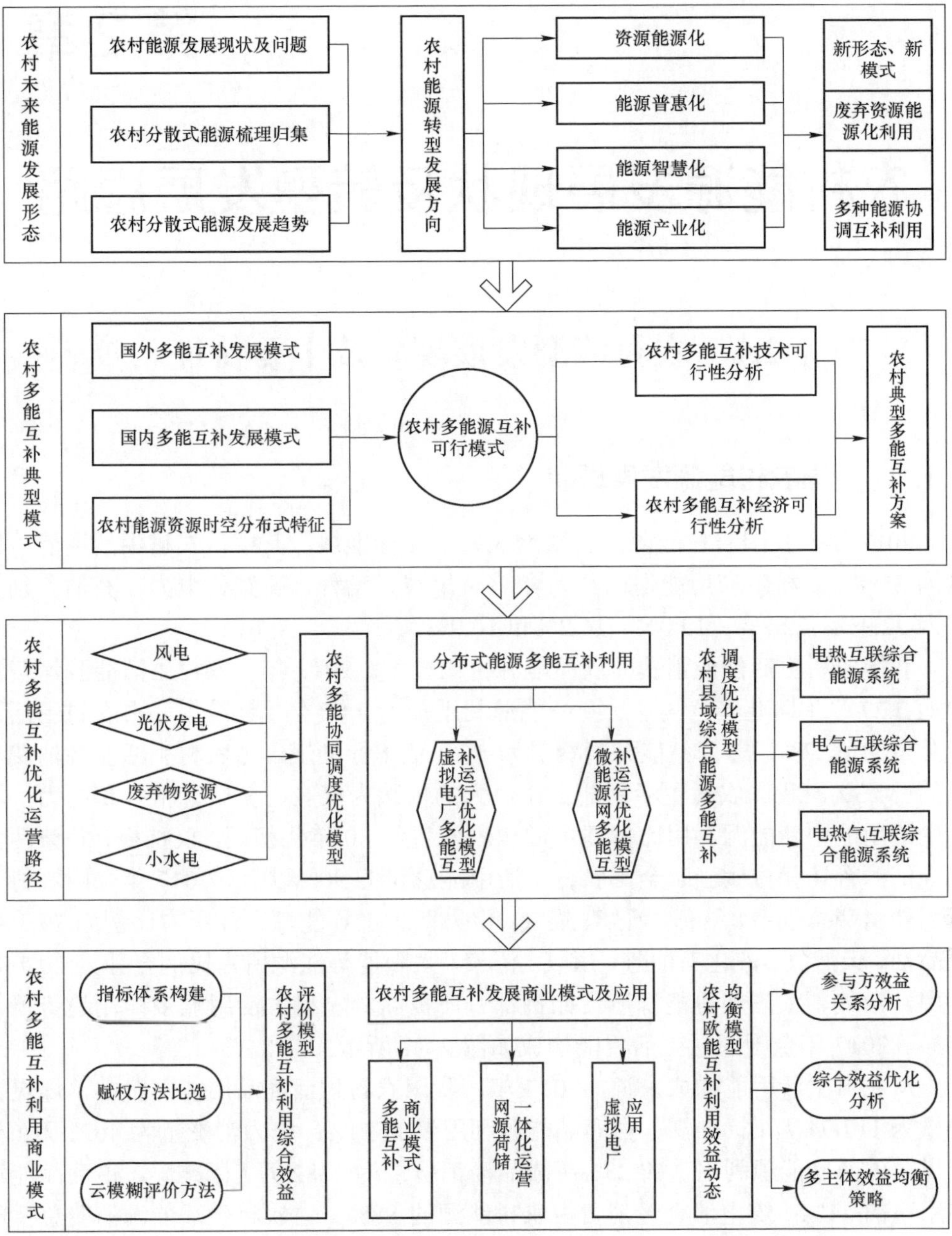
农村未来能源发展形态
农村能源发展现状及问题
农村分散式能源梳理归集
农村分散式能源发展趋势
农村能源转型发展方向
资源能源化
能源普惠化
能源智慧化
能源产业化
新形态、新模式
废弃资源能源化利用
多种能源协调互补利用
农村多能互补典型模式
国外多能互补发展模式
国内多能互补发展模式
农村能源资源时空分布式特征
农村多能源互补可行模式
农村多能互补技术可行性分析
农村多能互补经济可行性分析
农村典型多能互补方案
农村多能互补优化运营路径
风电
光伏发电
废弃物资源
小水电
农村多能协同调度优化模型
分布式能源多能互补利用
虚拟电厂多能互补运行优化模型
微能源网多能互补运行优化模型
农村县域综合能源多能互补调度优化模型
电热互联综合能源系统
电气互联综合能源系统
电热气互联综合能源系统
农村多能互补利用商业模式
指标体系构建
赋权方法比选
云模糊评价方法
农村多能互补利用综合效益评价模型
农村多能互补发展商业模式及应用
多能互补商业模式
网源荷储一体化运营
虚拟电厂应用
农村欧能互补利用效益动态均衡模型
参与方效益关系分析
综合效益优化分析
多主体效益均衡策略

图1-1　总体研究框架图

第2章

农村能源发展现状及转型发展思路

2.1 农村能源发展现状及主要特征

2.1.1 我国农村能源发展现状

2017 年，我国农村能源消费量为 5.92 亿 t 标准煤，其中，农村生活用能占比约为 55%，农村生产用能占比约为 45%。煤炭、秸秆、薪柴、电力、石油分别占比为 22.9%、22.8%、19.0%、16.2%和 10.9%。

我国农村生活能源消费非商品能源占比较大。2017 年，农村生活能源消费量约为 3.27 亿 t 标准煤，其中，商品能源利用量为 2.05 亿 t 标准煤，占农村生活消费总量的 62.7%；非商品能源消费量为 1.22 亿 t 标准煤，占农村生活能源消费总量的 37.3%。我国农村生活用能占比最大的依次为煤炭、薪柴、秸秆和电力，农村生活用能中新能源利用比例逐步增加。20 世纪 80 年代初期，仅秸秆、薪柴两大主导能源合计就占到当时全国农村生活用能总量的 90%以上。2017 年全国农村生活用能消费总量中，秸秆、薪柴、煤炭、电力四大主导能源合计所占比例为 79.3%，成品油、天然气、液化石油气、煤气、沼气、太阳能等能源所占比例合计为 20.7%，其中，沼气、太阳能等能源所占比例都有所提高，农村生活用能多样化趋势日益明显。2017 年全国农村生活用能构成如图 2－1 所示。

从农村生活用能构成来说，2017 年，我国农村生活商品用能消费中，煤炭消费量为 11 094 万 t 标准煤，占商品能源利用量的 54%；电力消费量为 4621 万 t 标准煤，占商品能源利用量的 23%；成品油消费量为 2282 万 t 标准煤，占商品能源利用量的 11%；煤电油合计消费占农村能源的 88%，占农村生活能源消费总量的 55%。天然气、液化石油气、煤气消费量分别为 380 万、2077 万、14 万 t 标准煤，其合计消费量占农村商品能源利用总量的 12%。我国农村生活非商品能源主要有秸秆、薪柴、沼气和太阳能。2017 年，我国农村生活非商品能源利用总量达到 12 245 万 t 标准煤，其中薪柴为 5594 万 t 标准煤，占农村非商品能源利用量的 45.7%；秸秆为 4645 万 t 标准煤，占农村非商品能源利用量的 37.9%；沼气为 883 万 t 标准煤，占非商品能源利用量的 9.2%。2017 年我国农村生活能源中商品能源消费构成如图 2－2 所示。

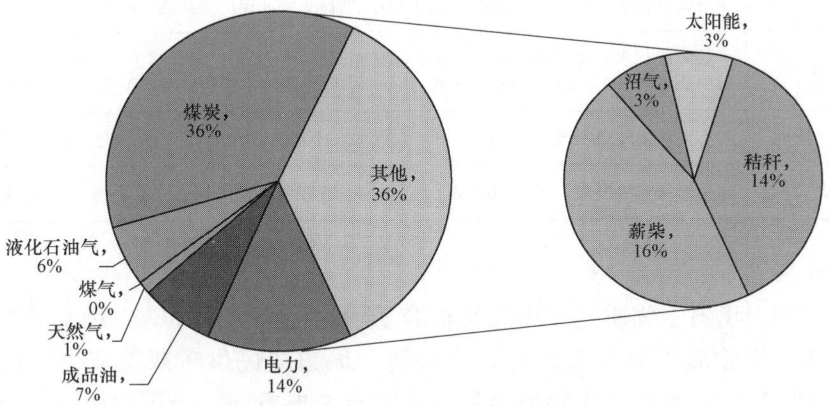

图 2－1　全国农村生活用能构成

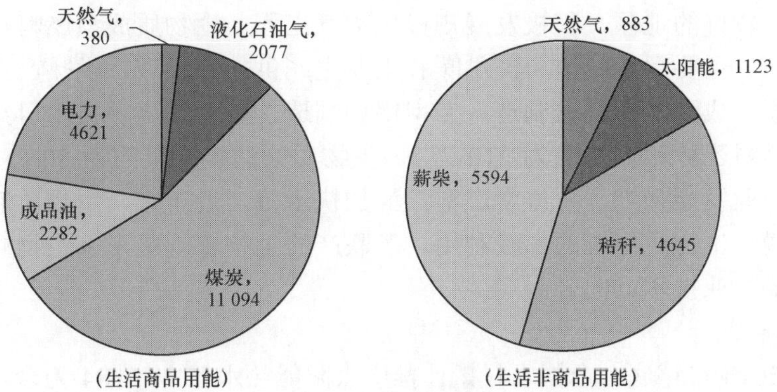

图 2－2　2017 年我国农村生活能源消费构成

当前，我国农村能源生产主要包括生物质能（生物质直燃、沼气、生物质成型、生物质液体燃料及生物柴油等），小型电源（太阳能光伏发电、风力发电、微型水力发电），太阳能热利用（太阳能热水器、热泵、采暖、制冷空调、太阳房、太阳灶等），见表 2－1。近年来，以沼气、太阳能、生物质能发电、生物质成型为代表的农村能源产业依然保持强劲的发展势头，新产品不断涌现，产品质量不断提升，综合效益突出。太阳能热利用产业继续保持稳步发展，沼气产业逐步进入新的发展阶段，生物质能发电和生物质成型产业技术有较大的进步。

表 2-1　　2016年农村可再生能源生产情况

名称	生产情况
生物质能	生物质能发电总装机容量约为1030万kW；户用沼气4381万户，年产量约为118亿m^3，规模化沼气工程约11万处，年产气量约为27亿m^3；生物质成型燃料年利用量约为800万t；生物质液体燃料乙醇年产量约为210万t，生物质柴油年产量约为80万t
太阳能	太阳能热水器4770.84万台，集热面积为8623.69万m^2；累计推广太阳灶227.94万台；太阳房29.27万处，集热面积为2564万m^2；小型光伏发电3.68万处，装机容量为95 037.40kW
小型风力发电	小型风力发电（大于1kW，小于50kW）累计装机10.7万台，装机容量达到35 720.38kW
小微型水力发电	小微型水力发电（小于500kW）累计装机25 724.94台，装机容量达到86 835.94kW

1. 生物质能

2016年，我国生物质能发电总装机容量约为1030万kW，生物质能发电技术基本成熟，生物质能热电联产可以直接用于城镇居民供暖或工业生产供热等领域，热电联产将成为农林生物质能发电的重点发展方向；全国户用沼气4381万户，年产量约为118亿m^3，规模化沼气工程约11万处，年产气量约为27亿m^3。沼气生产方式将逐步转为集中化、规模化、高值化（生物天然气）方向发展，应在综合条件较好的地区，积极发展规模化沼气工程。生物质成型燃料年利用量约为800万t，主要用于城镇居民供暖和工业生产供热等领域，供热产业处于规模化发展初期，成型燃料机械制造、专用锅炉制造、燃料燃烧等技术日益成熟。生物质液体燃料乙醇年产量约为210万t，生物质柴油年产量约为80万t。生物质柴油处于产业发展初期，纤维素燃料乙醇加快示范。近年来，生物质液体燃料产业进展缓慢。生物质原料的梯级利用、多联产的生物炼制是未来生物质液体燃料发展的主要产业技术方向。

2. 太阳能

截至2016年年底，全国农村累计推广太阳能热水器4770.84万台，集热面积为8623.69万m^2；累计推广太阳灶227.94万台；太阳房29.27万处，集热面积为2564万m^2；小型光伏发电3.68万处，装机容量为95 037.40kW。太阳能热利用应用领域正在由户用型向工程化，由生活热水向采暖制冷，由生活供热向工农业生产供热、采暖扩展。光伏发电应用逐渐形成集中式和分布式并举格局，步入与农业、养殖业、生态治理等产业融合发展的新阶段。

3. 小型风力发电

截至2016年年底，全国农村小型风力发电（大于1kW，小于50kW）累计装机10.7万台，装机容量达到35 720.38kW，小型风力发电装机主要分布在风能资源较丰富的区域，其中装机容量较大的省（区）包括内蒙古、新疆、黑龙江和山东等，其装机容量均达到 1500kW 以上，尤其以内蒙古最为集中，装机容量达到 25 724.94kW，占全国农村小型风力发电装机容量的 72%。小型风力发电经过 40 多年的发展历程，技术日趋完善，逐渐扩大到城乡居民供电、海岛与近海养殖、海水淡化、农村公路照明及交通监测、森林防火监测、农业灌溉及农副产品加工用电等与农业和农村相关的领域。尤其是随着互补型分布式电源的兴起，小型风能供电系统更能发挥其作用。

4. 小微型水力发电

截至 2016 年年底，全国农村小微型水力发电（小于 500kW）累计装机 25 724.94 台，装机容量达到 86 835.94kW。我国微型水力发电资源主要分布在长江流域、西南地区和西藏地区，微型水力发电装机也主要分布这些区域。其中装机容量较大的省（区）包括广东、广西、云南等，其装机容量均达到 1 万 kW 以上，尤其以广东最为大，装机容量达到 19 821.69kW，占全国农村微型水力发电装机容量的 22.8%。我国仍有相当一部分偏远山区的农村人口没有用上电，这些无电户主要分布在西藏的东部和南部、四川西部、云南西部、青海和甘肃南部等偏僻、边远的少数民族地区。由于这些地区人口居住分散，远离大电网，靠电网延伸来解决供电问题，近期在技术和经济上都难以实施，开发利用这些地区小微型水力发电，可解决当地农村的日常照明问题。

2.1.1.1 河南省农村能源资源禀赋特性

由于河南省是传统的农业大省和能源资源大省，也是新兴的工业大省，就能源资源禀赋来看，煤炭、石油是其主要的能源资源，除此之外，还拥有数量可观的天然气、煤气层、水力发电等能源，还包括一定数量的新能源。因此，在分析我国农村能源发展现状时，需要重点关注河南省农村能源的发展现状。

河南省典型地区电网已形成 500kV 骨干网架和市域 220kV 环网、县域 110kV 双电源供电的格局，110kV 及以上变电总容量达到 1.58 亿 kVA，线路总长度达到 4.2 万 km，实现了与西北、华北、华中三大区域电网的联网；原油炼化能力达到 1000 万 t，油气长输管道达到 6350km，初步形成以郑州市为中心的成品油“十字”干线管网和多气源供气网络。

1. 常规能源（煤）

常规能源主要包括煤炭、石油、天然气等。据统计，河南省焦炭产量总体处于上升趋势；原煤产量及占全国的比例，2000～2009 年逐年增加，2010 年以来则逐年减少，造成这一现象的主要原因包括小煤矿关闭、停工停产和新产能接替不足等；原油产量及占全国的比例逐年下降，天然气产量在 2004 年短暂地达到顶峰后快速下降，主要原因是全省石油天然气储备不足；发电量保持总体逐年增长趋势，仅在2014、2015 年出现发电量负增长的情况。2010～2017 年河南省各类常规能源生产总量占能源生产总量的比例见表 2－2。

表 2－2　2010～2017 年河南省各类能源生产总量占能源生产总量的比例

年份	能源生产总量（万 t 标准煤）	占能源生产总量的比例（%）			
		煤炭	石油	天然气	一次电力及其他能源
2010	17 438	92.4	4.1	0.5	3
2011	15 786	91.3	4.4	0.4	3.9
2012	12 224	90.2	5.6	0.5	3.7
2013	13 133	90.6	5.2	0.5	3.7
2014	11 796	89.8	5.7	0.6	3.9
2015	11 232	89.3	5.2	0.5	5
2016	9705	88.9	4.6	0.5	6
2017	10 091	88.6	4	0.4	7

由表 2－2 可知，河南省拥有相对丰富的常规能源，可探明的原煤、原油等能源资源储量较大；在常规能源生产上，煤炭、石油等占常规能源生产总量的 90%以上。在能源消费结构上，表现为消费较为单一，常以原煤消费为主，且常规能源消费总量高于生产总量，导致每年能源净输入量较大。2010～2017 年河南省常规能源生产总量及消费总量如图 2－3 所示。

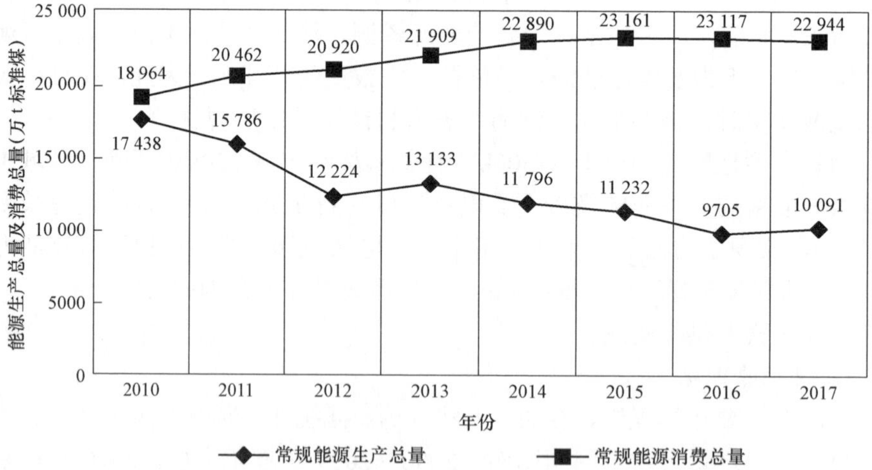

图 2－3　2010～2017 年河南省常规能源生产总量及消费总量

从总体上看，受资源禀赋条件制约，除焦炭外，河南省的原油、天然气、煤炭、发电量对外存在较高的依赖性，省内能源消费总量常年高于生产总量，能源生产水平难以与能源消费水平持平。

2. 可再生能源

近年来，为提高非化石能源在能源消费中的比例，河南省加强生物质能、风能、太阳能等可再生能源的开发和综合利用，加快新能源产业化发展，增强非化石能源对传统能源的替代作用。

（1）风能资源。相比于东南沿海及西北高原地带，河南省属于弱风区，风力资源相对匮乏，中部山区向平原过渡区的低山丘陵是风能资源开发价值最好的区域，按照集中与分散开发并重的原则，以伏牛山区、大别山区、太行山区等浅山丘陵区为重点，建设集中开发型风电场。在用电负荷中心附近区域，因地制宜推进分散式接入小型风力发电项目建设，实现分散的风能资源就近分散利用。截至 2015 年年底，河南省风力发电装机规模达到 120 万 kW，年平均增长率为 89.8%，预计到 2020 年年底，全省风力发电装机容量达到 1100 万 kW，2030 年年底达到 2000 万 kW。

（2）太阳能资源。河南省太阳能资源属于Ⅲ类地区，从全省年平均太阳总辐射的区域分布看，基本表现为北多南少，随纬度变化较为显著，集中表现为：豫中黄河沿岸为太阳能丰富区，南阳盆地和大别山南部山区为太阳能匮乏区。由于河南省人口众多、城镇稠密，建筑屋顶面积巨大，因此将以分布式光伏为主要推广对象。截至 2015 年年底，河南省光伏发电装机规模达到 50 万 kW，预计到 2020 年年底，新增光伏发电装机容量达 450 万 kW。

（3）生物质能资源（沼气、秸秆）。生物质能包括木质能源、作物秸秆、人畜粪便及生活垃圾等，河南省作为粮食大省、农村人口大省，生物质能资源十分丰富，仅秸秆每年产生量就达 6000 万 t 左右，相当于 3000 万 t 标准煤，但生物质能资源量在各地分布差异较大，具有明显的地域性，从西南向东北及中南向西北区域呈现逐渐减少的趋势，集中分布于中部和南部的主要农区；以万 t 计算，平均值超过 500 万 t 的主要是南阳市、商丘市、驻马店市、信阳市、周口市 5 个地（市），河南省各个市的资源量与资源密度的空间分布格局并不完全一致，这主要是由于总资源量与土地面积的差异引起的。2010～2016 年河南省生物质能资源潜力见表 2-3。

表 2-3　2010～2016 年河南省生物质能资源潜力　万 t

年份	2010	2011	2012	2013	2014	2015	2016
资源量	8269.8	8964.4	9009.7	8880.3	8778.8	8668.1	10 386.1

2.1.1.2 河南省农村能源消费特性分析

通过收集 2010～2017 年河南省能源消费总量与各类能源消费量等数据，得到河南省煤炭、石油、天然气、一次电力及其他能源 4 种主要能源消费结构，如图 2－4 所示。

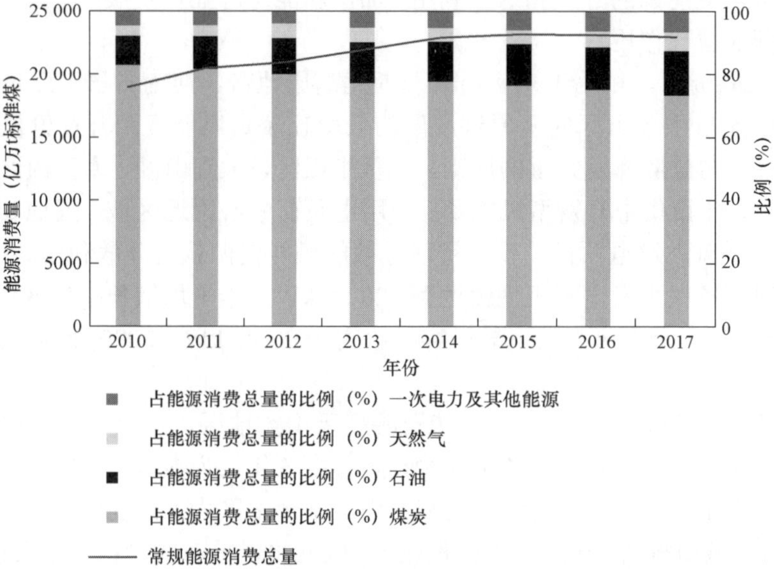

图 2－4　2010～2017 年河南省能源消费结构

由图 2－4 可知，2010～2017 年河南省能源消费总量整体呈上升趋势，仅在 2016、2017 年略有下降，这是由于河南省处于经济高速增长期，能源需求大幅度提升，导致能源消费总量快速增长；随着能源消费量的不断增加和能源数量的减少，一定程度上加快了提高能源利用效率和开发新型高效能源的步伐，加之“十一五”后由于节能减排任务的提出，能源消费总量增长速度得到一定的控制。目前，河南省能源消费结构形成了以煤炭消费为主、多种类型能源消费为辅的阶段性特征，煤炭消费占绝对优势。尽管近年来煤炭消费占比逐渐下降，但至 2017 年仍占能源消费总量的 70%以上；石油消费占比逐年上升，天然气及一次电力消费占比较低。因此，煤炭消费占比过高是河南省目前面临的最大的能源消费结构问题，能源消费结构亟待优化。

从产业结构角度分析，第二产业在河南省能源消费中的占比最大，一直保持在 60%以上，且正在以每年 5%的比例逐年下降。综合分析认为，由于河南省正处于工业化中期与城市化高速发展的过程中，第二产业发展速度很快，在 GDP 中的占比也最高，其单位 GDP 能耗比其他产业也大，故其消费比例最高；随着工业化不断深入和技术的不断进步，第二产业能源消费强度不断下降，随后其在能源消费中的占比也不断下降；河南省正处于产业结构转型期，第三产业不断扩张，其能源消费比例也越来越大；随着河南省经济飞速增长，城乡居民可支配收入不断上涨，生活消费比例也随之逐步提升。但总的来说，河南省能源消费的产业比例仍不十分合理，第二产业比例过高导致能源消费总量居高不下，进一步加大了节能减排目标实现的难度。

下面从农林牧渔能源消费量、农村用电量、农用柴油使用量、炊用能源结构等方面分析河南省农村能源消费特性。

1. 农林牧渔能源消费量

农林牧渔能源消费量是指在农业、林业、牧业、渔业生产过程中的能源及其附属业务所消费的能源。2010～2018 年河南省农林牧渔产值如图 2－5 所示，2010～2018 年河南省农林牧渔能源消费量如图 2－6 所示。

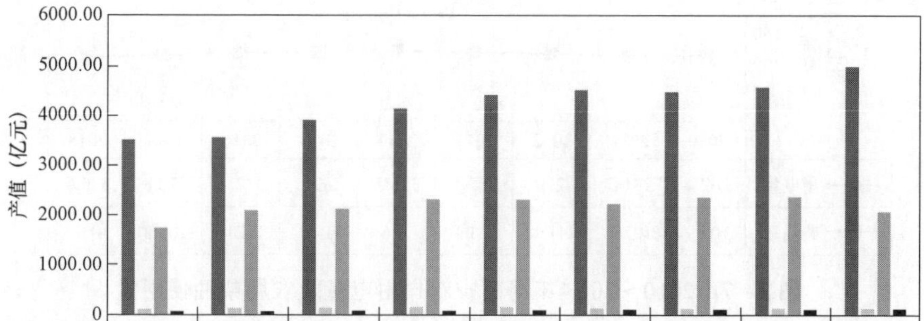

	2010	2011	2012	2013	2014	2015	2016	2017	2018
■农业	3504.07	3553.25	3897.46	4126.25	4399.17	4503.71	4459.29	4552.68	4973.68
■林业	115.29	127.32	140.85	152.35	152.40	134.28	121.28	128.88	129.01
■畜牧业	1733.07	2088.14	2120.56	2313.49	2307.23	2229.01	2355.99	2368.92	2067.71
■渔业	66.30	66.33	77.59	82.50	91.07	105.20	107.27	107.79	122.71

图 2－5　2010～2018 年河南省农林牧渔产值

由图 2－6 可知，河南省农林牧渔能源消费量大致呈现逐年增加的趋势。

2. 农村用电量及农用柴油使用量

农村用电量是指农村生产、生活总用电量，随着农村电能替代的普及，用电量呈逐年增长趋势；农用柴油使用量主要是指农村进行农作物种植及家禽、鱼类养殖等的机械用能，是农村生产的主要用能之一。2010～2018 年河南省农村用电量及农用柴油使用量如图 2－7 所示。

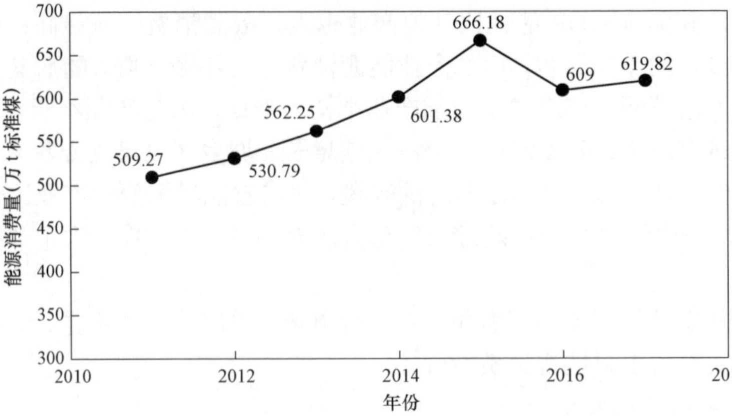

图 2－6　2010～2018 年河南省农林牧渔能源消费量

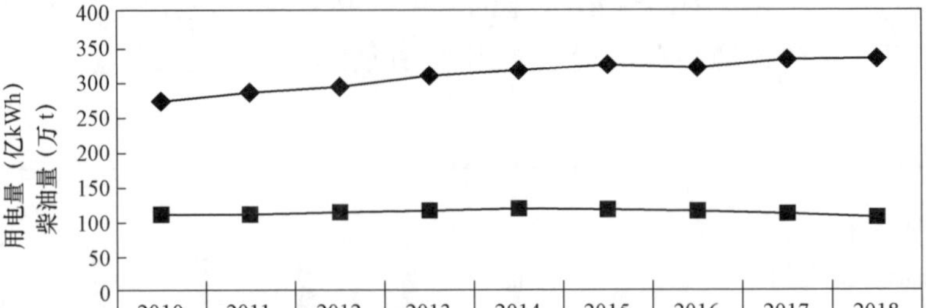

	2010	2011	2012	2013	2014	2015	2016	2017	2018
用电量	269.4	281.8	290	305.4	313.2	321	317.2	328.8	330.6
柴油量	107.9	107.9	111.1	113.4	116	114.7	112.4	108.8	103.9

图 2－7　2010～2018 年河南省农村用电量及农用柴油使用量

由图 2－7 可知，农村用电量呈缓慢增长趋势，与农村电能替代有序推进息息相关，农用柴油使用量变化平缓。2008～2018 年河南省农村用电量占全社会用电量的比例如图 2－8 所示，河南省作为农业大省，农村人口占全省人口的一半，而用电量基本在 35%以下，这说明农村机械耗能仍以传统的耗油机器为主，需要加快转变农村生产方式，发展“以电代油”。

3. 炊用能源结构

炊用能源是农村生活用能的主要组成部分，由秸秆、薪柴、电力、煤炭、液化气构成。2016～2018 年河南省农村炊用能源结构如图 2－9 所示。

由图 2－9 可知，农村炊用能源主要以电力为主，且占比逐年增加；秸秆、薪柴作为传统的炊用能源，占比为 10%～20%，是农村二氧化碳、二氧化氮等气体产生的主要来源之一；随着清洁能源在农村的推广，煤炭占比呈逐年减小的趋势，液化气占比在 2018 年迅猛增长。

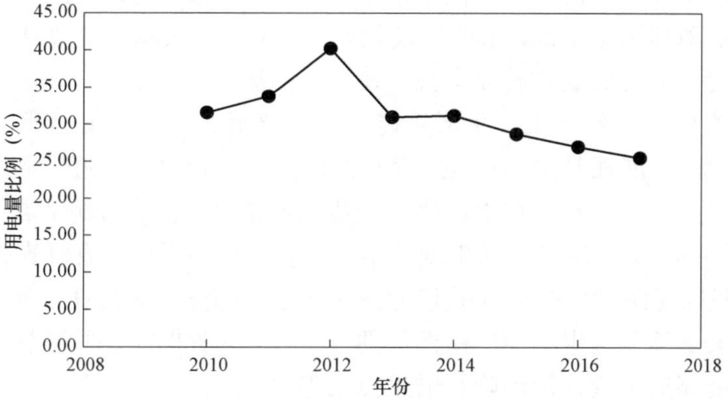

图2－8 2008～2018年河南省农村用电量占全社会用电量的比例

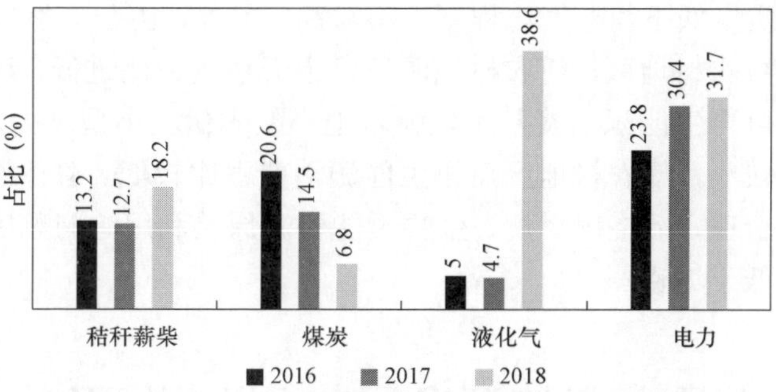

图2－9 2016～2018年河南省农村炊用能源结构

2.1.2 我国农村能源发展特征

总体而言，农村能源发展主要有如下鲜明特征：

（1）农村能源消费总量稳中有降，部分农村地区能源供给不足。农村能源消费在全部能源消费中的占比较低。其原因一方面是随着城镇化率的不断提高，农村人口逐渐减少，使农村能源消费量有所下降；另一方面是由于农村能源供给不足，部分地区的农村能源贫困问题依然存在，使农村能源的消费需求难以得到有效满足。

（2）农村生活用能中非商品能源消费占比依然很大，其中大部分是薪柴和秸秆。农村能源的商品化明显低于城市，农村能源消费的商品能源仅占全部能源消费的75%左右，而城市消费能源基本上属于商品能源。在农村生活用能中，占比较大的依次是煤炭、薪柴、秸秆和电力等，其中薪柴、秸秆等非商品能源占比高达37.2%。

我国林木砍伐剩余物多被农村居民用来做饭和取暖，用能方式较为原始。原始形态的生物质能资源利用水平低，未能规模化处理。田间地头随意焚烧秸秆也是屡禁不止，不仅浪费了宝贵的生物质能资源，还严重污染了大气。

（3）煤炭消费比例较大，生活用能中散烧煤消费问题突出。我国农村能源消费中无论是生产用能还是生活用能，煤炭都占据了主导地位，尤其是生活用能中散烧煤消费问题突出。相对于集中燃烧，散烧煤通常是灰分、硫分含量高的劣质煤，燃烧后往往缺少脱硫、脱硝、除尘处理措施，具有点多面广、直燃直排、难以监管的特点，是我国能源利用中最低效且污染最严重的部分。有关研究表明，散烧煤利用产生的污染是等量电煤利用产生污染的5～10倍，在北方采暖季节到来时表现尤为显著，散烧煤治理成为治污降霾的重点工作之一。

（4）电力、天然气和可再生能源消费比例低下，用能品质低。由于农村电力基础设施还不够完善，部分乡镇变电站的负荷较小、线路老旧等问题使农村地区供电质量、服务质量低下，电气化程度还不够高。另外，由于天然气的供应管网尚未普及到绝大多数农村地区，使农村能源消费中天然气占比过低，还不足1%。同时，我国农村地区可再生能源消费基本依赖本地小型光伏、小型风力发电等方式供应，装机规模都比较小，使农村地区可再生能源消费占比较低。总体而言，当前农村能源消费结构不合理，散烧煤燃烧、生物质能资源原始利用等问题突出，农村能源优质化程度明显低于城市。

2.2 我国农村能源发展存在的问题及应对措施

2.2.1 我国农村能源发展存在的问题

1. 农村能源战略定位不清晰，顶层设计需强化

农村能源是我国能源体系的重要组成部分，发展农村能源根本上就是要优化农村用能结构、提高农村用能效率、保障农村居民能源公平、消除农村地区能耗贫困。开发农村可再生能源还可以发展农村经济，促进农村居民就地就业，助力产业扶贫。因此，亟须确立农村能源发展的重要战略地位。

2. 农村能源革命对象不明确，中心任务待落实

从根本上讲，农村能源仍有多方面关系国计民生，需要尽快解决的突出问题，但长期以来，对农村能源革命对象和中心任务全社会未达成共识，农村能源发展难以聚焦并形成强大合力。中国工程院杜祥琬院士提出农村能源革命三大对象为散烧煤、原始形态的生物质能资源利用、农村固体废物。

散烧煤使用比例过大，且劣质燃煤居多。2016年，我国农村煤炭消费量为2.7亿t标准煤，在农村能源消费中的比例为41.5%；我国民用生活散烧煤约为2.34亿t，主要是广大的农村地区，包括城中村和城郊村。其中，约90%用于农村地区冬季采暖，用量约为2亿t。近80%的农村居民仍在使用低效炉灶、燃用劣质原煤。劣质原煤在燃烧过程中，排放出大量的烟尘、温室气体及一些酸性气体，且在农村为分散排放，不加装任何除尘装置，既破坏污染环境，也严重危害着人民健康。

原始形态的生物质能资源利用水平低，未能规模化处理。我国原始形态的生物质能资源极为丰富，仅农业废物、林业废物每年可收集的资源量达8亿t，折合4亿t标准煤，相当于我国每年原煤产量的1/6。但林木砍伐剩余物多被农村居民用来做饭和取暖，用能方式较为原始。田间地头随意焚烧秸秆也是屡禁不止，不仅浪费了宝贵的生物质能资源，还严重污染了大气。着力提高农村原始形态的生物质能资源的规模化利用是下一步农村能源工作的重点。

农村固体废物成分增多，处理尚未成体系。农村固体废物的成分很复杂，包括生活垃圾、农业废物、林业废物、畜禽粪便等，其中，2016年，农村生活垃圾产生量约为1亿t，“垃圾围城”“垃圾围村”现象普遍。近些年来，农村居民的消费结构发生了很大的变化，使农村生活垃圾成分也发生了明显的改变。农业地膜的使用、畜禽产生的大量粪便，更是加剧了农村环境的恶化。目前，对农村固体废物的处理方法、技术与模式的研究仍不足，需要通过实用性强、处理费用低的技术手段，进一步推进农村固体废物减量化、无害化、能源化、资源化的综合利用。

3. 基础设施薄弱，管理体制不够完善

农村能源直接关系到农业现代化发展和农村居民的切身利益。长期以来，农村能源管理职能分散在各个部门，各个部门之间的联动、合作机制较弱，资金投入也较为有限，能源基础设施薄弱，现代化、规模化水平较低，管理手段仍旧沿袭旧的方式，缺少技术和市场相结合的创新机制。在农村能源管理上，还没有形成一套可持续发展的完善市场激励机制和技术服务体系，来适应建立城乡一体化能源供应体系建设及清洁能源发展的需要。近年来，尽管各级政府以补贴的形式开展了沼气、秸秆气化等农村清洁能源利用的工程建设，但这些补贴远远不能满足农村能源整体建设的需求，资金缺口较大。此外，由于农村居民收入水平低、缺乏配套技术服务等原因，有些设施在建成后处于停滞状态。相对于城市，农村人口分散化特征较为明显，由此导致农村能源需求和供应也较为分散，集中式的农村能源市场难以形成，造成能源基础设施的建设、运营和管理成本较高。

2.2.1.1 河南省能源供应问题分析

同样，在分析我国农村能源发展存在的问题时，需要选择具有典型农村特色的河南省作为分析对象，随着工业化、城镇化水平的提升，用能需求持续增长，河南省能源供应面临以下问题：

（1）能源消费对外依赖性较强。受资源禀赋条件制约，除焦炭外，河南省的原油、天然气、煤炭、发电量对外存在较高的依赖性，省内能源消费总量常年高于生产总量，能源生产水平难以与能源消费水平持平。2010～2017 年河南省各类常规能源生产、消费量见表 2–4、表 2–5。

表 2–4　2010～2017 年河南省各类常规能源生产量　万 t 标准煤

年份	煤炭	石油	天然气	一次电力
2010	16 112.71	714.958	87.19	523.14
2011	15 920.89	767.272	69.752	680.082
2012	15 729.08	976.528	87.19	645.206
2013	15 798.83	906.776	87.19	645.206
2014	15 659.32	993.966	104.628	680.082
2015	15 572.13	906.776	87.19	871.9
2016	15 502.38	802.148	87.19	1046.28
2017	15 450.07	697.52	69.752	1220.66

表 2–5　2010～2017 年河南省各类常规能源消费量　万 t 标准煤

年份	煤炭	石油	天然气	一次电力
2010	15 702.19	1763.652	644.776	853.38
2011	15 474.62	1972.256	682.704	834.416
2012	15 171.2	2180.86	891.308	720.632
2013	14 640.21	2446.356	910.272	986.128
2014	14 735.03	2389.464	853.38	1005.092
2015	14 507.46	2484.284	853.38	1118.876
2016	14 241.96	2560.14	986.128	1175.768
2017	13 900.61	2673.924	1118.876	1289.552

由表 2–4 和表 2–5 可知，河南省能源消费主要以煤炭资源为主，近年来，在限煤、减煤、发展光伏发电和风力发电等大背景下，煤炭消费量及占比呈下降趋势，但很难改变以煤为主的能源生产和消费结构。同时，河南省煤炭可开发后备资源严重不足，且开采条件较差，煤炭产能增加潜力有限，常规油气资源趋于枯竭，省内化石能源产能提升难度较大，煤炭、石油、天然气的年生产量逐年下降，年调入量（除煤炭）逐年增加；一次电力年生产量逐年增加，调入量呈逐年下降趋势，对省

外能源依存度持续攀升。河南省水能资源基本已开发殆尽，核能发电建设短期内很难突破，生物质能、风能、太阳能等可再生能源较长时期内只能作为补充能源。资源约束日益加剧将推动能源价格总体持续上行，与河南省经济发展水平及产业结构层次不匹配，难以支撑较高的能源价格，因此能源供应将难以保障。

（2）环境污染形势严峻。随着河南省能源转型的进一步发展，煤电等落后产能的淘汰，实施电代煤、推进气代煤，以“再电气化”实现能源消费的低碳绿色转型，有效改善了河南省的生态环境。2010～2017 年河南省主要大气污染物排放量如图 2－10 所示。

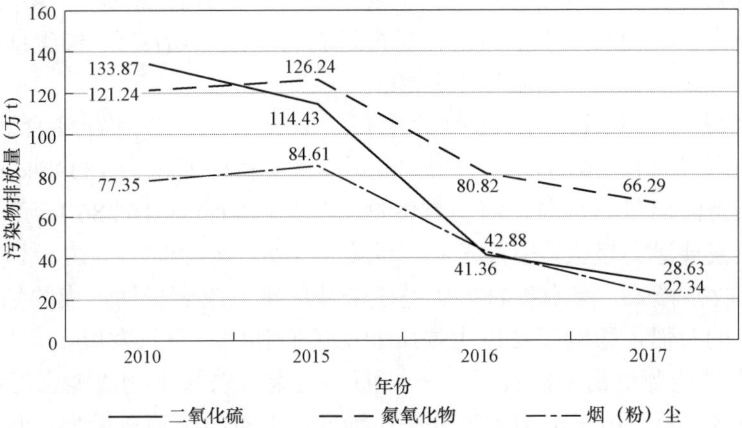

图 2－10　2010～2017 年河南省主要大气污染物排放量

由图 2－10 可知，自 2015 年以来，河南省大气污染物排放量显著减少，但由于河南省将在未来较长时间内保持以煤炭为主的能源生产和消费结构，化石能源的大规模开发利用将对生态环境产生较大污染，占用和破坏大量土地、加剧水体污染，二氧化碳、二氧化硫、氮氧化物、细颗粒物（PM2.5）和有害重金属排放量会较大。随着国家不断加大对主要污染物和二氧化碳减排目标的考核力度，河南省能源发展将受到来自环境容量方面的多重限制，迫切需要加快调整能源结构，实现绿色转型。

（3）节能降耗、控制能耗总量难度较大。河南省能源原材料等资源性产业占规模以上工业的 70%左右，且多处于产业链的前端和价值链的低端，造成第二产业特别是高耗能工业能源消费比例过高，钢铁、有色金属、化工、建材四大行业能源消费量占全部工业能源消费量的 70%，全省单位生产总值能耗仍高于全国平均水平 12.9%。目前，河南省人均能源消费量仅为全国平均水平的 85%，未来能源消费还将大幅度增长，特别是河南省正处于工业化、城镇化加快发展阶段，产业结构偏重的状况短期内难以根本改变，推进节能降耗和控制能耗总量面临较大的压力。

（4）能源供应成本高，能源转型空间受限。一方面，河南省产业结构以工业为主，高耗能企业对能源成本的承载能力较弱；另一方面，在政策引导、能源转型的大环境下，低成本的煤炭消费量受限，成本偏高的清洁能源需求量持续上升，导致企业用能成本增加，与河南省能源转型发展需求矛盾凸显。如何有效降低综合用能成本，促使清洁能源成本下降、提高竞争力，进而推动能源转型发展，是河南省面临的问题之一。

2.2.1.2 河南省农村能源消费问题分析

河南省农村能源结构较为单一，主要以煤炭、秸秆焚烧为主，环境污染较大，且农村人口多、平均收入水平较低，对推进农村煤改电造成了一定的阻力。目前，河南省农村能源消费主要面临以下问题：

（1）传统生物质能资源利用效率低。2017 年，河南省粮食种植面积为 10 135.5khm^2，油料种植面积为 1751.1khm^2，蔬菜种植面积为 1839.9khm^2，有大量的生物质能资源储量。目前，河南省生物质能资源储量为 10 386.1 万 t，农林剩余物资源量及发展潜力巨大，但开发利用程度仍然处于初级阶段。由于长期以来的粗放式种植、收割模式，河南省农村居民还未从思想上改变长期形成的秸秆焚烧、粉碎直接回田的习惯，影响了传统生物质能资源的利用及沼气发展。

（2）农村能源供需矛盾突出。一方面，河南省农村生物质能资源利用效率较低，资源浪费严重。由于河南省地处平原地区，生活能源消费量大，近 60%的秸秆被用作燃料，燃用生物质的单体灶平均热效率低。另一方面，河南省农村生活用能短缺，随着牲畜饲养量的增加，农村燃料、饲料及肥料供给矛盾日益凸显，需要提高生物质能资源利用效率，同时开发农村新能源、可再生能源以缓解河南省农村生活能源供应紧张的现状。

（3）生态环境破坏严重。河南省能源传统上以燃煤、农作物秸秆燃烧为主，不但严重污染环境，而且利用率低，造成大量能源浪费。由于林木资源长期作为农村生产和生活燃料被掠夺式利用，以至于水土流失，且农村长期把农作物秸秆作为主要能源，使土壤由于没有足够的有机物质作为补充，土地质量更加恶化，土壤贫瘠。

（4）能源消费差异性特征明显，结构单一。目前，河南省农村在能源建设方面，秸秆气化、太阳能热水、采暖、干燥、种植、养殖，以及太阳能光伏电源等技术和产品的利用、风能等新型能源的开发，都取得了一定的成效，建设新农村取得了一定的进展。但由于农村生活用能水平低、资金技术水平有限，能源建设方式仍比较落后，能源消费结构比较单一，对生态环境保护产生巨大压力。因旧式炉、灶等对原料燃烧不充分，散热严重，能源利用效率低，既浪费能源、破坏农业生态，又污染环境，从而制约了河南省农村能源综合建设的正常开展，能源消费差异性特征明显。

2.2.2 我国农村能源发展问题解决措施

2.2.2.1 能源供应问题解决措施

1. 发展分布式能源，推动能源互联网建设

利用风光互补特性，提高系统供电稳定性，通过发展分布式能源，提高能源供需协调能力，实现清洁能源生产和就地消纳，减少弃风、弃光，促进可再生能源消纳，提高能源系统综合利用效率。

推动能源互联网建设，有利于提高能源利用效率，增加能源有效供给，满足终端用户冷、热、电、气等多种用能需求，实现传统能源与新兴能源的互补利用，同时通过天然气冷热电三联产、分布式可再生能源和微电网等形式实现多能协同供应和能源的多级利用。

2. 加快能源消费结构变革

随着能源市场化程度的日益提高，价格改革逐步深化，节能减排和控制能源消费总量的倒逼力度不断加大，能源消费方式、结构、理念等也将发生转变，有利于农村加快转变能源发展方式，推动能源生产和消费领域变革。

3. 发展能源科技

在保障能源安全、保护生态环境和应对气候变化的迫切需求下，全球能源科技创新快速发展，能源发展呈现全球化、多元化、清洁化和高效化的趋势，加速向低碳化、无碳化转型，非化石能源和化石能源中相对低碳的天然气将获得更大发展，煤炭、石油加工转换和利用的清洁化、高效化程度将进一步提高，有利于农村推进能源清洁、高效、多元、低碳发展。

4. 推进农村能源多能互补

通过实施乡村振兴战略，探索建设农村现代能源体系：

（1）推进资源能源化，将风、光、生物质、生活垃圾等转化为可用能源，提高清洁能源的有效供给能力。

（2）推进能源智慧化，搭建农村能源互联网平台，通过能源数据库、能源监测中心、公共服务中心、协调优化中心统计分析农村电力、燃气、热力、成品油等各类数据，达到“全品类、全链条、全县域”能源运行可观可测。

（3）推进能源产业化，依托能源项目建设，带动上下游产业链完善升级，增加财政收入与劳动就业，初步形成“清洁能源+农业产业化”“多能互补+特色旅游”“能源互联网+工业强县”的能源产业化三种模式。

（4）推进能源普惠化，补齐农村能源基础设施短板，推动农村基础设施提档升级，实现农村能源“用得上、用得起”，薪柴、散烧煤在生活中的使用全部消除，清洁取暖普及率达到49%，公众绿色出行率达到58%。

2.2.2.2 农村能源消费问题解决措施

为有效缓解农村供能不足的现状，应推进生物质能、太阳能、风能综合利用，建立多种类型能源相互补充的用能模式，同时推进农村煤改电，改善农村生态环境，满足农村用户用能需求，降低生活成本，取得良好的社会效益和经济效益。

1. 将生物质能置于农村新能源的首要地位

生物质能是新能源革命的引领者，是全球唯一能大规模替代石油燃料的能源产品，符合农村资源条件和用能结构分散的特征，而且是现代农业的新生长点，是实现农业废物、林业、废物综合利用、改善农村生活面貌、发展循环农业的必要载体。

2. 加强太阳能的推广利用

除了生物质能资源外，太阳能也是适合在农村推广的另一种新能源。例如，河南省地处北亚热带和暖温带地区，气候温和，日照充足，太阳能储存较丰富。加大太阳能系统在农村的普及程度，利用太阳能热水系统，对水进行预热，既可以直接用于日常洗漱，也可以将预热过的水烧开饮用，节约用气成本。

3. 开发可再生能源，发展多能互补系统

推进农村沼气转型升级，加强沼渣和沼液高质利用，加快处置废旧农村沼气设施。因地制宜推广秸秆打捆直燃供暖、生物质成型燃料、沼气供气供热和太阳能热利用等技术模式，发展农村多能互补，利用农村产业之间的相互关系，实现能源多级利用，减少环境污染，提高农村能源供应能力及资源利用率，形成低投高效农业。

4. 建设农村能源互联网

利用能源互联网技术，为农村不同类型的用户提供多元化服务。通过对农村能源数据的有效挖掘，为可再生能源发电高效运行提供数据基础和决策依据。另外，通过能源协调优化功能实施，促进“源—网—荷—储”一体化运行和多种能源优化配置，最大限度消纳本地可再生能源发电。通过数据监测和分析共享，为光伏、风能等能源生产企业提供负荷优化信息，实现可再生能源消纳；为能源传输企业提供能源生产及消费数据服务，降低能源传输成本；为特色农业试点场景提供分布式电源、储能、可调节负荷等多种类型能源协调控制策略服务，降低用能成本；为用能企业和农村居民提供节能评估、能效优化方案等服务，提高用能效率。

2.3 我国农村类型及能源转型发展路径[1]

2.3.1 能源视角下农村类型分析

2.3.1.1 农村能源发展影响因素

我国幅员辽阔、地形地貌复杂、气候类型多样和各地生活方式差异较大。从人口变迁来看，随着时代的改变与发展，农村人口不断向城市涌入，把在城市落脚、融入城市生活作为外出务工的基本目标，使我国农村居民家庭人口规模呈现出持续下降的趋势；长远来看，未来我国农村能源整体需求有逐渐减少的演变趋势。从经济上看，我国农村地区居民收入呈东高西低、南高北低的特征，东南长三角和京津冀地区农村居民收入高于其他区域。从空间分布来看，各地区农村能源消费强度的空间差异性显著，农村地区人均用能呈现出北多南少、东多西少的分布特征。

此外，能源消费还与气候条件、区域资源禀赋等因素有关。资源可获得性是影响各省能源消费类型的主要原因，如山西省、内蒙古、河北省、贵州省等省（区）具有丰富的煤炭资源，这些省（区）煤炭消费比例较大。另外，我国东北和西南地区的居民比其他地区生物质能资源的使用比例更大，这基本上与我国生物质能资源分布情况是一致的。

2.3.1.2 农村类型划分

根据我国农村地区人口、经济发展程度、地理位置、资源禀赋及能源消费等特征，从农村能源供给侧、消费侧特征出发，同时结合我国自然地理分区及经济分区，将我国农村初步划分为经济发达的城郊型农村、经济中等发达的传统型农村、经济欠发达的偏远型农村三大类型。

1. 经济发达的城郊型农村

该类农村集中分布在城市周围，邻近城市，交通便利；农业生产占比很小，产业结构以第二产业为主；经济基础较好，农村居民受教育程度相对较高；能源基础设施与公共服务相对完善，服务体系、消费能力较好；外部能源输入便利，周边城市的发展对农村的辐射带动作用较大，具备城市反哺农村的有利条件。该类农村主要以华东、华南地区的农村为代表，尤其是上海、苏州、杭州、深圳等地大城市圈

[1] 资料来源：国家能源局《城市和农村能源革命模式及实施路径研究报告》。

范围的农村，基本实现了农村现代化，可依托周边城市的带动率先实现城乡融合发展。

2. 经济中等发达的传统型农村

该类农村属于当前传统农村类型，通常远离城市和重要交通线；农村居民主要以农业生产活动为主，经济水平一般；有一定的能源基础设施建设，以传统能源供给为主，可再生能源资源相对丰富。该类农村涵盖区域较广，主要包括华北、华中及东北等地区以县域经济为主（农业区域）的农村。华北地区农村散烧煤利用严重，大气污染治理形势严峻，地热资源、风能、太阳能较为丰富，部分地区具备煤层气等非常规天然气资源；华中地区农村农作物秸秆生物质能资源丰富，养殖业和畜牧业较为发达，农业生产规模分散；东北地区冬季供暖需求大，农村农林生物质能资源丰富，农业生产规模集中，机械化程度较高。该类农村经济发展程度不及华东、华南地区，城市带动效应不显著，属于现阶段农村能源革命的重点攻坚区域。

3. 经济欠发达的偏远型农村

该类农村一般地处偏远，规模较小且分散；农村居民以农业生产活动为主，生产力低，经济条件较差；能源基础设施落后，公共服务体系空白，农村居民习惯使用薪柴等原始能源资源，能源利用效率低；风能、太阳能、水力资源等可再生能源非常丰富，但能源消纳能力薄弱。该类农村主要以西北地区、西南地区农村为代表。

2.3.2 能源转型发展实施路径

我国农村能源革命关键是要提高农村能源消费清洁化水平和能源保障供给水平，构建清洁、低碳、安全、高效的能源保障体系；要大力发展分布式低碳能源网络，优化太阳能、风能、生物质能、地热能等可再生能源的组合发展模式；推动农村天然气管网和天然气市场建设，加大天然气的使用比例；改造提升农村电网建设水平，推动分布式与集中式电网并行建设，打造具有我国农村特色的多能互补、协调发展的分布式能源格局。

同时，由于我国当前广大农村地区还普遍存在能源利用方式低效、大量既有非节能建筑、农业生产过程高耗能等能源浪费现象。因此，我国农村能源革命首先要遵循“节能优先、效能为本”的实施路径，要把节能提效放在“第一能源”重要地位，以节约高效理念深入推进农村生产、生活领域节能提效。节能是一种不需要资源的开源，要坚持“开源”“节流”并重，充分利用网络、电视、广播、报纸等多种媒体，加强农村节能宣传教育，不断增强农村居民的节能意识；引导农村居民改变原有粗放型能源消费方式，淘汰散烧煤、薪柴等劣质低效用能。探索城镇化和新农村建筑节能模式，从规划、法规、技术、标准、设计等方面全面推进农村绿色建筑和建筑节能，提高建筑能效水平。推进农村住宅建筑保温措施推广与示范，推进农村节能门窗、幕墙技术及产品的应用；推进新农村屋顶光伏建筑、光热建筑一体化等可再生能源建筑技术应用，引导农村居民接受既有建筑节能改造。加强农业生产节能减排，完善农业发展循环经济的长效机制，按照循环经济发展的要求布局农业产业，推进农业废物集中资源化循环利用。全面强化农村节能环保，把农村生活节能、生产节能、建筑节能放在突出的位置，推动农村能源生产和消费由粗放、低效型向高效、节能和环保型转变，将节能提效贯穿于农村经济社会发展的全过程。

在此基础上，根据"战略引领，生态优先；清洁低碳、安全高效；因地制宜，多能互补；模式创新，全民参与"的战略方针，基于农村能源革命类型分析，结合农村能源革命的主要方向，面向农村用户多种用能需求，探索提出我国不同农村地区能源革命的典型范式及实施路径。

2.3.2.1 经济发达的城郊型农村能源革命

对于以华东、华南地区为代表的经济发达的城郊型农村，能源基础设施相对完善，经济水平较好，外部能源输入便利等条件，属于城市发展辐射带动区域。该类农村基础设施、服务体系都不是孤立的，要与城市规划统筹协调，以城市反哺农村、城乡融合发展的理念，按照"统筹规划、完善设施；城乡互动、能源互联"的能源革命典型范式，构建城乡一体化能源网络，推进农村能源革命。

1. 统筹规划、完善设施，以城市反哺农村理念推进农村能源基础设施建设与完善

以国家乡村振兴战略、区域协调发展战略为指导，通过城市圈带动效应，推动城市周边农村地区接轨城市。当地政府要统筹规划城市及周边农村地区的产业布局、能源供给、公共服务及基础设施建设，把农村能源问题纳入地区能源规划范围，统筹制定农村电网基础设施改造规划，充分考虑新能源、分布式电源、电动汽车充电基础设施等多元化负荷接入需求进行农村配电网的建设与改造，提高农村地区电网供电能力及可靠性；统筹规划城乡供气格局，以城区天然气主管网为依托，加快城市燃气管网向农村社区延伸建设，推动天然气替代民用散烧煤，提高该类农村地区天然气居民气化率；结合该类农村人口密集、生活水平较高、生活垃圾产量较大的特点，推进城郊农村生活垃圾与城市生活垃圾一并集中进行资源化综合利用。

2. 城乡互动、能源互联，以融合发展理念打通城乡能源供给一体化关键环节

以实现城乡融合发展为目标，充分发挥各自优势，推动资源互动共享，实现城乡能源互联互通。充分利用城市工业余热为城市周边农村地区提供热源，充分开发利用农村地区的可再生能源，并利用"互联网+"智慧能源系统构建区域能源互联网平台，建设以智能电网为基础，与分布式低碳能源网络、天然气管网、热力管网、交通网络等互联互通，电、热、冷多种能源形态互相转化的能源互联网试验示范工

程，形成与大电网结合互动的布局，打通城乡能源供给一体化关键环节，实现城乡能源互联互通，引领城乡能源协同发展。

具体来说，建议该类大城市圈范围的农村地区能源革命实施路径参考邻近城市（资源输入型发达城市）的能源革命实施路径，目标是率先实现城乡协同发展。

2.3.2.2 经济中等发达的传统型农村能源革命

对于经济中等发达的传统型农村，例如，华北、华中、东北地区的农村，基本上远离城市和重要交通线，以农业为主，家庭收入处于中等水平，生物质能、风能、太阳能、地热能等可再生能源丰富，滞后的能源基础设施和服务体系与农村居民生活、生产能源需求快速增长相矛盾，属于我国当前传统农村类型。因此，推荐这类农村地区采用“扬电引气、供需协调；多能互补、清洁高效”的能源革命典型范式，进行农村能源革命。

1. 扬电引气、供需协调，以清洁消费理念推动散烧煤由清洁能源替代

加强宣传与监管，严格控制农村散烧煤利用，最终实现全部替代。该类农村地区首先要以限制散烧煤消费和减少污染物排放为突破口，以散烧煤治理为契机，推进农村能源革命。加强政府及职能部门对于禁止燃用散烧煤的力度和决心，扩大燃用散烧煤污染危害的宣传工作，在燃用散烧煤严重地区严格控制散烧煤市场供应渠道，以经济、洁净的清洁能源替代散烧煤，引导农村居民消除对散烧煤的依赖。可优先选择一些经济基础相对较好、可再生能源丰富的农村试点推动“无煤村”示范建设，取缔使用散烧煤，推广使用清洁电力、天然气等清洁能源替代散烧煤消费，进而逐步应用到其他农村地区，最终实现散烧煤利用的全部替代。

以优化农村能源消费结构、减少污染物排放为重点，逐步推进“以电代煤”“以气代煤”“以可再生能源代煤”提高农村能源消费清洁化水平。在充分考虑本地经济发展的承受能力及资源供应保障能力的基础上，逐步推进“以电代煤”工程设施建设，充分开发利用当地风能、太阳能、生物质能等可再生能源发电，稳步、有序地提高清洁电力供应及其在农村终端能源消费中的比例；加强供需协调，通过加大财政资金投入，引导社会资本入股等多渠道、多措施来加大扶持力度，全面实施农村电网和农业生产供电设施升级改造，并加大对改造后农村基础设施的定期维护与检修，全面提升农村电力普遍服务水平，大幅度提高该类农村地区电气化水平。逐步推进“以气代煤”工程设施建设，一方面加快农村天然气管网优化建设，提高农村天然气管网覆盖面，在天然气管网不能覆盖的农村地区，推动建设小型液化天然气（LNG）储罐，替代民用散烧煤，建立健全液化天然气配送体系，多元化解决供应渠道；另一方面积极推进生物质沼气工程，建设村级燃气供气站及小规模管网，保障清洁燃气供应能力，提升农村燃气普遍服务水平。同时，还要加大农村冬季清洁采暖扶持力度，保障重点农村地区清洁能源供热补贴资金，整体提高农村能源消费清洁化水平、清洁能源的保障供给水平，提高农村能源普遍服务水平。

2. 多能互补、清洁高效，以绿色供给理念建设分布式低碳能源网络

结合地域资源特色，构建清洁、高效、安全的多元化能源供应体系，促进农村地区能源资源优势转化为经济发展优势。随着可再生能源的技术改进与政策支持，其开发利用成本将逐渐降低，结合农村丰富的可再生能源禀赋，其利用优势将更加凸显。要充分发挥该类农村地区多种资源能源共存的优势，规模发展风能、太阳能、生物质能、地热能等可再生能源，推进农村生活垃圾和农业养殖畜禽粪便资源化、能源化处理，建立可再生能源生产基地，构建多能互补的农村清洁能源供应体系，逐步使农村可再生能源由补充能源逐步上升为主力能源，提高农村能源的“自给”能力，同步加强农村能源输配电网络和储备设施建设。推动以电、气、可再生能源发展多能互补、多轮驱动的综合利用系统示范村建设，通过创新能源供给、运营、参与模式，满足农村居民多样化的用能需求，实现农村居民增收，提高农村居民参与低碳网络建设的积极性，进一步推动农村能源革命。

以京津冀为代表的华北农村地区，普遍散烧煤利用严重，大气污染治理形势严峻，要充分利用该类农村地区的风能、太阳能和地热能在部分地区比较富集的优势，推动“地热能—太阳能—生物质能”“风能—太阳能”“太阳能—生物质能”等多能互补的分布式低碳能源网络建设。地热能资源丰富的地区，可借鉴推广河北省雄县地热能供暖的模式，规范有序地推进水热型（中深层）地热能开发利用，其他地区可推广开发浅层地热能供暖，经济高效替代散烧煤供暖，满足农村冬季农业生产和居民生活的采暖需求，从根本上缓解农村地区大量使用散烧煤及生物质能低效利用的问题；风能、太阳能丰富的内蒙古、河北省张家口等农村地区，建设分散式风力发电和农户屋顶光伏发电、农业大棚光伏发电相结合的风光互补分布式发电系统，实现以用户自用和就近利用为主，多余电力送入当地配电网的分布式能源网络；对于煤炭资源丰富的山西省、内蒙古等地农村，推动矿区煤层气等非常规天然气管网向附近农村地区延伸建设，就地就近推进非常规天然气用于农村炊事与采暖，推广使用清洁型煤+节能环保炉具，并给予适当的财政补贴，以满足该类农村地区农村居民的基本生活需要。

以河南省为代表的华中地区，以农业生产为主，蕴藏着丰富的秸秆生物质能资源，但秸秆就地焚烧及就地堆放现象严重。该类农村地区能源革命要从以往单纯农村能源生产供应拓展到能源生产与解决农村环境、改善生态问题相结合的系统工程上来，要建设以秸秆等农业废物的生物质能利用为主，风能、太阳能、地热能等多种可再生能源协调发展的分布式低碳能源网络。优先发展秸秆等农业废物综合利用产业，构建农业废物分类、收集、储运、处理利用体系，大力发展生物质液体燃料

乙醇、生物质柴油并推广应用，规划建设秸秆等农业废物发电及热电联产工程；考虑农业生产规模分散的特点，推荐采用为农村用户提供加工设备租赁的商业模式发展生物质成型燃料产业。结合养殖业和畜牧业发达的优势，推动规模化、标准化养殖业发展，引导规模化养殖场建设粪污收集、储运、处理利用设施，建设规模沼气工程，形成并入常规天然气管网、车辆加气、锅炉燃料等多元化消费模式，并建立沼渣和沼液有机肥利用体系，推进畜禽粪便资源化、能源化处理。同时，可充分利用风能、太阳能、地热能等其他可再生能源，依托新农村建设，创新"光伏+新农村""地热+新农村""风力发电+乡镇公共设施"等综合利用商业模式；依托农业种植、渔业养殖等，创新发展"光伏+农业""地热+农业""光伏+渔业"等富民工程，全面推进可再生能源在农村的大力发展与应用。

林业和农业生物质资源、太阳能资源丰富的东北地区，冬季严寒，供热需求量大，生物质能低效原始利用问题较为严重，适合建设以农业废物、林业废物等生物质能规模化利用为主，太阳能利用为辅的分布式低碳能源网络。由于这类农村地区林业、农业规模较大且集中，便于集中将农业废物、林业废物进行资源化处理，要加强对秸秆、林业废物等生物质能资源综合利用的政策倾斜，推广"以奖代补"的方式，变堵为疏，调动广大农民的积极性。提升秸秆收集、储运专业化水平，规模发展生物质能发电及热电联产、堆肥及成型燃料等生物质能资源产业，重点发展农业废物、林业废物等生物质成型燃料产业，配套推广生物质成型燃料炊事供暖炉等设备，在保障当地农村居民生活用能需求的同时，还可为农村居民增收和就业带来新的机会。同时，充分利用太阳能资源丰富的优势，大力推广农村户用太阳能供暖系统与农村建筑相结合，并采用与生物质成型燃料供暖辅助配套的模式，保障该类农村地区冬季大量供暖需求。

2.3.2.3 经济欠发达的偏远型农村能源革命

对于经济欠发达的偏远型农村，例如，西北、西南地区的农村，一般地处偏远山区、塌陷区、滩涂、荒漠等自然条件恶劣区域，生产力低，农业产出水平低，基础设施落后，公共服务体系空白，习惯性使用薪柴等原始能源资源；但其有广阔的荒山、荒地等土地资源，且风能、太阳能资源丰富。因此，推荐该类农村地区要在重视节能的基础上，采用"集中开发，外送为主；电能消费，需求保障"的能源革命典型范式，进行农村能源革命。

1. 集中开发、外送为主，以消纳优先理念充分发挥农村空间和可再生能源丰富的优势

西北地区，农村人口密度低，人员流动性也较强，导致远距离供电投资过大，大多数农村无法享受到大电网建设规划扩大后带来的收益，同时西北地区冬季漫长

严寒，使农村居民能源消费中冬季取暖占据很大部分。而西北地区风能和太阳能资源丰富，具有良好的使用基础，适合建设分散式风能和太阳能相结合的分布式低碳能源网络。加快推动接入低电压配电网、就地消纳的分散式风力发电和光伏发电项目建设，推广农村户用太阳能供暖系统与农村建筑相结合，优化利用分散式风能、太阳能资源，因地制宜提高西北地区风能和太阳能利用效率，有效解决农村居民的用电和采暖问题。考虑该类农村地区能源需求总量不大，需加强能源外送通道的建设，“就近消纳+跨区域外送”实现新能源更大范围的消纳。政府要统筹规划引进一批现代高载能工业、农业精深加工、现代装备制作等战略性新兴产业，建设循环产业园区，培育优质用电负荷，实现新能源更多的就地消纳。

西南地区，农村山区人口密集，经济落后，水利资源丰富，具有较多的林业生物质能资源，适合建设以小型水力发电为主，生物质能和太阳能利用为辅的分布式能源网络。主要发展小型水电站的就地开发，就近供电，把小型水力发电纳入电网应急保障体系。在西南农村地区电力规划、建设和运行各阶段充分考虑小型水力发电的分布式电源的应急供电优势，充分发挥其保障电网安全和抗灾减灾的作用。由于小型水力发电系统稳定性不够，因此可考虑在小型水力发电集中的区域配套建设农业废物、林业废物的生物质能发电、农村屋顶光伏发电，统一纳入该地区微能源网系统建设。

2. 电能消费、需求保障，以扶贫攻坚理念保障农村居民基本用能需求

（1）逐步改变传统用能习惯，提高农村电气化水平。该类农村地区总体经济水平较低，公共服务体系薄弱，电网建设相对滞后，农村电网整体水平与全面建成小康社会的目标仍有差距，该地区能源革命的前提是要保障农村生产、生活的基本需求。重点要提高电能普遍服务水平，加大财政投入，开展农村电网建设攻坚，推进农村公共照明设施建设和农业生产供电设施改造升级，保障农村居民的基本用电需求。通过村委会组织宣传教育，推动农村用能观念和方式的改变，引导农村居民逐步改变传统能源消费习惯，降低薪柴等低品质能源使用量，加大政府补贴，推进以电为主的能源消费方式，逐步实现高品质能源消费转变。

（2）精准实施能源扶贫工程。强化定点扶贫，加大政府、企业对口支持力度，结合新能源扶贫工程和微电网建设，建设可再生能源局域电网，提高农村电网接纳分布式新能源发电的能力，保障该类农村地区农民生产、生活的用能需求。加强贫困农村地区能源规划布局，稳步推进“生物质扶贫”“光伏扶贫”等能源扶贫项目建设。建立长期可靠的项目运营管理机制和扶贫收益分配管理制度，增强贫困农村地区自我发展“造血功能”。确保能源扶贫项目与贫困人口精准对应，切实实现“精准扶贫、有效扶贫”。

2.4 本章小结

本章对我国农村能源产业发展现状及未来转型发展思路进行研究，主要研究内容包括农村能源发展现状及主要特征、农村能源发展存在的问题及应对措施、农村类型及能源转型发展路径。在农村能源发展现状与主要特征方面，通过介绍我国农村能源发展现状及河南省农村能源发展现状，包括农村能源资源禀赋特性和农村能源消费特性，确立我国农村能源发展的典型特征。以此为基础，从农村能源功能、农村能源消费两个维度分析我国农村能源发展存在的问题，并结合河南省农村能源发展特征，提出我国农村能源发展问题的解决措施。最后，从农村能源发展影响因素和农村类型划分两个维度，确立能源视角下的农村类型，并分别提出城郊型农村能源革命转型路径、传统型农村能源革命转型路径和偏远型农村能源革命转型路径，以明确我国农村能源转型发展的实施路径。

第3章

国内外多能互补模式与实践现状

随着环境污染与资源短缺问题的日益严重，加快清洁能源的开发迫在眉睫。但由于集中式开发清洁能源存在传输距离远、损耗大、利用效率低等问题，靠近用户就近消纳的分布式能源优势尽显。在《第三次工业革命》中首次提出能源互联网一词，由此能源互联网快速发展。2016 年，国家发展改革委、国家能源局印发《关于推进多能互补集成优化示范工程建设的实施意见》，要求加快推进多能互补集成优化示范工程建设，提高能源系统效率，增加有效供给，满足合理需求，带动有效投资，促进经济稳定增长。本章以多能互补基础理论和相关政策作为出发点，从集中式和分布式两种多能互补协同运行方式多方面研究现有多能互补运行模式，分析国内外多能互补实践现状，并发现其存在的问题和经验启示，进而结合我国农村能源资源特征，研究适应不同资源禀赋的农村多能互补运行方式。

3.1　多能互补基础理论与政策

目前，清洁能源发电具有显著特点，即清洁性、便利性和节约性，是今后发展的主力能源。然而，现阶段传统能源消费结构受限于多种情况，直接限制了能源可持续性发展和协同利用。在此背景下，结合各类分布式能源、火力发电机组及其他能源装置构成多能协同互补结构，可以有效满足用户侧的电、热、冷、气等多种能源需求。

3.1.1　多能互补基础理论

由于不同类型能源的利用形式和管理规则存在较大差异，单一能源运行系统以单独规划、单独设计、独立运行、缺乏协调性为主要特点，容易产生能源利用效率低、自愈能力差、系统整体稳定性低等问题。因此，现代生产中往往采用多能互补的形式来进行能源开发和利用。同时，为了协同多种类型能源、合理规划能源资源和缓解能源供需矛盾，在考虑各类能源特点、运行和供能模式的基础上，提出了多能互补政策。该政策是一种良性循环系统，包括风能、太阳能、天然气、氢能、水能及其他类型能源，并在供能侧将这些能源耦合协同，可缓解可再生能源消纳、提高供电可靠性及最大化能源利用效率。

通常情况下，多能互补集成系统分为两种运行模式：一种是综合能源系统基地多能互补系统；另一种是终端一体化多能互补系统。综合能源系统基地多能互补系统是将该基地分布式能源与传统化石能源及天然气系统相结合，最大程度地发挥各类能源特点，实现风、光、水、火、储等多种能源协同互补，满足用户相关能源需求。终端一体化多能互补系统是以终端用户侧需求产生电、热、冷、气等多种能源，并采用热电联产和冷热电联产等相关技术，实现能源梯级利用。此外，上述两种多能互补集成系统表现出了显著的灵活性，有效地促进了分布式能源、传统化石能源及其他能源协同运行能力，借助储能技术实现了调峰、调频作用，有助于提高能源的综合利用效率。

多能互补集成系统在设计时，表现出了一系列显著特点：① 风能和太阳能资源丰富的地区，主要集中在内蒙古、新疆、黑龙江等地；② 煤炭丰富，工业发展相对落后，火力发电机组负荷率小，大多火力发电机组不能满发；③ 风力发电、光伏发电装机规模大；④ 冬季有供热需求。

多能互补在实施上，与微能源网系统、智慧能源、能源互联网等有着紧密的内在联系，具有环保性、经济性、安全可靠性、独立性、灵活性等特性，如图 3－1 所示。

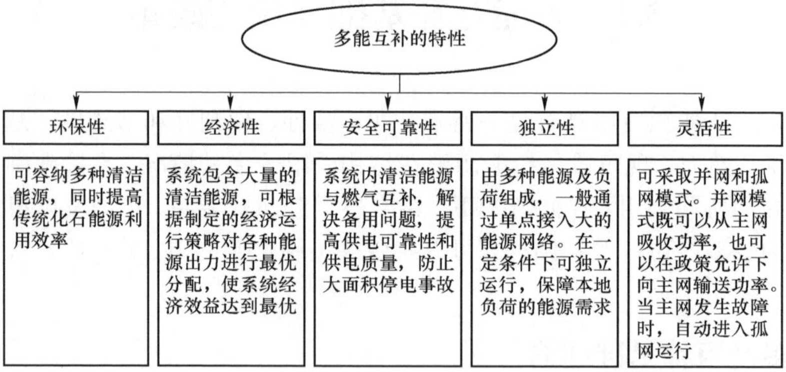

图 3－1　多能互补的特性

3.1.2　多能互补相关政策

多能互补最早出现在农村能源的合理利用的研究和探索上。1980 年，我国召开的第一次全国农村能源研讨会上确定了农村能源的建设方针，即因地制宜、多能互补、综合利用、讲求效益。此后全国范围内开展了农村能源区域规划与能源政策的研究，具体包括沼气利用、太阳能利用、生物质气化、微型水力发电、风能利用和地热能利用等方面。自20世纪90年代开始，关注焦点逐步转向能源的可持续问题和能源安全问题，把可再生能源作为能源政策的基础，力图建立以可再生能源为基础的可持续发展能源系统。以可持续能源发展为核心的多能互补形式被认为是解决可再生能源出力不稳定、减少弃风/弃光等问题的有效措施，国家和各省（区、市）相继出台了一系列多能互补集成系统发展的配套文件，对促进可再生能源发展和多能互补系统优化调度管理工作具有重要的指导意义。我国多能互补工程的配套文件政策主要分为多能互补产业发展政策和相关产业发展政策两大类。

1. 多能互补产业发展政策

2016年7月4日，国家发展改革委、国家能源局联合发布《关于推进多能互补集成优化示范工程建设的实施意见》，提出到2020年，各省（区、市）新建产业园区采用终端一体化集成供能系统的比例达到50%左右，既有产业园区实施能源综合利用改造的比例达到30%左右，国家级风、光、水、火、储多能互补系统示范工程弃风率控制在5%以内，弃光率控制在3%以内。2016年11月，国家发展改革委、国家能源局联合发布《电力发展“十三五”规划（2016—2020）》，提出有效实施多能互补政策将显著降低可再生能源消纳率，也将是多种能源系统协同运行的重要模式。同时，该文件以绿色发展为主线，突出了多元化的能源利用和清洁发电就地消纳两个主要任务。

2017年1月，国家能源局发布《能源发展“十三五”规划》，提出以提高能源发展质量和效益为中心，能够有效缓解发展不平衡和不协调问题，能够有序优化能源系统，增强系统调峰能力，加速建设抽水蓄能电站和天然气调峰电站，全面发展可再生能源。同时，为了加大既有热电联产机组和煤电机组的灵活性改造力度，需要汇通发电侧到终端用户，全面提高能源利用率。该文件还将终端一体化集成供能系统作为能源系统优化的重点工程之一。随后，2017年2月6日，国家能源局公布了首批多能互补集成优化示范工程。从首批多能互补集成优化示范工程项目来看，目前主要集中在终端一体化集成供能系统方面，数量为17个，占比73.91%，风、光、水、火、储多能互补系统作为补充发展，一共有6个，占比26.09%。上述政策的出台为多能互补集成系统的建设原则、运行模式和实施机制等提供了具体的建设指导。

2. 相关产业发展政策

随着我国经济增长方式的不断转变，能源结构也相继发生了变化。分布式能源、微电网、储能等技术的不断发展为可再生能源产业的发展提供了技术支撑。分布式能源特别是分布式可再生能源系统有着广阔的应用前景，其中多能互补、冷热电联产是主要的发展方向，以风光为主的能源互补形式将在未来的可再生能源时代占据重要的位置。我国分布式能源形式多样，各有优势。其中天然气分布式能源是分布式能源系统的核心技术和最主要的组成部分，它主要用于建筑和工程工业领域，出力相对稳定；分散式风力发电应用广泛，可以对常规电网和大型风电场"查缺补漏"；分布式光伏发电应用技术成熟，选址多样化；生物质能发电可提高能源利用效率，降低污染；小型水力发电减少投资，可提高能源利用效率。根据我国新能源发展规划，将逐步解决风力发电、光伏发电及海洋能发电中存在的一系列问题，并统筹发展生物质能发电及其与之相结合的能源系统，加速建设生物质能有关示范基地，能够有效地推进多种能源协同发展技术和推动多能互补集成优化示范工程建设。

2017 年 1 月 13 日，国家海洋局发布《海洋可再生能源发展"十三五"规划》，提出将有序建设兆瓦级潮流能并网示范基地和 500kW 级波浪能示范基地，并启动万千瓦级潮汐能示范工程建设。除此之外，将建设 5 个以上海岛海洋能示范基地，其新建海洋能基地和已有海洋能基地总装机规模将超过 5 万 kW，并与其他分布式能源相结合实现多能互补发电，以便满足用户侧各类能源需求。

从能源互联网的角度分析，在现在的分布式能源系统中，冷、热、电，也包括水，形成了多能互补系统。同时，未来的分布式能源系统以可再生能源为主，包括冷热电联产，同时考虑负荷响应、负荷预测，这也是未来能源架构中非常重要的内容。因此，随着储能技术、微电网技术等的发展，其他与之相关的产业的发展为多能互补集成工程提供了更多的实现形式。与多能互补相关的主要政策见表 3-1。

表 3-1　　与多能互补相关的主要政策

序号	政策名称	政策要点	发布时间
1	《关于进一步深化电力体制改革的若干意见》	鼓励专业化能源服务公司与用户合作或以"合同能源管理"模式建设分布式电源	2015 年
2	《关于推进新能源微电网示范项目建设的指导意见》	基于能源互联网思想和技术，协同耦合各类能源，从能源生产—运行—用能等一体化进程，参与电力市场，进一步满足用能需求	2015 年 7 月
3	《关于推进"互联网+"智慧能源发展的指导意见》	提出加强建设能源智能化生产和消费设施、建设多种能源协同互补综合能源网络设施等 10 项重点任务	2016 年 2 月
4	《关于推进多能互补集成优化示范工程建设的实施意见》	加强建设多能互补集成系统示范基地。其中，终端一体化集成供能系统 17 个，风、光、水、火、储多能互补系统 6 个，共计 23 个多能互补集成优化示范工程项目	2016 年 7 月
5	《微电网管理办法》	鼓励政策和社会资本以特许经营方式建设微电网，对分布式能源发电和可再生能源发电采用不同政策，并对示范项目实行优先并网和优先纳入政策性资金支持	2017 年 2 月

续表

序号	政策名称	政策要点	发布时间
6	《关于公布首批“互联网+”智慧能源（能源互联网）示范项目的通知》	为了推动绿色能源的灵活自主平衡交易，以工业园区或者开发区为试点，首批确定了55个“互联网+”智慧能源（能源互联网）示范项目。其中，城市能源互联网综合示范项目12个、园区能源互联网综合示范项目12个、其他及跨地区多种能源协同互补示范项目5个，以及其他能源互联网示范项目26个	2017年6月
7	《推进并网型微电网建设执行办法》	结合传统发电系统、分布式能源系统和其他能源系统，促进我国并网型微电网稳定发展，可以有效促进可再生能源消纳问题，进一步建立多种能源互补发电模式	2017年7月
8	《关于促进储能产业与技术发展的指导意见》	结合新一轮电力体制改革和能源联网技术，加强建设我国储能市场化发展，进一步制定储能规模化发展市场机制和制度，有序完善多能互补集成系统+储能技术的发展运行模式	2017年10月
9	《2018年能源工作指导意见的通知》	着力解决清洁能源消纳问题，扎实推进“互联网+”智慧能源（能源互联网）、多能互补集成优化、新能源微电网、并网型微电网、储能技术试点等示范项目建设	2018年2月

综合而言，我国各类能源政策出台相对比较缓慢，从20世纪80年代开始，陆续出台了以传统化石能源为主的能源消费结构，但由于污染严重和资源有限，逐渐开发了各类分布式能源，即风能、太阳能、生物质能、海洋能、核能及天然气等，并将其相互结合满足用户侧的用能需求，从而实现了多能互补集成发电，以便可以缓解环境污染、清洁能源消纳和提高各类能源利用效率。

3.2 多能互补实践现状与经验启示

现阶段，受资源环境制约，单一能源品种的利用无法满足社会的可持续发展目标，因此，在未来发展中，建设多种类型能源有机整合、集成互补的综合能源体系成为主流趋势。受各国资源禀赋及自身发展情况的影响，多能互补在不同国家、不同地区呈现出了不同特色。本节选取欧洲、美国和日本等国家及地区，分析其多能互补发展现状及主要模式，结合我国多能互补园区的发展现状，给出相应启示，为进一步完善多能互补集成优化系统提供了参考依据。

3.2.1 国外多能互补实践现状

3.2.1.1 欧洲多能互补实践现状

欧洲是最早实施建设综合能源互补系统的地区。在欧盟第五框架（FP5）中，针对多种能源协同优化研究相对成熟，具有一定的经验。例如，通过考虑交通运输清洁化与可再生能源综合开发技术，实现了 DG TERN（distributed generation transport and energy）项目；通过结合可再生能源与传统化石能源系统，实现了电能替代的多能互补 ENERGIES 项目；通过满足终端用能需求，实现了可再生能源综合利用的 Microgrid 项目。在此基础上，欧盟研究的 FP6 与 FP7 中，进一步对多种能源协同发展进行了深入研究，如 Microgrids and more Microgrids（FP6）、Trans－European Networks（FP7）、Intelligent Energy（FP7）等系列具有代表性的国际化项目将投入使用。同时，以英国、德国和丹麦为代表的一些欧洲国家，陆续成立了多种能源耦合协同发展的相关项目。

1. 英国综合能源互补系统

英国在发展能源互补战略时，更注重各能量流的集成效应，但受制于其地理位置的影响，只能通过采用容量较小的支流线路将国家电力系统与燃气系统相连，并建成一个相对安全稳定的融合多种能源的供能系统。目前，在英国已经建成了两种层面的综合能源互补系统，即国家层面和社区层面。国家层面主要结合电力系统和燃气系统，以便满足地区电能和热能需求。社区层面主要将各类分布式能源接入系统，以清洁、绿色、安全方式满足用户需求，并进行推广使用，例如，英国气候变化部 CECC、创新代理机构 Innovate UK 与其他企业共同出资建设区域综合能源系统示范基地。此外，2015 年 4 月，在伯明翰 Innovate UK 公司每年投入 3000 万英镑以支持对综合能源系统的开发和利用，成立了"能源系统弹射器"（energy systems catapult），并通过可再生能源义务制（RO）、上网电价补贴制度（FiT）、差价合约机制（CfD）等可再生能源发展激励政策，进一步挖掘社区层面的分布式能源综合利用潜力，不但对可再生能源发电项目的装机总容量做了规定，而且对不同类型的可再生能源装机容量也做了细分。

2. 德国多能互补集成系统

德国更加注重技术层面的融合，例如，通信信息系统与能源系统之间的集成，如典型的 E－Energy 项目，能够减少 10%～20%的最大负荷和用电量，以及有效解决分布式电源和复杂用户终端负荷不断增长的一系列问题。2006 年，德国政府投资大约 1.4 亿欧元支持建设 6 个试点的 E－Energy 项目，即智能发电、智能电网、智能消费和智能储能。同时，E－Energy 项目的有序发展，直接带动了地区和同类型企业加速建设联合通信信息系统与能源系统的多能互补集成系统。在 E－Energy 项目开始实施后，德国政府还推进了 RegModHarz 等一系列项目，主要是根据电价决策家电的运行状态，追踪可再生能源的发电量变化，实现负荷和新能源发电的双向互动，并建立家庭能源管理系统。在该能源管理系统中，多种主体参与市场交易，包括风力发电机组、太阳能电池、生物质能电站、电动汽车和相关储能装置。

3. 丹麦热电系统

20 世纪，丹麦曾有超过 90%的能源供给全部来自进口石油，但目前，丹麦在清洁能源领域处于世界领先地位。丹麦政府计划在 2020 年年底可再生能源占总能源的消纳比例达到 30%以上，风力发电量占总发电量的 50%以上。丹麦是全球第一个计划以 2050 年完全脱离化石燃料为目标的国家，即实现 100%可再生能源发电。

为了提高可再生能源消纳比例，丹麦学者的研究重点是将不同类型能源系统整合进行互补，以充分发挥各类资源的天然优势。丹麦地处北欧，受地理环境及气候因素的影响，丹麦对供热的需求较大，发展可再生能源供暖成为主要技术改进目标之一。通过热网的连接、燃气及热电联产机组的参与，加之对生物质能 CHP 机组的大力推广，使丹麦的电网、热网和气网紧密关联并在用电低谷时段实现能源耦合转换，各类能源之间互动性日益增强。随着相关技术的不断发展，丹麦政府计划在 2050 年实现生物质能与电热供热量占区域供暖系统的 40%以上。

3.2.1.2 美国多能互补实践现状

美国作为首个提出综合能源系统发展计划的国家，非常重视对综合能源相关理论技术的发展。随着美国经济规模的不断扩大，传统能源系统无法满足工业发展现代化与居民生活智能化带来的用能新需求，加之与日俱增的减排压力，能源系统的发展必须实现优化转型以保障社会清洁、高效发展，这就推动美国政府出台了对于综合能源系统发展计划的相关政策，见表 3－2。

表 3－2　　美国政府对建设多能集成优化系统的支持政策

时间	政策	内　容
2001	《综合能源系统发展计划》（integrated resource planning，IRP）	提高清洁能源供应与利用比例，进一步提高社会功能系统的可靠性和经济性，其重点落在促进分布式能源和冷热电联产技术的进步和推广应用
2007	《能源独立和安全法》（EISA）	社会主要供用能环节必须开展综合能源规划
2009	《美国恢复和再投资法案》	将智能电网列入美国国家战略，以构建高效能、低投资、安全可靠、灵活应变的综合能源系统作为未来能源领域技术创新与革命的基石和电力改革目标

基于此，美国出现了许多著名的能源管理公司，结合云数据、分布式电源、多能互补集成等技术手段为企业和居民提供节能管理服务。

美国的可持续设计和产品管理公司（SDPM）制造的气候和谐系统在众多多能互补集成系统中具有一定的代表性。该系统有多个模块，根据用户的多种能源需求，燃气锅炉可实现与空气源热泵、太阳能集热器连接，利用不同类型能源特性，实现燃气、太阳能与热能在运行时间上的互补，从而降低用能成本，提高能源利用效率。

美国的 OPower 公司利用软件，收集挖掘公用事业企业的能源数据，可为用户用能提供一定的节能建议，即在用户侧实现需求的灵活管理。通过对家用电器进行用电量统计，了解用户的基础用能负荷等相关信息，搭建大数据分析平台，通过云计算技术，形成用户个性化节能建议，帮助电力公司分析用户用电行为，为电力公司提高营销服务质量提供决策依据等。

3.2.1.3 日本多能互补实践现状

日本本土资源匮乏，能源对外依赖严重，是亚洲最早开展综合能源系统研究的国家。2009 年 9 月，日本政府提出构建覆盖全国的综合能源系统，以优化能源结构、提升能源利用效率。日本政府认为，规模化利用可再生能源有助于达成温室气体的减排目标。2010 年 4 月，日本能源研究机构成立了日本智能社区联盟（Japan smart community alliance，JSCA），在社区能源系统中引入电、气、热等能源进行互补耦合，并逐渐加入交通、供水、信息和医疗等系统实现资源的一体化集成。Tokyo Gas 公司在传统能源（电、气、热）的基础上，将进一步实现氢能供应网络的全面覆盖，深化能源流间的集成优化作用。

（1）根据用户类型制定差异化的服务策略。将用户分为大用户和居民用户两类。针对大用户，Tokyo Gas 公司提出不同电价方案和电气设备方案的优化组合，并协助客户改进设备、实现节能目标。针对居民用户，Tokyo Gas 公司通过推广电炊具、节能热水器等，并通过可再生能源出力与传统能源在时间与空间上的互补作用，实现“全电气化住宅”。

（2）Tokyo Gas 公司对智能家居、建筑节能、电动汽车等展开研究。利用地源热泵、太阳能发电、储能系统等，对能源综合利用系统进行进一步优化，并结合居民用能习惯、电器用电情况等，实现家居用能的集中调节，提高系统能源利用效率。

3.2.2 国内多能互补实践现状

1. 合肥空港示范区：城市转型跨越发展的战略平台

安徽省合肥空港示范区是合肥市“1331”城市发展空间布局重点打造的 3 个卫星城之一，也将是今后发展的重要模式。该示范区以“一心、两园、三区”为设计架构，横纵向实现耦合发展。“一心”是围绕焦湖和宝教寺两大水库，发展一种高端商务休闲基地，主要可以实现文化会展、休闲旅游、酒店接待和商务会议等。“两园”是特色打造的特色园区，即临空高新技术制造产业园和航空物流工业园。“三区”是依托新桥国际机场，以航空经济为导向，实现各类与航空有关的配套服务，即空港新市镇发展区、门户发展区和临空产业园配套居住服务区，主要包括电商物流业、高端制造业和航空关联产业。因此，该示范区结合航空经济作为赢利点，对省市经济贡献具有一定的意义。

该示范区由四个部分组成，即分布式供能系统、微能源网系统、智慧能源管理系统和用户互动服务平台。其中，分布式供能系统主要包括屋顶光伏、分布式风机、地源热泵、蓄热储能和充放电装置，并结合用户需求管理平台和智能微电网系统，最终实现综合能源系统共同体。此外，借助能源互联网和大数据相关技术，可以有效调节各类分布式能源与需求端用能负荷曲线，进一步实现智慧、互动、开放的能源消费模式，以及有效实现多种能源的绿色清洁利用。

分布式供能系统主要包含风、光、气和冷、热（热水、热蒸汽）、电共 6 类能源品种，由三联供系统、分布式光伏、分布式风机和储能设备整合，通过以下途径实现电力和热力的互联互通、互相补偿，充分发挥区域内冷热电的互补效应。

（1）燃气轮机消纳天然气，产生电力及余热，余热可直接供热，也可转换成供冷。

（2）分布式光伏既可发电，也能供热，可通过热泵将电力转换成热或冷。

（3）分布式风机可发电供网内外用户使用，也可通过热泵将电力转换成冷、热。

（4）储能设备（抽蓄）将谷时段多余的能量进行储存，在负荷峰时段进行释放。

2. 新奥集团：泛能网运作与生态城区建设

新奥集团在传统能源的研究基础上，分析新能源在传统能源系统中的融合和发展，并提出实现多种能源融合、分布式为主体、设施互联互通、供需充分互动、实时调度交易、储能技术支撑的泛能网运作模式。为用户提供多能互补的泛能站或泛能机接入解决方案，融合信息网与气、电、热、水等物联网，完善各类能源设施，搭建互联互通的能源物联网，最终形成以人工智能技术为支撑，多种能源智慧调配，能源互联共享的新型生态能源系统，以实现能源的清洁、高效、经济、安全的目标。在国家首批多能互补示范工程中，廊坊泛能网生态城区块项目是新奥集团遵循国家互联网+智慧能源发展导向及新能源微电网示范项目建设要求落地实施的典型项目。

廊坊泛能网生态城控制系统采用网络模式设计理念，“源—网—荷—储”整体优化配置，是冷热电气多能融合、可再生能源和清洁能源多技术集成、能源设施互联互通、供需主体多边交易的区域互联网能源新形态。系统建成以来，仅通过消除 20MVA 冗余容量，就可为园区每年节约容量费用 500 多万元。

该项目高效集成分布式光伏、天然气分布式能源、地源热泵、储能、充电桩等多种能源技术，为 18 家用能主体、30 多家公司提供冷、热、电、气等多品种能源，可再生能源装机功率与峰值负荷功率的比值达 55.6%，供能范围内基本用电负荷可完全由该项目在孤岛运行状态下保障供能；依托能源物理管网及泛能网运营调度交易平台实现能源网和信息网的高效融合，负荷预测准确率达 90%以上，控制单元下沉到楼层，根据用能需求进行动态供需重构，实现全网优化调度，支持经济、节能、绿能及复合四种运行调度控制模式，分别实现成本最优、能效最优、排放最优；同时，实现多对多小时级能源交易，支撑能源双向结算及分时能源价格、冷热电打包等多样化交易模式，充分释放市场化、网络化资源优化配置效用。

3. 协鑫集团：打造“六位一体”的智慧用能新局面

在协鑫集团的战略规划下，苏州工业园区多能互补集成优化工程同样成为国家首批示范项目。园区内建有 2 个清洁能源中心、10 个分布式能源中心、100 个分布式能源单元及 1000 辆电动汽车，构成清洁能源容量超 100 万 kW 的综合能源系统和区域内“六位一体”新型能源结构。“六位一体”分布式微能源网实现了对光伏、天然气热电冷联产、风能、地热能（地源热泵、光热）及 LED、储能等资源的综合利用，有机结合组成微能源网。系统包含屋顶光伏 350kW，天然气分布式能源可提供 400kW 电能、400kW 热（冷）能，并配套 200kWh 的储能，融合风光互补、电动汽车、微电网、LED 等多项能源技术，自供能率、清洁能源利用效率、能源综合利用效率均超过 50%，整个建筑节能达到 30%以上，实现能源的安全、高效、环保和可靠供给。

在能源利用一次端，基于协鑫集团的光伏发电产业，还涵盖了天然气、生物质能、地源热泵、餐厨垃圾沼气及微型风力发电等多种能源。在能源的输出端，基于多种能源梯级利用的特性，以天然气分布式能源调节风力发电、光伏发电的不平稳出力；通过能源转化手段，利用天然气发电满足夏季高峰负荷，在冬季引入储能将低谷电转为热能供热，实现了冷热电三联供。在供需模式上，以需求侧管理公司为平台，覆盖 800 万 kW 用户容量，分析用户用能数据，为用户提供节能方案，实现更贴近用户、供需互动的耦合集成方式。苏州工业园区的微能源网系统在能源清洁建设的基础上，结合能源互联网、大数据、多能互补集成优化、需求侧管理等技术手段，为园区提供了高效清洁、智能友好的能源支持。

3.2.3 现存问题与经验启示

3.2.3.1 现存问题

随着我国多能互补项目的不断增多及相关支持政策的出台，多能互补的高效利用逐步体现，但目前大多数多能互补集成优化示范工程仅在特定工业园区内实施，推广力度与实际实施强度尚有矛盾。经分析，我国多能互补项目目前受到以下几个因素的制约：

（1）价格机制不健全，多种能源价格核定无依据。现行各类能源价格受地区影响，不尽相同，因此各项目的经济性较难评价。例如，融合天然气的冷热电联产项目涉及气价、上网电价、热冷价等，若无定价标准，则各类能源价格难以把控，影响项目的正常运营。此外，国家对天然气微型燃气轮机、储能及多能互补综合项目尚未形成统一定价政策，导致对微型燃气轮机发电、储能设备及能源互补项目的投资回报率偏低。

（2）商业模式不完善，多方利益诉求难以兼顾。参与多能互补系统能源交易与商业运营的主体主要包括区域内能源管理中心、综合能源服务商、各类用户、电动汽车、新能源系统、储能设备、CHP 机组等。各类主体在系统内的定位不同，其利益诉求也不尽相同。目前多能互补项目中大多是以能源供给侧为主的多种能源集成优化，缺少能引导并吸引用户参加的健全交易机制。在我国电力市场建设过程中，电力市场研究较为成熟，但尚缺少整合能源交易市场、兼顾各方利益的收益分摊机制，以及多能互补市场交易及相关收益分配研究。

（3）电力调度及交易机制不完善。由于与综合能源系统内能源利用的相关能源调度机制、市场交易和价格机制尚未确立，能源生产、运输、消费的“一体化运行”在实际运行中难以实现。

3.2.3.2 经验启示

面临环境压力，坚持可持续发展道路，发展可再生能源、实现多种能源流间的互补优化是未来能源工作的重中之重。“十三五”规划指出，要积极发展分布式能源，放开用户侧的分布式电源建设；《关于推进多能互补集成优化示范工程建设的实施意见》提出，到 2020 年各省（区、市）新建产业园区终端一体化集成用能系统比例应达到 50%。由此看出，在“去中心化”的发展背景下，多能互补是未来区域能源发展的重要方向。为进一步提高用能效率，促进可再生能源的高比例、大规模消纳，深化“源—网—荷—储”一体化融合。现阶段我国实施多能互补集成优化工作应从以下几个方面进行改进：

（1）完善多能互补集成优化系统框架结构。将系统内多种能源的特性互补，并与分布式“源—网—荷—储”协调优化相结合，将从横向与纵向两个方面提高系统集成水平，增加多种能源流间的时间与空间互补特性，获得更多的集成互补效益。在高比例可再生能源渗透的条件下，深化研究应充分考虑在发、用电侧引入实时电价，运行模式、需求响应和市场开放特性等因素，进一步提高系统的不确定性，更加贴近能源系统的实际运行情况，深化系统耦合互补，扩大综合能源系统融合能力。

（2）丰富多能互补集成优化系统价格体系。我国现阶段对于多能互补集成优化系统内的能源价格设计的研究仍然不够丰富，相关的保障性政策不足，导致用户负荷受电价影响较大。各类能源设施的相关建设需要一定的定价机制来支撑，包括市场交易、峰谷分时电价在内的丰富的价格体系也有利于用户主动参与市场交易、改变用电习惯。因此，重点研究能源定价机制，完善多能互补集成优化示范区内的能源价格体系建设，出台相应保障性政策是保证多能互补工作规模化开展的重要措施。

（3）发挥企业市场主体作用，全面提升自主创新能力。我国能源自主创新能力不足，关键核心技术和先进大型装备对外依赖程度较高。应充分发挥企业主体作用，加快先进适用技术研发，在能源开发开采、清洁能源高效发电、海上风电场利用、太阳能热发电、高效远距离输电、大容量储能等重点领域实现技术进步。充分利用我国市场空间大、工程实践机会多的优势，以高效清洁发电、特高压输电、大规模间歇式发电并网、智能电网等技术领域为重点，加快重大工程技术示范，促进科技成果转化为生产力。

3.3 多能互补运行典型模式对比研究

3.3.1 电源侧多能互补运行模式

风光水火储协同运行模式是伴随规模化、集中式新能源开发所产生的概念，是集中式多能互补能源侧的典型运行模式。与传统新能源电站不同的是，风光水火储协同运行模式可采取集中上网、能源基地内部优化调度的方式保证出力的可靠性和稳定性，并减轻区域电网压力。清洁能源与火力发电、储能系统联合运行，可以将不可控的清洁能源转化为可靠性电源，有效降低风力发电、光伏发电、水力发电对电网的影响。在这种运行模式下，抽水蓄能电站是储能系统的典型代表，也是电力系统中的一种特殊电源。它通过抽水工况和发电工况，在能源协同运行中既可作为电源又能作为负荷，把清洁能源输出的功率进行“时间”和“空间”上的再分配，以实现更多的清洁能源并网。例如，风力发电出力的随机性、间歇性和不稳定性导致了风力发电的大规模并网对我国电力系统产生较大的负面影响。2018 年，我国新增并网风力发电装机容量 2059 万 kW，同比增长 37%，占全部发电装机容量的 9.7%，但其中实现并网供电的比例却相对较低，以及弃风问题仍然较为明显。在此背景下，国内外很多学者展开了一系列研究，如抽水蓄能电站作为解决可再生能源发电所带来的波动性问题的有力工具，通过加入到储能装置中，不仅平滑了电网系统的稳定性，还保证了电网系统的稳定性和可靠性。因此，结合大力发展各类清洁能源的战略目标，考虑多种能源的相关特性，尽可能地发挥各类能源优势，全面实现多能互补模式，进一步提高各类能源的综合利用效率。

3.3.2 用户侧多能互补运行模式

3.3.2.1 虚拟电厂协同运行模式

1997 年，首次提出了“虚拟电厂”这一概念，是一种“源—网—荷”集中管理的能源模式，并非是真正意义上的电厂。随着我国大力发展可再生能源，以及以油为主的传统化石能源带来的一系列污染问题，加速了我国能源转型速度。同时，为了更好地发挥各类可再生能源的特点，需要解决可再生能源本身具有的随机性和不稳定性，并通过通信技术，将其互联互通，不仅缓解了地区的环境污染问题，还可实现调峰、调频、备用等辅助服务功能。此外，在传统的物理结构上，虚拟电厂融合了各类可再生能源、储能技术及各类调控和计量技术，有效地促进了当前能源可持续发展。

与此同时，虚拟电厂作为全新的商业互动模式，无须对电网进行改造，通过充分利用各类分布式资源，实现电源侧的多能互补和负荷侧的灵活互动，给电网提供电能和辅助服务，为解决清洁能源的消纳问题，提供了有效的解决方案和对策。但我国目前的虚拟电厂发展还处于起步阶段，需要充分挖掘不同类型能源相互之间的连通和耦合关系，以便符合我国电力发展的需求与方向，在政府、企业、用户等各方的共同努力下，将拥有越来越广阔的应用前景。

3.3.2.2 微能源站协同运行模式

微能源站是伴随清洁能源分布式开发运行所产生的概念，涵盖多种可再生能源供电和供热设备多能互补，优化利用，以期解决供能侧和负荷侧存在的较强的不确定性。随着工业生产和居民生活对能源需求的日益增加，以及在能源危机与环境污染的双重压力下，如何提高能源利用效率、减少环境污染、实现能源可持续发展是当今工业界和学术界共同关注的话题。同时，微能源站是基于用户端的电、热、气耦合互联系统，是多能互补系统分布式协同运行模式的常见载体。与常规的供能方式相比，微能源站因能源利用效率高、靠近用户、避免远距离传输等优点，具有良好的发展前景。

微能源站往往由燃气分布式电源、燃气分布式电源智能控制系统、站内高/低压配电网、站内配电监控系统、站内用电负荷、继电保护装置等组成，实现了自我控制、保护和管理，是一个典型的包含电源、配电网、用电负荷，实现自动控制，可与区域电网交互功率的微型电力系统。它既可以与外部电网并网运行，也可以孤立运行。

分布式微能源站基于不同类型能源的协同优化，保持能源利用效率最高。它可以提高可再生能源的占比和系统的能源综合利用效率为重点，基于可再生能源与清洁能源间高效互补机理，提高各级品位热能的系统匹配和高效利用，研究“异质”能源之间的协同优化和设计，增强分布式微能源站的用能弹性，并提升多能互补分布式能源系统的动态特性。

3.3.3 综合能源系统协同运行模式

综合能源系统协同运行模式是以清洁能源集中式分布构成，着重强调用户侧多能互补的典型运行模式。随着我国经济社会持续发展，能源生产和消费模式发生了重大转变，要求用户侧改变传统用能习惯和用能模式，构建能源综合利用系统。然而，综合能源系统旨在打破原有各类能源（如供电、供气、供冷/热等）供用系统单独规划、单独设计和独立运行的既有模式，在规划、设计、建设和运行阶段，对不同供能系统及用能系统进行整体上的协调、配合和优化，形成一体化的供能、用能系统，解决传统能源系统利用效率低，可再生能源消纳能力不足，自动化及信息化水平较为落后等问题。

在一般情况下，为了实现用户侧能源网络的全面升级改造，通过借助综合能源系统思想，提高各类能源的利用效率。当前，我国提出的综合能源系统主要由电力子系统、热能子系统、供水子系统及其他能源子系统构成。同时，各个能源子系统之间通过计算机技术相互连接，全面贯通从源端到用户端的一体化能源供应模式，有效地降低了各类能源的用能成本，也提高了多种能源的综合利用效率和协调发展。因此，综合能源系统协同运行模式是今后发展的一个重要方向，也将会带来诸多的机遇和挑战。

3.4 农村多能互补实现形式及典型模式

3.4.1 多能互补实现形式

基于多能互补系统组成结构分析，多能互补可以通过“源—源”互补，通过不同电源之间的耦合实现多能互补，如风—光互补、风—燃气机组互补等；可以通过“源—转”互补，通过电源与能源转换机组之间的耦合实现多能互补，如风—燃气动力设备（P2G）互补、风—电制冷机互补等；可以通过“源—储”互补，如风—储能互补、光—储能互补；也可以通过“源—荷”互补，如风力发电供能高发期，增加用电量，风力发电供能低谷期，减少用电量。在此基础上，“源、转、储、荷”均可进行不同形式的耦合，进而实现多能互补。

基于基础的机组耦合实现多能互补，多能互补也有时间互补、热互补、热化学互补和系统及区域互补，见表3-3。目前实际工程应用中多采用时间互补和热互补的方式，热化学互补现阶段以理论分析和试验研究为主，系统及区域互补主要是利用时间互补、热互补、热化学互补的方式进行系统之间的能源互补。

表3-3　　多能互补利用的实现形式

互补形式	具体实现形式	技术特点	互补的效果	适用场合
时间互补	风—光互补、风光—天然气	根据能源波动特性和调节能力，将能源供应从时间角度互补利用和重新分配	提高风光利用效率，提高电能输出可靠性及电网接纳可再生能源能力	大型风力发电、光伏发电基地，电力打捆外送；终端型供能系统，微小型发电设备，如海岛供电系统等
热互补	太阳能—地热能 太阳能—生物质 煤电—风光	将不同热能根据“温度对口，梯级利用”的原则引入至热力循环中适当的位置	提高能源转换效率，提升时间互补效果	可再生能源丰富地区；新建工业园区、电能替代工业园区、中小城镇；新疆、甘肃及宁夏东部等地区，新能源与传统煤电打捆外送
热化学互补	太阳能—天然气 太阳能—生物质 太阳能制氢 风电制氢	选取合适的吸热化学反应，将热能转化为燃料的化学能	提高能源转换效率，实现可再生能源储存和转运	太阳能与生物质能或天然气耦合生成合成气，实现化工动力多联产
系统及区域互补	本地能源系统—上级电网； 本地不同区域之间	基于时间互补/热互补/热化学互补等方式，进行不同系统和不同区域之间互补	提高系统综合利用率	虚拟电厂；不同系统之间供需存在互补

3.4.2　多能互补多级系统分析

3.4.2.1　设备级——冷热电联供系统

1. *典型系统及运行方式*

冷热电联供系统作为一种分布式能源利用形式，是一种能源节约型、环保型和同时增加电力供应的新型能源利用模式。冷热电联供系统由燃气轮机、余热回收装置、换热装置、吸收式制冷机组等组成，是一种建立在能量梯级利用基础上的综合产、用能分布式系统。系统的主要设备有发电机组、吸收式制冷机组及余热利用机组等。

首先利用天然气能源驱动发电机发电，再通过各种余热利用设备（吸收式制冷机组、余热锅炉等）对余热进行回收利用，从而同时向用户提供电力、冷、热等。

采用冷热电联供系统时，夏季优先利用联供系统发电余热，采用溴化锂制冷系统进行供冷，部分不足的空间采用电空调供冷。冬季供暖时，优先利用联供系统的烟气余热进行供热，不足部分通过其他方式补充。

2. 应用范围

作为缓解能源危机的重要手段之一，冷热电联供具有污染排放低、布置灵活方便、运行可靠性高及高效节能等优点，是实现冷热电联供终端能源供给的新技术。其既可以作为单体使用，也可以并网运行，具有双向互补的特点。

冷热电联供系统多应用于对电力负荷稳定性有特定需求，且存在夏季供热或冬季供冷的地点，而城市中商用、办公、生活小区建筑面积增长迅速，具有建筑单体大、耗能多、冬季供冷和夏季供热的特点，分布式冷热电联供系统可同时实现冷热电的供应。因此，设备级冷热电联供系统可应用于靠近用户消费终端的某些办公建筑、工业园区、生活小区等小型社区。

3.4.2.2 站点级——能源站系统

1. 典型系统及运行方式

采用集中供冷、供热、供电系统，一般可再生能源系统（太阳能发电、生物质能发电等）、热泵系统占据核心地位，搭配燃气轮机、冷热电联供系统及蓄能装置等多个供能设备，共同组建成一个能源站。

能源站可以连接电网，也可以独立工作。区域能源站相对于传统集中式能源系统而言，是一类近用户端的能源利用方式，是一类可对能源进行梯级利用的综合设施。能源站以小规模、小容量、模块化、分散方式布置在用户附近，可独立地输出冷、热、电能，减少了对集中供能中心的依赖度。各供能设备既相互独立又融合贯通，即每个设备都具有一定的独立供能能力。通过能源站的形式将各供能系统进行连通互补，若其中某个设备出现故障，可以调配能源站内的其他设备进行备用，以保证能源站整个系统的可靠运行。

例如，以土壤源热泵机组+冷水机组+烟气型溴化锂制冷机组构成区域内供热、供冷系统。其中，热泵机组用于冬季供热，冷水机组用于夏季供冷。能源站内冷热源设备配置的依据是建筑设计冷热负荷并考虑同时使用系数。夏季冷源按照建筑设计冷负荷的 75%进行配置，冬季热源按照建筑设计热负荷的 85%进行配置。夏季供冷由电制冷机组、土壤源热泵机组、烟气/热水型溴化锂机组及水蓄能系统提供，冬季供热由土壤源热泵机组、烟气/热水型溴化锂机组及水蓄能系统提供。另外，能源站还设置了预留热力接口，以备冬季能源站内热源设备不足以承担建筑热负荷。电制冷机组主要在夏季白天工作时间段开启，直接向用户侧提供冷水。热泵机组能够实现冬季供热、夏季供冷。系统实现了供冷、供热用电的移峰填谷及热泵机组的间歇运行。烟气型溴化锂制冷机组与能源站内的燃气内燃机发电机组相连接，构成冷热电联供系统。

2. 应用范围

能源站在充分利用可再生能源的基础上，搭配燃气轮机、冷热电联供系统及蓄能装置等多个稳定型供能设备，既可以提高能源利用效率，降低对环境的影响，也有利于增强系统的安全性、可靠性。其多应用于可再生能源资源丰富，对冷、热、电负荷均具有需求的区域，满足较大规模的区域级供能。

3.4.2.3 微能源网级——多能互补智能微能源网

1. 典型系统及运行方式

多能互补智能微能源网是一种靠近用户侧的微型综合能源系统，涵盖天然气、太阳能、风能等一次能源及电力二次能源，涉及电、热、气多种能源输配电网络和负荷需求、储能、控制和保护设备及信息化平台，以电能为核心，通过多能互联、信息能量耦合及市场经济引导，实现多种能源“供—需—储”协调优化和自平衡。其将天然气冷热电联供系统，光伏发电、风力发电、储能技术，新兴节能技术相结合，为微能源网内各类用户提供多层次的面向终端用户的电、热、冷、气等多种用能需求。其因地制宜、统筹开发、互补利用传统能源和新能源，优化布局建设一体化集成供能基础设施，通过天然气、冷热电联供、分布式可再生能源和智能微能源网等方式，实现多种能源协同供应和能源综合梯级利用。

多能互补智能微能源网的组成元素主要包括微型电源、负荷、储能元件、开关、电力电子装置及通信设备等。其中，用户能在微能源网中获得应用的各种发电形式，如太阳能、风能、燃气轮机、燃料电池、地热能、水能、潮汐能等发电形式都可作为分布式电源。

多能互补智能微能源网运行模式是对区域集中能源系统和分布式能源系统进行权衡配置，将目标区域中可利用的能源如电网来电、气网燃气、太阳能、风能和生物质能等可再生能源优化整合，将目标区域中分散的小型、微型的分布式能源（包括楼宇冷热电联供、燃料电池、燃用生物质能的锅炉、太阳能光伏发电，以及小型风力发电等）所生产的电和热（冷），通过连接各建筑的电力微能源网和热力网络实现电力和热力的互联互通，互相补偿，从根本上建立能源的低碳应用方式。多能互补智能微能源网可协同考虑传统能源和可再生能源，由于区域中各个建筑的负荷高峰不会同时出现，可以充分利用同时使用系数大大削减的设备容量，合理设计规划并进行优化整合配置就可以起到很好的节能减排效果。

2. 应用范围

多能互补智能微能源网耦合设备冷热电联供系统和站点能源站系统的特点，其应用范围一般为园区综合体，即某些具有冷热电负荷需求的办公建筑、工业园区、生活小区、高等院校等大、小型社区，也可用于满足较大规模的区域级供能。

3.4.3 农村多能互补典型方案

3.4.3.1 农村集中用能互补方案

该方案适用于农村集中用能，如图 3－2 所示。

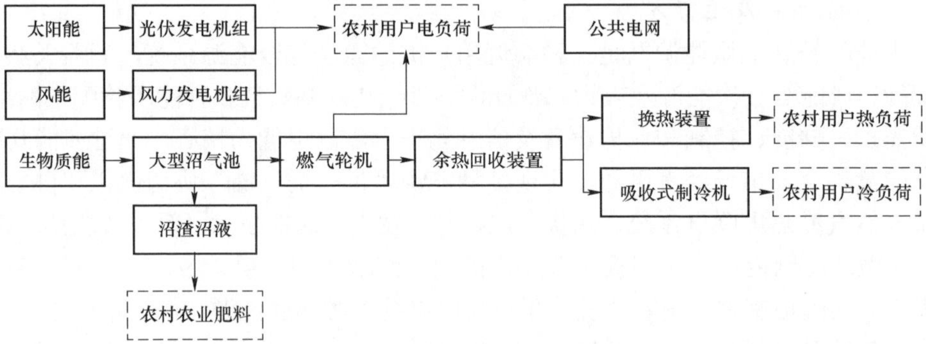

图 3－2 农村集中用能互补方案

从供电端，首先，利用大规模光伏发电机组和风力发电机组，供应农村用户的电负荷需求；其次，利用如秸秆、粪便等生物质能，建造大型沼气池，经由大型燃气轮机满足农村用户电负荷需求，构建风—光—生物质多能互补系统。

从供冷、供热端，利用余热回收装置吸收燃气轮机发电所产生的余热，经由换热装置，满足农村用户热负荷需求；经由吸收式制冷机，满足农村用户冷负荷需求。

3.4.3.2 农村家庭生活用能互补方案

该方案适用于农村家庭生活用能，如图 3－3 所示。

从供电端，首先，利用太阳能光伏板，满足部分农村家庭用电负荷需求；其次，利用如秸秆、粪便等生物质能，经由小型沼气池，再通过小型燃气轮机满足部分农村家庭电负荷需求；然后，构建由洗衣机、电动三轮、电动汽车、电动车等生活用电设备组成的灵活性储能设备，形成用户灵活性电负荷，实现光—储—生物质多能互补系统。

从供冷、供热端，利用余热回收装置吸收小型燃气轮机发电所产生的余热，经由换热装置，满足农村用户热负荷需求。其次，利用如秸秆、薪柴等生物质能，以及节柴灶满足农村用户热负荷需求；经由吸收式制冷机，满足农村用户冷负荷需求。

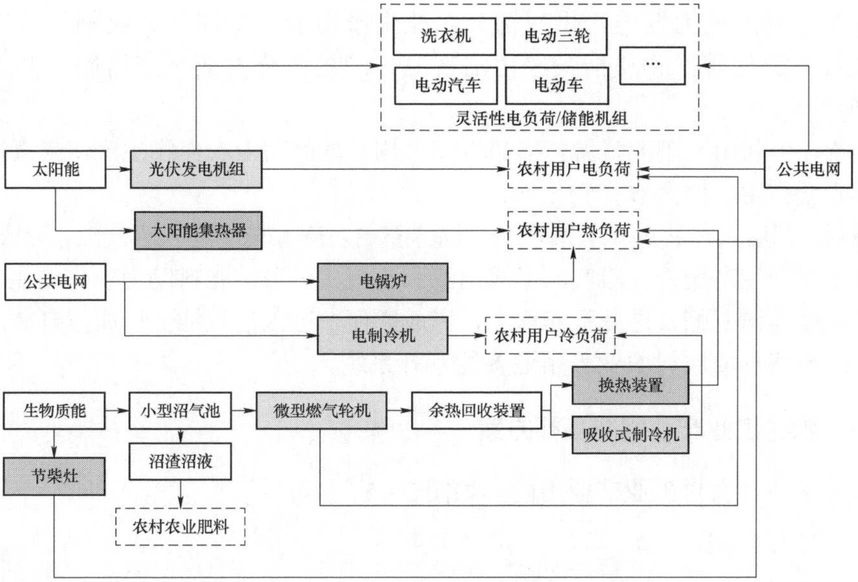

图3－3　农村家庭生活用能互补方案

3.4.3.3　农村农业养殖业用能互补方案

该方案适合农村农业养殖业用能，如图3－4所示。

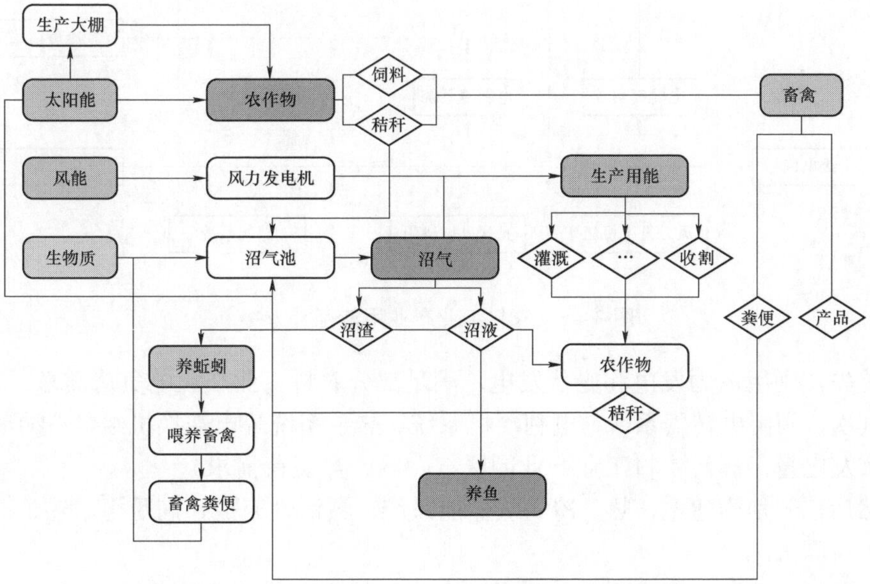

图3－4　农村农业养殖业用能互补方案

首先，利用风力发电，供应部分农业生产用能，如灌溉、收割；其次，利用如秸秆、粪便等生物质能，经由沼气池，满足部分农业生产用能，助力农作物生产。

其次，可利用太阳能资源，搭建生产大棚，直接助力农作物生产，或直接经由太阳能光合作用，助力农作物生产。

最后，利用农作物的饲料和秸秆，饲养畜禽，畜禽粪便进入沼气池，形成沼气，再次满足农业生产用能。沼气池形成沼渣和沼液，可当做肥料助力农作物生长。沼渣可以通过养殖蚯蚓，进而喂养家禽，形成粪便，进入沼气池，形成沼气。沼液可以养鱼。最终形成农村农业养殖业多能互补系统。

3.4.3.4 农村工业产业用能互补方案

该方案适合农村工业产业用能，如图 3－5 所示。

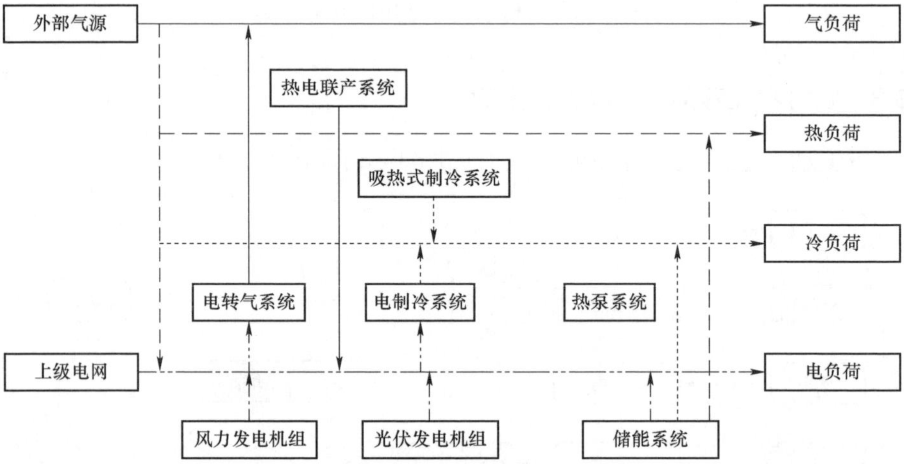

图 3－5　农村工业产业用能互补方案

首先，利用风力发电和光伏发电，满足部分农村工业产业电负荷需求。

其次，利用电转气系统、电制冷机系统、热泵系统等电转换机组，消纳清洁能源剩余发电量，满足农村工业产业园区气、冷、热负荷需求。

然后，分别构建电、热、冷、气储能系统，灵活性充放，满足电、热、冷、气多种负荷需求。

最后，构建热电联产系统，满足工业园区的电、热负荷需求。

3.5 本 章 小 结

随着我国能源转型的不断推进，多种能源相互之间耦合消纳，高效利用现象日益增多。多能互补系统通过多种能源的综合管理调度及优化运行，从而改变了能源管理的形式，实现了产能用能的高效性。因此，推进多能互补集成化系统发展可以有效促进可再生能源规模化发电并网，实现节能减排及调整各类用电负荷。因此，本章详细梳理了多能互补基础理论、运行模式、实践现状和经验启示。具体包括三个方面，首先，概述了多能互补的基本理论和相关政策。然后，总结国内外典型的多能互补运行模式，分别从集中式、分布式两种运行模式，电源侧及用户侧两个级别各自进行分类阐述。最后，分析总结了国内外多能互补的实践现状，并根据国内多能互补的实践现状分析得出多能互补实施的经验启示。本章研究内容对后续章节研究的开展奠定了理论基础。

第4章

农村多能互补典型模式技术经济分析

4.1 农村多能互补技术可行性分析

4.1.1 多能互补系统构成

本节从微能源网的输入端到输出端角度出发，综合考虑供给环节、转换环节、存储环节、需求环节等的能量特性，构建微能源网的能量特性模型，据此分析微能源网的能量特性。

4.1.1.1 “源”——能源供给机组

供给环节的能量特性主要是指输入微能源网系统中的发电单元的设备特性。供给环节发电机组多元，包括风力发电、光伏发电、生物质能发电、地热能发电、常规燃气发电等发电方式，这些发电方式应用广泛。

1. 风力发电

风力发电机组的输出特性主要取决于风速、地形与空气密度等。由于风速具有随机性的特点，因此构建风速四分量模型模拟预测风速，包括基本风、渐变风、阵风和随机风四种风的类别用以模拟风的波动性与随机性。

风力发电机组的输出功率为

$$P_{\mathrm{WPP},t}=\begin{cases}0, & 0\leqslant v_t<v_{\mathrm{in}}, v_{\mathrm{out}}<v_t\\ \left(\dfrac{v_t-v_{\mathrm{in}}}{v_{\mathrm{r}}-v_{\mathrm{out}}}\right)^3 P_{\mathrm{r}}, & v_{\mathrm{in}}\leqslant v_t\leqslant v_{\mathrm{r}}\\ P_{\mathrm{r}}, & v_{\mathrm{r}}<v_t\leqslant v_{\mathrm{out}}\end{cases} \tag{4-1}$$

式中：$P_{\mathrm{WPP},t}$ 为风力发电机组在 t 时刻的可用输出功率，kW；v_t 为 t 时刻自然来风的风速，m/s；v_{in}、v_{r}、v_{out} 分别为风力发电机组的切入风速、额定风速和切出风速，m/s；P_{r} 为风力发电机组的额定功率，kW。

2. 光伏发电

光伏发电组件的输出特性主要取决于光照强度，由大量的数据可知，光照强度可用Beta分布进行拟合，其概率密度函数为

$$\Phi(E)=\frac{\Gamma(\alpha+\beta)}{\Gamma(\alpha)\Gamma(\beta)}\left(\frac{E}{E_{\max}}\right)^{\alpha-1}\left(1-\frac{E}{E_{\max}}\right)^{\beta-1} \tag{4-2}$$

式中：E、$E_{\max}$ 分别为某段时间内的实际光照强度和最大光照强度，lx；α、β 为描述Beta分布的参数。

在上述光照强度拟合分布的基础上，光伏电池的输出功率为

$$P=IU=I_{\mathrm{sc}}\left[1-C_1\left(\mathrm{e}^{\frac{U}{C_2U_{\mathrm{oc}}}}-1\right)\right]U \tag{4-3}$$

$$C_2=\left(\frac{U_{\mathrm{m}}}{U_{\mathrm{oc}}}-1\right)\left[\ln\left(1-\frac{I_{\mathrm{m}}}{I_{\mathrm{sc}}}\right)\right]^{-1} \tag{4-4}$$

$$C_1=\left(1-\frac{I_{\mathrm{m}}}{I_{\mathrm{sc}}}\right)\mathrm{e}^{1-\frac{U_{\mathrm{m}}}{C_2U_{\mathrm{oc}}}} \tag{4-5}$$

式中：I、I_{sc} 分别为光伏电池的电流和短路电流，A；U、U_{oc} 分别为光伏电池的电压和开路电压，V；I_{m} 为最大功率点的电流，A；U_{m} 为最大功率点的电压，V。

3. 生物质能发电

生物质能发电的主要原料包括农业、林业、工业的废物及城市垃圾，发电方式有气化与直接燃烧，具体包括农业、林业、工业的废物气化与直接燃烧发电、城市垃圾焚烧发电与填埋气化发电、沼气发电等。直接燃烧与气化的发电特性为

$$P_{\mathrm{BE},t}=\eta_{\mathrm{BE}}m_{\mathrm{BE},t} \tag{4-6}$$

$$P_{\mathrm{BE}}^{\min}\leqslant P_{\mathrm{BE},t}\leqslant P_{\mathrm{BE}}^{\max} \tag{4-7}$$

式中：$P_{\mathrm{BE},t}$ 为 t 时刻生物质能的发电功率，kW；η_{BE} 为生物质能燃烧或气化的发电效率；$m_{\mathrm{BE},t}$ 为 t 时刻燃烧或者气化的生物质能原料的质量，kg；$P_{\mathrm{BE}}^{\min}$、$P_{\mathrm{BE}}^{\max}$ 分别为生物质能发电功率的最小值和最大值，kW。

4. 地热能发电

地热能发电原理与火力发电相同，汽轮机利用蒸汽的热能转变成机械能，机械能带动发电机转变成电能。地热能发电的主要方式包括地热蒸汽发电、联合循环发电、地下热岩石发电、地下热水发电，本节以地热蒸汽发电方式为例进行说明。地热蒸汽发电的工作原理是首先净化干蒸汽，通过分离器分离出固体杂质；然后将蒸汽带入汽轮机中做功，驱使发电机发电；最后做功产生的蒸汽利用余热回收装置进行回收。地热蒸汽发电输出特性为

$$P_{\mathrm{HE},t}=\eta_{\mathrm{m\_HE}}\eta_{\mathrm{p\_HE}}F_{\mathrm{HE},t} \tag{4-8}$$

$$P_{\mathrm{HE}}^{\min}\leqslant P_{\mathrm{HE},t}\leqslant P_{\mathrm{HE}}^{\max} \tag{4-9}$$

式中：$P_{\mathrm{HE},t}$ 为 t 时刻地热能的发电功率，kW；$\eta_{\mathrm{m\_HE}}$ 为地热能转换成机械能的效率；$\eta_{\mathrm{p\_HE}}$ 为机械能转换成电能的效率；$F_{\mathrm{HE},t}$ 为 t 时刻从地下开发的地热能，kW；$P_{\mathrm{HE}}^{\min}$、$P_{\mathrm{HE}}^{\max}$ 分别为地热能发电功率的最小值和最大值，kW。

5. 节柴灶模型

与传统土灶相比，节柴灶优化了灶膛、锅壁与灶膛之间的相对距离与吊火高度、烟道和通风等的设计，并增设保温措施和余热利用装置，使用起来节省时间、效率高、省燃料、方便卫生。其模型表示为

$$P_{\mathrm{FS},t}=\eta_{\mathrm{FS}}q_{\mathrm{c/s}}m_{\mathrm{c/s}} \tag{4-10}$$

式中：$P_{\mathrm{FS},t}$ 为节柴灶在 t 时刻产生的热功率，kW；η_{FS} 为节柴灶能源转化效率；$q_{\mathrm{c/s}}$ 为煤（秸秆）的热值；$m_{\mathrm{c/s}}$ 为煤（秸秆）的质量，kg。

6. 沼气热电联产模型

沼气主要是由农村畜禽粪便发酵制备，多用于热电联产。沼气通过增压机处理达到一定参数后进入燃气内燃机燃烧，带动发电机组运行供电。热电联产过程中产生的余热通过废热回收装置收集后供热。伴随着产生的沼渣、沼液可作为农业肥料，节约一定的肥料成本。沼气热电联产流程如图 4-1 所示。沼气热电联产模型为

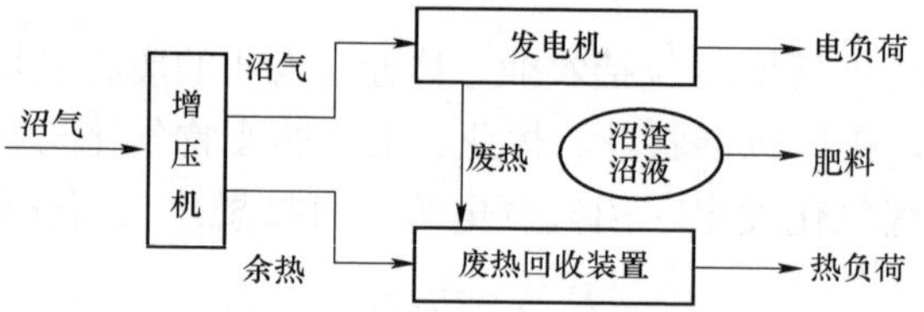

图 4-1　沼气热电联产流程图

$$P_{\mathrm{BP},t}^{\mathrm{e+h}}=P_{\mathrm{BP},t}^{\mathrm{e}}+P_{\mathrm{BP},t}^{\mathrm{h}}=\lambda V_{\mathrm{biogas}}C_{\mathrm{b}}\eta_{\mathrm{b}} \tag{4-11}$$

$$\bar{\omega}=\frac{P_{\mathrm{BP},t}^{\mathrm{e}}}{P_{\mathrm{BP},t}^{\mathrm{h}}} \tag{4-12}$$

式中：$P_{\mathrm{BP},t}^{\mathrm{e+h}}$ 为沼气在 t 时刻产出电能和热能的功率，kW；$P_{\mathrm{BP},t}^{\mathrm{e}}$ 为沼气在 t 时刻的供电功率，kW；$P_{\mathrm{BP},t}^{\mathrm{h}}$ 为沼气在 t 时刻的供热功率，kW；λ 为沼气体积占沼气池体积的百分比；V_{biogas} 为沼气池体积，m^3；C_{b} 为沼气热值，$\mathrm{kW/m^3}$；η_{b} 为沼气热电联产的能源利用效率；$\bar{\omega}$ 为沼气供电功率和供热功率之比。

7. 冷热电联产机组

（1）燃气轮机

$$P_{\mathrm{CGT}}(t)=\left[aV_{\mathrm{CGT}}^{2}(t)+bV_{\mathrm{CGT}}(t)+c\right]\eta_{\mathrm{e}} \tag{4-13}$$

式中：$P_{CGT}(t)$ 为 t 时段燃气轮机输出的功率，kW；$V_{CGT}(t)$ 为 t 时段输入的天然气量，m^3；η_e 为燃气轮机发电效率。

（2）余热锅炉。燃气轮机产生的余热被锅炉收集，其输出功率与热电比有关，即

$$H_{WHB} = \gamma_{CGT} P_{CGT}(t) \tag{4-14}$$

式中：H_{WHB} 为余热锅炉吸收的热量，kW；γ_{CGT} 为热电比。

（3）蒸汽热水换热装置。蒸汽热水换热装置利用余热锅炉中产生的部分蒸汽转换为热，供给热负荷需求，即

$$H_{CH}(t) = P_{GL,hot}(t)\eta_{CH} \tag{4-15}$$

式中：$H_{CH}(t)$ 为 t 时段蒸汽热水换热装置的热负荷需求，kW；$P_{GL,hot}(t)$ 为 t 时段余热锅炉输出的蒸汽用于制热的功率，kW；η_{CH} 为换热装置的转换效率。

（4）蒸汽型吸收式制冷机。蒸汽型吸收式制冷机将余热锅炉中产生的部分蒸汽转换为冷，供给冷负荷需求，即

$$L_{ZL}(t) = P_{GL,cold}(t)\eta_{ZL} \tag{4-16}$$

式中：$L_{ZL}(t)$ 为 t 时段蒸汽型吸收式制冷机的冷负荷需求，kW；$P_{GL,cold}(t)$ 为 t 时段余热锅炉输出的蒸汽用于制冷的功率，kW；η_{ZL} 为制冷机的转换效率。

4.1.1.2 "转"—— 能源转换机组

转换环节包括电、热、冷、气等能量之间的互相转换，主要包括电制热、电制冷、热制冷、气制热、气制冷等。下面将按照制热、制冷、制气分别进行建模。

1. 制热转换

制热设备主要包括燃气轮机、燃气锅炉、电热泵、空气源热泵。

（1）燃气轮机。燃气轮机是指通过消耗天然气输出热能，由气转热的转换特性为

$$\eta_{CGT,t}^{h} = 1 - \eta_{CGT,t}^{g} - \lambda_{CGT}^{loss} \tag{4-17}$$

式中：$\eta_{CGT,t}^{h}$ 为 t 时刻燃气轮机的热效率；$\eta_{CGT,t}^{g}$ 为 t 时刻燃气轮机输出的电功率效率；λ_{CGT}^{loss} 为燃气轮机的热损失率。

燃气轮机的输出热功率为

$$P_{CGT,t}^{h} = P_{CGT,t}\eta_{CGT,t}^{h} / \eta_{CGT,t}^{g} \tag{4-18}$$

$$P_{CGT}^{h,min} \leqslant P_{CGT,t}^{h} \leqslant P_{CGT}^{h,max} \tag{4-19}$$

式中：$P_{CGT,t}^{h}$ 为 t 时刻燃气轮机输出的热功率，kW；$P_{CGT}^{h,min}$、$P_{CGT}^{h,max}$ 分别为燃气轮机输出热功率的最小值和最大值，kW。

（2）燃气锅炉。燃气锅炉能够与燃气轮机协调使用，燃气轮机与燃气锅炉均可通过消耗天然气提供热能，燃气锅炉的作用是弥补燃气轮机无法提供充足热能的缺陷，使微能源网供热的灵活性提高。燃气锅炉的转换特性为

$$P_{\mathrm{GB},t}^{\mathrm{h}} = V_{\mathrm{GB},t}\eta_{\mathrm{GB},t}^{\mathrm{h}} \tag{4-20}$$

$$P_{\mathrm{GB}}^{\mathrm{h,min}} \leqslant P_{\mathrm{GB},t}^{\mathrm{h}} \leqslant P_{\mathrm{GB}}^{\mathrm{h,max}} \tag{4-21}$$

式中：$P_{\mathrm{GB},t}^{\mathrm{h}}$为$t$时刻燃气锅炉输出的热功率，kW；$V_{\mathrm{GB},t}$为$t$时刻燃气锅炉消耗的天然气量，$\mathrm{m}^3$；$\eta_{\mathrm{GB},t}^{\mathrm{h}}$为$t$时刻燃气锅炉的热效率；$P_{\mathrm{GB}}^{\mathrm{h,max}}$、$P_{\mathrm{GB}}^{\mathrm{h,min}}$分别为燃气锅炉输出热功率的最大值和最小值，kW。

考虑燃气锅炉的工况发生变化，则其输出转换特性为

$$\eta_{\mathrm{GB},t}^{\prime\mathrm{h}} = \left[\partial_0 + \partial_1\left(\frac{P_{\mathrm{GB},t}^{\mathrm{h}}}{P_{\mathrm{e\_GB},t}^{\mathrm{h}}}\right) + \partial_2\left(\frac{P_{\mathrm{GB},t}^{\mathrm{h}}}{P_{\mathrm{e\_GB},t}^{\mathrm{h}}}\right)^2\right]\eta_{\mathrm{e\_GB},t}^{\mathrm{h}} \tag{4-22}$$

式中：$\eta_{\mathrm{GB},t}^{\prime\mathrm{h}}$为$t$时刻燃气锅炉工况发生变化后的热效率；$\partial_0$、$\partial_1$、$\partial_2$为拟合系数；$P_{\mathrm{e_GB},t}^{\mathrm{h}}$为$t$时刻燃气锅炉的额定热功率，kW；$\eta_{\mathrm{e_GB},t}^{\mathrm{h}}$为$t$时刻燃气锅炉的额定热效率。

（3）电热泵。电热泵是指将电能转换为热能的设备，其输出转换特性为

$$P_{\mathrm{EP},t}^{\mathrm{h}} = P_{\mathrm{EP},t}\eta_{\mathrm{EP},t}^{\mathrm{h}} \tag{4-23}$$

$$P_{\mathrm{EP}}^{\mathrm{h,min}} \leqslant P_{\mathrm{EP}}^{\mathrm{h},t} \leqslant P_{\mathrm{EP}}^{\mathrm{h,max}} \tag{4-24}$$

式中：$P_{\mathrm{EP},t}^{\mathrm{h}}$为$t$时刻电热泵输出的热功率，kW；$P_{\mathrm{EP},t}$为$t$时刻电热泵输入的电功率，kW；$\eta_{\mathrm{EP},t}^{\mathrm{h}}$为$t$时刻电热泵输出的热效率；$P_{\mathrm{EP}}^{\mathrm{h,min}}$、$P_{\mathrm{EP}}^{\mathrm{h,max}}$ 分别为电热泵输出热功率的最小值和最大值，kW。

（4）空气源热泵。空气源热泵供暖是一种清洁的供暖方式，且在严寒地区的实际运行具有很好的前景，它把不能直接利用的能量利用起来，将热能从低位转换成高位，从而达到节约能量的目的。其数学模型为

$$P_{\mathrm{ASHP},t}^{\mathrm{h}} = g_{\mathrm{ASHP},t}^{\mathrm{e}}\mathrm{COP}_{\mathrm{ASHP}} \tag{4-25}$$

式中：$P_{\mathrm{ASHP},t}^{\mathrm{h}}$为$t$时刻空气源热泵的供热功率，kW；$g_{\mathrm{ASHP},t}^{\mathrm{e}}$为$t$时刻空气源热泵的耗电功率，kW；$\mathrm{COP}_{\mathrm{ASHP}}$为空气源热泵的能效系数。

2. 制冷转换

最常用的制冷机是电制冷机和溴化锂吸收式制冷机。

（1）电制冷机。电制冷机是指将电能转换成冷能的设备，其输出转换特性为

$$P_{\mathrm{EC},t}^{\mathrm{c}} = P_{\mathrm{EC},t}\eta_{\mathrm{EC},t}^{\mathrm{c}} \tag{4-26}$$

$$P_{\mathrm{EC}}^{\mathrm{c,min}} \leqslant P_{\mathrm{EC},t}^{\mathrm{c}} \leqslant P_{\mathrm{EC}}^{\mathrm{c,max}} \tag{4-27}$$

式中：$P^{c}_{EC,t}$ 为 t 时刻电制冷机输出的冷功率，kW；$P_{EC,t}$ 为 t 时刻电制冷机输入的电功率，kW；$\eta^{c}_{EC,t}$ 为 t 时刻电制冷机输出的冷效率；$P^{c,min}_{EC}$、$P^{c,max}_{EC}$ 分别为电制冷机输出冷效率的最小值和最大值，kW。

若电制冷机的工况发生变化，则其输出功率特性为

$$\eta'^{c}_{EC,t}=\left\{\frac{P^{c}_{EC,t}}{P^{c}_{e\_EC,t}}\Bigg/\left[\gamma_0+\gamma_1\frac{P^{c}_{EC,t}}{P^{c}_{e\_EC,t}}+\gamma_2\left(\frac{P^{c}_{EC,t}}{P^{c}_{e\_EC,t}}\right)^2\right]\right\}\eta^{c}_{e\_EC,t} \tag{4-28}$$

式中：$\eta'^{c}_{EC,t}$ 为 t 时刻电制冷机工况发生变化后输出的冷效率；$P^{c}_{e\_EC,t}$ 为电制冷机的额定输出功率，kW；$\eta^{c}_{e\_EC,t}$ 为 t 时刻电制冷机的额定输出冷效率；γ_0、γ_1、γ_2 为拟合系数。

（2）溴化锂吸收式制冷机。溴化锂吸收式制冷机以热制冷，充分地利用低品位的热制冷，实现能量的梯级利用，其能量转换特性为

$$P^{c}_{AC,t}=H_{AC,t}\eta^{c}_{AC,t} \tag{4-29}$$

$$P^{c,min}_{AC}\leqslant P^{c}_{AC,t}\leqslant P^{c,max}_{AC} \tag{4-30}$$

式中：$P^{c}_{AC,t}$ 为 t 时刻溴化锂吸收式制冷机输出的冷功率，kW；$H_{AC,t}$ 为 t 时刻溴化锂吸收式制冷机输入的低品位热，kW；$\eta^{c}_{AC,t}$ 为 t 时刻溴化锂吸收式制冷机输出的冷效率；$P^{c,min}_{AC}$、$P^{c,max}_{AC}$ 分别为溴化锂吸收式制冷机输出冷功率的最小值和最大值，kW。

若溴化锂吸收式制冷机的工况发生变化，则其输出转换特性为

$$\eta'^{c}_{AC,t}=\left\{\frac{P^{c}_{AC,t}}{P^{c}_{e\_AC,t}}\Bigg/\left[\beta_0+\beta_1\frac{P^{c}_{AC,t}}{P^{c}_{e\_AC,t}}+\beta_2\left(\frac{P^{c}_{AC,t}}{P^{c}_{e\_AC,t}}\right)^2+\beta_3\left(\frac{P^{c}_{AC,t}}{P^{c}_{e\_AC,t}}\right)^3\right]\right\}\eta^{c}_{e\_AC,t} \tag{4-31}$$

式中：$\eta'^{c}_{AC,t}$ 为 t 时刻溴化锂吸收式制冷机工况发生变化后输出的冷效率；$\eta^{c}_{e\_AC,t}$ 为 t 时刻溴化锂吸收式制冷机的额定输出冷效率；$P^{c}_{e\_AC,t}$ 为溴化锂吸收式制冷机的额定输出冷功率，kW；β_0、β_1、β_2、β_3 为拟合系数。

3. 制气转换

燃气动力设备（P2G）可利用弃风和弃光将 CO_2 转化为 CH_4，实现电—气网络互联，增加系统对分布式能源的消纳能力，降低系统碳排放量，提升微能源网运营的经济效益和环境效益。P2G－GS 运行技术原理如图 4－2 所示。

P2G 能够将水电解为 H_2 和 O_2，由于 H_2 难以大规模存储，利用甲烷化设备将 H_2 和 CO_2 制成 CH_4。P2G 产生的 CH_4 流向天然气网络、燃气轮机（CGT）、燃气锅炉（GB）及储气罐（GST）。由于 P2G 制造 CH_4 的化学反应中 H_2O 的投入量和产出量相同，仅消耗 CO_2，这意味着 P2G 能降低微能源网发电的碳排放量，具体原理为

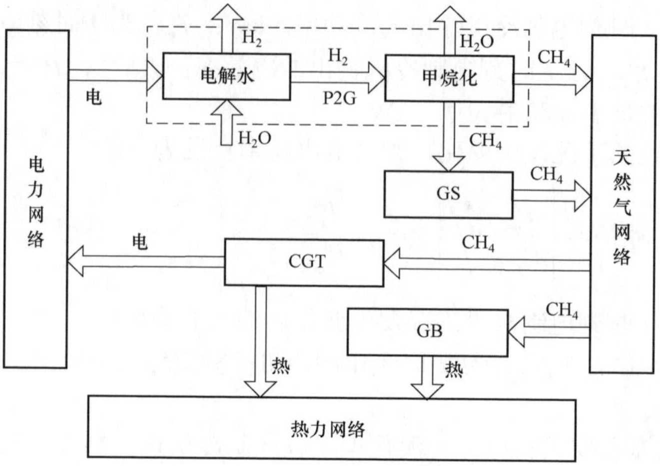

图 4－2　P2G－GS 运行技术原理图

$$V_{\mathrm{P2G},t}=g_{\mathrm{P2G},t}\eta_{\mathrm{P2G}}/H_{\mathrm{ng}} \tag{4-32}$$

式中：$V_{\mathrm{P2G},t}$ 为 P2G 在 t 时刻产生的 CH_4 量，m^3；$g_{\mathrm{P2G},t}$ 为 P2G 在 t 时刻的耗电功率，kW；η_{P2G} 为 P2G 的电气转换效率；H_{ng} 为天然气的热值，J/m^3。

4.1.1.3 “储”——能源存储机组

1. 常规储能设备

存储环节主要是通过各种储能设备将多余的能量进行转换并将能量存储起来，高储低释，即在能量有剩余时将能量存储起来，在能量不足时通过储能设备释放能量，以满足负荷侧能量需求，从而降低系统的用能成本。储能设备需要满足充放电平衡约束条件与状态约束条件，其通用模型为

$$E_{\mathrm{S},t+1}=\left(\eta_{\mathrm{ch}}E_{\mathrm{S},t}^{\mathrm{ch}}-\frac{1}{\eta_{\mathrm{dis}}}E_{\mathrm{S},t}^{\mathrm{dis}}\right)\Delta t+(1-\lambda_{\mathrm{S}}^{\mathrm{loss}})E_{\mathrm{S},t} \tag{4-33}$$

式中：$E_{\mathrm{S},t}$、$E_{\mathrm{S},t+1}$ 分别为储能设备在 t、$t+1$ 时刻的储能量，kWh；η_{ch}、η_{dis} 分别为储能设备的蓄能效率和释能效率；$\lambda_{\mathrm{S}}^{\mathrm{loss}}$ 为储能的损失率；$E_{\mathrm{S},t}^{\mathrm{ch}}$ 为 t 时刻储能设备的蓄能量，kWh；$E_{\mathrm{S},t}^{\mathrm{dis}}$ 为 t 时刻储能设备的释能量，kWh。

储能设备的约束限制条件为

$$0\leqslant E_{\mathrm{S},t}^{\mathrm{ch}}\leqslant\delta_{\mathrm{x}}E_{\mathrm{S}}^{\mathrm{ch,max}} \tag{4-34}$$

$$0\leqslant E_{\mathrm{S},t}^{\mathrm{dis}}\leqslant(1-\delta_{\mathrm{x}})E_{\mathrm{S}}^{\mathrm{dis,max}} \tag{4-35}$$

$$E_{\mathrm{S}}^{\mathrm{min}}\leqslant E_{\mathrm{S},t+1}\leqslant E_{\mathrm{S}}^{\mathrm{max}} \tag{4-36}$$

$$E_{S,t}^{after} = E_{S,t}^{before} \tag{4-37}$$

式中：$E_S^{ch,max}$ 为储能设备蓄能量最大值，kWh；$E_S^{dis,max}$ 为储能设备释能量最大值，kWh；δ_x 为 0－1 变量，用于限定储能设备的充电状态和放电状态；E_S^{min}、E_S^{max} 分别为储能设备储能量的最小值和最大值，kWh；$E_{S,t}^{after}$ 为一个调度周期前的储能量，kWh；$E_{S,t}^{before}$ 为一个周期后的储能量，kWh。式（4－37）即指一个调度周期前后储能量不变。

2. 电动汽车/电动车

电动汽车电池能用来储存电能，具有灵活的充放电特性，这一特性决定了电动汽车可被利用的空间很大。电动汽车自身的蓄电池能够参与农村多能互补系统运行调度，蓄电池充电时，利用电能转化为化学能；蓄电池放电时，将化学能转化为电能。引入荷电状态（state of charge，SOC）表示电动汽车的蓄电池剩余电量占其总容量的百分比，即

$$SOC_{EV,t} = \frac{Q_{EV,t}}{C_{EV}} \tag{4-38}$$

$$Q_{EV,t} = Q_{EV,t-1} + \mu_{EV,t}^{ch}\eta_{ch}P_{EV,t}^{ch} - \mu_{EV,t}^{dis}\frac{P_{EV,t}^{dis}}{\eta_{dis}} - \mu_{EV,t}^{dr}Q_{EV,t}^{dr} \tag{4-39}$$

式中：$SOC_{EV,t}$ 为 t 时刻电动汽车荷电状态；$Q_{EV,t}$、$Q_{EV,t-1}$ 分别为 t、$t-1$ 时刻电动汽车蓄电池电量，kWh；C_{EV} 为蓄电池容量，kWh；$\mu_{EV,t}^{ch}$、$\mu_{EV,t}^{dis}$ 和 $\mu_{EV,t}^{dr}$ 为 0－1 变量，分别为 t 时刻电动汽车的充电状态、放电状态和行驶状态；η_{ch}、η_{dis} 分别为电动汽车的充电效率和放电效率；$P_{EV,t}^{ch}$、$P_{EV,t}^{dis}$ 分别为 t 时刻电动汽车的充电功率和放电功率，kW；$Q_{EV,t}^{dr}$ 为 t 时刻电动汽车行驶消耗的电量，kWh。

电动汽车行驶时满足以下关系

$$Q_{EV,t}^{dr} = p_{EV,t}Q_{km}v_{EV}\Delta t \tag{4-40}$$

式中：$p_{EV,t}$ 为 t 时刻电动汽车行驶概率；Q_{km} 为电动汽车行驶每千米消耗的电量，kWh/km；v_{EV} 为电动汽车行驶速度，m/h；Δt 为单位时间，h。

4.1.1.4 “荷”——能源需求

1. 电需求

生活中处处需要电能，电能供应来源于燃料电池、燃气轮机，根据电能的利用效率与传输效率可得输出端用户的需求特性，即

$$(P_{WPP,t} + P_{PV,t} + P_{BE,t} + P_{HE,t} + P_{CGT,t} + \lambda_P^{dis}E_{S,t}^{dis})(1-\lambda_P^{loss})(1-\eta_P^{uti}) = D_P^{load} \tag{4-41}$$

式中：λ_P^{dis} 为储能设备释能中电能所占比率；$E_{S,t}^{dis}$ 为 t 时刻储能设备释能总量，kWh；

$\lambda_{\mathrm{P}}^{\mathrm{loss}}$ 为电能从转换系统传输至用户处电能的损耗率；$\eta_{\mathrm{P}}^{\mathrm{uti}}$ 为用户对电能的利用效率；$D_{\mathrm{P}}^{\mathrm{load}}$ 为微能源网中用户端的电能需求，kW。

2. 热需求

用户热需求的供应来源于燃气轮机、燃气锅炉、电热泵，根据热能的传输特性，可得输出端用户对热能的需求特性，即

$$(P_{\mathrm{CGT},t}^{\mathrm{h}}+P_{\mathrm{GB},t}^{\mathrm{h}}+P_{\mathrm{EP},t}^{\mathrm{h}}+\lambda_{\mathrm{H}}^{\mathrm{dis}}E_{\mathrm{S},t}^{\mathrm{dis}})(1-\lambda_{\mathrm{H}}^{\mathrm{loss}})(1-\eta_{\mathrm{H}}^{\mathrm{uti}})=D_{\mathrm{H}}^{\mathrm{load}} \tag{4-42}$$

式中：$\lambda_{\mathrm{H}}^{\mathrm{dis}}$ 为储能设备释能中热能所占比率；$\lambda_{\mathrm{H}}^{\mathrm{loss}}$ 为热能从转换系统传输至用户处热能的损耗率；$\eta_{\mathrm{H}}^{\mathrm{uti}}$ 为用户对热能的利用效率；$D_{\mathrm{H}}^{\mathrm{load}}$ 为微能源网中用户端的热能需求，kW。

3. 冷需求

用户冷需求的供应来源于吸收式制冷机等设备，根据冷能的传输特性，可得输出端用户对冷能的需求特性，即

$$(P_{\mathrm{EC},t}^{\mathrm{c}}+P_{\mathrm{AC},t}^{\mathrm{c}})(1-\lambda_{\mathrm{C}}^{\mathrm{loss}})(1-\eta_{\mathrm{C}}^{\mathrm{uti}})=D_{\mathrm{C}}^{\mathrm{load}} \tag{4-43}$$

式中：$\lambda_{\mathrm{C}}^{\mathrm{loss}}$ 为冷能从转换系统传输至用户处冷能的损耗率；$\eta_{\mathrm{C}}^{\mathrm{uti}}$ 为用户对冷能的利用效率；$D_{\mathrm{C}}^{\mathrm{load}}$ 为微能网中用户端的冷能需求，kW。

4. 天然气需求

天然气从天然气网络中输入至微能源网后，经过燃气轮机与燃气锅炉及其他设备消耗后剩余的天然气传输至用户处，可得输出端用户对天然气的需求特性，即

$$(V_{\mathrm{total},t}-V_{\mathrm{CGT},t}-V_{\mathrm{GB},t}-V_{\mathrm{extra},t})(1-\lambda_{\mathrm{G}}^{\mathrm{loss}})(1-\eta_{\mathrm{G}}^{\mathrm{uti}})=D_{\mathrm{G}}^{\mathrm{load}} \tag{4-44}$$

式中：$V_{\mathrm{total},t}$ 为 t 时刻天然气网络输入微能源网中的天然气总量，m^3；$V_{\mathrm{CGT},t}$ 为 t 时刻燃气轮机消耗的天然气量，m^3；$V_{\mathrm{GB},t}$ 为 t 时刻燃气锅炉消耗的天然气量，m^3；$V_{\mathrm{extra},t}$ 为 t 时刻其他设备消耗的天然气量，m^3；$\lambda_{\mathrm{G}}^{\mathrm{loss}}$ 为天然气的传输损耗率；$\eta_{\mathrm{G}}^{\mathrm{uti}}$ 为用户对天然气的利用效率；$D_{\mathrm{G}}^{\mathrm{load}}$ 为微能源网中用户端的天然气需求，kW。

综合上述分析，需求环节的能量特性的局部供给与需求均平衡，同时能够满足用户多种能源的负荷需求，实现能量的梯级利用。

4.1.2 农村多能互补系统配置

基于农村多能互补系统组成结构分析，本节从农村多能互补——能源供应机组、农村多能互补——能源转换机组及农村多能互补——储能设备三方面，梳理农村多能互补系统可耦合机组，见表 4-1。

表4-1　　农村多能互补系统可耦合机组

类　别	可耦合机组
农村多能互补——能源供应机组	风力发电机组
	光伏发电机组
	小型水力发电机组
	垃圾发电机组
	节柴灶
	常规热电联产机组
	沼气热电联产机组
	……
农村多能互补——能源转换机组	电转气机组
	空气源热泵机组
	地源热泵机组
	电锅炉
	电制冷机
	……
农村多能互补——储能设备	储电设备
	储气设备
	储冷设备
	储热设备
	电动汽车
	电动车
	……

4.1.3　农村多能互补系统特性分析

4.1.3.1　农村多能互补系统可耦合机组运行效率分析

农村多能互补系统可耦合机组的运行效率，见表4-2。

表 4-2　　农村多能互补系统可耦合机组运行效率

类　别	可耦合机组	运行效率
农村多能互补——能源供应机组	光伏发电机组	（与自然环境相关）
	风力发电机组	（与自然环境相关）
	小型水力发电机组	（与自然环境相关）
	垃圾发电机组	372kWh/t
	节柴灶	0.25（热效率）
	微型燃气轮机	0.33
	吸收式制冷机	0.8
	换热装置	0.8
农村多能互补——能源转换机组	电转气机组	0.6
	空气源热泵机组	0.75
	地源热泵机组	4
	电锅炉	0.95
	电制冷机	0.9
	户用空调	4
	燃气锅炉	0.9

4.1.3.2　农村多能互补系统可耦合机组成本分析

农村多能互补系统可耦合机组的成本，见表 4-3。

表 4-3　　农村多能互补系统可耦合机组成本

类别	可耦合机组	单位千瓦初始投资（元）	使用年限（年）	残值比例（%）
农村多能互补——能源供应机组	光伏发电机组	9774.4	30	5
	风力发电机组	7023.93	30	5
	小型水力发电机组	12 889.93	30	5
	垃圾发电机组	8923.43	30	5
	节柴灶（个）	1500	10	5
	燃气轮机	7455.08	30	5
	吸收式制冷机	1056.885	15	5
	换热装置	1056.885	15	5

续表

类别	可耦合机组	单位千瓦初始投资（元）	使用年限（年）	残值比例（%）
农村多能互补——能源转换机组	电转气机组	1922.95	20	5
	空气源热泵机组	1872.131	20	5
	地源热泵机组	1763.73	20	5
	电锅炉	1181.315	20	5
	电制冷机	1056.885	20	5
	燃气锅炉	845.508	20	5
农村多能互补——储能设备	储电设备	5213.97	15	5
	储气设备	5713.966	10	5
	储冷设备	5883.721	10	5
	储热设备	5883.721	10	5
	电动汽车（辆）	30 000	15	5
	电动车（辆）	5000	5	2
	……			

4.2 农村多能互补经济性评价

基于本书第 3 章对农村多能互补典型应用模式的设计，下面重点对其技术经济性进行分析，基于对成本效益和资金效益等关键技术经济指标的计算，研究确定多能互补项目投资回收期、投资成本、投资收益等，进一步进行敏感性分析，研究影响多能互补项目经济性的关键指标，确定影响阈值，如图 4－3 所示。

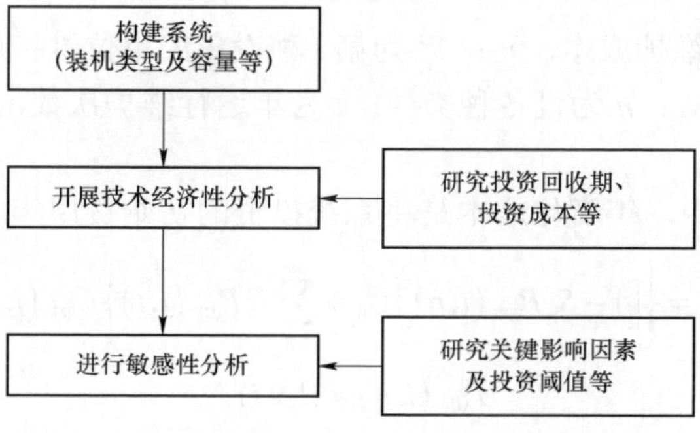

图 4－3　农村多能互补技术经济评价步骤

4.2.1 全寿命周期成本效益分析

在对农村多能互补技术进行应用的过程中，由于各种技术的作用对象不同，要具体分析技术参数对其全寿命周期经济性的效果进行评估，分析各个典型应用的全寿命周期成本效益和项目资金效益。其中成本效益，从效益角度，不仅需要对项目本身的支出和收益进行计算，还需要对项目产生的社会效益进行充分考虑；从成本角度，不仅需要分析建设应用所需的直接花费，还需要分析社会成本，即日后用户的用能成本等。

4.2.1.1 成本效益

农村多能互补系统的全寿命周期通常包括初始投资、年运行维护成本、年度化成本、设备的替换成本、供能收益及项目结束时的设备残值等。

1. 初始投资

初始投资是指取得投资时实际支付的全部价款，包括税金、手续费等相关费用。初始投资一定程度上决定了农村多能互补系统建设的难度和经济效益，农村多能互补系统初始投资为各个设备的总投资费用，即

$$C_0=\sum_{i=1}^{n}\left(I_iP_i\right) \tag{4-45}$$

式中：C_0 为系统初始投资，元；I_i 为第 i 种设备的单位投资，元/kW；P_i 为第 i 种设备容量，kW；n 为设备种类数。

2. 年运行维护成本

年运行维护成本是指每年设备的消耗成本及维修成本、保养成本等，农村多能互补系统年运行维护成本为各个设备的总运行维护成本费用，即

$$C_{\mathrm{y}}=\sum_{t=1}^{T}\left[\sum_{i=1}^{n}\left(Y_i^tP_i^t\right)\right] \tag{4-46}$$

式中：C_{y} 为年运行维护成本，元；Y_i^t 为第 i 种设备的单位维护成本，元/kW；P_i 为第 i 种设备容量，kW；n 为设备种类数；t 为年运行维护次数，次。

3. 年度化成本

在经济学分析中，年度化成本是将系统投资的初始费用年度化，其公式为

$$C_{\mathrm{a}}=\left\{\left[1-S_{\mathrm{v}}P_{\mathrm{WF}}\left(i,n\right)\right]C_0+\sum_{t=1}^{n}F_tP_{\mathrm{WF}}\left(i,t\right)\right\}C_{\mathrm{RF}}\left(i,n\right) \tag{4-47}$$

$$P_{\mathrm{WF}}\left(i,n\right)=(1+i)^{-n} \tag{4-48}$$

$$C_{\mathrm{RF}}(i,n)=i(1+i)^n/\left[(1+i)^n-1\right] \tag{4-49}$$

式中：C_a 为年度化成本，元；C_0 为初始投资，元；S_v 为经济寿命期后的残值，元；$P_{\mathrm{WF}}(i,n)$ 为折现系数；F_t 为第 t 年耗费的运行维护成本及税金，元；$C_{\mathrm{RF}}(i,n)$ 为资金回收系数；i 为折现率，此处指银行利率；n 为系统运行寿命，年。

4. 供能收益

系统供能收益决定了其经济性水平。与传统能源系统相比，含多能互补的新能源项目可收获一定的经济效益，公式为

$$B_{\mathrm{GN}}=Q_{\mathrm{GN}}p_{\mathrm{GN}} \tag{4-50}$$

式中：B_{GN} 为系统供能收益，元；Q_{GN} 为供能总量，kWh；p_{GN} 为系统供能单价，元/kWh。

4.2.1.2 资金效益

对于项目的全寿命周期评估，可以采用净现值、内部收益率、动态投资回收期、动态盈亏平衡分析、投资利润率等指标。

1. 净现值

净现值（NPV）是指投资方案所产生的现金净流量以资金成本为贴现率折现之后与原始投资额现值的差额。净现值法就是按净现值大小来评价方案优劣的一种方法。净现值大于零则方案可行，且净现值越大，方案越优，投资效益越好。其计算公式为

$$\mathrm{NPV}=\sum_{t=1}^{n}(\mathrm{CI}-\mathrm{CO})_t/(1+i)^t \tag{4-51}$$

式中：CI 为每年的现金流入，元；CO 为每年的现金支出，元；i 为折现率；t 为年数，年。

2. 内部收益率

内部收益率（IRR）是指资金流入现值总额与资金流出现值总额相等、净现值等于零时的折现率，该指标越大越好。其计算公式为

$$\sum_{t=1}^{n}(\mathrm{CI}-\mathrm{CO})_t/(1+\mathrm{IRR})^t=0 \tag{4-52}$$

式中：CI 为每年的现金流入，元；CO 为每年的现金支出，元；t 为年数，年。

3. 动态投资回收期

动态投资回收期是指使累积经济利益等于初始投资成本所需的时间，投资者经常关心在什么时间内收回成本，从而降低风险。其计算公式为

$$\sum_{t=1}^{T}(\mathrm{CI}-\mathrm{CO})_t/(1+i_\mathrm{c})^t=0 \tag{4-53}$$

式中：T 为动态投资回收期，年；CI、CO 分别为第 t 年的现金流入及现金流出，元；i_c 为基准收益率，是投资者从动态角度确定的投资项目的最低可接受回报水平。基准收益率主要取决于基金来源的构成、投资的机会成本、项目风险和通货膨胀率等。

4. 动态盈亏平衡分析

动态盈亏平衡分析就是考虑资金的时间价值和项目的全寿命期内的现金流变化情况，计算项目盈亏平衡点，主要包括单因素平衡分析和多因素平衡分析。动态盈亏平衡分析是认为净现值等于零的状态，净现值等于零，意味着项目刚好获得基准收益水平，即实现了盈亏平衡。

动态盈亏平衡分析不仅考虑资金的时间价值，而且可以根据投资者要求的不同的基准收益率确定不同的盈亏平衡点，使投资决策和经营决策更全面、更准确。其计算公式为

$$p=\frac{\sum_{t=n_1+1}^{n}\left(C_\mathrm{V}Q+C_\mathrm{FO}\right)(1+i)^{-1}+\sum_{t=1}^{n_1}F_\mathrm{t}(1+i)^{-1}+\sum_{t=n_i+1}^{n_2}I_\mathrm{t}(1+i)^{-1}-\left(S_\mathrm{v}+I_\mathrm{RL}\right)(1+i)^{-n}}{\sum_{t=n_i+1}^{n}Q(1-r)(1+i)^{-1}} \tag{4-54}$$

$$Q=\frac{\sum_{t=n_1+1}^{n}C_\mathrm{FO}(1+i)^{-1}+\sum_{t=1}^{n_1}F_t(1+i)^{-1}+\sum_{t=n_i+1}^{n_2}I_t(1+i)^{-1}-\left(S_\mathrm{v}+I_\mathrm{RL}\right)(1+i)^{-n}}{\sum_{t=n_i+1}^{n}\left[p(1-r)-C_\mathrm{V}\right](1+i)^{-1}} \tag{4-55}$$

式中：Q 为供能能力，kW；p 为价格，元/kWh；S_v 为回收固定资产残值，元；I_RL 为回收流动资金，元；I_t 为第 t 年项目固定资产投资，元；I_L 为第 t 年项目流动资金投资，元；C_V 为单位供能可变成本，元；C_FO 为固定资产价值，元；r 为销售税金的税率；i 为基准收益率。

5. 投资利润率

$$p_\mathrm{roi}=\frac{R_\mathrm{y}}{C} \tag{4-56}$$

式中：p_roi 为投资利润率；R_y 为年利润或年均利润；C 为投资总额，元。

4.2.2 农村多能互补经济性评价参数确定

4.2.2.1 现金流入的确定

现金流入主要包括农村多能互补项目供能的销售收入、政府补贴收入、回收固

定资产的余值及回收流动资金等。

1. 销售收入

销售收入计算模型为

$$R_t = Q_t p \tag{4-57}$$

式中：R_t 为第 t 年农村多能互补项目的销售收入，元；Q_t 为第 t 年农村多能互补项目的供能量，kWh；p 为供能价格，元/kWh。

2. 政府补贴收入

政府补贴收入是指中央、地方两级政府颁布的优惠政策所给予投资者的各种形式的财政补贴，其与回收固定资产余值和回收流动资金根据实际情况获得。

4.2.2.2 现金流出的确定

现金流出主要包括投资、流动资金、经营成本和税费等。

1. 投资

农村多能互补项目投资主要由多能互补机组设备的初始建设投资、供能线路的初始建设投资、建设人工费用等其他投资组成。

2. 流动资金

流动资金是指运营期内长期占用并周转使用的资金，等于流动资产与流动负债的差额，但不包括运营中临时性需要的营运资金。其是为保证项目的顺利进行而投入的资金，在项目结束时全部收回。

在项目评价中，流动资产的构成要素包括存货、现金、应收账款和预付账款；流动负债的构成要素一般只考虑应付账款和预收账款。流动资金的估算基础是经营成本、营业收入和商业信用等。按前期研究阶段的不同，流动资金的估算方法可采用扩大指标估算法按运营期年经营成本的一定比例计算；或采用分项详细估算法，对流动资产与流动负债的主要构成要素分项进行估算。

3. 经营成本

经营成本是指运营期内为生产产品和提供劳务而发生的各种耗费，是财务分析中现金流量分析的主要现金流出。农村多能互补项目经营成本由设备运行维护与操作成本、其他管理费用和营业费用构成。

4. 税费

农村多能互补项目经济评价的税费主要包括城市维护建设税、教育费附加、资源税、增值税、企业所得税等。

4.2.3 农村多能互补经济敏感性分析

敏感性分析是指在项目评价中，分析和测定一个或多个不确定因素的变化导致决策指标变化的幅度，了解不确定因素的变化对实现项目预期目标的影响程度，确定影响因素变动值。敏感性因素即指对项目经济指标影响较大的不确定性因素，一般包括产品价格、产量、经营成本、投资等。

下面利用单因素敏感性和多因素敏感性对农村多能互补项目进行经济敏感性分析。单因素敏感性分析是分析单个不确定因素的变化对项目方案经济效果的影响程度，当分析某不确定因素按一定比例变化时，引起项目评价指标变动的幅度。单因素敏感性分析和临界分析都是指一次只改变一个因素，而其他因素都保持不变时所进行的分析，其基于假定条件才成立。多因素敏感性分析是指考虑两个或多个因素同时变动时，分析项目评价指标变动的幅度。

敏感性分析具体步骤如下：

（1）确定敏感性分析指标。敏感性分析的对象是具体的技术方案及其反映的经济效益。因此，技术方案的某些经济效益评价指标，如项目净现值、内部收益率、投资回收期等，都可以作为敏感性分析指标。

（2）计算技术方案的目标值。一般将在正常状态下的经济效益评价指标数值作为目标值。

（3）选取不确定因素。在进行敏感性分析时，并不需要考虑和计算所有的不确定因素，而应视技术方案的具体情况选取几个变化可能性较大，并对经济效益目标值影响作用较大的因素，如价格变动、规模变动、投资额变化等。

（4）计算不确定因素变动时对分析指标的影响程度。当进行单因素敏感性分析时，则要在固定其他因素的条件下，变动其中一个不确定因素；然后，再变动另一个因素（仍然保持其他因素不变），以此求出某个不确定因素本身对技术方案效益指标目标值的影响程度，确定敏感度系数，反映项目经济效益对敏感性程度的指标，敏感度系数越高，敏感性程度越高。其计算公式为

$$E=\frac{\Delta A}{\Delta F} \tag{4-58}$$

式中：E 为经济评价指标 A 对因素 F 的敏感度系数；ΔF 为不确定因素 F 的变化率，%；ΔA 为不确定因素 F 变化 ΔF 时，经济评价指标 A 的变化率，%。

（5）确定敏感性因素。通过比较分析确定敏感性因素，引起项目经济效益指标较大变动的因素即为最敏感性因素。

4.3 算例分析

下面以建设期为 1 年，运营期为 15 年为计算周期，设置设备残值率为 5%，各

类供能设备装机容量均为1MW，沼气池建设规模为100m^3，太阳能集热器建造面积为900m^2，电动汽车数量为50台。此外，假定设备按最大可发电量发电，并假定机组供能量能够全部售出，计算典型多能互补场景的投资回收期、内部收益率、净现值等技术经济指标。

4.3.1 典型模式经济性分析

4.3.1.1 多能互补+农村集中用能经济性分析

1. 基础参数设置

针对河南省农村典型多能互补+农村集中用能情景进行经济性分析，各类设备参数及成本设置见表4-4。

表4-4 各类设备参数及成本设置

设备	参数名称	取值及单位
风力发电机组	单位建设成本	8000元/kW
	运行维护成本	0.007 5元/kW
光伏发电机组	单位建设成本	4300元/kW
	运行维护成本	0.005元/kW
燃气轮机	单位建设成本	10 000元/kW
	运行维护成本	0.006 3元/kW
	最大发电功率	1000kW
	发电效率	0.33
储能设备	单位建设成本	2000元/kW
	运行维护成本	0.005元/kWh
	最大充放电功率	1500kW
	充放能效率	0.95
余热回收装置	单位建设成本	2200元/kW
	回收效率	0.8
换热装置	转换效率	0.8
沼气池	单位建造成本	120元/m^3
	运行维护成本	50元/（m^2·年）

2. 结果分析

设备投产第1年出力按典型日出力的50%计算，投产第2年开始采用典型日出力预测数据计算运行维护成本，销售收入及税金按17%计算，所得税税率为33%，折现率为8%，多能互补+农村集中用能现金流量见表4－5。

表4－5　　现　金　流　量　　万元

年份	项目名称					
	现金流入		现金流出			
	售能收入	回收固定资产余值	建设投资	运行维护成本	销售税金及附加	所得税
第0年			2951.20			
第1年	689.91			21.89	117.28	181.74
第2年	1140.61			22.23	193.91	305.76
第3年	1140.61			22.23	193.91	305.76
第4年	1140.61			22.23	193.91	305.76
第5年	1140.61			22.23	193.91	305.76
第6年	1140.61			22.23	193.91	305.76
第7年	1140.61			22.23	193.91	305.76
第8年	1140.61			22.23	193.91	305.76
第9年	1140.61			22.23	193.91	305.76
第10年	1140.61			22.23	193.91	305.76
第11年	1140.61			22.23	193.91	305.76
第12年	1140.61			22.23	193.91	305.76
第13年	1140.61			22.23	193.91	305.76
第14年	1140.61			22.23	193.91	305.76
第15年	1140.61	107.5		22.23	193.91	340.55

各年净现金流量见表4－6。

表4－6　　各年净现金流量　　万元

年份	项目名称			
	净现金流量	累计净现金流量	净现金流量净值	累计净现金流量净值
第0年	－2951.20	－2951.20	－2951.20	－2951.20
第1年	369.00	－2782.20	341.67	－2809.53
第2年	618.71	－2163.49	530.44	－1279.09
第3年	618.71	－544.78	491.15	－787.94
第4年	618.71	73.93	454.77	－533.17

续表

年份	项目名称			
	净现金流量	累计净现金流量	净现金流量净值	累计净现金流量净值
第5年	618.71	392.64	421.08	−112.08
第6年	618.71	411.35	389.89	185.231
第7年	618.71	530.06	361.01	298.31
第8年	618.71	648.77	334.27	313.09
第9年	618.71	867.48	309.51	482.6
第10年	618.71	986.19	286.58	769.18
第11年	618.71	1004.90	265.35	834.54
第12年	618.71	1123.61	245.70	980.23
第13年	618.71	1242.32	227.50	1007.73
第14年	618.71	1361.03	210.65	1118.38
第15年	691.42	1452.45	217.96	1236.34

根据算例结果，计算该情景技术经济指标，见表4−7。

表4−7　　技术经济指标

技术经济指标	数　值
静态投资回收期	5.13年
动态投资回收期	6.09年
净现值	1236.34万元
内部收益率	25%
投资利润率	28%

根据表4−7，多能互补+农村集中用能模式的静态投资回收期为5.13年，动态投资回收期为6.09年，资金回收速度较快，净现值为1236.34万元，内部收益率为25%，远高于折现率8%，因此，该模式具有极高的推广价值和经济效益。

4.3.1.2　多能互补+农村家庭生活用能经济性分析

1. 基础参数设置

针对河南省农村典型多能互补+农村家庭用能情景进行经济性分析，各类设备参数及成本设置见表4−8。

表 4-8　　设备参数及成本设置

设备	参数名称	取值及单位
光伏发电机组	单位建设成本	4300 元/kW
	运行维护成本	0.005 元/kW
太阳能集热器	单位建设成本	1100 元/m^2
	运行维护成本	75 元/（m^2·年）
	热转换效率	0.75
吸收式制冷机	单位建设成本	1200 元/kW
	运行维护成本	0.008 元/kW
	最大制冷功率	800kW
	制冷能效比	0.8
微型燃气轮机	单位建设成本	5800 元/kW
	运行维护成本	0.006 3 元/kW
	最大发电功率	1000kW
	发电效率	0.33
	充放能效率	0.95
余热回收装置	单位建设成本	2200 元/kW
	回收效率	0.8
换热装置	转换效率	0.8
沼气池	单位建造成本	120 元/m^3
	运行维护成本	50 元/（m^2·年）
电动汽车	单台价格	15 万元/台

2. 结果分析

设备投产第 1 年出力按典型日出力的 50%计算，投产第 2 年开始采用典型日出力预测数据计算运行维护成本，销售收入及税金按 17%计算，所得税税率为 33%，折现率为 8%，多能互补+农村家庭生活用能现金流量见表 4-9。

表 4-9　　现 金 流 量　　万元

年份	项目名称					
	现金流入		现金流出			
	售能收入	回收固定资产余值	建设投资	运行维护成本	销售税金及附加	所得税
第 0 年			3061.76			
第 1 年	472.66			21.15	76.76	123.67
第 2 年	945.32			23.08	156.78	252.60

续表

年份	项目名称					
	现金流入		现金流出			
	售能收入	回收固定资产余值	建设投资	运行维护成本	销售税金及附加	所得税
第3年	945.32			23.08	156.78	252.60
第4年	945.32			23.08	156.78	252.60
第5年	945.32			23.08	156.78	252.60
第6年	945.32			23.08	156.78	252.60
第7年	945.32			23.08	156.78	252.60
第8年	945.32			23.08	156.78	252.60
第9年	945.32			23.08	156.78	252.60
第10年	945.32			23.08	156.78	252.60
第11年	945.32			23.08	156.78	252.60
第12年	945.32			23.08	156.78	252.60
第13年	945.32			23.08	156.78	252.60
第14年	945.32			23.08	156.78	252.60
第15年	945.32	153.09		23.08	156.78	303.12

各年净现金流量见表4-10。

表4-10　各年净现金流量　万元

年份	项目名称			
	净现金流量	累计净现金流量	净现金流量净现值	累计净现金流量净现值
第0年	-3061.76	-3061.76	-3061.76	-3061.76
第1年	251.08	-2810.68	232.49	-2829.27
第2年	512.86	-2297.82	439.69	-2389.58
第3年	512.86	-1784.96	407.12	-1982.46
第4年	512.86	-1272.10	376.97	-1605.49
第5年	512.86	-759.24	349.04	-1256.45
第6年	512.86	-246.39	323.19	-933.26
第7年	512.86	266.47	299.25	-634.02
第8年	512.86	779.33	277.08	-356.93
第9年	512.86	1292.19	256.56	-100.38
第10年	512.86	1805.04	237.55	137.17

续表

年份	项目名称			
	净现金流量	累计净现金流量	净现金流量净现值	累计净现金流量净现值
第 11 年	512.86	2317.90	219.96	357.13
第 12 年	512.86	2830.76	203.66	560.79
第 13 年	512.86	3343.62	188.58	749.37
第 14 年	512.86	3856.47	174.61	923.98
第 15 年	615.43	4471.90	194.01	1117.99

根据算例结果，计算该情景技术经济指标，见表 4－11。

表 4－11　　技术经济指标

技术经济指标	数　值
静态投资回收期	6.48 年
动态投资回收期	9.42 年
净现值	1117.99 万元
内部收益率	13.22%
投资利润率	16.40%

由表 4－11 可知，当折现率为 8%、运营期限为 15 年时，多能互补＋农村家庭生活用能模式的静态投资回收期为 6.48 年，动态投资回收期为 9.42 年，净现值为 1117.99 万元，内部收益率为 13.22%。

4.3.1.3　多能互补＋农村农业养殖业用能经济性分析

1. 基础参数设置

针对河南省农村典型多能互补＋农村农业养殖业用能情景进行经济性分析，各类设备参数及成本设置见表 4－12。

表 4－12　　设备参数及成本设置

设备	参数名称	取值及单位
风力发电机组	单位建设成本	8000 元/kWh
	运行维护成本	0.007 5 元/kWh
燃气轮机	单位建设成本	10 000 元/kWh
	运行维护成本	0.006 3 元/kWh

续表

设备	参数名称	取值及单位
燃气轮机	最大发电功率	1000kW
	发电效率	0.33
储能设备	单位建设成本	200 元/kW
	运行维护成本	0.005 元/kWh
	最大充放电功率	1500kW
	充放能效率	0.95
沼气池	单位建造成本	120 元/m^3
	运行维护成本	50 元/（m^2·年）
太阳能集热器	单位建设成本	1100 元/m^2
	运行维护成本	75 元/（m^2·年）
	热转换效率	0.75

2. 结果分析

设备投产第1年出力按典型日出力的50%计算，投产第2年开始采用典型日出力预测数据计算运行维护成本，销售收入及税金按17%计算，所得税税率为33%，折现率为8%，多能互补+农村农业养殖业用能现金流量见表4-13。

表4-13　现金流量　万元

年份	项目名称					
	现金流入		现金流出			
	售能收入	回收固定资产余值	建设投资	运行维护成本	销售税金及附加	所得税
第0年			1635.75			
第1年	269.34			12.77	43.62	70.27
第2年	538.67			17.2	88.65	142.83
第3年	538.67			17.2	88.65	142.83
第4年	538.67			17.2	88.65	142.83
第5年	538.67			17.2	88.65	142.83
第6年	538.67			17.2	88.65	142.83
第7年	538.67			17.2	88.65	142.83
第8年	538.67			17.2	88.65	142.83
第9年	538.67			17.2	88.65	142.83
第10年	538.67			17.2	88.65	142.83

续表

年份	项目名称					
	现金流入		现金流出			
	售能收入	回收固定资产余值	建设投资	运行维护成本	销售税金及附加	所得税
第11年	538.67			17.2	88.65	142.83
第12年	538.67			17.2	88.65	142.83
第13年	538.67			17.2	88.65	142.83
第14年	538.67			17.2	88.65	142.83
第15年	538.67	81.79		17.2	88.65	169.82

各年净现金流量见表4－14。

表4－14　　各年净现金流量　　万元

年份	项目名称			
	净现金流量	累计净现金流量	净现金流量净现值	累计净现金流量净现值
第0年	－1635.75	－1635.75	－1635.75	－1635.75
第1年	142.68	－1493.07	132.11	－1503.64
第2年	289.99	－1203.08	248.62	－1255.02
第3年	289.99	－913.09	230.20	－1024.82
第4年	289.99	－623.10	213.15	－811.67
第5年	289.99	－333.11	197.36	－614.31
第6年	289.99	－43.12	182.74	－431.56
第7年	289.99	246.87	169.21	－262.36
第8年	289.99	536.85	156.67	－105.68
第9年	289.99	826.84	145.07	39.38
第10年	289.99	1116.83	134.32	173.70
第11年	289.99	1406.82	124.37	298.08
第12年	289.99	1696.81	115.16	413.23
第13年	289.99	1986.80	106.63	519.86
第14年	289.99	2276.79	98.73	618.59
第15年	344.79	2621.58	108.69	727.28

根据算例结果，计算该情景技术经济指标，见表4－15。

表 4-15　　技术经济指标

技术经济指标	数　值
静态投资回收期	6.15 年
动态投资回收期	8.73 年
净现值	727.28 万元
内部收益率	14.27%
投资利润率	17.35%

由表 4-14、表 4-15 可知，多能互补+农村农业养殖业用能模式初始投资额较低，为 1635.75 万元，静态投资回收期为 6.15 年，动态投资回收期为 8.73 年，运营期限内售能收入为 289.99 万元/年，运营期限内项目净现值为 727.28 万元，内部收益率为 14.27%。

4.3.1.4　多能互补+农村工业产业用能经济性分析

1. 基础参数设置

针对河南省农村典型多能互补+农村工业产业用能情景进行经济性分析，电制冷系统主要包括户用空调和冰蓄冷空调，装机台数为 15 台，热电联产系统主要包括蒸汽轮机、燃气轮机、内燃机、外燃机等装置，由于内部电转气系统产生的 CH_4 不足以满足内部发电燃料需求，因此需要向外部气网购买发电原料，各类设备参数及成本设置见表 4-16。

表 4-16　　设备参数及成本设置

设备	参数名称	取值及单位
风力发电机组	单位建设成本	8000 元/kW
	运行维护成本	0.007 5 元/kW
光伏发电机组	单位建设成本	4300 元/kW
	运行维护成本	0.005 元/kW
	最大发电功率	1000kW
	发电效率	0.33
储能设备	单位建设成本	200 元/kW
	运行维护成本	0.005 元/kW
	最大充放电功率	1500kW
	充放能效率	0.95

续表

设备	参数名称	取值及单位
热泵系统	单位建造成本	2200 元/kW
电转气系统	单位建造成本	1800 元/kW
	运行维护成本	0.006 2 元/kW
电制冷系统	单位建造成本	6500 元/台
	运行维护成本	0.019 7 元/kW
	转换效率	0.9
热电联产系统	单位建造成本	13 000 元/kW
	运行维护成本	0.007 3 元/kW
	单位发电成本	0.024 1 元/kW
吸热式制冷系统	单位建造成本	1200 元/kW
	运行维护成本	0.008 元/kW

2. 结果分析

设备投产第 1 年出力按典型日出力的 50%计算，投产第 2 年开始采用典型日出力预测数据计算运行维护成本，销售收入及税金按 17%计算，所得税税率为 33%，折现率为 8%，多能互补+农村工业产业用能现金流量见表 4－17。

表 4－17　　现　金　流　量　　万元

年份	项目名称						
	现金流入		现金流出				
	售能收入	回收固定资产余值	建设投资	单位发电成本	运行维护成本	销售税金及附加	所得税
第 0 年			3209.8				
第 1 年	854.31			13.34	31.93	76.87	123.85
第 2 年	947.95			41.79	39.68	80.22	129.25
第 3 年	947.95			41.79	39.68	80.22	129.25
第 4 年	947.95			41.79	39.68	80.22	129.25
第 5 年	947.95			41.79	39.68	80.22	129.25
第 6 年	947.95			41.79	39.68	80.22	129.25
第 7 年	947.95			41.79	39.68	80.22	129.25
第 8 年	947.95			41.79	39.68	80.22	129.25
第 9 年	947.95			41.79	39.68	80.22	129.25
第 10 年	947.95			41.79	39.68	80.22	129.25

续表

年份	项目名称						
	现金流入		现金流出				
	售能收入	回收固定资产余值	建设投资	单位发电成本	运行维护成本	销售税金及附加	所得税
第11年	947.95			41.79	39.68	80.22	129.25
第12年	947.95			41.79	39.68	80.22	129.25
第13年	947.95			41.79	39.68	80.22	129.25
第14年	947.95			41.79	39.68	80.22	129.25
第15年	947.95	130		41.79	39.68	80.22	172.31

各年净现金流量见表4–18。

表4–18　　净现金流量　　万元

年份	项目名称			
	净现金流量	累计净现金流量	净现金流量净现值	累计净现金流量净现值
第0年	–3209.8	–3209.8	–3209.8	–3209.8
第1年	251.44	–2710.73	242.61	–2829.27
第2年	262.42	–2297.78	430.31	–2389.58
第3年	262.42	–1784.96	414.12	–1982.46
第4年	262.42	–1272.10	393.97	–1605.49
第5年	262.42	–759.24	325.04	–1256.45
第6年	262.42	–246.39	323.19	–933.26
第7年	262.42	–166.47	299.47	–634.02
第8年	262.42	879.33	277.32	–356.93
第9年	262.42	992.19	265.87	–100.38
第10年	262.42	1305.04	237.58	116.89
第11年	262.42	1817.90	219.53	437.33
第12年	262.42	2430.76	203.67	660.63
第13年	262.42	3343.62	189.48	741.32
第14年	262.42	3556.47	141.66	823.71
第15年	349.85	4471.90	184.31	913.33

根据算例结果，计算该情景技术经济指标，见表4–19，项目内部收益率为7.86%，但低于资金折现率8%。

表 4-19　　技术经济指标

技术经济指标	数　值
静态投资回收期	7.83 年
动态投资回收期	9.86 年
净现值	913.33 万元
内部收益率	7.86%
投资利润率	13.25%

4.3.2 经济性分析结果对比

结合对不同典型情景的经济性分析，下面重点对不同情景进行综合对比，分别从收益率、回收期及净现值三个角度进行综合对比，如图 4-4～图 4-6 所示。

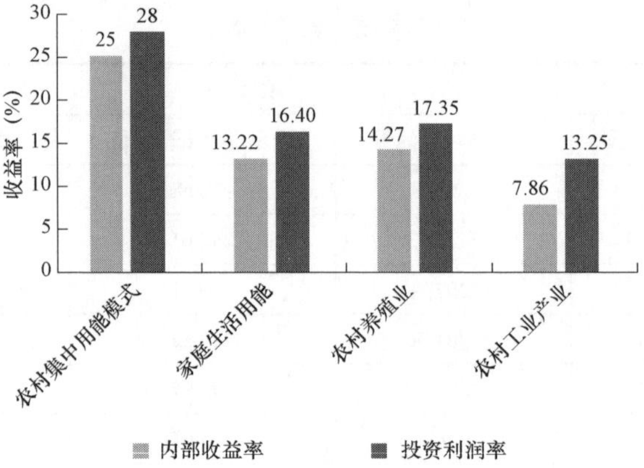

图 4-4　收益率对比

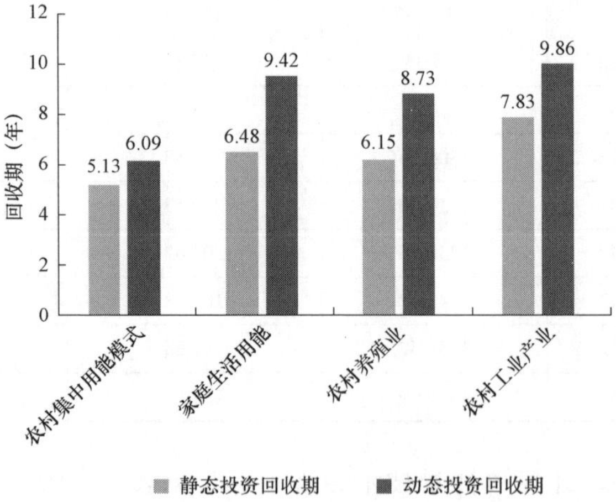

图 4-5　回收期对比

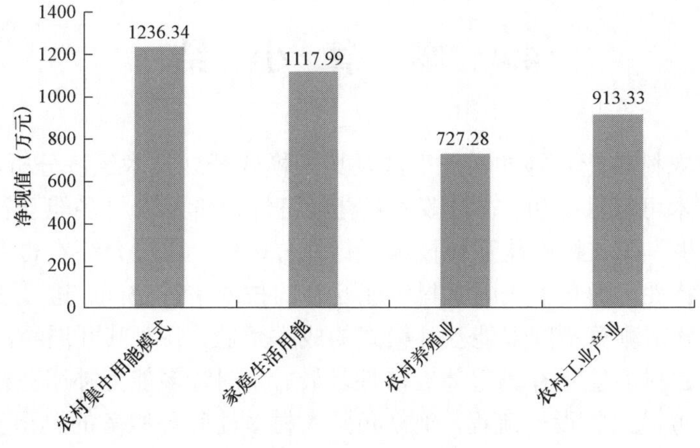

图4-6 净现值对比

由图4-4～图4-6可知，由于机组配置的不同、满足的冷热电气负荷需求也不同，综合对比，可以看出多能互补+农村集中用能模式，具有较好的经济可行性。

4.3.3 敏感性分析

基于以上分析，选取投资收益率相对较低的多能互补+农村工业产业用能模式进行敏感性分析，选取项目净现值、内部收益率、投资回收期作为敏感性分析指标，选取建设规模作为不确定因素，敏感性分析结果见表4-20。

表4-20 敏感性分析结果

敏感性分析指标	不确定因素				
	-20%	-10%	0	10%	20%
静态投资回收期（年）	9.06	8.81	7.83	6.13	5.52
动态投资回收期（年）	12.51	10.62	9.86	9.47	7.91
净现值（万元）	482.94	701.30	913.33	1010.24	1107.98
内部收益率	4.86	5.11	7.86	8.58	11.17

由表4-20可知，随着建设规模的扩大（负荷的增加），系统的经济性呈现逐渐向好的趋势，因此，在进行多能互补系统建设过程中，要重视多能互补系统满足的负荷量，基于负荷量搭建多能互补系统，以实现更好的经济效益。

4.4 本 章 小 结

本章针对农村多能互补的实现形式及典型模式开展技术经济分析，主要包括农村多能互补技术可行性分析、农村多能互补经济性评价及农村多能互补典型服务模式设计等。其中，在农村多能互补技术可行性分析中，通过介绍农村多能互补系统构成、配置及特性，确立了我国农村多能互补的技术可行空间。进一步从全寿命周期视角出发，分别测算不同多能互补模式的成本效益，并对其开展经济性评价敏感性分析，确立农村多能互补的整体经济性。最后，围绕多能互补服务模式内涵，提出多能互补服务模式的设计流程，确立我国农村多能互补服务的典型模式，为农村多能互补落地应用提供了实践依据。

第5章

农村风—光—生物质—小水电协同调度优化模型

当前，我国农村能源生产主要包括生物质能（生物质直燃、沼气、生物质成型等），小型电源（太阳能光伏发电、风力发电、微型水力发电），太阳能热利用（太阳能热水器、热泵、供热、制冷空调、太阳房、太阳灶等）。但是风、光等清洁能源不仅在时间分布上波动性大、季节特征明显，而且在空间分布上，同样呈现出分布不平衡的特点，因此，这类电源的并网发电具有不可控性，会对电网的安全稳定运行产生冲击。合理的辅助电源是缓解风、光随机性影响的关键保障，水力发电和生物质能发电的快速启停特性能够互补弥合风、光的波动效应，储能系统的充、放电特性能够提升风、光并网空间，设计最优化的风—光—生物质能—水力发电—储能协同运行策略，对于缓解经济、能源和环境之间的矛盾有着重要的理论价值和实践意义。因此，本章分别构造风—光—燃气—抽水蓄能互补及风—光—水—生物质能—储能互补系统，并建立多能互补运营优化模型，以期能够加快推动农村能源结构转型和现代能源体系的建立。

5.1 引　言

近年来，以沼气、太阳能、生物质能发电、生物质成型为代表的农村能源保持强劲的发展势头，综合效益明显。我国能源统计数据显示，2017 年上半年，全国弃风量达 235 亿 kWh，弃光量为 37 亿 kWh，同时风力发电、光伏发电等清洁能源，在多能互补协同发展过程中，表现了显著的随机性和不稳定性等特点，限制了其快速发展的速度[153]。目前，农村能源系统中电力、天然气和可再生能源消费比例偏低，用能品质低，亟须建设多能互补的能源供应体系，推进能源梯级利用、循环利用和能源资源综合利用，优化农村能源消费结构。例如，开展多种能源互补发电，有效解决上述问题和最大促进其利用率，如水力发电和生物质能发电可以作为风力发电和光伏发电的辅助电源。因此，风—光—水—生物质能—储能互补系统能够有效地缓解各类能源之间的矛盾，对于促进农村现代能源体系构建意义显著。

针对电源侧风光储互补系统有关的研究已经相对成熟，主要集中在系统容量配置、系统运行策略和评估等方面。所谓的系统容量配置就是最大程度地发挥各类集成能源之间的互补性和本身具有的一系列特点，最优配置相互之间的并网比例。例如，文献［154］通过考虑传统能源发电机组和可再生能源发电机组的随机启停特点，提出了基于可信容量的一种风光储容量配置方法，有效缓解了可再生能源发电随机性等问题；文献［155］考虑储能装置的运行特性，提出一种风光储联合发电系统的可信容量计算方法；文献［156］从独立风光储微能源网系统实现连续供电角度出发，提出基于蓄电池内部特性建模的蓄电池容量确定方法；文献［157］考虑可控负荷调度成本、系统运行维护成本和电源年投资替换成本，构建独立微电网容量配置多目标优化模型，也是一种多种能源耦合系统容量配置的方法。

针对多能互补系统运行策略方面，现有的许多研究结合系统内外部条件，建立了最大化或者最小化目标函数，并提出了相应的优化策略。文献［158］融合多种能源发电设备，即风力发电机组、太阳能电池、储能装置、热电联产机组和电锅炉等设备，构成了一种微能源网，构建了多目标微能源网优化调度模型。文献［159］以含清洁能源、储能、热电联产的微电网为对象，讨论系统运行全成本，确立各单元最佳出力。文献［160］选取经济效益最大化为目标，建立不同运行策略下多能互补独立仿真系统。文献［161］以系统投资运行成本与表征可靠性的能量短缺成本和最小为目标，提出多能互补系统优化运行方式。

针对多能互补系统评估的研究，主要是根据系统运行结果，评估系统运行的经济、环境和资源配置效益。文献［162］提出一种计及风力发电出力不确定性与电网调峰能力限制的风储联合系统概率综合效益评价方法。文献［163，164］分析多能互补系统的建模优化、评估管理等内容，从技术性、经济性、可靠性等角度构建评估指标。文献［165］利用冷热电联产系统中相互分离的能源矩阵来评估联产系统的含风光储的多能互补系统的最优方案。文献［166］提出以成本最小化为目标的风电场和抽水蓄能设备之间的联合运行方案。文献［167］将抽水蓄能系统应用于光伏发电技术，以系统可靠性和经济标准作为优化基准，运用遗传算法（GA）及 Pareto 最优性概念最大化电源可靠性，最小化系统全寿命周期成本。

现阶段对风电场、光伏电站和抽水蓄能电站多目标的优化问题开展诸多研究，然而仍存在以下三方面不足：

（1）现有研究无法对不同风险偏好型决策者提供合适的方案，鲁棒随机优化理论将各种可能的场景设定为一个不确定集合，使寻找出的最优解对不确定集合中的所有场景具有适应性[168]。

（2）国内外关于不确定性可再生能源与抽水蓄能联合发电优化调度的研究大多只考虑了如何联合电站的利益最大化，未考虑系统的不确定性运营风险。

（3）对于涉及多能互补的风电场、光伏电站和抽水蓄能电站的多目标优化方面的研究还相对较少。合理运用抽水蓄能电站作为储能设备，对降低风电场和光伏电站对电网的冲击，提高可再生能源的利用效率具有重要的意义。

基于上述分析，本文以风力发电、光伏发电、水力发电、生物质能发电和储能耦合的多能互补系统为研究对象，综合考虑系统能量供需平衡、发电机组运行和系统备用等约束条件，建立多能互补系统多目标运行优化模型。然后，为求解多目标运行优化模型，确立多能互补系统的投入收益表，建立基于粗糙集理论的目标权重计算方法，转化多目标运行优化模型为综合单目标运行优化模型。最后，选取 IEEE 14 节点 5 机系统与风力发电、光伏发电、水力发电和储能设备相连组成仿真系统，对多目标运行优化模型进行算例仿真，以期能为系统优化运行提供决策支撑。

5.2 多能互补系统构成

本文集成风力发电（wind power plant，WPP）、光伏发电（photovoltaic power，PV）、水力发电（hydropower station，HS）、生物质能发电（biomass power generation，BPG）和储能设备（energy storage device，ESD）为多能互补系统。其中，生物质能主要包括秸秆、垃圾等原材料，通过生物质气化加工，以火力发电（thermal power plant，TPP）的形式进行电力供给，并考虑该多能互补系统主要由独立的运营商（independent operation center，IOC）负责。风力发电和光伏发电存在较大的不确定性，属于非可控电源；在日前调度层面，水力发电和火力发电属于可控电源。图 5－1 所示为多能互补系统基本结构。

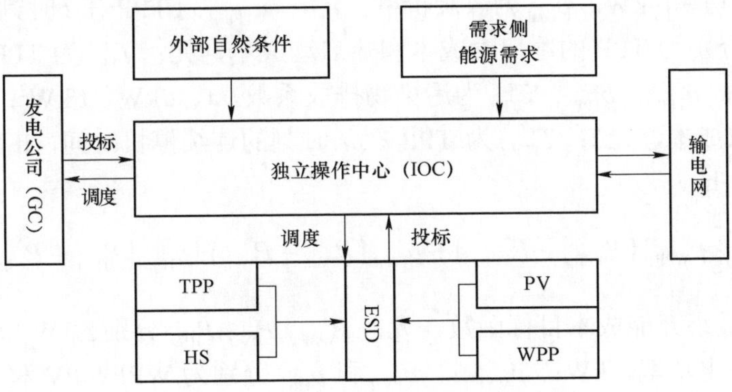

图 5－1　多能互补系统基本结构

5.3 多能互补系统多目标运行优化模型

5.3.1 系统运行目标

下面选取最大化运营收益、最小化弃能成本和最小化出力波动作为系统运行目标，构建耦合能源系统多目标运行优化模型，具体目标函数为

$$\max F_1=\sum_{t=1}^{T}\left(R_{\mathrm{WPP},t}+R_{\mathrm{PV},t}+R_{\mathrm{ESD},t}+R_{\mathrm{HS},t}+R_{\mathrm{TPP},t}\right) \tag{5-1}$$

式中：F_1为最大化运营收益目标函数，元；T为调度周期，取24h。$R_{\mathrm{WPP},t}$、$R_{\mathrm{PV},t}$、$R_{\mathrm{ESD},t}$、$R_{\mathrm{HS},t}$及$R_{\mathrm{TPP},t}$分别为WPP、PV、ESD、HS及TPP在t时刻的运行收益，元。

对于TPP，发电收益等于发电收入和发电成本之间的差值，而发电成本主要包括燃料成本、启停成本和排污成本，具体计算公式为

$$R_{\mathrm{TPP},t}=p_{\mathrm{TPP},t}P_{\mathrm{TPP},t}-p_{\mathrm{coal}}\left(C_{\mathrm{TPP},t}^{\mathrm{pg}}+C_{\mathrm{TPP},t}^{\mathrm{ss}}\right)-C_{\mathrm{TPP},t}^{\mathrm{pe}} \tag{5-2}$$

$$C_{\mathrm{TPP},t}^{\mathrm{pg}}=a_{\mathrm{TPP}}+b_{\mathrm{TPP}}P_{\mathrm{TPP},t}+c_{\mathrm{TPP}}\left(P_{\mathrm{TPP},t}\right)^2 \tag{5-3}$$

$$C_{\mathrm{TPP},t}^{\mathrm{ss}}=\left[u_{\mathrm{TPP},t}(1-u_{\mathrm{TPP},t})\right]\begin{cases}C_{\mathrm{TPP}}^{\mathrm{hot}}, & T_{\mathrm{TPP}}^{\min}<T_{\mathrm{TPP},t}^{\mathrm{off}}\leqslant T_{\mathrm{TPP}}^{\min}+T_{\mathrm{TPP}}^{\mathrm{cold}}\\ C_{\mathrm{TPP}}^{\mathrm{cold}}, & T_{\mathrm{TPP},t}^{\mathrm{off}}>T_{\mathrm{TPP}}^{\min}+T_{\mathrm{TPP}}^{\mathrm{cold}}\end{cases} \tag{5-4}$$

$$C_{\mathrm{TPP},t}^{\mathrm{pe}}=\sum_{e=1}^{E}C_e\left(\tilde{a}_{\mathrm{TPP}}^{e}+\tilde{b}_{\mathrm{TPP}}^{e}P_{\mathrm{TPP},t}+\tilde{c}_{\mathrm{TPP}}^{e}P_{\mathrm{TPP},t}^{2}\right) \tag{5-5}$$

式中：$C_{\mathrm{TPP},t}^{\mathrm{pg}}$、$C_{\mathrm{TPP},t}^{\mathrm{ss}}$和$C_{\mathrm{TPP},t}^{\mathrm{pe}}$分别为TPP在$t$时刻的发电成本、启停成本和排污成本，元；$a_{\mathrm{TPP}}$、$b_{\mathrm{TPP}}$和$c_{\mathrm{TPP}}$为TPP发电成本系数，元、元/kW、元/kW^2；$P_{\mathrm{TPP},t}$为TPP在t时刻的发电功率，kW。p_{coal}为煤炭价格，元/t；$u_{\mathrm{TPP},t}$为TPP在t时刻的启停状态；$C_{\mathrm{TPP}}^{\mathrm{cold}}$、$C_{\mathrm{TPP}}^{\mathrm{hot}}$分别为TPP的冷启动成本和热启动成本，元；$T_{\mathrm{TPP}}^{\min}$为TPP允许的最小停机时间，h；$\tilde{a}_{\mathrm{TPP}}^{e}$、$\tilde{b}_{\mathrm{TPP}}^{e}$、$\tilde{c}_{\mathrm{TPP}}^{e}$为污染物排放系数，t、t/kW、t/kW^2；$C_e$为污染物$e$的单位排放成本，元/t；$T_{\mathrm{TPP},t}^{\mathrm{off}}$为TPP在$t$时刻的连续停机时间，h；$T_{\mathrm{TPP}}^{\mathrm{cold}}$为TPP冷启动时间，h。

$$\min\ F_2=\sum_{t=1}^{T}\left[p_{\mathrm{WPP},t}\left(P_{\mathrm{WPP},t}-P_{\mathrm{WPP},t}^{*}\right)+p_{\mathrm{PV},t}\left(P_{\mathrm{PV},t}-P_{\mathrm{PV},t}^{*}\right)+p_{\mathrm{HS},t}\left(P_{\mathrm{HS},t}-P_{\mathrm{HS},t}^{*}\right)\right] \tag{5-6}$$

式中：F_2为最小弃能成本目标函数，元；$P_{\mathrm{WPP},t}$ $P_{\mathrm{PV},t}$ $P_{\mathrm{HS},t}$分别为WPP、PV和HS在t时刻的发电功率，kW；$p_{\mathrm{WPP},t}$、$p_{\mathrm{PV},t}$和$p_{\mathrm{HS},t}$分别为WPP、PV和HS在t时刻的电价，元/kW；P_{WPP}^{*}、P_{PV}^{*}和$P_{\mathrm{HS},t}^{*}$分别为WPP、PV和HS在t时刻的可用出力，kW。

$$\min F_3 = \left\{ \sum_{t=1}^{T} \left[P_{\mathrm{WPP},t}\Delta t + P_{\mathrm{PV},t}\Delta t - \left(g_{\mathrm{ESD},t}^{\mathrm{dis}} - g_{\mathrm{ESD},t}^{\mathrm{ch}} \right) - P_{\mathrm{av}}\Delta t \right]^2 \right\}^{1/2} \Bigg/ T \tag{5-7}$$

$$P_{\mathrm{av}} = \sum_{t=1}^{T} \left[P_{\mathrm{WPP},t}\Delta t + P_{\mathrm{PV},t}\Delta t - \left(g_{\mathrm{ESD},t}^{\mathrm{dis}} - g_{\mathrm{ESD},t}^{\mathrm{ch}} \right) \right] \Big/ T \tag{5-8}$$

式中：F_3为最小出力波动目标函数，kW；P_{av}为系统出力波动均值，kW；$g_{\mathrm{ESD},t}^{\mathrm{ch}}$、$g_{\mathrm{ESD},t}^{\mathrm{dis}}$分别为ESD在$t$时刻的充电量、放电量，kWh。

5.3.2 系统约束条件

为保证系统稳定运行，需考虑负荷供需平衡、TPP运行、ESD运行和系统备用等约束条件。

1. 负荷供需平衡约束

$$\underbrace{\left[P_{\mathrm{WPP},t}(1-\lambda_{\mathrm{WPP}}) + P_{\mathrm{PV},t}(1-\lambda_{\mathrm{PV}}) + \left(g_{\mathrm{ESD},t}^{\mathrm{dis}} - g_{\mathrm{ESD},t}^{\mathrm{ch}} \right) + P_{\mathrm{HS},t}(1-\lambda_{\mathrm{HS}}) + P_{\mathrm{TPP},t}(1-\lambda_{\mathrm{TPP}}) \right]}_{\text{耦合系统出力}} + g_{\mathrm{GC},t} = L_t \tag{5-9}$$

式中：λ_{WPP}、λ_{PV}、λ_{HS}和λ_{TPP}分别为WPP、PV、HS和TPP的功率损耗；L_t为t时刻负荷需求，kW；$g_{\mathrm{GC},t}$为t时刻的GC交易电量，kWh，$g_{\mathrm{GC},t}$为正时，系统向GC购买电量，反之，则向公共电网售出电量。

2. 水力发电机组出力约束

$$P_{\mathrm{HS},t} = \rho_{\mathrm{HS}}^0 + \rho_{\mathrm{HS}}^1 Q_{\mathrm{HS},t} + \rho_{\mathrm{HS}}^2 V_{\mathrm{HS},t} + \rho_{\mathrm{HS}}^3 Q_{\mathrm{HS},t} V_{\mathrm{HS},t} + \rho_{\mathrm{HS}}^4 Q_{\mathrm{HS},t}^2 + \rho_{\mathrm{HS}}^5 V_{\mathrm{HS},t}^2 + \varepsilon \tag{5-10}$$

式中：ε为误差项，根据历史数据求得；ρ_{HS}^0、ρ_{HS}^1、ρ_{HS}^2、ρ_{HS}^3、ρ_{HS}^4和ρ_{HS}^5为HS的出力系数；$Q_{\mathrm{HS},t}$为HS在t时刻用于机组发电出力的水流量，m³；$V_{\mathrm{HS},t}$为HS在t时刻的水库蓄水量，m³。

$Q_{\mathrm{HS},t}$和$V_{\mathrm{HS},t}$满足以下约束

$$Q_{\mathrm{HS}}^{\min} \leqslant Q_{\mathrm{HS},t} \leqslant Q_{\mathrm{HS}}^{\max} \tag{5-11}$$

$$V_{\mathrm{HS}}^{\min} \leqslant V_{\mathrm{HS},t} \leqslant V_{\mathrm{HS}}^{\max} \tag{5-12}$$

式中：$Q_{\mathrm{HS}}^{\min}$、$Q_{\mathrm{HS}}^{\max}$分别为HS发电出力的最小水流量和最大水流量，m³；$V_{\mathrm{HS}}^{\min}$、$V_{\mathrm{HS}}^{\max}$分别为水库容量的下限和上限，m³。

$$V_{\mathrm{HS}}^{T} = V_{\mathrm{HS}}^{0} + \sum_{t=1}^{T} \left[\widehat{Q}_t - \underset{\smile}{Q}_t - S_{\mathrm{HS},t} + \sum_{h=1}^{H} \left(Q_{h,t-\tau_{h,\mathrm{HS}}} + S_{h,t-\tau_{h,\mathrm{HS}}} \right) \right] \tag{5-13}$$

式中：$\widehat{Q}_t$、$\underset{\smile}{Q}_t$、$S_{\mathrm{HS},t}$和V_{HS}^{T}分别为HS在t时刻的进水量、出水量、弃水量、储水量，m³；H为与HS相关的上级水电站数量；$Q_{h,t-\tau_{h,\mathrm{HS}}}$为HS与上级水电站$h$间的延迟水流量，m³；$S_{h,t-\tau_{h,\mathrm{HS}}}$为HS与上级水电站$h$间的弃水量，m³；$V_{\mathrm{HS}}^{0}$为HS在初始

时刻的储水量，m^3。

$$V_{HS,t} = V_{HS,t}^0 + \sum_{\tau=1}^{t-1}\left(\widehat{Q}_{HS,\tau} - Q_{HS,\tau} - S_{HS,\tau} + Q_{HS-1}^{\tau-t_{up}} + S_{HS-1}^{\tau-t_{up}}\right)\Delta t \tag{5-14}$$

式中：$Q_{HS-1}^{\tau-t_{up}}$、$S_{HS-1}^{\tau-t_{up}}$ 分别为上级水电站发电出力的水流量和弃水量，m^3；t_{up} 为水流从上级水电站流到下级水电站的延迟时间，h。

3. 储能系统运行约束

ESD 运行包括寿命周期最长策略（longest life cycle，LLC）和运营经济效益最优策略（optimum economic efficiency，OEE）。LLC 策略积极参与能源转化任务，维持系统运行的平稳性。OEE 策略能改善 ESD 充放电功率，提高 ESD 使用寿命，同时增加系统调峰能力，其运行收益计算公式为

$$R_{ESD,t} = \rho_{ESD,t}^{dis} g_{ESD,t}^{dis} - \rho_{ESD,t}^{ch} g_{ESD,t}^{ch} - \begin{cases} \dfrac{\left(C_{ESD}^0 - S_{ESD}\right)}{P_{ESD}^{dis,R} T_{ESD}^{dis,LLC} L_{ESD}^{dis,LLC}}, \text{LLC策略} \\ \dfrac{C_{ESD}^0}{P_{ESD}^{dis,max} T_{ESD}^{dis,OEE} L_{ESD}^{dis,OEE}}, \text{OEE策略} \end{cases} \tag{5-15}$$

式中：C_{ESD}^0、S_{ESD} 分别为 ESD 的初始投资成本和残值，元；$P_{ESD}^{dis,R}$、$P_{ESD}^{dis,max}$ 分别为 ESD 在 t 时刻的额定放电率和最大放电功率，kW；$\rho_{ESD,t}^{dis}$、$\rho_{ESD,t}^{chr}$ 分别为 ESD 再 t 时刻的放电和充电效率；$L_{ESD}^{dis,LLC}$、$L_{ESD}^{dis,OEE}$ 分别为 ESD 在 LLC 策略和 OEE 策略下的运行寿命，年；$T_{ESD}^{dis,LLC}$、$T_{ESD}^{dis,OEE}$ 分别为 ESD 在 LLC 策略和 OEE 策略下的年利用评价小时数，h。

当 ESD 处于 OEE 策略时，约束条件为

$$\sum_{t=1}^{T}(Q_0 + P_{ESD,t}^{ch}\Delta t - Q_t)(1-\eta_{ESD}) = \sum_{t=1}^{T} P_{ESD,t}^{dis}\Delta t \tag{5-16}$$

$$0 \leqslant P_{ESD,t}^{ch} \leqslant \overline{P}_{ESD,t}^{ch} \tag{5-17}$$

$$0 \leqslant P_{ESD,t}^{dis} \leqslant \overline{P}_{ESD,t}^{dis} \tag{5-18}$$

式中：η_{ESD} 为 ESD 的运行效率；Q_0、Q_t 分别为 ESD 在初始时刻和 t 时刻的蓄电量，kWh；$P_{ESD,t}^{ch}$、$P_{ESD,t}^{dis}$ 分别为 ESD 在 t 时刻的充电功率、放电功率，kW；$\overline{P}_{ESD,t}^{ch}$、$\overline{P}_{ESD,t}^{dis}$ 分别为 ESD 在 t 时刻的充电功率上限、放电功率上限，kW，需满足如下约束条件

$$Q_{t+1} = \begin{cases} Q_t - P_{ESD,t}^{dis}\left(1+\lambda_{ESD,t}^{dis}\right)\Delta t, \text{放电状态} \\ Q_t + P_{ESD,t}^{ch}\left(1-\lambda_{ESD,t}^{ch}\right)\Delta t, \text{充电状态} \end{cases} \tag{5-19}$$

式中：$\lambda_{ESD,t}^{dis}$、$\lambda_{ESD,t}^{ch}$ 分别为 ESD 在 t 时刻的充、放电损耗。

当ESD处于LLC策略时，约束条件为

$$P_{\mathrm{ESD},t}^{\mathrm{ch}} \to P_{\mathrm{ESD}}^{\mathrm{ch,R}} \tag{5-20}$$

$$P_{\mathrm{ESD},t}^{\mathrm{dis}} \to P_{\mathrm{ESD}}^{\mathrm{dis,R}} \tag{5-21}$$

式中：$P_{\mathrm{ESD},t}^{\mathrm{ch,R}}$、$P_{\mathrm{ESD},t}^{\mathrm{dis,R}}$分别为ESD在$t$时刻的充电额定功率和放电额定功率，kW；→表示ESD充、放电功率无限接近额定充、放电功率。

4. 系统备用约束

$$\left(P_{\mathrm{TPP},t}^{\max} - P_{\mathrm{TPP},t}\right) + \left(P_{\mathrm{HS},t}^{\max} - P_{\mathrm{HS},t}\right) \geqslant r_1 L_t + r_2 P_{\mathrm{WPP},t} + r_3 P_{\mathrm{PV},t} \tag{5-22}$$

$$\left(P_{\mathrm{TPP},t} - P_{\mathrm{TPP},t}^{\min}\right) + \left(P_{\mathrm{HS},t} - P_{\mathrm{HS},t}^{\min}\right) \geqslant r_4 P_{\mathrm{WPP},t} + r_5 P_{\mathrm{PV},t} \tag{5-23}$$

式中：$P_{\mathrm{TPP},t}^{\max}$、$P_{\mathrm{HS},t}^{\max}$分别为TPP和HS在$t$时刻的最大出力，kW；$P_{\mathrm{TPP},t}^{\min}$、$P_{\mathrm{HS},t}^{\min}$分别为TPP和HS在$t$时刻的最小出力，kW；$r_1$、$r_2$和$r_3$分别为负荷、WPP和PV的上备用系数；$r_4$、$r_5$分别为WPP和PV的下备用系数。

5. 其他电源约束

其他电源主要包括WPP、PV和TPP。WPP和PV应满足最大出力约束。TPP运行约束包括最大出力约束、最小出力约束、爬坡约束、启停时间约束。

5.3.3 多目标运行优化模型求解算法

多能互补系统调度模型包括多个优化目标，属于多目标运行优化模型。一般来说，在进行模型求解时，利用加权函数将多目标运行优化模型转换为单目标运行优化模型。下面采用粗糙集理论求解多目标运行优化模型，计算步骤为：① 计算系统多目标运行优化模型的投入收益表；② 基于投入收益表，利用粗糙集理论确定各目标的权重系数；③ 根据权重系数，将多目标运行优化模型转为单目标运行优化模型。

5.3.3.1 投入收益表

为将多目标运行优化模型转换为单目标函数，下面通过计算收益表以确定多目标函数的权重。首先，计算目标函数的最优目标；然后通过$F_i, i=1,2,\cdots,I$计算最优目标，通过$F_i, i=1,\cdots,i-1,\cdots,i+1,\cdots,I$计算其他目标；假设$F_{ij}, j=1,2,\cdots,I$是其他目标在目标$F_i$下的值，则$F_{ii}^*$是$F_i$中的最大值。多目标函数投入收益表见表5-1。

根据表5-1计算目标函数的最大值和最小值，进而确定目标函数权重系数以形成系统调度综合目标函数。由于目标函数量级不同，如何去量纲化成为各目标函数加权的关键问题，模糊满意度理论能够描述目标函数的优化程度，可用于目标函数的预处理。由于目标函数具有正向优化和逆向优化两个方向，故分别借助降半梯度隶属度函数和升半直线形隶属度函数来处理目标函数，具体见文献［108］。

表 5-1　　多目标函数投入收益表

目标函数	F_1	F_2	…	F_I
F_1	F_{11}^*	F_{12}	…	F_{1I}
F_2	F_{21}	F_{22}^*		F_{2I}
⋮	⋮	⋮	⋮	⋮
F_I	F_{I1}	F_{I2}	…	F_{II}^*

5.3.3.2　权重系数计算

在对目标函数进行预处理后，需要根据不同目标函数下的系统优化信息确定目标函数的权重系数。下面借助粗糙集理论进行目标函数权重系数的计算，将权重计算转化为重要性评价问题。粗糙集理论通过学习、归纳与挖掘，对不完整、不准确的数据进行处理，将其转化为较为清晰简明的数据体系。目标函数权重计算过程如下：

（1）构建关系数据模型。设 f_i 权重为 1/I，计算综合目标 $\tilde{F}$ 值，$\tilde{F}$ 为决策属性，$D=\{\tilde{F}\}$ 为决策属性集。$U=\{u_1,\ u_2,\ \text{K},\ u_j\}$ 表示样本集，K 表示属性集，$u_j=(f_{1j},f_{2j},\cdots,f_{mj};\tilde{F}_j)$，$u_k$ 为综合目标最优值，代表对象 F 信息，u_k 属性为 $f_i(u_j)=v_{ij}$，$F_i(u_j)=\tilde{F}_j$。

（2）计算 R_V 对 R_D 的依赖度

$$r_{R_V}(R_D)=\frac{\sum\rho[R_V([\tilde{F}]_{R_D})]}{\rho(U)} \tag{5-24}$$

式中：R_V 和 R_D 为知识基数；$r_{R_V}(R_D)$ 为 R_V 对 R_D 的依赖度；ρ（U）为集合基数。

（3）计算 R_V 对 $R_{V-|v_i|}$ 的依赖度

$$r_{R_{V-|v_i|}}(R_D)=\frac{\sum\rho[R_{V-|v_i|}([\tilde{F}]_{R_D})]}{\rho(U)} \tag{5-25}$$

式中：$r_{R_{V-|v_i|}}(R_D)$ 为 R_V 对 $R_{V-|v_i|}$ 依赖度；$\rho[R_{V-|v_i|}([\tilde{F}]_{R_D})]$ 为去掉指标 v_i 后全域 U 中所有运用 U/C 分类的知识。

（4）计算目标 i 权重值

$$\sigma_D(D)=r_{R_V}(D)-r_{R_{V-|v_i|}}(D) \tag{5-26}$$

$$\lambda_i=\sigma_D(v_i)/\sum_{i=1}^{I}\sigma_D(v_i) \tag{5-27}$$

式中：$\sigma_D(D)$为目标i的重要程度；λ_i为不同目标函数的权重系数。根据权重计算结果，可获得加权综合目标函数，求解兼顾各目标函数的多能互补系统运行优化最佳满意解。

5.4 算 例 分 析

5.4.1 基础数据

为了验证多目标运行优化模型的有效性和适用性，下面选择河南省某县农村能源革命示范区作为实例对象，其中，分别选取2020年5月4日和2020年5月26日两个典型负荷日的负荷需求数据，并收集典型负荷日的风力发电、光伏发电、秸秆发电及垃圾发电数据，如图5-2所示。设煤炭价格为500元/t标准煤，WPP、PV、HS和ESD并网价格分别为610、1000、320元/MWh和450元/MWh，用户用电电价为5 900元/MWh，峰谷时段划分及电价见文献[57]。ESD额定充、放电功率为100MW，最大充、放电功率为150MW，初始蓄能量为0。设置4台火力发电机组用于燃烧生物质进行发电，具体运行参数见表5-2，考虑碳成本，并设定价格为55元/t。

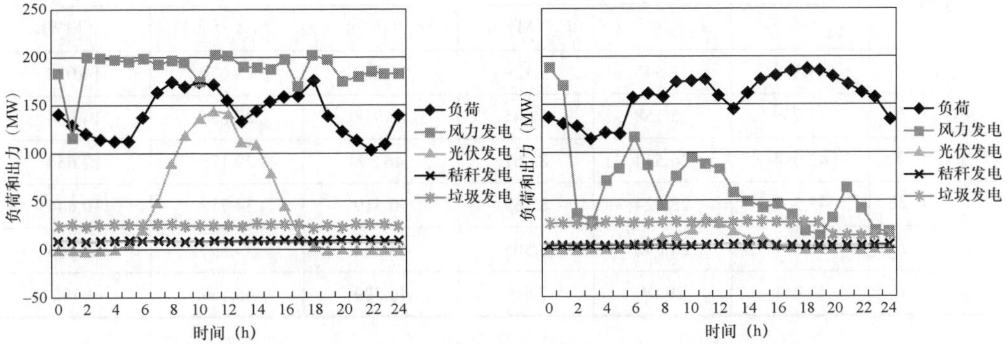

图5-2 典型负荷日的负荷需求与电源可用出力

表5-2 火力发电机组运行参数

机组	出力（MW）		爬坡（MW）		a_{TPP}（元）	b_{TPP}（元/kW）	c_{TPP} [10^{-6}元/(kW)^2]	启停		损耗（%）
	最小	最大	上限	下限				时间（h）	成本（元/t）	
1号	250	600	280	−280	11.7	0.27	6.44	8	25.6	5.9

续表

机组	出力（MW）		爬坡（MW）		a_{TPP}（元）	b_{TPP}（元/kW）	c_{TPP}［10^{-6}元/（kW）^{2}］	启停		损耗（%）
	最小	最大	上限	下限				时间（h）	成本（元/t）	
2号	120	300	120	−120	8.88	0.293	1.12	7	22.3	5.4
3号	100	250	100	−100	5.26	0.31	37.38	4	12.3	5.7
4号	50	100	50	−50	5.65	0.32	45.86	2	5.3	6.1

5.4.2 算例结果

通过求解单目标运行优化模型计算各目标函数值，确立考虑多能互补系统运行的投入收益表，见表 5−3。根据表 5−3，对不同优化目标下的目标函数值进行预处理，同时，为了区分不同目标函数的优化程度，设定预处理后目标函数值在（0，1）区间时，均取 1，而目标函数值为 0 和 1 时，分别取 0 和 2。分别对夏季和冬季 ESD 处于 OEE 策略和 LLC 策略时的目标函数进行权重计算，得到夏季 F_1、F_2、F_3 的权重系数分别为 0.375、0.375 和 0.25，冬季 F_1、F_2、F_3 的权重系数分别为 0.5、0.25 和 0.25。

表 5−3　系统投入收益表

策略		2020 年 5 月 4 日			2020 年 5 月 26 日		
		F_1（万元）	F_2（万元）	F_3（MWh）	F_1（万元）	F_2（万元）	F_3（MWh）
OEE	F_1	45.828	25.545	9.129	51.063	28.077	14.022
	F_2	43.929	25.158	9.645	48.948	27.651	14.958
	F_3	42.084	26.544	8.061	46.89	29.175	12.654
LLC	F_1	45.564	28.524	8.169	50.319	34.713	10.644
	F_2	43.677	28.092	8.505	48.234	33.891	11.268
	F_3	41.841	29.64	7.548	46.509	35.757	9.555

进一步对比分析不同 ESD 运行策略下的系统运行结果。与 LLC 策略相比，当 ESD 处于 OEE 策略时，ESD 会最大化发挥充、放电特性，在低谷时段吸收更多的剩余电量进行充电，在高峰时段增加放电量，促进 WPP 和 PV 发电并网。以夏季为例，WPP 和 PV 发电量分别增加 44.652MWh 和 16.794MWh，相应的，夏季负荷日目标函数 F_1 增加 2520 元，F_2 和 F_3 分别减少 3 万元和 0.972MWh。总体而言，OEE 策略优化效果优于 LLC 策略，但 OEE 策略会使 ESD 使用寿命缩短。

5.4.3 优化结果

为了分析清洁能源发电、火力发电和储能之间的互补效应，根据多目标运行优化模型，分别对夏季和冬季多能互补系统进行求解计算。同时，对比分析 ESD 处于 OEE 策略和 LLC 策略时系统的调度结果，从而确认 ESD 运行策略对系统运行的影响。图 5-3 所示为典型负荷日多能互补系统处于不同 ESD 运行策略时的调度结果。

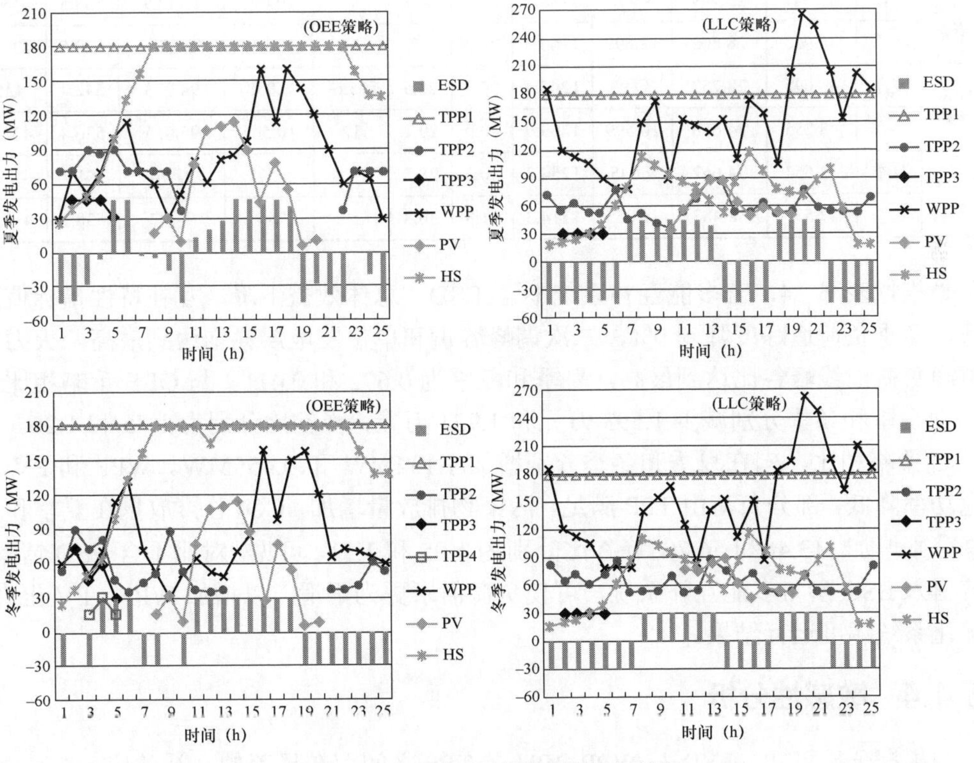

图 5-3 典型负荷日的系统运行结果

由图 5-3 可知，当 ESD 处于 OEE 策略时，夏季负荷由水力发电机组和火力发电机组满足，冬季负荷由风力发电机组和火力发电机组满足。在冬季，由于风力发电可用出力较高，为保障系统安全稳定运行，ESD 充、放电总电量为±555.9MW，比夏季高±254.4MW，这表明夏季火力发电—水力发电—光伏发电间互补特性（某些时段是火力发电—水力发电—风力发电）及冬季火力发电—风力发电间互补特性显著。当 ESD 处于 LLC 策略时，受到额定充、放电功率的限制，夏季和冬季充、放电总电量分别降低±61.5MW 和±159.9MW。在低谷时段，由于 WPP 和 HS 出力较低，故 TPP3 被调用满足剩余负荷。ESD 处于不同策略时系统调度运行结果见表 5-4。

表 5-4　不同情景下多能互补系统调度运行结果

情景		目标函数			污染物排放（t）			互补特性指标			负荷需求（MW）	
		F_1（万元）	F_2（万元）	F_3（MW）	CO_2	SO_2	NO_x	LTD（%）	SPC（MWh）	UCC（g/kWh）	高峰	低谷
OEE策略	夏季	43.947	25.749	8.901	1138.2	27.6	26.1	17.1	10.092	93.015	538.5	445.5
	冬季	48.966	28.602	13.899	1164.9	28.2	27	9.6	13.536	93.78	529.5	424.5
LLC策略	夏季	43.695	28.752	7.899	1247.4	30.3	28.5	15.6	8.058	94.773	542.4	435
	冬季	48.255	34.686	10.599	1269.9	30.9	29.1	12	10.566	95.055	536.4	422.4
不含ESD	夏季	42.654	34.662	9.045	1254.3	30.3	28.8	14.4	5.577	97.74	546	429
	冬季	47.535	38.487	11.055	1314.3	31.8	30.3	9	7.851	98.97	538.2	419.4

根据表 5-4，若多能互补系统不含 ESD，总体效益下降，互补特性指标值降低，冬季负荷追踪度降到 9%，二次调峰容量和单位发电煤耗均达到最高。火力发电净负荷曲线峰谷比达到最高，夏季和冬季为 0.672 和 0.411。与 OEE 策略相比，F_1 在夏季和冬季分别减少 1.593 万元和 1.731 万元，峰谷比分别为 1.75 和 1.26。与 LLC 策略相比，F_3 在夏季和冬季分别增加 1.134MW 和 0.456MW。WPP 和 PV 发电功率降低，部分负荷由 TPP 满足，污染物排放量增加，CO_2 总排放量在夏季和冬季分别增加 113.4t 和 56.7t，峰谷比分别为 1.95 和 1.31。可见，对比不含 ESD 情景，若引入 ESD 参与多能互补系统，可使负荷需求更为平滑，以增加 WPP、PV 出力，优化系统调度运行结果。

5.4.4　敏感性分析

根据分析可知，ESD 与 WPP、PV 及 TPP 之间存在显著的互补效应。在夏季，WPP 出力较低，系统对 ESD 需求较低，在 OEE 策略下 ESD 容量达到 1000MW 时，目标函数达到限定值，此时 F_1、F_2、F_3 分别为 155.38 万元和 70.82 万元、25.32MW。当容量超过 1000MW 时，目标函数值基本保持不变，ESD 和 WPP、PV 机组的容量比为 0.77。同理，在 LLC 策略下，ESD 和 WPP、PV 机组的容量比为 1.08。在冬季，WPP 出力相对较高，系统对 ESD 容量需求较高。在 OEE 策略和 LLC 策略下，ESD 和 WPP、PV 机组的容量比为 0.92 和 1.23。为细化分析 ESD 对目标函数和互补特性的影响，对 ESD 容量进行敏感性分析。图 5-4 所示为不同 ESD 容量下系统互补特性指标值。

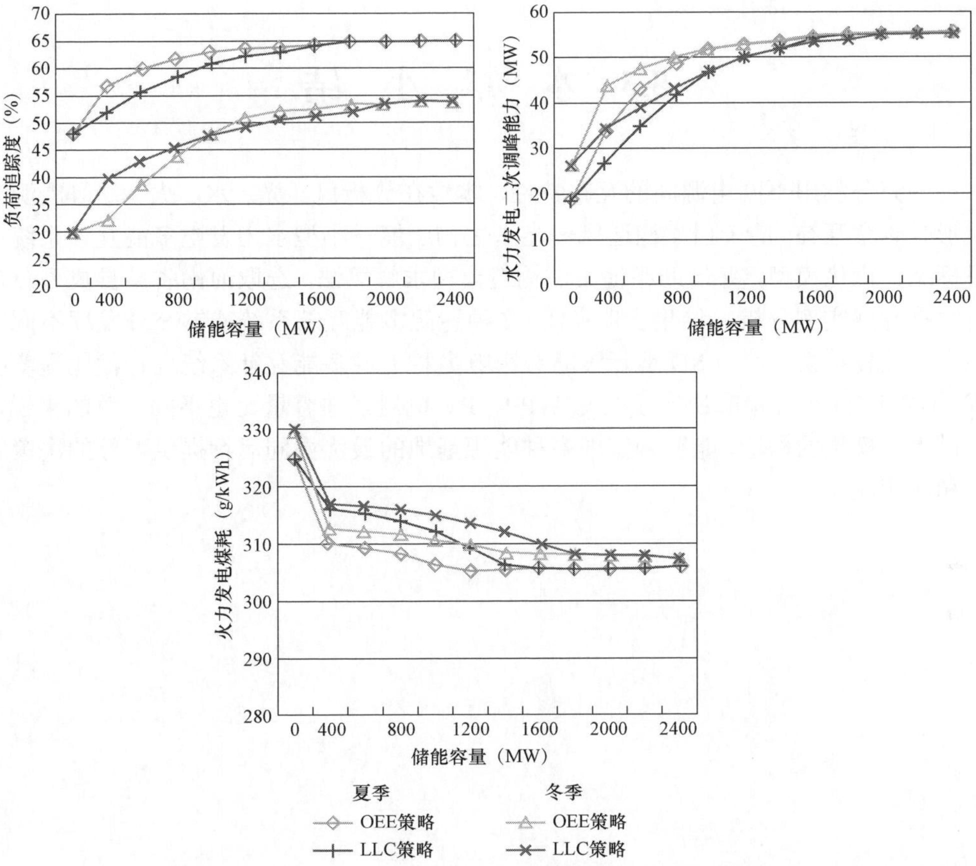

图5-4　不同ESD容量下系统互补特性指标值

由图5-4可知，随着ESD容量的增加，互补特性指标值也增加，但其增长趋势不会一直持续。当互补特性指标值基本不变时，在夏季典型负荷日，ESD容量在OEE策略和LLC策略下分别达到800MW和1300MW时，ESD和WPP、PV机组的容量比分别为0.62和1。在冬季典型负荷日，ESD容量在OEE策略和LLC策略下分别达到1300MW和1700MW时，ESD和WPP、PV机组容量比分别为1和1.31。

总体而言，在OEE策略下，ESD和WPP、PV的机组容量比在夏季和冬季分别为［0.62，0.77］和［0.92，1］时，多能互补系统运行结果达到最优。在LLC策略下，ESD和WPP、PV机组的容量比在夏季和冬季分别为［1，1.08］和［1.23，1.31］时，多能互补系统运行结果达到最优。决策者应根据意愿和实际运营环境，确定最优ESD容量和多能互补系统运行策略。

5.5 本章小结

为充分利用不同电源间的互补特性，本章在分析风、光、水、火、储等能源介质形式时空互补的基础上，构造风—光—生物质能—小型水力发电多能互补系统多目标运行优化模型，并借助粗糙集法构造模型求解算法，选取河南省某县典型负荷日数据开展实例分析，结果表明：① 多种能源多能互补系统能够充分发挥不同电源间的互补特性；② ESD 运行策略会影响多种能源多能互补系统运行优化程度；③ 不同 ESD 运行策略决定了其与 WPP、PV 机组最佳容量比也不同。总的来说，通过上述模型的构造，能够为实现多种能源基地的最优协同运行提供可行的决策支撑和政策建议。

第 6 章

农村虚拟电厂多能互补运营优化模型

近年来，我国能源的集中式开发模式在实现资源优化配置、提高能源利用效率方面具有独特优势，对于推动我国能源系统和经济社会发展发挥了重要作用。但随着我国资源环境约束的不断加强，集中式能源开发难以满足传输损耗、利用效率、环境污染等方面要求，具备近用户、高能效等优势的分布式能源将成为能源结构转型的新主体。《能源发展“十三五”规划》提出，到 2020 年分布式天然气发电、光伏发电装机容量要分别达到 1500 万 kW 和 6000 万 kW，并积极发展分散式风力发电。但是农村多能互补发展面临两方面问题：一方面是分布式能源小容量、多数量、低密度等禀赋制约其独立利用；另一方面是农村地区资源分布分散，若完全通过新增管道和线路建设开展多能互补优化，将导致大量的投资成本难以回收。作为分布式能源聚合利用的新概念，虚拟电厂能够从控制层面协调利用多种分布式能源，不需要依赖输电线路和供能通道，为农村从集成控制视角开展多能互补提供了新思路和新方法。因此，本章针对虚拟电厂开展多能互补优化研究，以期能够促进农村资源属地化利用，推动农村构建清洁、低碳、安全、高效的能源供应体系。

6.1 引　言

我国农村电网架构薄弱，限制了光伏扶贫等政策的开展，造成了可再生能源中弃风、弃光、弃水等现象的出现，如何将农村丰富的生物质能与风力发电、光伏发电互补利用是农村能源转型的关键问题。“因地制宜、多能互补、综合利用、讲求效益”是 20 世纪末农业部提出的农村能源建设指导方针，到今天仍具有高屋建瓴的指导意义。尤其是“多能互补”的指导方针，特别适用于现阶段农村可再生能源建设突破局限。但受制于分布式能源容量小、数量大和地域分散等特点，分布式电源（distributed generator，DG）接入电网成本高，输出功率波动性影响电网的稳定运行。虚拟电厂（virtual power plant，VPP）通过精细的控制方式和能源管理集成地域分散的 DG、储能系统、可控负荷等，实现 DG 的有效聚合和管理，这使深入研究虚拟电厂运行优化策略具有重要的理论价值。

关于农村虚拟电厂的研究主要是从虚拟电厂自身出发，研究如果通过配置容量和协调运行，实现虚拟电厂运行收益最大化的目标。就虚拟电厂配置容量而言，风力发电和光伏发电属于 VPP 的重要组件，燃气轮机、储能系统、电动汽车等可控分布式电源被用作备用电源[170]。近年来，智能电网的快速发展为用户侧参与发电调度提供了平台，激励型需求响应（incentive-based demand response，IBDR）能够通过可中断负荷、可控负荷参与电力市场和备用市场调度[171]。价格型需求响应（price-based demand response，PBDR）通过差异化电价引导用户理性用电，配合虚拟电厂发电并网[172]。文献［173］将风力发电与柔性负荷组成的虚拟电厂的电量申报优化策略。文献［174］则是将风力发电、光伏发电、电动汽车和需求响应聚合为虚拟电厂，并提出了满足智能园区日常用能需求策略。

就农村虚拟电厂协调运行而言，主要是针对 WPP 和 PV 不确定性的问题，在满足系统约束条件的前提下，采用合理调度方式，削弱不确定因素对调度策略的影响，提升 VPP 运行效益成为关键问题。文献［175］应用鲁棒随机优化方法描绘 WPP 和 PV 的不确定性，建立虚拟电厂双层随机调度优化模型。文献［176］引入随机机会约束规划，建立考虑 WPP、PV 和负荷需求等不确定因素的虚拟电厂调度模型。文献［177］将 WPP 和 PV 功率描述为 5 个典型场景下输出功率的线性组合，而文献［178］和文献［179］则分别应用两点估计法和最大似然估计法得到风速和光伏辐射分布参数，模拟 WPP 和 PV 的输出功率。综合上述文献可知，现有成果已较全面地研究虚拟电厂容量配置和协调运行等方面内容，但鲜有文献涉及不确定性给 VPP 带来的潜在经济损失。最后针对 WPP 和 PV 的波动性问题，文献［180］研究虚拟电厂在能量市场和旋转备用市场中的竞标模型。文献［181］研究含海上风电场及小型核电站的虚拟电厂优化调度模型。文献［182］研究利用可变负荷抑制风力发电出力的不确定性、提高虚拟电厂自身收益的优化模型。文献［183］通过最大似然估计法得出风速分布参数，模拟风力发电输出功率。文献［184］采用随机规划法处理电价的不确定性，研究考虑不确定性的虚拟电厂竞标模型。

综上，本章以考虑不确定性风险损失后的 VPP 运营净收益最大化作为优化目标，建立虚拟电厂随机调度优化模型。首先，将风力发电、光伏发电、燃气轮机、储能系统和激励型需求响应集成为虚拟电厂，并建立相应的电源出力模型和需求响应模型。然后，引入条件风险价值（conditional value at risk，CVaR）方法理论量化 VPP 运营风险水平，应用置信度方法转换含随机变量的约束条件，建立 VPP 调度优化模型。最后，以改进 IIEEE30 节点系统作为仿真系统，验证虚拟电厂随机调度优化模型的有效性和适用性。

6.2 虚拟电厂风险规避调度优化模型

6.2.1 虚拟电厂构成

6.2.1.1 虚拟电厂参与方

本文集成WPP、PV、小型水力发电（small hydropower station，SHS）、CGT、ESD和IBDR为虚拟电厂，并设定虚拟电厂由能量管理系统（energy management system，EMS）负责，根据终端用户负荷需求和不同电源可用出力，确立最优VPP运行策略。同时，为了充分激励用户侧响应发电侧优化调度，设定在用户侧借助峰谷分时电价实施PBDR，以改变用户用电行为，优化用电负荷曲线。同时，为提升VPP自身的调节特性，设定SHS带有年调节水库，即SHS能够根据WPP、PV的实际可用出力情况，优化利用水库蓄水量，参与VPP优化运行。IBDR主要是通过与终端用户签订事前合同，并给予一定的补贴，当协议内容发生时，调度机构可直接调用终端用户调整用电行为，提升发电出力或备用出力。图6－1所示为虚拟电厂基本结构。

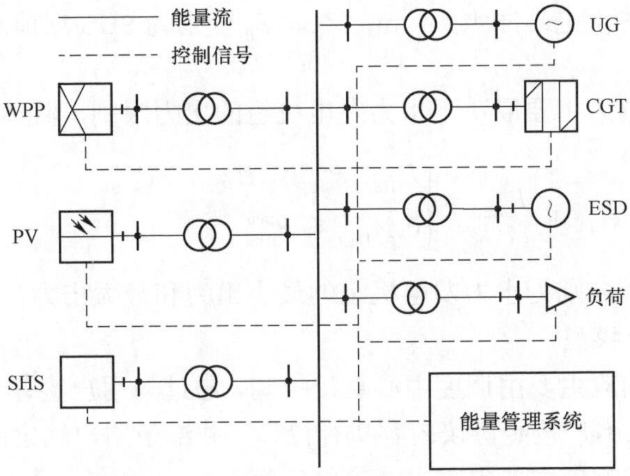

图6－1　虚拟电厂基本结构

在上述虚拟电厂中，WPP、PV和CGT是主要电源，剩余的电负荷主要由SHS满足。由于WPP和PV的出力具有较强的不确定性，但系统调度属于事前调度，也就是系统需要知道确定的WPP和PV的出力前，制定调度方案。为克服WPP和

PV 的不确定性导致调度方案的偏差，ESD 和 CGT 提供备用服务。IBDR 用户通过改变用电行为，提供虚拟发电出力，在能源市场和备用市场参与发电调度。同时，SHS 由于配置了调节水库，在一定程度上也可以通过改变发电计划提供备用服务。由于 WPP 和 PV 具有高环境效益和经济效益，但其强不确定性也带来了高风险，如何平衡效益和风险关系是 VPP 优化运行的关键问题。

6.2.1.2 VPP出力模型

1. WPP/PV 出力模型

VPP 出力主要源于 WPP、PV、SHS、ESD 和 IBDR。其中，WPP 和 PV 的出力主要取决于自然来风和太阳能辐射，具体计算见式（4－1）和式（4－2）。

2. SHS 出力模型

选择带有年调节水库的小型水力发电系统，按发电所需用水对来水量进行调节，结合调节水库水位，确定水力发电出力。水电站出力主要取决于河流的径流量和水头高度，其计算公式为

$$P_{\mathrm{SHS},t}^{*}=\eta_{\mathrm{SHS}}gQ_tH_t \tag{6-1}$$

$$H_t=Z_{\mathrm{u}}-Z_{\mathrm{d}}$$

式中：$P_{\mathrm{SHS},t}^{*}$为 SHS 在 t 时刻的可用出力，kW；η_{SHS} 为水电站的发电效率；g 为 SHS 所在地的重力加速度，一般取 9.81m/s^2；Q_t 为 SHS 在 t 时刻的发电引流量，m^3；H_t 为 SHS 在 t 时刻的水电站净水头，m；Z_{u} 、Z_{d} 分别为 SHS 坝前水位和尾水管出口断面水位，m。

SHS 的实际出力主要取决于水力发电机组的出力限制，具体计算公式为

$$P_{\mathrm{SHS},t}^{*}=\begin{cases}P_{\mathrm{SHS},t}^{*},P_{\mathrm{SHS}}^{\min}\leqslant P_{\mathrm{SHS},t}^{*}\leqslant P_{\mathrm{SHS}}^{\max}\\0,P_{\mathrm{SHS},t}^{*}\leqslant P_{\mathrm{SHS}}^{\min}\end{cases} \tag{6-2}$$

式中：$P_{\mathrm{SHS}}^{\min}$ 、$P_{\mathrm{SHS}}^{\max}$ 分别为水力发电机组的最小出力和最大出力，kW。

3. IBDR 出力模型

激励型需求响应主要由调度中心直接控制，通过与用户签订事前协议，当发生响应需求时，要求用户按照协议内容执行操作，并给予用户约定的补偿费用。一般来说，激励型需求响应主要由需求响应供应商（demand response provider，DRP）提供。由于需求响应供应价格决定 DRP 的收入，因此，DPR 通常会根据市场价格波动情况，分步骤参与激励型需求响应。在不同的需求响应供应价格下，DPR 会提供不同的需求响应服务，最终形成分步需求响应价格曲线，图 6－2 所示为分步智能 DR 价格需求曲线。

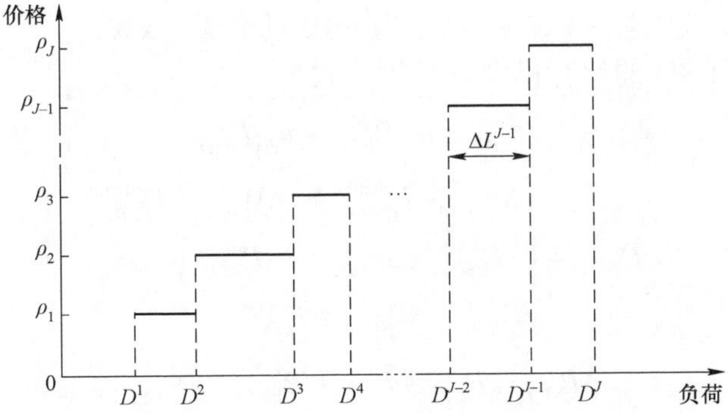

图6-2　分步智能DR价格需求曲线

然后，考虑DRP参与备用市场调度，设$\Delta L_{i,t}^j$为第i个DRP在时刻t提供的备用调度量，则能源市场和备用市场需求响应供应量应满足式（6-3）和式（6-4）的约束关系，即

$$D_i^{j,\min} \leqslant \Delta L_{i,t}^j \leqslant D_{i,t}^j, j=1 \tag{6-3}$$

$$0 \leqslant \Delta L_{i,t}^j \leqslant \left(D_{i,t}^j - D_{i,t}^{j-1}\right), j=2,3,\cdots,J \tag{6-4}$$

$$\Delta L_{\mathrm{IBDR},t} = \sum_{i=1}^{I}\sum_{j=1}^{J}\Delta L_{i,t}^j \tag{6-5}$$

式中：$D_i^{\min}$、$D_i^{\max}$分别为DRPi在能源市场和备用市场的最小负荷削减量和最大负荷削减量，kW；$\Delta L_{i,t}^j$为DRP i在第j步骤t时刻可以提供的负荷削减量，kW；$D_{i,t}^j$为DRP i在第j步骤t时刻实际提供的负荷削减量，kW；$\Delta L_{i,t}$为DRP i在t时刻累计提供的负荷削减量，kW；$\Delta L_{\mathrm{IBDR},t}$为IBDR在$t$时刻的出力，kW。

4. ESD运行模型

储能系统单元利用自身充放电特性，参与VPP发电调度，在谷时段进行蓄能，在峰时段进行发电，为VPP提供备用服务。下面引入荷电状态（state of charge，SOC），反映ESD蓄电池的剩余电量，随系统充、放电的变化而变化，表示蓄电池剩余电力和其总容量的百分比，具体计算公式如下：

当ESD处于充电状态时

$$\mathrm{SOC}_{\mathrm{ESD},t} = \mathrm{SOC}_{\mathrm{ESD},t-1} + \eta_{\mathrm{ch}} g_{\mathrm{ESD},t}^{\mathrm{ch}} / C_{\mathrm{ESD}} \tag{6-6}$$

当ESD处于放电状态时

$$\mathrm{SOC}_{\mathrm{ESD},t} = \mathrm{SOC}_{\mathrm{ESD},t-1} - g_{\mathrm{ESD},t}^{\mathrm{dis}} / \left(\eta_{\mathrm{dis}} C_{\mathrm{ESD}}\right) \tag{6-7}$$

式中：$\mathrm{SOC}_{\mathrm{ESD},t}$、$\mathrm{SOC}_{\mathrm{ESD},t-1}$分别为ESD在$t$时刻和$t-1$时刻的蓄电池剩余电量，kWh；$\eta_{\mathrm{ch}}$、$\eta_{\mathrm{dis}}$分别为ESD的充电效率和放电效率；$g_{\mathrm{ESD},t}^{\mathrm{ch}}$、$g_{\mathrm{ESD},t}^{\mathrm{dis}}$分别为ESD在

t 时刻的充电量和放电量，kWh；C_{ESD} 为 ESD 的容量，kW。

进一步计算 ESD 的运行模型，具体公式为

$$P_{\text{ESD},t}=u_{\text{ch}}P_{\text{ESD},t}^{\text{ch}}-u_{\text{dis}}P_{\text{ESD},t}^{\text{dis}} \tag{6-8}$$

$$P_{\text{ESD},t}=\begin{cases}\Delta P_{\text{NE},t},-P_{\text{ESD},t}^{\text{ch,max}}\leqslant\Delta P_{\text{NE},t}\leqslant P_{\text{ESD},t}^{\text{ch,max}}\\-P_{\text{ESD},t}^{\text{dis,max}},\Delta P_{\text{NE},t}\leqslant-P_{\text{ESD},t}^{\text{dis,max}}\\P_{\text{ESD},t}^{\text{ch,max}},\Delta P_{\text{NE},t}\geqslant P_{\text{ESD},t}^{\text{ch,max}}\end{cases} \tag{6-9}$$

$$\Delta P_{\text{NE},t}=P_{\text{PV},t}^{*}-\overline{P}_{\text{PV},t}+P_{\text{WPP},t}^{*}-\overline{P}_{\text{WPP},t}$$

式中：$P_{\text{ESD},t}$ 为 ESD 在 t 时刻的净功率，kW。u_{ch}、u_{dis} 分别为 ESD 的充电状态变量和放电状态变量，当 ESD 处于充电状态时，$u_{\text{ch}}=1,u_{\text{dis}}=0$。当 ESD 处于放电状态时，$u_{\text{ch}}=0,u_{\text{dis}}=1$。$\Delta P_{\text{NE},t}$ 为 WPP 和 PV 的出力偏差，kW。$\overline{P}_{\text{WPP},t}$、$\overline{P}_{\text{PV},t}$ 分别为 WPP 和 PV 在 t 时刻的实际可用出力，kW。$P_{\text{ESD},t}^{\text{dis,max}}$、$P_{\text{ESD},t}^{\text{ch,max}}$ 分别为 ESD 在 t 时刻的最大放电功率和最大充电功率，kW。

6.2.2 常规调度优化模型

6.2.2.1 目标函数

在含 WPP、PV、SHS 的 VPP 发电调度中，以运营收益期望值最大化作为优化目标，构造基本数学模型，具体目标函数为

$$\max N\left(P_{\text{VPP}}\right)=R\left(P_{\text{VPP}}\right)-C\left(P_{\text{VPP}}\right) \tag{6-10}$$

式中：P_{VPP} 为 VPP 的电能输出功率，kW；$N\left(P_{\text{VPP}}\right)$ 为 VPP 的运营净收益，元；$R\left(P_{\text{VPP}}\right)$、$C\left(P_{\text{VPP}}\right)$ 分别为 VPP 的运营收益和成本，元。

$$R\left(P_{\text{VPP}}\right)=\sum_{t=1}^{T}\left(R_{\text{WPP},t}+R_{\text{PV},t}+R_{\text{SHS},t}+R_{\text{CGT},t}+R_{\text{ESD},t}+R_{\text{IBDR},t}\right) \tag{6-11}$$

式中：$R_{\text{WPP},t}$、$R_{\text{PV},t}$、$R_{\text{SHS},t}$、$R_{\text{CGT},t}$、$R_{\text{ESD},t}$ 和 $R_{\text{IBDR},t}$ 分别为 WPP、PV、SHS、CGT、ESD 和 IBDR 在 t 时刻的运营收益，元。其中，除 ESD 和 IBDR 外，其他类型发电机组的运营收益等于电价和电量的乘值。ESD 的收益计算见式（6－12），而 IBDR 的收益同式（6－13），具体为

$$R_{\text{ESD},t}=p_{\text{ESD},t}^{\text{dis}}g_{\text{ESD},t}^{\text{dis}}-p_{\text{ESD},t}^{\text{ch}}g_{\text{ESD},t}^{\text{ch}} \tag{6-12}$$

$$P_{\text{IBDR},t}=\sum_{i=1}^{I}\sum_{j=1}^{J}\Delta L_{i,t}^{j}p_{i,t}^{j} \tag{6-13}$$

式中：$p_{i,t}^{j}$ 为 DRP i 在第 j 步骤 t 时刻的供能价格，元/kWh；$p_{\text{ESD},t}^{\text{dis}}$、$p_{\text{ESD},t}^{\text{ch}}$ 分别为

ESD 在 t 时刻的放电价格和充电价格，元/kWh； $g_{\mathrm{ESD},t}^{\mathrm{dis}}$、 $g_{\mathrm{ESD},t}^{\mathrm{ch}}$ 分别为 ESD 在 t 时刻的放电量和充电量，kWh。

VPP 的运营成本主要由 CGT、SHS 和 ESD 构成，具体计算公式为

$$C\left(P_{\mathrm{VPP}}\right)=\sum_{t=1}^{T}\left(C_{\mathrm{CGT},t}+C_{\mathrm{ESD},t}\right) \tag{6-14}$$

式中：$C_{\mathrm{CGT},t}$、$C_{\mathrm{ESD},t}$ 分别为 CGT 和 ESD 的运营成本，元。由于水电站初始投资成本属于沉默成本，故不做考虑，仅考虑运行阶段的用水成本。因此，本文认为 SHS 的运营成本等于用水量与用水价格的乘积。CGT 的发电成本主要等于天然气消耗成本和启停成本。

6.2.2.2 约束条件

VPP 优化运营包括负荷供需平衡约束、机组运营约束及系统旋转备用约束等。

1. 负荷供需平衡约束

$$\left\{\underbrace{\begin{array}{l}P_{\mathrm{WPP},t}(1-\lambda_{\mathrm{WPP}})+P_{\mathrm{PV},t}(1-\lambda_{\mathrm{PV}})+\\ P_{\mathrm{CGT},t}(1-\lambda_{\mathrm{CGT}})+u_{\mathrm{IBDR},t}\Delta P_{\mathrm{IBDR},t}^{\mathrm{E}}+\left(g_{\mathrm{ESD},t}^{\mathrm{dis}}-g_{\mathrm{ESD},t}^{\mathrm{ch}}\right)\end{array}}_{\text{VPP日前调度出力}}\right\}+g_{\mathrm{UG},t}\geqslant L_t^0-u_{\mathrm{PBDR},t}\Delta L_{\mathrm{PBDR},t} \tag{6-15}$$

式中：$\Delta P_{\mathrm{IBDR},t}^{\mathrm{E}}$ 为 IBDR 在 t 时刻向能源市场提供的输出功率，kW； L_t^0 为终端用户负荷需求，kW； $u_{\mathrm{IBDR},t}$、$u_{\mathrm{PBDR},t}$ 分别为 IBDR 和 PBDR 在 t 时刻的状态变量，0－1 变量； $\Delta L_{\mathrm{PBDR},t}$ 为 PBDR 在 t 时刻产生的负荷变动量，kW，根据微观经济学理论，PBDR 可由电力价格弹性描述，具体公式为

$$E_{st}=\frac{\Delta L_s/L_s^0}{\Delta p_t/p_t^0}\begin{cases}E_{st}\leqslant 0, s=t\\ E_{st}\geqslant 0, s\neq t\end{cases} \tag{6-16}$$

式中：ΔL_s、Δp_t 分别为 PBDR 前后需求和价格的变动量，元/kW； L_s^0 为 PBDR 前在 t 时刻的负荷需求，kW。PBDR 产生的负荷变动量计算公式为

$$\Delta L_{\mathrm{PBDR},t}=L_t^0\left(E_{tt}\frac{p_t-p_t^0}{p_t^0}+\sum_{\substack{s=1\\ s\neq t}}^{24}E_{st}\frac{p_s-p_s^0}{p_s^0}\right) \tag{6-17}$$

式中：$\Delta L_{\mathrm{PBDR},t}$ 为 PBDR 后在 t 时刻的负荷需求，kW； p_t^0、 p_t 分别为 PBDR 前后的电力价格，元/kW； E_{st} 为电力价格弹性，当 $s=t$ 时称为自弹性，当 $s\neq t$ 时称为交叉弹性。

2. SHS 运行约束

小型水力发电受季节性约束，存在枯水期和丰水期。对于枯水期，需保证水库存在一定的水量满足夜间负荷；对于丰水期，需水量不能超过最大库容，故需合理调节水库水量。特别是在丰水期，若水库水量已基本达到最大库容，由于水轮机组的发电引流量存在最大值限制，还需弃水以保证水库库容的要求。相应的，水库需水量、发电引流量及弃水量约束为

$$V_{\min} \leqslant V_{T_0-1} + \int_{T_0-1}^{T_0} (q_t - Q_t - S_t)\mathrm{d}t \leqslant V_{\max} \tag{6-18}$$

$$Q_{\min} \leqslant Q_t \leqslant Q_{\max} \tag{6-19}$$

$$S_{\min} \leqslant S_t \leqslant S_{\max} \tag{6-20}$$

式中：V_{T_0-1} 为任意发电时段开始前调节水库需水量，m^3；$V_{\min}$ 为允许水库消落的最低库容，m^3；$V_{\max}$ 为允许水库可用最大水量，m^3；q_t、Q_t、S_t 分别为 SHS 在 t 时刻的自然来水量、发电引流量和弃水量，m^3；$Q_{\min}$、$Q_{\max}$ 分别为 SHS 发电引流量的最小值和最大值，m^3；$S_{\min}$、$S_{\max}$ 分别为 SHS 允许弃水量的最小值和最大值，m^3。

3. 系统旋转备用约束

$$P_{\mathrm{VPP},t}^{\max} - P_{\mathrm{VPP},t} + \Delta P_{\mathrm{PBDR},t} + \Delta L_{\mathrm{IBDR},t}^{\mathrm{up}} \geqslant r_1 L_t + r_2 P_{\mathrm{WPP},t} + r_3 P_{\mathrm{PV},t} \tag{6-21}$$

$$P_{\mathrm{VPP},t} - P_{\mathrm{VPP},t}^{\min} + \Delta L_{\mathrm{IBDR},t}^{\mathrm{dn}} \geqslant r_4 P_{\mathrm{WPP},t} + r_5 P_{\mathrm{PV},t} \tag{6-22}$$

式中：$P_{\mathrm{VPP},t}^{\max}$、$P_{\mathrm{VPP},t}^{\min}$ 分别为 VPP 在 t 时刻的最大可用出力和最小可用出力，kW；$P_{\mathrm{VPP},t}$ 为 VPP 在 t 时刻的发电出力，kW；$\Delta L_{\mathrm{IBDR},t}^{\mathrm{up}}$、$\Delta L_{\mathrm{IBDR},t}^{\mathrm{dn}}$ 分别为 IBDR 在 t 时刻提供的上下旋转备用量，kW；$\Delta P_{\mathrm{PBDR},t}$ 为 IBDR 在 t 时刻的输出功率，kW；r_1、r_2 和 r_3 分别为负荷、WPP 和 PV 的上旋转备用系数；r_4、r_5 分别为 WPP 和 PV 的下旋转备用系数。

4. 其他约束

对于 VPP，还要考虑 CGT、ESD、IBDR、PBDR 的运行约束。其中，CGT 主要需要满足最大/最小功率约束、启停时间约束和上下爬坡约束。ESD 需满足最大充放电功率约束、充放电状态约束等。PBDR 所产生的出力同样需要满足各时刻最大出力约束、上下爬坡约束和累计最大出力约束等。

6.2.3 调度优化风险规避模型

6.2.3.1 不确定性分析

VPP 中存在四类不确定因素，即 $P_{\mathrm{WPP},t}$、$P_{\mathrm{PV},t}$、$P_{\mathrm{SHS},t}$ 和 L_t。如何模拟不确定因

素，并制定 VPP 的最优运营策略，对决策者至关重要。对于负荷需求，负荷预测偏差 L_t^{e} 能够通过正态分布 $L_t^{\mathrm{e}} \sim [0,\delta_{L,t}^2]$ 来描述，进而负荷需求 L_t 可以通过正态分布 $L_t \sim [L_t^{\mathrm{f}},\delta_{L,t}^2]$ 描述。对于日前调度，由于日气象预测技术已十分成熟，特别是本文选择带有年调节水库的小型水力发电系统，SHS 出力短期内属于可调节且可控的。由于 VPP 包括 ESD 和 IBDR，备用提供能力充足，能够很好地应对负荷的不确定性。因此，本文不考虑负荷和 SHS 不确定性给 VPP 运行带来的影响。

相似的，Rayleigh 分布函数和 Beta 分布函数能够用于描述自然来风和太阳能光伏辐射强度，不确定因素能够通过概率密度分布函数进行模拟。然而，有三个问题需要注意：① 不确定因素的概率密度分布函数是持续的，如何离散化是 VPP 发电调度的前序工作，但离散化过程将会带来不可避免的偏差；② 概率密度分布函数需要大量的历史数据，这将带来较大的工作负担，降低其适用性；③ 不确定因素，特别是 WPP 和 PV 具有较强的随机性，容易发送极端情形，导致分布函数不再适用。根据上述分析，如何建立一个 VPP 发电调度新风险规避模型，对于解决上述问题至关重要，相应的，本章提出了基于 CVaR 理论和鲁棒随机优化方法的 VPP 优化运营风险规避模型。

6.2.3.2 风险规避模型

为考虑不确定因素给 VPP 运行带来的风险，应用 CVaR 理论描述 VPP 调度运营风险。设定 $\boldsymbol{E}^T=\left[P_{\mathrm{VPP},t}(1),P_{\mathrm{VPP},t}(2),\cdots,P_{\mathrm{VPP},t}(T)\right]$ 为决策向量，$\boldsymbol{y}^T=\left[P_{\mathrm{WPP},t},P_{\mathrm{PV},t},L_t\right]$ 为多元随机向量，则 VPP 运行净收益目标为 $N(\boldsymbol{G},\boldsymbol{g})$。然后，定义 VPP 运行损失函数为 $L(\boldsymbol{E},\boldsymbol{y})=-N(\boldsymbol{E},\boldsymbol{y})$，则考虑不确定性后的 VPP 调度 CVaR 函数表征为

$$F_\beta(\boldsymbol{E},\alpha)=\alpha+\frac{1}{1-\beta}\int_{\boldsymbol{y}\in\boldsymbol{R}^m}\left[L(\boldsymbol{E},\boldsymbol{y})-\alpha\right]^+ p(\boldsymbol{y})\mathrm{d}\boldsymbol{y} \tag{6-23}$$

式中：α 为决策者风险判定的门槛值；β 为 VPP 运行目标函数的置信度。当式（6-23）达到最小时，即为 CVaR 值，此时 α 就是 VaR 值。$P_{\mathrm{VPP},t}^*$ 包括 $P_{\mathrm{WPP},t}^*$、$P_{\mathrm{PV},t}^*$、$P_{\mathrm{CGT},t}^*$、$\Delta L_{\mathrm{IBDR},t}^{\mathrm{E}*}$、$\Delta L_{\mathrm{IBDR},t}^{\mathrm{up}*}$、$\Delta L_{\mathrm{IBDR},t}^{\mathrm{dn}*}$。当 $p(\boldsymbol{y})$ 解析式难以确定时，可构造近似求解算法，通常利用 y 的历史数据或者蒙特卡洛模拟样本数据来估计积分项。令 $y_1,y_2,\cdots,y_N$ 为 $\boldsymbol{y}$ 的 N 个样本数据，则函数 $F_\beta(\boldsymbol{E},\alpha)$ 的估计值为

$$F_\beta(\boldsymbol{E},\alpha)=\alpha+\frac{1}{N(1-\beta)}\sum_{k=1}^{N}\left[L(\boldsymbol{E},\boldsymbol{y})-\alpha\right]_k^+ \tag{6-24}$$

应用鲁棒随机优化理论，通过引入鲁棒系数将含不确定性变量的约束条件转化为随机约束条件。鲁棒随机优化理论是继随机优化理论、模糊优化理论后又一解决含不确定参数优化问题的较为成熟的理论。本文考虑不确定因素 $P_{\mathrm{WPP},t}$ 和 $P_{\mathrm{PV},t}$，

设定 $e_{\mathrm{WPP},t}$ 和 $e_{\mathrm{PV},t}$ 分别表示 WPP 和 PV 的预测偏差，然后 $P_{\mathrm{WPP},t}$ 和 $P_{\mathrm{PV},t}$ 将在 $\left[\left(1-e_{\mathrm{WPP},t}\right)P_{\mathrm{WPP},t},\left(1+e_{\mathrm{WPP},t}\right)P_{\mathrm{WPP},t}\right]$ 和 $\left[\left(1-e_{\mathrm{PV},t}\right)P_{\mathrm{PV},t},\left(1+e_{\mathrm{PV},t}\right)P_{\mathrm{PV},t}\right]$ 区间波动。为便于表达，$e_{\mathrm{RE},t}$ 被用于替代 $e_{\mathrm{WPP},t}$ 和 $e_{\mathrm{PV},t}$，$P_{\mathrm{RE},t}$ 被用于替代 $P_{\mathrm{WPP},t}$、$P_{\mathrm{PV},t}$。相应的，$P_{\mathrm{RE},t}$ 将在 $\left[\left(1-e_{\mathrm{RE},t}\right)P_{\mathrm{RE},t},\left(1+e_{\mathrm{RE},t}\right)P_{\mathrm{RE},t}\right]$ 区间波动。

设定系统净负荷 M_t，具体计算公式为

$$M_t = P_{\mathrm{CGT},t}(1-\lambda_{\mathrm{CGT}}) + u_{\mathrm{IBDR},t}\Delta P_{\mathrm{IBDR},t}^{\mathrm{E}} + g_{\mathrm{UG},t} - \left(L_t^0 - u_{\mathrm{PBDR},t}\Delta L_{\mathrm{PBDR},t}\right) \quad (6-25)$$

然后，将式（6-25）改写为

$$-\left[P_{\mathrm{RE},t}\left(1-\lambda_{\mathrm{RE}}\right) \pm e_{\mathrm{RE},t}P_{\mathrm{RE},t}\right] \leqslant M_t \quad (6-26)$$

最后，将式（6-26）代入式（6-24）中，可以建立 VPP 调度优化风险规避模型，具体为

$$\min F_\beta\left(\boldsymbol{E},\alpha\right) = \alpha + \frac{1}{N(1-\beta)}\sum_{k=1}^{N} z_k \quad (6-27)$$

约束条件为

$$\left.\begin{array}{l} \text{式}(6-10) \sim \text{式}(6-21) \\ \text{式}(6-24) \sim \text{式}(6-25) \\ z_k = L\left(\boldsymbol{E},\boldsymbol{y}\right) - \alpha \\ z_k \geqslant 0 \\ \text{其他约束} \end{array}\right\}$$

综上所述，风险规避模型能够实现在系统运行信息掌握不完全的情况下，在一定扰动范围内保证系统安全、稳定运行，提高系统对不确定因素的免疫能力，并实现调度预定目标。

6.2.4 数学模型求解算法

式（6-27）确定了 VPP 调度优化风险规避模型的目标函数 V，但目标函数中含二次项，属于混合整数非线性规划问题（MINLP）。MINLP 求解难度较大，花费时间较多，所得解难以实现最优。同样，CGT 机组运行约束中也存在非线性约束条件，在进行模型求解前应对目标函数和约束条件进行线性化处理。当目标函数和约束条件线性化后，MINLP 模型将转换为混合整数线性规划（MIP）模型，具体处理方法见文献［57］。

为了分析 CvaR 鲁棒方法在解决 VPP 优化运行方面的适用性，设定三种仿真情景，即参考情景、CVaR 情景和综合情景，分析 CVaR 方法及鲁棒随机优化理论和控制不确定因素所引起的 VPP 运营风险，具体情景介绍如下：

情景1：参考情景。不考虑不确定性的虚拟电厂自调度。该情景不考虑WPP、PV的不确定性，分析VPP中不同组件的运行特点，并重点讨论不同组件之间的互补效应，得到期望运营收益最大目标下的VPP最优调度结果。

情景2：CVaR情景。考虑CVaR的虚拟电厂自调度。该情景重点考虑目标函数中WPP和PV的不确定性，应用CVaR方法转化目标函数，通过对比分析在不同置信度β下虚拟电厂的调度优化结果，验证CVaR方法应对WPP和PV的不确定性的有效性。

情景3：综合情景。考虑CvaR鲁棒的虚拟电厂自调度。该情景进一步考虑约束条件中不确定因素对VPP运行的影响，借助鲁棒随机优化理论构造随机约束条件，并讨论在不同鲁棒系数和预测精度下VPP的调度优化策略，分析CvaR鲁棒方法的有效性。

6.2.5 算例分析

6.2.5.1 基础数据

下面选取河南省某工业园区独立微电网作为实例对象，配置2×0.25MW WPP、4×0.1MW PV、1×1MW CGT、1×0.2MWh ESD。同时，SHS配置5×50kW的小型水力发电机组，其年平均水流量为40m^3/h，调节水库最大库容为$9\times104m^3$。CGT主要选取G3406LE型燃气轮机，额定输出功率为1.025MW，天然气消耗量为107.7m^3/h。该型号燃气轮机启动和停机时间分别为0.1h和0.2h，启停成本约为95元/MWh，发电燃气成本为一元二次函数。将发电成本函数线性化为两部分，这两部分斜率系数分别为105元/MW和355元/MW，机组发电损耗约为2.5%。其中，储能系统充电功率不超过0.04MW，放电功率不超过0.05MW，ESD初始蓄电量为0。同时，为保障储能系统安全可靠运行，限定ESD不能同时充、放电。图6-3所示为典型负荷日的负荷需求和WPP、PV的可用出力。

为分析不同电源之间的互补效应，分别选取夏季典型负荷日和冬季典型负荷日的负荷需求作为系统输入数据。该园区在夏季和冬季典型负荷日的最大负荷和最小负荷分别为0.9、0.709MW和0.879、0.737MW。设定WPP切入风速、额定风速和切出风速分别为2.8、2.5m/s和22.8m/s，形状参数$\varphi=2$和尺度参数$\vartheta=2\bar{v}/\sqrt{\pi}$。设定PV密度参数$\xi$和$\psi$分别为0.3和8.54。设定WPP和PV的预测误差为5%。当获得风速、辐射强度和负荷需求的概率密度函数后，借助文献［206］所提场景模拟策略，产生100组模拟场景，场景削减策略得到10组典型情景集合，选取各情景结果均值作为输入数据。

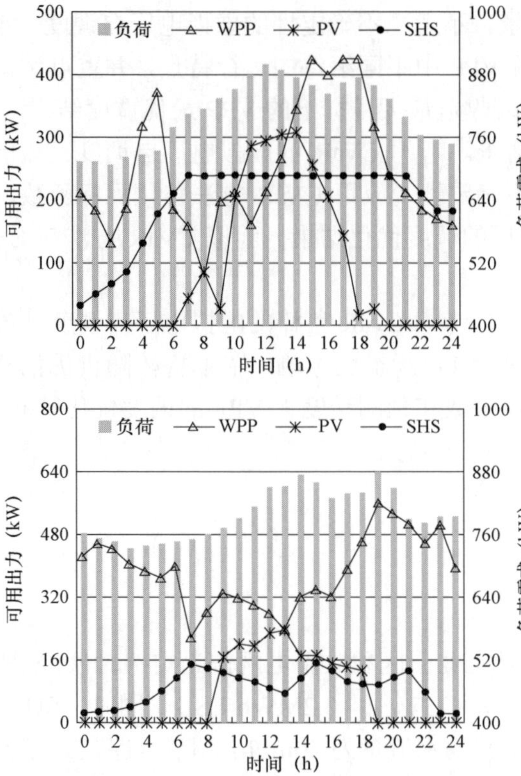

图 6-3　典型负荷日的负荷需求和 WPP、PV 的可用出力

设定 WPP、PV、SHS 和 CGT 的上网标杆电价分别为 0.51、0.88、0.31 元/kWh 和 0.42 元/kWh。同时，为激励终端用户响应系统发电调度，设定在用户侧实施 PBDR。PBDR 前用户的用电电价为 0.59 元/kWh，参照文献［206］选取电力需求价格弹性，并设定平时段价格不变，峰时段用电电价上调 30%，谷时段用电电价下调 50%。对于 IBDR，在能量市场提供能源价格为 0.45 元/kWh，而在备用市场提供上下旋转备用电价分别为 0.25 元/kWh 和 0.55 元/kWh。同时，为了避免负荷波动过大，产生“峰谷倒挂”现象，设定 PBDR 产生的负荷变动量不超过±0.04MW，IBDR 参与 VPP 发电出力不超过±0.03MW。典型负荷日 IBDR 和 PBDR 的基本参数见表 6-1。

6.2.5.2　算例结果

1. 情景 1 中 VPP 调度优化结果

该情景重点分析 VPP 中不同电源之间的互补效应，特别是 WPP、PV 和 SHS 之间的互补效应。从负荷需求来看，在冬季典型负荷日，由于夜间采暖需求较大，白天采暖需求较小，故峰谷差较低。在夏季典型负荷日，由于白天制冷需求较高，夜间制冷需求较低，故峰谷差相对较高。图6－4所示为典型负荷日VPP的发电出力分布。

表6－1　　典型负荷日IBDR和PBDR的基本参数

项目		PBDR			IBDR		
		峰	谷	平	能源市场	备用市场	
						上	下
时段划分	夏	10:00～18:00	0:00～7:00	8:00～9:00、19:00～24:00	—	—	—
	冬	12:00～－20:00	0:00～7:00	8:00～11:00、21:00～24:00	—	—	—
电价（元/kWh）		0.69	0.33	0.55	0.5	0.2	0.6

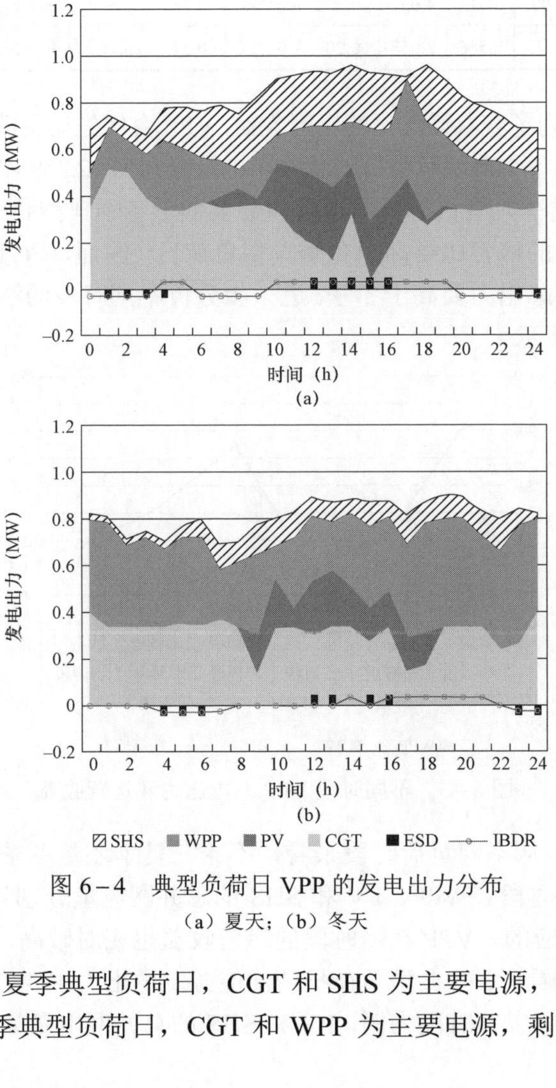

图6－4　典型负荷日VPP的发电出力分布

（a）夏天；（b）冬天

根据图6－4，夏季典型负荷日，CGT和SHS为主要电源，剩余负荷需求主要由WPP满足。冬季典型负荷日，CGT和WPP为主要电源，剩余负荷需求主要由

SHS 满足。这是由于夏季 WPP 的可用出力较低，但 SHS 和 PV 的可用出力较高。冬季 SHS 和 PV 的可用出力较低，但 WPP 的可用出力较高。可见，不同电源之间存在显著的互补效应。VPP 能够通过聚合不同分布式电源，形成稳定电力输出以满足负荷需求，从而获得最大的运营收益。不同典型负荷日 VPP 运营调度优化结果见表 6–2。

表 6–2　　不同典型负荷日 VPP 运营调度优化结果

典型负荷日	发电量（MWh）						弃能量（MWh）			运营收益（元）
	CGT	PV	WPP	SHS	ESD	IBDR	WPP	PV	SHS	
夏季	7.562	2.09	5.517	4.652	（0.25，−0.24）	（0.36，−0.39）	0.48	0.11	0.245	7804.85
冬季	7.282	1.673	8.566	2.058	（0.20，−0.20）	（0.21，−0.18）	0.745	0.146	0.179	8265.32

根据表 6–2，为了获取最大化的运营收益，VPP 会优先调用清洁能源发电，WPP、PV、SHS 在夏季和冬季典型负荷日的总并网电量分别为 12.259MWh 和 12.297MWh。相应的，VPP 在夏季典型负荷日的运营收益要低于冬季典型负荷日 460.47 元。由于夏季典型负荷日的峰谷比要高于冬季典型负荷日，因而，CGT、ESD 和 IBDR 在夏季典型负荷日的总出力要高于冬季。进一步分析不同时段的清洁能源出力及收益情况，如图 6–5 所示。

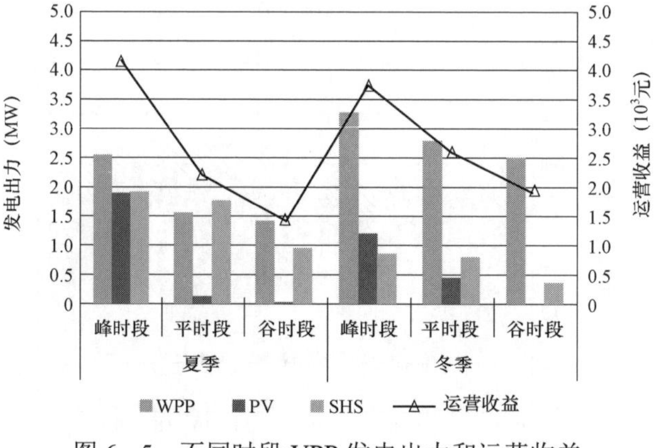

图 6–5　不同时段 VPP 发电出力和运营收益

根据图 6–5，从不同负荷时段来看，不论在夏季还是冬季，清洁能源在峰时段出力要高于其他时段。WPP、PV 和 SHS 的总并网电量分别为 2.529、1.91MWh 和 1.915MWh。相应的，VPP 在峰时段的运营收益也相对较高，即 4.175×10^3 元。从不同发电出力来看，夏季典型负荷日清洁能源发电出力主要为 PV 和 SHS，特别是平时段和谷时段。以谷时段为例，PV 和 SHS 的总并网电量分别为 0.137MWh 和

1.777MWh。冬季典型负荷日的主要清洁能源发电量是WPP，在峰、平、谷三个时段的PV发电量分别为3.273、2.788MWh和2.505MWh。综上所述，VPP能够协调利用不同分布式电源之间不同季节、不同时段的互补效应，以最大化消纳清洁能源获得最大化运营收益，实现资源的协调优化配置。

2. 情景2中VPP调度优化结果

该情景主要用于分析CVaR方法在度量目标函数中不确定因素的有效性，设置初始置信度 $\beta=0.9$，计算VPP最优调度策略。WPP、PV和SHS在夏季和冬季典型负荷日的总并网电量分别为0.22、0.417、0.242MWh和0.123、0.656、0.088MWh，要低于情景1。夏季和冬季典型负荷日中VPP的运营收益分别为7645.5元和8137.68元，相比情景1，分别降低了159.35元和127.64元。可见，若决策者不考虑不确定因素，按照风险中立时的调度计划安排VPP调度策略，当WPP和PV的实际出力与预测结果发生偏差时，系统将会面临较大的运营风险。图6－6所示为典型负荷日VPP的发电出力分布。

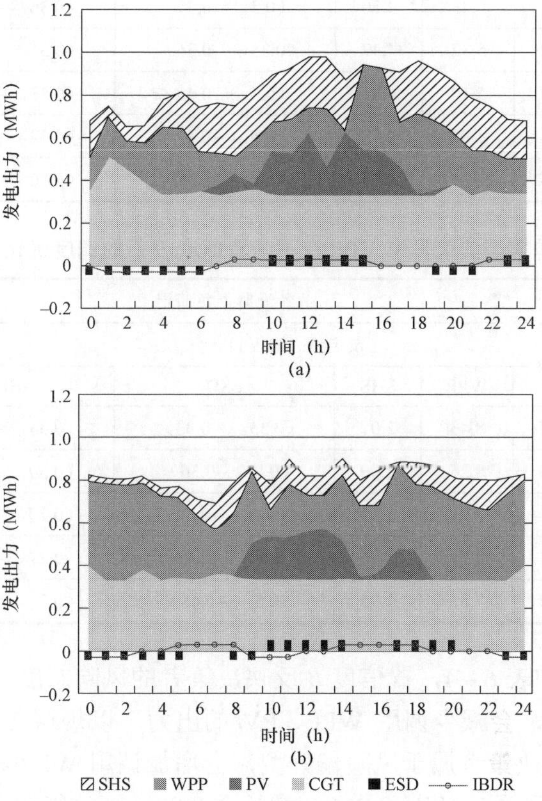

图6－6　典型负荷日VPP的发电出力分布

（a）夏季；（b）冬季

根据图 6-6，为了规避 WPP 和 PV 的不确定因素，VPP 会增加 CGT 的发电出力。相比情景 1，CGT 出力相对平稳，CGT 在夏季和冬季典型负荷日的发电量要更高，分别为 0.928MWh 和 0.908MWh。相应的，为了向 WPP 和 PV 提供充足的备用服务，ESD 和 IBDR 的出力也有所增加。综上所述，若考虑不确定因素，VPP 会降低 WPP 和 PV 的出力，导致运营收益也有所降低，但也能够规避缺电惩罚风险。总的来说，置信度是平衡收益与风险的关键参数，如何设置合理的置信度是确立最优 VPP 调度策略的重要保障。夏季典型负荷日和冬季典型负荷日中 VPP 在不同置信度 β 下的调度优化结果见表 6-3 和表 6-4。

表 6-3　　夏季典型负荷日中 VPP 在不同置信度 β 下的调度优化结果

β	夏季典型负荷日						
	发电量（MWh）						CVaR 值（元）
	CGT	PV	WPP	SHS	ESD	IBDR	
0.8	8.06	1.95	5.43	4.50	（0.3，−0.3）	（0.36，−0.30）	1764.58
0.85	8.18	1.92	5.32	4.47	（0.35，−0.36）	（0.36，−0.24）	1740.27
0.90	8.49	1.87	5.10	4.41	（0.4，−0.4）	（0.33，−0.18）	1725.59
0.95	8.53	1.83	5.02	4.39	（0.5，−0.4）	（0.33，−0.15）	1713.89
0.98	8.83	1.75	4.85	4.36	（0.5，−0.44）	（0.30，−0.15）	1703.36

表 6-4　　冬季典型负荷日中 VPP 在不同置信度 β 下的调度优化结果

β	冬天典型负荷日						
	发电量（MWh）						CVaR 值（元）
	CGT	PV	WPP	SHS	ESD	IBDR	
0.8	7.61	1.61	8.43	2.01	（0.35，−0.33）	（0.33，−0.27）	1878.18
0.85	7.80	1.59	8.26	2.00	（0.4，−0.36）	（0.30，−0.24）	1852.30
0.90	8.19	1.55	7.91	1.97	（0.45，−0.44）	（0.27，−0.18）	1836.67
0.95	8.31	1.51	7.79	1.96	（0.50，−0.48）	（0.27，−0.15）	1824.22
0.98	8.67	1.45	7.53	1.95	（0.5，−0.48）	（0.24，−0.15）	1813.01

根据表 6-3 和表 6-4，置信度 β 反映决策者的风险态度，当 β 较大时，决策者属于风险厌恶型，会减少调用 WPP、PV 的出力，以规避 VPP 的运营风险；反之，当 β 较小时，决策者属于风险偏好型，会增加调用 WPP 和 PV 的出力，以博取超额经济收益。可见，随着 β 由 0.8 增长至 0.98，清洁能源发电出力逐步降低，CGT、ESD 和 IBDR 的发电出力逐步增加，这说明随着决策者风险厌恶程度的增加，

VPP中可提供备用服务的单元出力逐步增加，相应的，CVaR值逐步降低。当决策者考虑不确定因素时，由于不同时段负荷供需关系不同，WPP和PV给VPP运行带来的风险程度也不同，故需分析不同置信度下VPP在不同时段的运营收益变化情况。图6-7所示为不同置信度β下VPP在不同时段的运营收益。

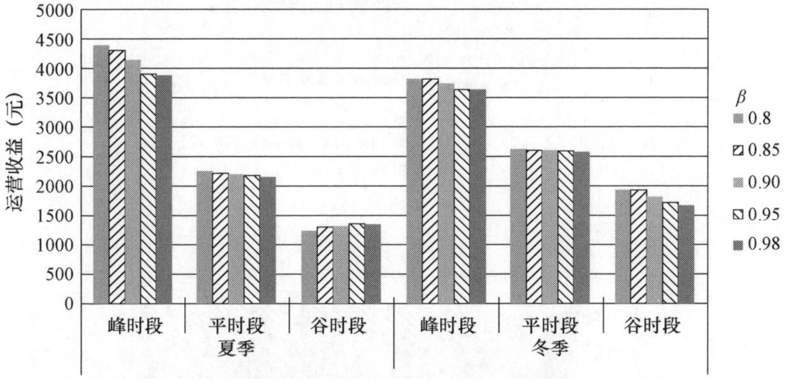

图6-7　不同置信度β下VPP在不同时段的运营收益

根据图6-7，从不同时段来看，在夏季典型负荷日，由于峰时段负荷较大，负荷供需关系紧张，故当决策者考虑不确定因素时，WPP和PV的出力会显著降低，VPP运营收益在峰时段降幅明显随着置信度β的增加而增大。然而，由于谷时段负荷供需关系不是很紧张，ESD和IBDR的调度会适当提升WPP和PV的并网电量，以追求更高的经济收益。在冬季典型负荷日，WPP的可用出力在夜间较高，其不确定性给VPP运行带来较大的风险，为了规避VPP运营风险，在谷时段，运营收益会随着置信度β的增加会显著降低。但ESD会转移部分WPP的可用出力至峰时段，相应的，在峰时段运营收益降低幅度不大。总的来说，CVaR方法能够度量目标函数中不确定因素，通过设置置信度反映决策者的风险态度，确立VPP的最优运行策略。

3. 情景3中VPP调度优化结果

该情景以情景2为基础，进一步讨论约束条件中不确定因素对VPP运行的影响。设定初始鲁棒系数$\Gamma=0.9$，计算VPP的最优调度策略。WPP、PV、SHS的总并网电量在夏季典型负荷日分别为4.797、1.760、4.407MWh，在冬季典型负荷日分别为6.984、1.455、1.901MWh。相比情景2，运营收益、VaR和CVaR值分别为204.8、−68.71、−98.76元，分别降低343.7、−15.07、−38.81元。可见，当考虑约束条件中不确定因素量时，决策者对风险的敏感度会有所增加，为规避VPP的运营风险，决策者会降低WPP和PV的出力。图6-8所示为典型负荷日VPP的发电出力分布。

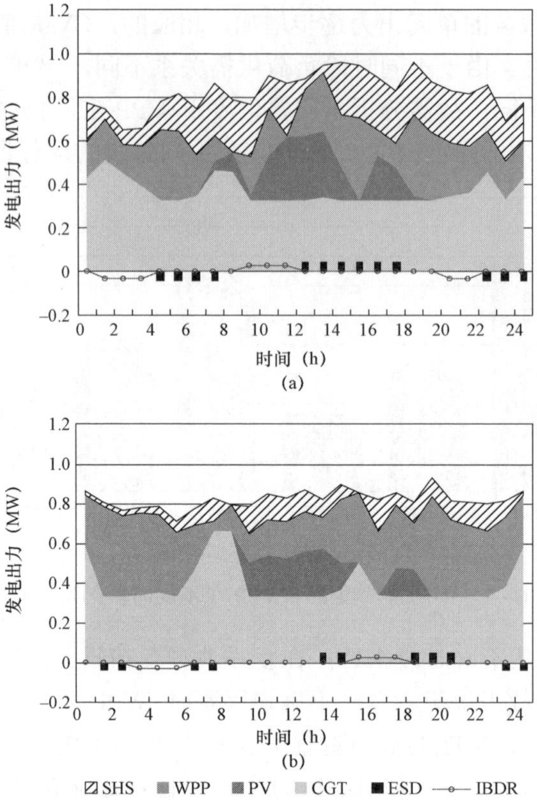

图 6－8　典型负荷日 VPP 的发电出力分布

（a）夏季；（b）冬季

根据图 6－8，当鲁棒随机优化理论被引入后，VPP 会进一步压缩 WPP 和 PV 的并网空间。以夏季典型负荷日为例，WPP、PV 的发电量分别降低 0.11MWh 和 0.307MWh。然而，CGT 因其发电出力稳定可控，被 VPP 更多地调用，分别增加 0.431MWh 和 1.152MWh。由于 WPP 和 PV 的出力有所降低，故 ESD 和 IBDR 的调用出力也有所降低，仅在峰时段调用 ESD 放电释能和 IBDR 减少负荷，在谷时段调用 ESD 充电蓄能和 IBDR 增加负荷。不同情景下 VPP 的运营调度结果见表 6－5。

表 6－5　　不同情景下 VPP 的运营调度结果

典型负荷日		发电量（MWh）						运营收益（元）		
		CGT	PV	WPP	SHS	ESD	IBDR	收益	VaR	CVaR
夏季	情景 1	7.562	2.09	5.517	4.652	（0.25，－0.24）	（0.36，－0.39）	7804.85	—	—
	情景 2	8.49	1.870	5.104	4.41	（0.40，－0.40）	（0.33，－0.18）	7645.50	1716.77	1725.59
	情景 3	8.921	1.760	4.797	4.407	（0.30，－0.28）	（0.09，－0.15）	7440.70	1785.48	1824.35

续表

典型负荷日		发电量（MWh）						运营收益（元）		
		CGT	PV	WPP	SHS	ESD	IBDR	收益	VaR	CVaR
冬季	情景 1	7.282	1.673	8.566	2.058	（0.20，−0.20）	（0.21，−0.18）	8265.32	—	—
	情景 2	8.190	1.550	7.912	1.97	（0.45，−0.44）	（0.27，−0.18）	8137.68	1827.29	1836.67
	情景 3	9.342	1.455	6.984	1.901	（0.30，−0.24）	（0.09，−0.09）	7793.98	1842.36	1875.48

根据表 6−5，对比不同情景下的收益、VaR 和 CVaR 值。当鲁棒系数被引入用于转换含不确定因素的约束条件时，WPP 和 PV 给 VPP 带来的风险能够被更好地描述。决策者会进一步控制 WPP 和 PV 的出力，相应的，VPP 运营收益值也有所降低，但在相同置信度 β 下的 VaR 和 CVaR 值确有所增加，这表明收益和风险是相互联系的，决策者在追求高额经济收益的同时也需要承担相应的风险水平；反之，当决策者想要规避风险时，需要舍弃部分经济收益。由于约束条件中不确定因素通过预测误差和鲁棒系数进行描述，也能够直接影响 VPP 的优化运行，故对预测误差 e、鲁棒系数 Γ 和置信度 β 之间的相互关系进行敏感性分析，讨论不同参数组合下的 VPP 运行方案。图 6−9 所示为不同参数下 VPP 运营 CvaR 值和发电出力。

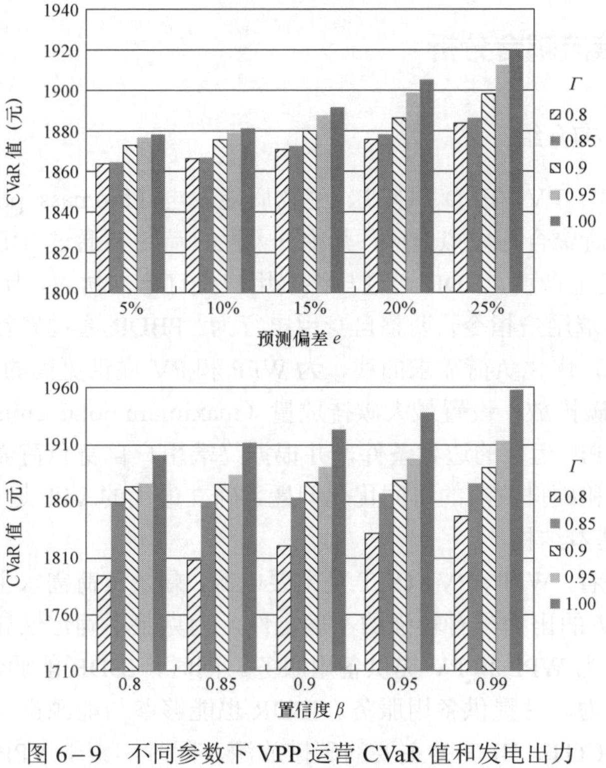

图 6−9　不同参数下 VPP 运营 CVaR 值和发电出力

根据图 6-9，分析预测误差 e 和鲁棒系数 Γ 对 VPPP 运行的影响。当 e 较高时，Γ 增长相同幅度时，CvaR 值增幅更大。当 $e\in$［5%，10%）时，CvaR 值增幅要低于 $e\in$［15%，25%）。可见，当预测偏差降低时，不确定因素给 VPP 运行带来的风险要较高。进一步分析鲁棒系数 Γ 和置信度 β 对 VPP 运行的影响。当 $\Gamma\leqslant0.85$ 时，β 的增长会导致 CVaR 值增幅较大，这表明当决策者考虑不确定因素时，VPP 运营方案会发生显著变动。当 $\Gamma\in$（0.85，0.95）时，β 的增长会导致 CVaR 值增幅较小，此时决策者会均衡 VPP 的运营收益和风险，故决策方案处于相对稳定状态，但整体上 CVaR 值也会随 Γ 的增加而增加。当 $\Gamma\geqslant0.95$ 时，β 的增长会导致 CVaR 值增幅很大，此时决策者属于极度风险厌恶型，较小的不确定因素都会带来较大的运营风险。总的来说，CVaR 方法和鲁棒随机优化理论能够更好地描述 VPP 运行的不确定性风险，决策者需在提升不确定性预测偏差的同时，设置合理的置信度和鲁棒系数，兼顾 VPP 的运营风险和收益，制定最优的风险控制策略。

6.3 考虑不确定性的虚拟电厂低碳调度优化模型

6.3.1 电—碳流耦合分析

6.3.1.1 基本结构介绍

本文将 WPP、PV、ESD、CGT、生物质能发电（biomass power generation，BPG）和柔性负荷聚合为虚拟电厂，其中，柔性负荷主要通过 IBDR 和 PBDR 两种方式参与 VPP 发电调度，IBDR 通过与终端用户签订事前协议，当需要执行协议时，VPP 可直接给终端用户指令，调整自身用电行为。PBDR 通过峰谷分时电价间接引导用户用电行为，优化负荷需求曲线，为 WPP 和 PV 提供更大的并网空间。同时，为了控制 VPP 碳排放，设置最大碳排放量（maximum total emission allocation，MTEA）作为 VPP 运行的边界条件，并根据终端用户自身负荷需求和不同发电出力，讨论电力流和碳排放流的协同优化问题，确立最优的 VPP 运行策略。图 6-10 所示为 VPP 的基本结构。

从电力流来看，WPP、PV、CGT 是主要电源，剩余负荷需求主要由 BPG 满足。由于 WPP 和 PV 的出力具有较强的不确定性，为克服不确定性导致调度方案的偏差，ESD、BPG 为 WPP 和 PV 提供备用服务。同时，IBDR 能通过调度终端用户，提供虚拟发电出力，并提供备用服务。IBDR 也能够参与能源市场和备用市场。从碳排放流来看，CGT、BPG 为主要的碳排放源，同时，由于 VPP 与主网相连，当电源可用出力小于负荷需求时，VPP 需向外部电网购电，虽未给 VPP 带来新增碳排放，但这部分电量产生的碳排放也应当看作 VPP 运营产生的碳排放。根据上述分析，平衡 VPP 的运行效益、风险及碳排放是制定最优 VPP 运行策略的关键。

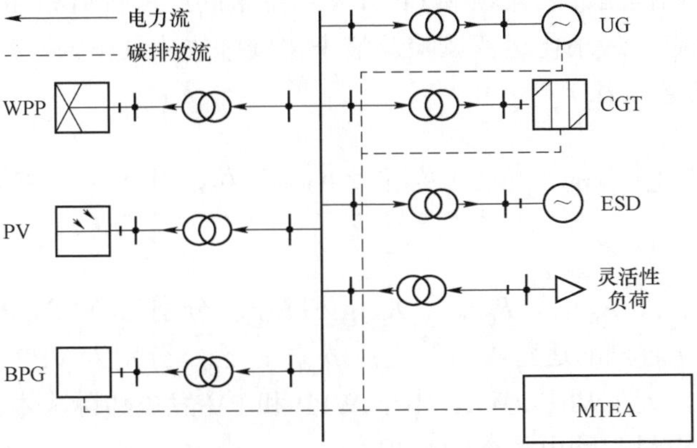

图 6-10　VPP 的基本结构

6.3.1.2　BPG 发电出力

一般来说，农村生物质能主要为沼气和秸秆两种类型，而城镇生物质能可能更多的为垃圾。由于不同生物质能发电的原料特性和转化方式具有较大的差异性，导致其发电形式和发电效率也不尽相同。本文主要讨论生物质能发电与 WPP、PV 的耦合关系，不同生物质能发电之间的差别不做分析。因此，仅选择沼气发电作为生物能发电的研究对象，其发电出力与燃料消耗关系为

$$P_{\mathrm{BPG},t}=\partial_0+\partial_1 p_{\mathrm{F}}+\partial_2 V_{\mathrm{BPG},t}+\partial_3 p_{\mathrm{F}}^2 \tag{6-28}$$

式中：$P_{\mathrm{BPG},t}$ 为 t 时刻 BPG 的输出功率，kW；p_{F} 为沼气发电的压强，Pa；$V_{\mathrm{BPG},t}$ 为 t 时刻 BPG 的沼气消耗量，m^3；∂_0 为常数项系数；∂_1、∂_2 分别为沼气发电压强和沼气消耗量的线性项系数；∂_3 为二次项系数。

6.3.2　虚拟电厂低碳调度优化模型

6.3.2.1　常规调度优化模型

6.3.2.1.1　目标函数

WPP 和 PV 具有较高的经济环境特性，其规模化并网能够带来显著的经济收益和环境收益，但因其自身出力的不确定性也会带来较大的运营风险。同时，随着温

室效应的不断加剧，碳排放量将成为 VPP 运营的重要约束。根据上述分析，如何平衡收益、风险及碳排放三者间的相互关系，是 VPP 优化运营所面临的关键决策问题。考虑 WPP 和 PV 的出力不确定性，综合考虑 VPP 运营的约束条件，构造多目标随机调度优化模型。为兼顾 WPP 和 PV 带来的经济价值和环境价值，本文选择最大化运营收益、最小化运营风险及最小化碳排放总量作为目标函数。

1. 最大化运营收益

$$\max F_1=\sum_{t=1}^{T}\left(R_{\mathrm{WPP},t}+R_{\mathrm{PV},t}+R_{\mathrm{CGT},t}+R_{\mathrm{BPG},t}+R_{\mathrm{ESD},t}+R_{\mathrm{IBDR},t}-g_{\mathrm{UG},t}p_{\mathrm{UG},t}\right) \tag{6-29}$$

式中：$R_{\mathrm{WPP},t}$、$R_{\mathrm{PV},t}$、$R_{\mathrm{BPG},t}$、$R_{\mathrm{CGT},t}$、$R_{\mathrm{ESD},t}$和$R_{\mathrm{IBDR},t}$分别为 WPP、PV、BPG、CGT、ESD 和 IBDR 在 t 时刻的运营收益，元；$p_{\mathrm{UG},t}$、$g_{\mathrm{UG},t}$分别为 VPP 向公共电网的购电价格和购电量，元/kWh、kWh。由于 WPP 和 PV 发电边际成本几乎为零，故其运营收益等于购电量与购电价格的乘积。

2. 最小化运营风险

WPP 和 PV 的规模化并网能带来显著的经济收益，但其出力的不确定性也将带来较大的风险，如何度量 VPP 运营风险水平是制定 VPP 最优决策方案的关键。因此，选择 CVaR 值作为风险指标，并以最小化运营风险水平作为 VPP 运营目标，具体目标函数同式（6-23）。

3. 最小化碳排放总量

VPP 中 CGT、BPG 的发电出力均伴随着碳排放。同时，由于 VPP 与公共电网相连，当电源可用出力小于负荷需求时，VPP 需向外部电网购电。虽然这未给 VPP 带来新增碳排放，但当前电源结构中燃煤发电仍属于主要电源，这部分电量产生的碳排放也应当看作 VPP 运营产生的碳排放。相应的，选择最小碳排放总量作为目标函数，具体计算公式为

$$\min F_3=\sum_{t=1}^{T}\left[f\left(P_{\mathrm{CGT},t}\right)+f\left(P_{\mathrm{BPG},t}\right)+f\left(g_{\mathrm{UG},t}\right)\right] \tag{6-30}$$

式中：$f\left(P_{\mathrm{CGT},t}\right)$、$f\left(P_{\mathrm{BPG},t}\right)$分别为 CGT 和 BPG 在 t 时刻发电出力所产生的碳排放函数；$f\left(g_{\mathrm{UG},t}\right)$为 VPP 向公共电网购电间接承担的碳排放总量，t。一般来说，发电出力与碳排放量的关系为一元二次函数。以 BPG 为例，具体计算公式为

$$f\left(P_{\mathrm{BPG},t}\right)=a_{\mathrm{BPG}}+b_{\mathrm{BPG}}P_{\mathrm{BPG},t}+c_{\mathrm{BPG}}\left(P_{\mathrm{BPG},t}\right)^2 \tag{6-31}$$

式中：a_{BPG}、b_{BPG}、c_{BPG}为 BPG 发电碳排放系数。$f\left(g_{\mathrm{UG},t}\right)$主要根据当前电源结构中含碳电源占比及度电碳排放系数进行计算，具体计算公式为

$$f\left(g_{\mathrm{UG},t}\right)=\sum_{t=1}^{T} g_{\mathrm{UG},t}\gamma_{\mathrm{CO_2}}\psi_{\mathrm{CO_2}} \tag{6-32}$$

式中：$\gamma_{\mathrm{CO_2}}$、$\psi_{\mathrm{CO_2}}$ 分别为公共电网中含碳电源的平均占比及度电碳排放系数；我国当前燃煤发电占比约为70%，度电碳排放系数约为0.997。

6.3.2.1.2 约束条件

VPP安全可靠运行需要满足负荷供需平衡约束、机组出力约束、柔性负荷波动约束、碳排放总量约束及系统旋转备用约束等。

1. 负荷供需平衡约束

$$\left\{\underbrace{\begin{array}{l} P_{\mathrm{WPP},t}(1-\varphi_{\mathrm{WPP}})+P_{\mathrm{PV},t}(1-\varphi_{\mathrm{PV}})+P_{\mathrm{BPG},t}(1-\varphi_{\mathrm{BPG}})+ \\ P_{\mathrm{CGT},t}(1-\varphi_{\mathrm{CGT}})+\left(g_{\mathrm{ESD},t}^{\mathrm{dis}}-g_{\mathrm{ESD},t}^{\mathrm{ch}}\right)+u_{\mathrm{IBDR},t}\Delta P_{\mathrm{IBDR},t}^{\mathrm{E}} \end{array}}_{\text{VPP 日前出力}}\right\}+g_{\mathrm{UG},t}\geqslant L_t-u_{\mathrm{PBDR},t}\Delta L_{\mathrm{PBDR},t} \tag{6-33}$$

式中：$P_{\mathrm{WPP},t}$、$P_{\mathrm{PV},t}$ 分别为WPP和PV在t时刻的发电出力，kW；$\Delta P_{\mathrm{IBDR},t}^{\mathrm{E}}$ 为IBDR在t时刻向能源市场提供的输出功率，kW；φ_{WPP}、φ_{PV}、φ_{BPG}、φ_{CGT} 分别为WPP、PV、BPG和CGT在t时刻的厂用电率。

2. 柔性负荷波动约束

$$\Delta L_t=\left(u_{\mathrm{IBDR},t}\Delta L_{\mathrm{IBDR},t}+u_{\mathrm{PBDR},t}\Delta L_{\mathrm{PBDR},t}\right) \tag{6-34}$$

$$u_t\Delta P^{-}\leqslant \Delta L_t-\Delta L_{t-1}\leqslant u_t\Delta P^{+} \tag{6-35}$$

$$(T_{t-1}^{\mathrm{on}}-M^{\mathrm{on}})(u_{t-1}-u_t)\geqslant 0 \tag{6-36}$$

$$(T_{t-1}^{\mathrm{off}}-M^{\mathrm{off}})(u_t-u_{t-1})\geqslant 0 \tag{6-37}$$

式中：ΔP^{-}、ΔP^{+} 分别为上、下爬坡功率，kW；T_{t-1}^{on} 为IBDR在$t-1$时刻的持续运行时间，h；M^{on} 为IBDR的最小启动时间，h；T_{t-1}^{off} 为IBDR在$t-1$时刻的持续停机时间，h；M^{off} 为IBDR的最小停机时间，h。

3. 碳排放总量约束

VPP中的碳排放随着CGT和BPG的发电量的增加而增加。在碳交易机制背景下，引入最大允许碳排放量（maximum total emission allowances，MTEA）这一指标，VPP在运行时需要考虑其最大碳排放量不超过MTEA，具体约束条件为

$$F_3\leqslant \mathrm{MTEA} \tag{6-38}$$

4. 机组出力约束

$$0\leqslant P_{\mathrm{RE},t}\leqslant P_{\mathrm{RE},t}^{*},\ \mathrm{RE}=\{\mathrm{WPP},\mathrm{PV}\} \tag{6-39}$$

$$u_{\mathrm{NRE},t}P_{\mathrm{NRE},t}^{\min} \leqslant P_{\mathrm{NRE},t} \leqslant u_{\mathrm{NRE},t}P_{\mathrm{NRE},t}^{\max}, \mathrm{NRE}=\{\mathrm{CGT},\mathrm{BPG}\} \tag{6-40}$$

$$P_{\mathrm{ESD},t}^{\min} \leqslant P_{\mathrm{ESD},t} \leqslant P_{\mathrm{ESD},t}^{\max} \tag{6-41}$$

式中：$P_{\mathrm{RE},t}$、$P_{\mathrm{NRE},t}$ 分别为可再生能源机组和非可再生能源机组在 t 时刻的发电出力，kW；$P_{\mathrm{RE},t}^{*}$ 为可再生能源机组在 t 时刻的可用发电出力，kW；$P_{\mathrm{NRE},t}^{\max}$、$P_{\mathrm{NRE},t}^{\min}$ 分别为非可再生能源机组在 t 时刻的最大出力和最小出力，kW；$u_{\mathrm{NRE},t}$ 为非可再生能源机组的运行状态，0－1 变量；$P_{\mathrm{ESD},t}^{\max}$、$P_{\mathrm{ESD},t}^{\min}$ 分别为 ESD 在 t 时刻的最大可用出力和最小可用出力，kW。

5. 系统旋转备用约束

$$P_{\mathrm{VPP},t}^{\max} - P_{\mathrm{VPP},t} + \Delta P_{\mathrm{PBDR},t} + \Delta L_{\mathrm{IBDR},t}^{\mathrm{up}} \geqslant r_1 L_t + r_2 P_{\mathrm{WPP},t} + r_3 P_{\mathrm{PV},t} \tag{6-42}$$

$$P_{\mathrm{VPP},t} - P_{\mathrm{VPP},t}^{\min} + \Delta L_{\mathrm{IBDR},t}^{\mathrm{dn}} \geqslant r_4 P_{\mathrm{WPP},t} + r_5 P_{\mathrm{PV},t} \tag{6-43}$$

式中：$P_{\mathrm{VPP},t}^{\max}$、$P_{\mathrm{VPP},t}^{\min}$ 分别为 VPP 在 t 时刻的最大可用出力和最小可用出力，kW；$P_{\mathrm{VPP},t}$ 为 VPP 在 t 时刻的发电出力，kW；$\Delta L_{\mathrm{IBDR},t}^{\mathrm{up}}$、$\Delta L_{\mathrm{IBDR},t}^{\mathrm{dn}}$ 分别为 IBDR 在 t 时刻提供的上、下旋转备用出力，kW；$\Delta P_{\mathrm{PBDR},t}$ 为 IBDR 在 t 时刻的输出功率，kW；r_1、r_2 和 r_3 分别负荷、WPP 和 PV 的上旋转备用系数；r_4、r_5 分别 WPP 和 PV 的下旋转备用系数。

6.3.2.2 鲁棒随机优化模型

由于 VPP 中负荷、WPP、PV 具有较强的不确定性，以及 ESD、CGT、BPG 和 IBDR 的存在，灵活性电源电能供给能力充足，故认为 VPP 能够应对负荷不确定性，但需重点考虑 WPP 和 PV 的不确定性。较多文献采用概率方式表征不确定性，但容量较小、数量巨大的 DER 是否具有统计性质仍有待验证，以及信息收集和概率分布函数的精确建立难度较大。此外，大多数研究成果依赖随机规划方法解决不确定性，但难以描述概率分布规律，且计算十分复杂。然而，鲁棒随机优化模型的最优解对集合内每个元素可能造成的不良影响具有一定的抑制性，调节鲁棒系数即可决策出不同程度上抑制不确定性影响的优化调度方案。该方法无须考虑大量随机方案，计算负担较小，适用空间更佳。因此，本文选择鲁棒随机优化理论转换含不确定因素的目标函数。相应的，当含不确定因素的约束条件被转化后，可建立 VPP 随机调度优化模型，具体为

$$\min F = \{-F_1, F_2, F_3\} \tag{6-44}$$

约束条件为

$$\left.\begin{array}{l}\text{式}\,(6-33) \sim \text{式}\,(6-43)\\ \text{其他约束}\end{array}\right\}$$

综上所述，低碳调度优化模型能实现在系统信息掌握不完全的情况下，在一定扰动范围内保证系统安全、稳定运行，提高系统对不确定因素的免疫能力，实现调

度预定目标。

6.3.3 模型求解算法

6.3.3.1 模糊线性处理

对于多目标优化问题，需要对目标函数进行加权转为单目标优化模型，进而进行数学模型求解。本文目标函数包括最大化运营收益、最小化运营风险和最小化碳排放总量三个目标函数，在满足 VPP 运行约束的条件下，取得兼顾三个目标函数优化诉求的满意解是模型求解的关键。但由于不同目标函数具有不同的量纲和优化方向，难以直接进行加权，故需对其进行预处理。模糊满意度理论能够通过分析目标函数值与理想值之间的距离，将数值优化转换为程度优化。下面分别选择升半直线形隶属度函数［见式（6－45）］处理最大化运营收益目标，选择降半梯度隶属度函数［见式（6－46）］处理最小化运营风险和最小化碳排放总量目标函数，具体过程为

$$\rho(F_i)=\begin{cases}0,F_i \leqslant F_i^* \\ \dfrac{F_i^*+\vartheta_i-F_i}{\vartheta_i},F_i^*<F_i<F_i^*+\vartheta_i \\ 1,F_i>F_i^*+\vartheta_i\end{cases} \tag{6-45}$$

$$\rho(F_i)=\begin{cases}1,F_i \geqslant F_i^* \\ \dfrac{F_i-(F_i^*+\vartheta_i)}{\vartheta_i},F_i^*<F_i<F_i^*+\vartheta_i \\ 0,F_i \leqslant F_i^*\end{cases} \tag{6-46}$$

式中：$\rho(F_i)$ 为目标函数 F_i 的隶属度函数；F_i 为第 i 个目标函数值；F_i^* 为第 i 个目标函数的理想值；ϑ_i 为决策者可接受的第 i 个目标的增加值，是将目标进行一定的伸缩。

图 6－11 所示为升半直线形隶属度函数和降半梯度隶属度函数。

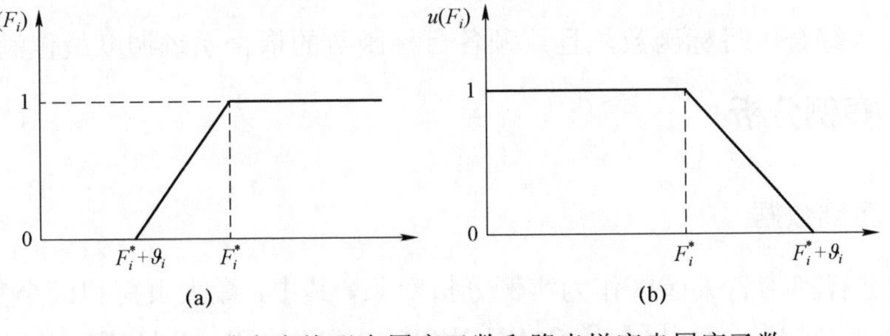

图 6－11 升半直线形隶属度函数和降半梯度隶属度函数

（a）升半直线形隶属度函数；（b）降半梯度隶属度函数

6.3.3.2 目标权重计算

在进行目标函数赋权时，确立最优的目标函数权重系数是确立 VPP 最优化调度的核心。为进行目标函数权重的计算，需建立目标函数的投入产出表，具体过程同 5.3.3，进而应用熵权法进行目标函数权重的计算。熵权法能够根据目标函数的变异程度，利用信息熵计算出各指标的熵权，再通过熵权对各目标的权重进行修正，从而得出较为客观的指标权重。

1. 计算目标函数 F_i 的熵 S_i

$$S_i = -\psi \sum_{j=1}^{n} r_{ij} \ln\left(r'_{ij}\right), \quad i = 1,2,\cdots,k \tag{6-47}$$

$$\psi = \frac{1}{\ln(n)}$$

式中：ψ 为与样本数有关的常数，是使 $S_i \in [0,1]$；r'_{ij} 满足 $0 < r'_{ij} < 1$ 和 $\sum_{j=1}^{n} r'_{ij} = 1$，且当 $r_{ij} = 0$ 时，$r_{ij} \ln(r'_{ij}) = 0$。

2. 目标函数 F_i 的权重计算

$$d_i = 1 - S_i, \quad i = 1,2,\cdots,k \tag{6-48}$$

$$\lambda_i = \frac{d_i}{\sum_{i=1}^{i} d_i}, \quad i = 1,2,\cdots,k \tag{6-49}$$

式中：d_i 为目标函数 $\overline{F_i}$ 的信息偏差度；λ_i 为目标函数 F_i 的权重。据不同目标函数的权重系数，可获得综合单目标函数，具体为

$$F = \sum_{i=1}^{I} \lambda_i \mu(F_i) \tag{6-50}$$

式中：F 为综合单目标函数，且兼顾各目标函数的耦合系统调度最佳满意解。

6.3.4 算例分析

6.3.4.1 基础数据

本文选择河南省某园区作为实例分析对象，其中，最大负荷和最小负荷分别为 2.0MW 和 1.3MW。该园区配置 2MW WPP、1.5MW PV 和 1MW 生物质能发电机组。其中，生物质能发电包括秸秆发电和垃圾发电两种类型。同时，为了保证电力

负荷的可靠供给，配置 1MW CGT 机组，上、下爬坡速率分别为 01.MW/h 和 0.2MW/h，启停时间分别为 0.15h 和 0.15h，启停成本为 0.102 元/kWh。将其成本曲线分两段线性化，两段斜率系数分别为 110 元/MW 和 362 元/MW。ESD 系统的充电功率为 0.1MW，放电功率为 0.12MW，充、放电损耗约为 4%，初始蓄能量为 0。设定 WPP 和 PV 的预测误差分别为 0.08 和 0.06，初始鲁棒系数为 0.5。图 6－12 所示为典型日的负荷及 WPP、PV 出力的预测值。

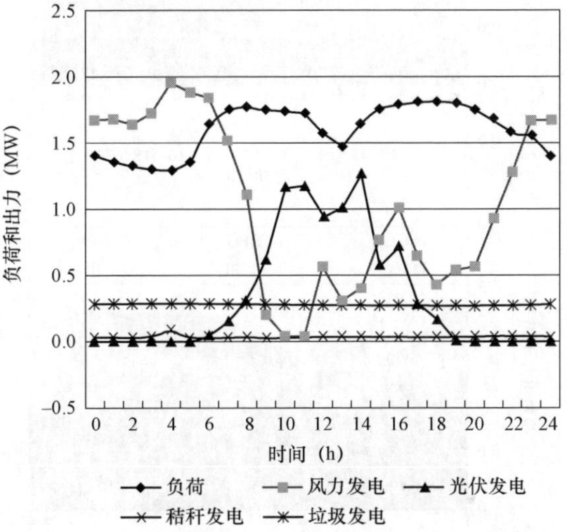

图 6－12　典型日的负荷及 WPP、PV 出力的预测值

该园区 WPP、PV、CGT 和 BPG 的发电上网电价分别为 0.57、0.7、0.41 元/kWh 和 0.75 元/kWh。可见，BPG 上网电价较高，当追求经济效益时，会优先被调用，但当追求最小碳排放量时，WPP 和 PV 将优先备用。划分负荷峰、平、谷时段（13:00～21:00，0:00～3:00、21:00～24:00，3:00～12:00），选取电力需求弹性矩阵。PBDR 前，终端用户用电电价为 0.59 元/kWh，PBDR 后时段价格维持不变，峰时段用电电价上调 30%，谷时段用电电价下调 50%。同时，为避免用户过度响应 DR，导致峰谷倒挂现象，设定 IBDR 产生输出功率不超过±0.1MW，PBDR 产生的负荷波动不超±0.1MW，即柔性负荷波动功率不超过±0.2MW。最后，设定初始置信度 β 和鲁棒系数 Γ 均为 0.9，风光预测误差 e 为 0.9。

6.3.4.2　算例结果

下面主要验证多目标模型求解算法的有效性，以确定最优的权重系数，转换多目标模型为单目标模型，进而求取 VPP 综合调度结果。首先，分别以最大化运营收益、最小化运营风险和最小化碳排放总量作为目标函数，求取不同优化模式下的

VPP 调度结果。图 6-13 所示为不同优化模型下的 VPP 发电出力分布。

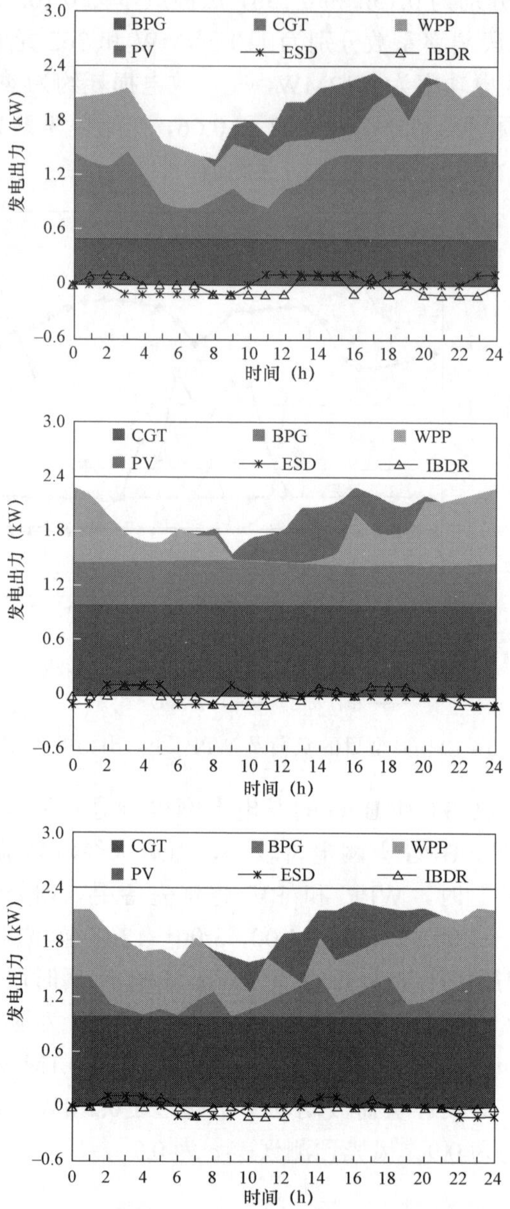

图 6-13　不同优化模式下的 VPP 发电出力分布

根据图 6-13，不同优化模式下的 VPP 调度结果存在较大的差异性。在 F_1 模式，由于 BPG 发电上网电价要高于 CGT，故为追求最大化运营收益，BPG 优先被调用，调度周期内处于满发状态，而 CGT、ESD、IBDR 主要为 WPP 和 PV 提供备用服务，总的运营收益为 20 665.56 元，其他两种模式仅为 18 223.49 元和 18 518.24 元。在 F_2 模式，为了规避 WPP 和 PV 的不确定性带来的风险，会优先调用 CGT 和 BPG 满足负荷需求，故 WPP 和 PV 的发电量较低，分别为 4.183MWh 和 8.214MWh。在 F_3 模式，由于 BPG 碳排放系数要高于 CGT，故在控制碳排放总量时，会优先减小 BPG 发电出力，负荷需求主要由 WPP、PV 和 CGT 满足，故 BPG 总的发电量达到最低，仅为 5.632MWh。VPP 运营投入产出见表 6－6。

表 6－6　VPP 运营投入产出

模式	发电量（MWh）						目标函数值		
	CGT	BPG	PV	WPP	ESD	IBDR	F_1（元）	F_2（元）	F_3（t）
F_1	17.654	12	4.182	13.379	（1.2，－0.8）	（0.6，－1.2）	20 665.56	6078.11	6.607
F_2	24	11.082	4.183	8.214	（0.6，－0.7）	（0.64，－0.74）	18 223.49	4049.66	7.438
F_3	24	5.632	4.182	13.38	（0.6，－0.7）	（0.4，－0.4）	18 518.24	5786.95	5.829

根据表 6－6，各目标函数值达到最优在其自身优化模式下，相应的，可以确立不同优化目标的最大值和最小值。进一步对目标函数进行模糊化处理，计算目标函数的权重系数，分别为 0.342、0.355、0.303，可以得到加权综合目标函数，则可以得到综合优化模式下的 VPP 调度方案，三个目标函数值分别为 18 587.667、5808.646 元和 6.585t。综合优化模式下的 VPP 发电出力分布和不考虑不确定性时的 VPP 发电出力分布分别如图 6－14 和图 6－15 所示。

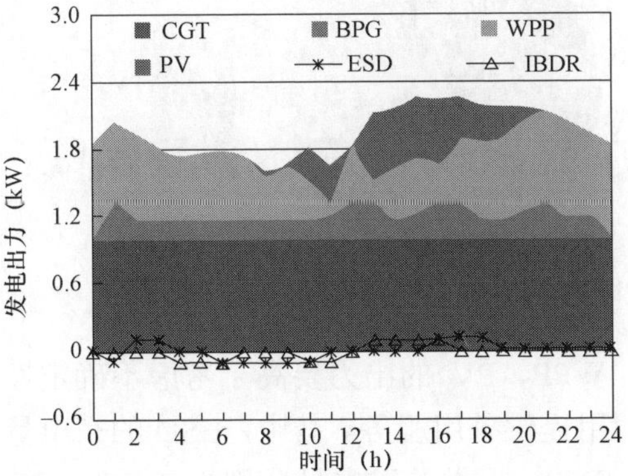

图 6－14　综合优化模式下的 VPP 发电出力分布

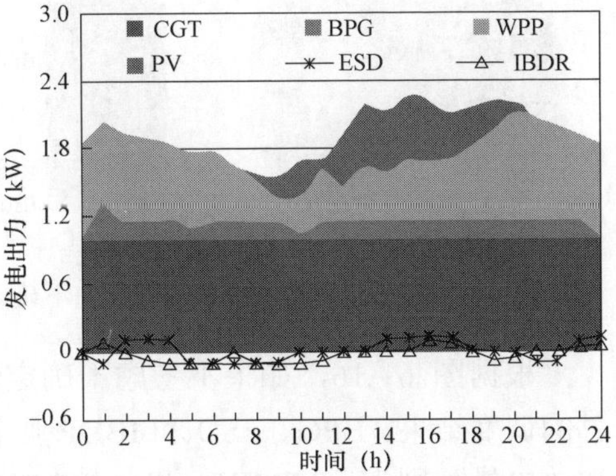

图 6－15　不考虑不确定性时的 VPP 发电出力分布

根据图 6－14，在综合优化模式下，WPP 和 PV 的发电出力要高于 F_2 模式，CGT 处于满发状态，而 BPG 则主要为 WPP 和 PV 提供备用服务。从负荷分布来看，低谷时段，ESD 进行充电蓄能，累计蓄能量为－0.5MWh，IBDR 提供－0.5MWh 发电量；在峰时段，ESD 进行放电释能，累计释能量为 0.36MWh，IBDR 提供 0.4MWh 发电量。由此可知，为了兼顾不同目标函数的优化诉求，CGT、WPP 和 PV 会被调用满足负荷需求，而 BPG、ESD 和 IBDR 则主要为 WPP 和 PV 提供备用服务。这意味着 VPP 能够利用不同分布式电源间的互补特性，利用 WPP 和 PV 的高环境友好特性追求经济效益和环境效益，利用 CGT 满足负荷需求，利用 BPG、ESD 和 IBDR 提供备用服务，最终实现 VPP 的最优化运行。

6.3.4.3 结果分析

VPP 调度模型包括最大化运营收益、最小化运营风险及最小化碳排放总量三个目标函数，借助鲁棒随机优化理论描述 WPP 和 PV 的不确定性，并讨论 PBDR 对 VPP 运行的优化效应。可见，不确定性、PBDR、META 和决策者风险态度是 VPP 运行的关键因素。

1. 不考虑不确定性时的 VPP 运营结果

为了对比分析，计算不考虑不确定性时的 VPP 运营优化结果，也就是不考虑应用鲁棒随机优化理论描述 WPP 和 PV 的不确定性。根据调度结果可知，若不考虑不确定性，为了实现 VPP 运营效益的最大化和碳排放总量的最小化，VPP 会优先调用 WPP 和 PV 满足负荷需求，相应的，发电量分别为 14.638MWh 和 4.576MWh。图 6－16 所示为不考虑不确定性时的 VPP 发电出力分布。

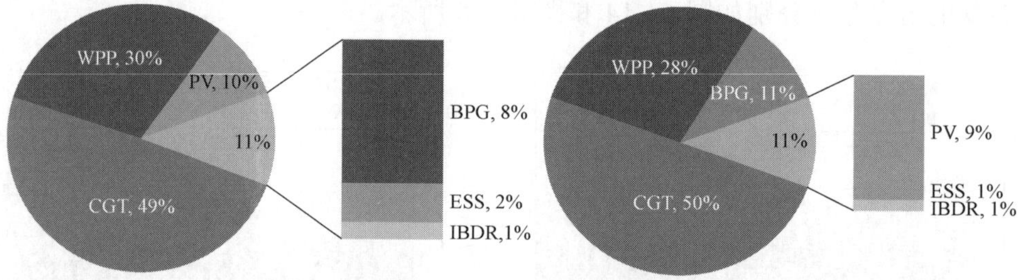

图 6－16 不考虑不确定性时的 VPP 发电出力分布

根据图 6－16，如果不考虑不确定性，WPP、PV 的出力要高于考虑不确定性时的调度结果。BPG、ESD 和 IBDR 则被调用提供备用服务。其中，ESD 的充电量和放电量分别为－0.8MWh 和 1.08MWh。IBDR 提供的发电量分别为 0.468MWh 和－0.789MWh。总的来说，若不考虑 WPP 和 PV 的不确定性，VPP 电源结构会发生较大的变化，但较高的 WPP 和 PV 的出力并网也给 VPP 的运行带来了较大的缺电风险，这意味着不同的风险态度会影响决策者制定 VPP 的最优调度策略。然而，若考虑不确定性，WPP、CGT 和 BPG 为主要电源，这意味着若决策者考虑 WPP

和 PV 带来的不确定性，为了规避 VPP 运营风险，会适度降低 WPP 和 PV 的出力比例，分别由 30%、10%降低至 28%、9%。相应的，CGT 和 BPG 的出力比例则由 49%、8%增加至 50%、11%。因此，不确定性会直接影响 VPP 的发电出力结构，这也将直接影响 VPP 调度的目标函数值。考虑不确定性前后的 VPP 运营优化结果见表 6-7。

表 6-7　　考虑不确定性前后的 VPP 运营优化结果

不确定性	发电量（MWh）						目标函数值		
	CGT	BPG	WPP	PV	ESD	IBDR	F_1（元）	F_2（元）	F_3（t）
不考虑	24	3.895	14.638	4.576	（1.08，−0.8）	（0.468，−0.789）	18 927.947	5914.983	6.108
考虑	24	5.198	13.694	4.28	（0.6，−0.6）	（0.4，−0.5）	18 587.667	5808.646	6.585

根据表 6-7，如果不考虑不确定性，F_1、F_2 增加了 340.28 元和 106.337 元，F_3 降低了 0.477t。这表明若决策者不考虑不确定性，VPP 会更多地调用 WPP 和 PV 满足负荷需求，从而博取更高的经济效益和环境效益，但 VPP 运营风险也较高。如何兼顾 VPP 运营收益、运营风险及碳排放总量是制定 VPP 最优调度方案的关键问题。由于 WPP、PV 的并网电量直接影响 VPP 的运营收益、运营风险及碳排放总量，故对比分析不同预测误差 e、置信度 β 和鲁棒系数 Γ 对发电出力和运营风险的影响。图 6-17 所示为不同运营参数下可再生能源发电出力和运营风险。

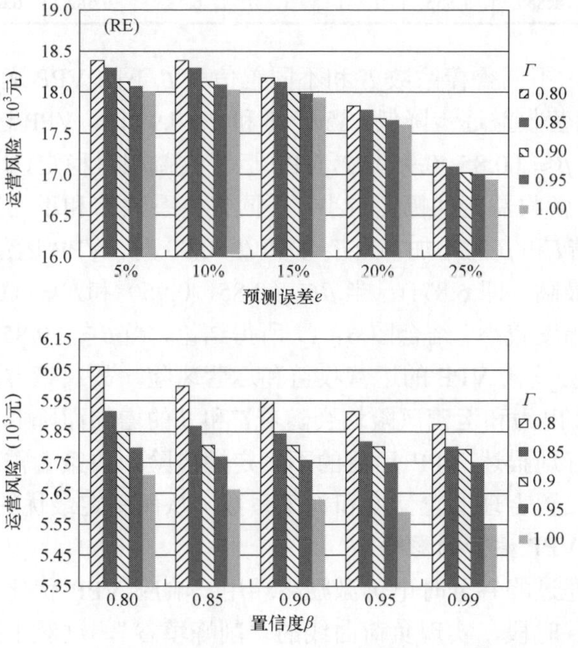

图 6-17　不同运营参数下可再生能源发电出力和运营风险

根据图 6-17，预测误差 e 和鲁棒系数 Γ 对可再生能源出力的影响：当 $e\leqslant10\%$ 时，Γ 增加所带来的可再生能源（renewable energy，RE）出力降低幅度相对较低；当 $e\geqslant15\%$ 时，Γ 增加所带来的 RE 出力增长幅度相对较高，这表明较低的预测误差会放大不确定性所带来的风险。鲁棒系数 Γ 和置信度 β 对 VPP 运营的影响：当 $\Gamma\leqslant0.85$ 时，β 的增长会导致 CVaR 增长幅度较大，这表明当决策者考虑不确定性时，VPP 运营方案会发生显著变动；当 $\Gamma\in$（0.85，0.95）时，β 的增长带来的 CVaR 增长幅度较小；当 $\Gamma\geqslant0.95$ 时，β 的增长带来的 CVaR 增长幅度很大，此时决策者属于极度风险厌恶型，较小的不确定性都会带来较大的运营风险。进一步分析不同鲁棒系数 Γ 和不同置信度 β 下的运营收益和碳排放总量。不同运营参数下的运营收益和碳排放总量见表 6-8。

表 6-8　不同运营参数下的运营收益和碳排放总量

β \ Γ	运营收益（万元）					碳排放总量（t）				
	0.8	0.85	0.9	0.95	1	0.8	0.85	0.9	0.95	1
0.80	1.940	1.895	1.871	1.858	1.830	6.295	6.521	6.572	6.579	6.669
0.85	1.920	1.879	1.860	1.848	1.814	6.341	6.523	6.579	6.605	6.707
0.90	1.904	1.872	1.859	1.845	1.803	6.388	6.535	6.585	6.631	6.746
0.95	1.893	1.865	1.857	1.841	1.790	6.427	6.548	6.589	6.658	6.801
0.99	1.882	1.857	1.855	1.841	1.777	6.482	6.582	6.628	6.712	6.871

根据表 6-8，不同鲁棒系数 Γ 和不同置信度 β 下的 VPP 运营收益，随着 Γ 和 β 的增加，VPP 运营收益逐步降低，当 $\Gamma=1$ 和 $\beta=0.99$ 时，VPP 运营收益达到最低，即 1.777 万元；当 $\beta\in$（0.85，0.95）时，VPP 运营收益相对稳定，此时，当 $\Gamma\in$（0.85，0.95）时，VPP 运营收益变动幅度较小。不同鲁棒系数 Γ 和不同置信度 β 下的 VPP 碳排放总量，随着 Γ 和 β 的增加，当 $\Gamma=1$ 和 $\beta=0.99$ 时，VPP 运营收益也逐步降低，碳排放总量达到最高，即 6.871t；当 $\beta\in$（0.85，0.95）和 $\Gamma\in$（0.8，0.9）时，VPP 碳排放总量变动幅度较小。结合图 6-17 所得结论，当 $\beta\in$（0.85，0.95）、$\Gamma\in$（0.8，0.9）时，决策者会均衡 VPP 的运营收益和运营风险，故决策方案处于相对稳定状态，但整体上 RE 出力和运营风险均会随着 Γ 和 β 的增加而降低。总的来说，风险规避模型能够较好地描述 VPP 运营的不确定性风险，决策者需在提升不确定性预测误差的同时，设置合理的置信度和鲁棒系数，从而制定最优的 VPP 运营策略。

2. PBDR 对 VPP 运营的影响

PBDR 能够通过峰谷分时电价激励终端用户响应 VPP 优化运营，转移部分峰时段负荷需求至谷时段，实现负荷曲线的“削峰填谷”，这对于提升谷时段清洁能源发电并网空间，缓解峰时段负荷供需关系，有着重要的影响。PBDR 前后的 VPP 调度优化结果见表 6－9。

表 6－9　　PBDR 前后的 VPP 调度优化结果

项目	弃能量（MWh）		负荷需求			目标值		
	WPP	PV	峰（MW）	谷（MW）	比率	F_1（元）	F_2（元）	F_3（t）
PBDR 前	2.046	0.640	2.115	1.575	1.343	18 587.667	5808.646	6.585
PBDR 后	1.417	0.443	2.050	1.654	1.240	19 098.337	5895.776	6.238

根据表 6－9，PBDR 能够平缓负荷需求曲线，提升 WPP 和 PV 的并网空间。相应的，F_1 和 F_2 分别增加 510.67 元和 87.13 元，收益增幅（2.74%）要高于风险增幅（1.5%），同样，F_3 由 6.585t 降低至 6.238t，降低幅度为 5.56%。可见，PBDR 能够实现负荷曲线的“削峰填谷”，为 WPP 和 PV 提供更大的并网空间，产生显著的碳减排效应。总的来说，PBDR 能够提升 VPP 运行的经济效益和环境效益，并且合理控制其运营风险，有利于实现 VPP 的整体最优化运行。

3. META 对 VPP 运营的影响

本文考虑了 VPP 的运营收益、运营风险及碳排放量，并设置 META 作为 VPP 运营的边界条件，主要的碳排放源包括 CGT、BPG 和 UG，META 会影响 VPP 的电源结构。当 META 较低时，VPP 会优先调用 WPP、PV 满足负荷需求，同时，CGT 和 BPG 的碳排放系数将决定 CGT、BPG 的调用次序。当 META 较高时，VPP 会优先追逐运营收益的最大化和运营风险的最小化。下面对 META 进行敏感性分析，讨论不同 META 下的弃能电量和目标函数值。当 META 变动比例由－15%增加至 0%时，VPP 会优先增加调用 PV 满足负荷需求，而当 META 变动比例由 0%增加至 15%时，PV 出力已达上限，此时将优先增加调用 WPP 满足负荷需求。进一步分析不同 META 下的目标函数值。随着 META 变动比例由－15%增加至 15%，F_2 由 6639.427 元降低至 5174.645 元，碳排放总量由 5.66t 增加至 7.438t，相应的，运营收益也有所降低。不同 META 下的 VPP 运营调度结果见表 6－10。

表 6－10　　不同 META 下的 VPP 运营调度结果

变化率（%）	发电量（MWh）						目标值		
	CGT	BPG	WPP	PV	ESD	IBDR	F_1（元）	F_2（元）	F_3（t）
－15	24	1.991	13.702	7.479	（1.2，－0.9）	（0.8，－1.0）	19 353.317	6639.427	5.66
－10	24	3.06	13.702	6.41	（1.0，－0.8）	（0.6，－0.8）	19 097.73	6380.351	5.993
－5	24	4.129	13.702	5.341	（0.8，－0.7）	（0.6，－0.6）	18 842.144	6042.303	6.326

续表

变化率（%）	发电量（MWh）						目标值		
	CGT	BPG	WPP	PV	ESD	IBDR	F_1（元）	F_2（元）	F_3（t）
0	24	5.198	13.694	4.28	（0.6，－0.6）	（0.4，－0.5）	18 587.667	5808.646	6.585
5	24	6.267	12.625	4.28	（0.48，－0.5）	（0.4，－0.4）	18 479.545	5556.99	6.991
10	24	7.336	11.556	4.28	（0.48，－0.4）	（0.4，－0.4）	18 371.424	5326.583	7.324
15	24	7.7	11.192	4.28	（0.36，－0.4）	（0.4，－0.4）	18 334.648	5174.645	7.438

根据表 6－10，分析不同 META 时的电源结构。随着 META 的增加，WPP、PV 出力会逐步降低，而 BPG 出力会逐步增加。这是由于 BPG 上网电价较高，当 META 较高时，决策者会优先追逐经济效益，故更多地调用 BPG 发电，使 ESD 和 IBDR 出力有所降低，表明 VPP 对备用服务的需求有所降低；反之，当 META 较低时，BPG 发电的碳排放将会降低其发电优势，而更多地调用 WPP 和 PV 满足负荷需求，获取较高的经济效益和环境效益，但需制定合理的风险防控策略。总的来说，政府及相关部门需设置合理的 META，以提升 WPP 和 PV 的并网空间，实现 VPP 整体的最优化运营。

6.4 本 章 小 结

为了最大化利用分布式能源，本文集成风力发电、光伏发电、燃气轮机、储能系统和激励型需求响应为虚拟电厂，并应用 CVaR 理论和置信度方法描述风力发电、光伏发电和负荷需求的不确定性，以考虑风险损失后的最大运营净收益作为目标函数，建立虚拟电厂随机调度优化模型，并选择河南省某园区开展实例分析，结果表明：① 对比 IBDR、PBDR、ESD 对 VPP 运营的优化效应，IBDR 具有较好的削峰效应，ESD 和 PBDR 具有较高的填谷效应。② CVaR 理论和置信度方法能够描述 VPP 运营目标函数和约束条件中的不确定因素，从不同置信度下 VPP 的运营结果来看，当 $\beta \leqslant 0.85$ 时，WPP 和 PV 的出力降幅较小，CVaR 值下降斜率较小，这表明决策者风险敏感度较低，愿意以一定风险博取 VPP 的运营超额收益；当 $0.85 \leqslant \beta \leqslant 0.95$ 时，CVaR 值下降斜率较大，决策者风险敏感度相对较高，会最大程度降低 WPP 和 PV 的出力；当 $\beta \geqslant 0.95$ 时，β 变动对 WPP 和 PV 的出力影响较低，CVaR 值下降斜率较小，这表明 VPP 调度方案已基本达到最保守方案。

第 7 章

农村微能源站多能互补运营优化模型

乡村振兴、新型城镇化建设等国家战略的深入实施，农村能源转型变革迎来重大发展机遇，但由于农村经济的飞速发展与城镇化建设，农村能源的需求量也在急剧上升，其需求速度已经大大超过传统能源的生产发展速度，能源供需矛盾日益突出。当前农村地区存在能源消费结构不合理，能源利用形式落后、效率低等问题，造成的环境污染和公共环境问题突出，亟须优化结构，向低碳高效的方向转变。同时，传统农村能源系统研究往往面对单一系统，如电、气、热、冷，人为地割裂了各能源系统的资源优化配置，降低了整体能源利用效率。增加能源的多元化供应，缓解能源供需矛盾已经成为农村经济发展的重要任务。随着能源危机和环境保护压力的日益剧增，发展电、气、热等多能互补、综合利用的能源消费模式成为当前我国面临的必然选择。我国已将推动能源生产供应集成优化，构建多能互补、供需协调的智慧能源系统及实施多能互补集成优化工程列为“十三五”能源发展的主要任务。2016 年，国家发展改革委员会、国家能源局、国家工信部联合印发《关于推进“互联网+”智慧能源发展的指导意见》，指出要加强多能协同分布式能源网络建设，开展电、热、冷、气等综合能源服务。本章以农村微能源网为研究对象，考虑电、热、冷、气间多能协调互补，以促进风力发电、光伏发电、生物质能发电、小型水力发电等不同分布式能源的并网利用，为农村现代能源体系构建提供决策工具。

7.1 引　言

21 世纪以来，建设新型农村、推进农村电网的智能化、响应“新农村、新电力、新服务”的发展战略，是改善当前农村供电格局的战略重点，而农村在加快工业化、城镇化脚步的同时，对能源的需求量势必日益增长，这将会对能源供应带来巨大的压力。随着能源危机和环境问题日益严重，传统能源结构及利用方式难以为继，推动能源结构转型和发展可再生清洁能源势在必行。根据我国能源发展战略，预计到 2050 年前全国可再生能源发电比例将达到 85%以上，其中风力发电和光伏发电占比将达到63%。但风力发电和光伏发电的间歇性及反调峰特性，导致其难以完全消纳，造成弃风和弃光问题比较突出。2017年，我国弃风和弃光分别达到419亿kWh和73亿kWh。资源环境压力不断增大，节能减排、清洁能源、可持续发展成为能源系统发展目标[185]。因此，用户对供电可靠性和供电质量提出了更高的要求，电网供电应该更加安全可靠，接纳多种类型的发电方式，以满足农村能源经济发展需求。近年来，随着各种能源转换设备（CHP、CGT、P2G等）技术在农村的发展，各种形式的能源在生产、传输、消费等各个环节的耦合作用也越来越强，多种能源互联集成和互补融合的需求日益迫切。微能源站将电、冷、热、气等多种能源有机耦合，借助能量存储转换和梯级利用等手段，提高供能系统的灵活性，平抑可再生能源波动，推动清洁能源消纳[186]。未来，包含多种能源载体和网络的微能源站运行优化研究将成为热点问题。

作为微能源站的核心环节，P2G技术可将清洁能源弃能发电转化为易于大规模存储的天然气，实现电力—天然气网络的深度耦合[187]。国内外学者开展了大量关于P2G的研究。P2G将难以消纳的间歇性清洁能源发电转化为易于存储的天然气，实现电力—天然气网络的深度耦合。文献［188］将P2G和燃气轮机相结合，研究其对于系统弃风量的影响。文献［189］将P2G技术视为长期、广域的储能形式，实现可再生能源的大规模存储和传输。文献［190］建立一种通用性强、可拓展的含P2G的综合能源系统调度模型。上述研究工作为P2G集成提供了一定的理论基础和依据。

微能源站涵盖多种可再生能源供电和供热设备，供能侧和负荷侧存在较强的不确定性，消除不确定性对微能源站的影响，对于确定最优的微能源站运行策略有着重要的作用[191]。Qadrdan等采用确定性规划方法、二阶段规划方法和多阶段规划方法，构造了考虑风力发电不确定性下的英国微能源站运行策略[192]。文献［193］基于燃气发电机组的快速调节特性研究微能源站中的风力发电消纳问题。文献［194］考虑风力发电不确定性和需求侧响应，采用区间优化方法研究微能源站的调度问题。文献［195］研究考虑不确定性的微能源站中电力和天然气系统的联合规划问题。现有文献主要采取鲁棒随机优化方法和随机规划优化方法处理不确定因素，但随机优化方法所依赖的概率分布难以获得。鲁棒随机优化方法以不确定因素的边界参数表征，往往难以选取合适的鲁棒集合，决策结果偏保守。

上述研究表明，当前关于含P2G的微能源站的研究主要是围绕调度策略和不确定性分析两方面。一方面，虽然P2G具有良好的清洁能源弃能消纳效果，但其运行成本难以得到大幅度降低，提升微能源站运行的经济性是其面临的关键问题。另一方面，现有研究涉及微能源站运行的不确定因素，但主要是通过建立调度模型并求解得到一种确定的设备调度策略，关于不确定性给微能源站带来的具体风险讨论仍可深入。实际上，制定微能源站最优调度方案可以看作不同能量的投资组合问题，确立兼顾收益与风险的最优组合方案是其关键决策问题。CVaR 能够克服 VaR 方法不能描述在不利情况发生时对损失程度的缺陷及其在次可加性上的不足，主要度量在一定的投资周期内，当投资组合所承受的风险损失高于在给定置信水平下 VaR 时的平均损失值。

基于上述分析，本章针对电、热、气耦合互联系统，以农村微能源站为载体，综合考虑风力发电、光伏发电、燃气轮机发电、生物质能发电、小型水力发电等多种分布式能源的互补利用场景，并分别构造电热耦合能源站及电热气耦合微能源站优化运营模型，以期能够为分布式能源规模化接入微能源站提供有效的决策支撑。

7.2 电热耦合微能源站随机调度优化模型

7.2.1 微能源站结构

本文将 WPP、PV、热电联产机组（combined heat and power generation，CHP）、太阳能集热器（solar collectors，SC）、电锅炉（electric boiler，EB）、蓄热罐（heat storage tank，HSK）和 IBDR 聚合为虚拟微能源站（virtual energy plant，VEP）。其中，CHP 具备电热耦合输出特性，存在“以热定电”和“以电定热”两种运行模式。本文设定 CHP 服从以热定电模式。VEP 主要用于满足终端用户电负荷和热负荷需求。图 7-1 所示为虚拟微能源站基本结构。

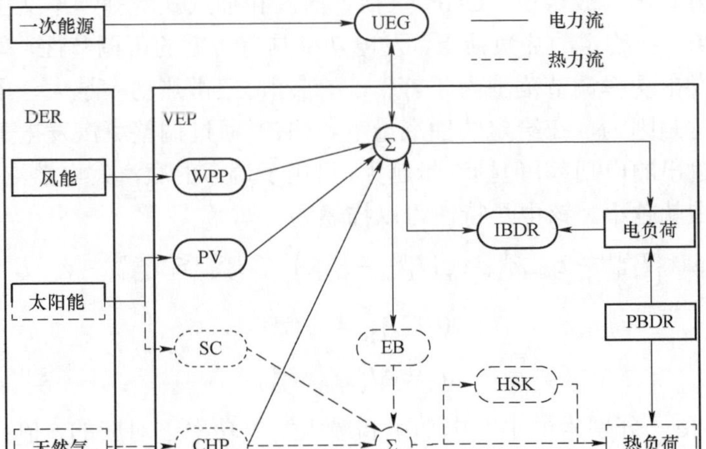

图 7-1 虚拟微能源站基本结构

VEP 包括三个子系统，即电力子系统、热力子系统和储能子系统。CHP 在以热定电模式下，会优先满足热负荷，相应的，发电出力区间被确定。电力子系统包括 WPP、PV 和 IBDR，WPP 和 PV 为主要电源，IBDR 和 CHP 主要为 WPP 和 PV 提供备用服务。热力子系统包括 SC、EB 和 CHP，SC 和 CHP 优先满足热负荷需求，EB 能够利用盈余电能转换为热能，以保障热负荷的可靠供给。储能子系统包括 ESD 和 HSK，分别用于在谷时段蓄能提升 WPP 和 PV 的并网空间，在峰时段进行释能增加 VEP 运营收益。

7.2.2 微能源站出力模型

7.2.2.1 电力子系统

电力子系统主要包括 WPP、PV、IBDR 和 CHP。然而，本文将 CHP 划分为热力子系统中，因其按照以热定电模式运行。关于 WPP、PV、IBDR 的运行约束可见本书第 5 章和第 6 章的相关模型。

7.2.2.2 热力子系统

热力子系统主要包括 CHP、SC 和 EB，尽管 CHP 能够提供电力输出，但本文设定 CHP 满足以热定电模式，故将其看作热力单元，具体模型如下。

1. CHP 出力模型

热电机组发电功率 $P_{\mathrm{CHP},t}^{\mathrm{e}}$ 和对外供热功率 $P_{\mathrm{CHP},t}^{\mathrm{h}}$ 之间的耦合关系一般称为“电热特性”，可很好地体现热电机组的运行外特性，因此是分析热电机组灵活运行能力的一种有效方式。一般来说，CHP 包括背压式和抽汽式两种，本文主要选择后者作为研究对象。在给定的热负荷下，发电功率具有一定的可调节性，如在供热功率为 $P_{\mathrm{CHP}}^{\mathrm{h}}$ 时，发电功率调节范围为 [$P_{\mathrm{CHP}}^{\hat{\mathrm{e}},\mathrm{E}}$， $P_{\mathrm{CHP}}^{\hat{\mathrm{e}},\mathrm{F}}$]，但供热功率越大，电功率可调节范围越小。这是因为，在给定的抽汽量下，CHP 通过调整凝汽发电蒸汽量来调整整个汽轮机输出的电功率，但抽汽量越大，可用于调节的凝汽发电蒸汽比例就越小，因此调节范围就越小。该电热特性可以描述为

$$\max\left\{P_{\mathrm{CHP}}^{\hat{\mathrm{e}},\min}-c_{\min}P_{\mathrm{CHP}}^{\mathrm{h}},c_{\mathrm{m}}\left(P_{\mathrm{CHP}}^{\mathrm{h}}-P_{\mathrm{CHP}}^{\mathrm{h}_0}\right)\right\}\leqslant P_{\mathrm{CHP}}^{\mathrm{e}}\leqslant P_{\mathrm{CHP}}^{\hat{\mathrm{e}},\max}-c_{\max}P_{\mathrm{CHP}}^{\mathrm{h}} \tag{7-1}$$

$$0\leqslant P_{\mathrm{CHP}}^{\mathrm{h}}\leqslant P_{\mathrm{CHP}}^{\mathrm{h},\max} \tag{7-2}$$

$$c_{\mathrm{m}}=\Delta P_{\mathrm{CHP}}^{\mathrm{e}}/\Delta P_{\mathrm{CHP}}^{\mathrm{h}}$$

式中：$c_{\min}$、$c_{\max}$ 分别为最小发电功率和最大发电功率下对应的 c 值；c 为进汽量不变时多抽取单位供热量下发电功率的减小值；c_{m} 为背压运行时的电功率和热功率的弹性系数；$P_{\mathrm{CHP}}^{\mathrm{h}_0}$ 为常数；$P_{\mathrm{CHP}}^{\mathrm{h},\max}$ 为 CHP 最大热功率，kW；$P_{\mathrm{CHP}}^{\mathrm{h},\min}$ 为机组发电功

率最小时的汽轮机供热功率，kW；$P_{CHP}^{ê,min}$、$P_{CHP}^{ê,max}$ 分别为抽汽式机组在纯凝工况下的最小发电功率和最大发电功率，kW。

2. SC 出力模型

太阳能集热器主要用于收集太阳能辐射以满足热负荷需求。储热罐主要被用作备用热源，当太阳能辐射不足时，可用于提供热能。关于太阳能集热器的具体工作原理和模拟工况可见文献［196，197］

$$Q_{SC,t} = F_{solar,t}\eta_{solar,SC} / \Delta t \tag{7-3}$$

$$Q_{SC,t} = Q_{SC,t}^{in} + Q_{SC,t}^{HE} \tag{7-4}$$

式中：$Q_{SC,t}$ 为太阳能集热器在 t 时刻的实际集热量，kW；$F_{solar,t}$ 为太阳能辐射强度，kWh/m²；$\eta_{solar,SC}$ 为太阳能集热器在 t 时刻的热转换效率；$Q_{SC,t}^{in}$、$Q_{SC,t}^{HE}$ 分别为 SC 在 t 时刻产生的用于 SK 和 HE 的热能，kW。

3. 电锅炉运营模型

电锅炉是能源转换单元，主要将电能转化为热能。电锅炉主要将清洁能源弃能转化为热能，提升本地电负荷空间，具体约束条件为

$$P_{EB,t}^{RE} = g_{EB,t}^{RE}\eta_{EB,t}^{RE} / \Delta t \tag{7-5}$$

式中：$g_{EB,t}^{RE}$ 为电锅炉在 t 时刻用于转换热能所消耗的电量，kWh；$P_{EB,t}^{RE}$ 为电锅炉在 t 时刻的供热功率，kW；$\eta_{EB,t}^{RE}$ 表示电锅炉在 t 时刻的电热转换效率。

7.2.2.3 储能子系统

储水槽被用于太阳能集热器和 CCHP 子系统之间的缓冲区，具有良好的绝缘性和保温特性，这使储水槽中的水温仅与时间有关，具体模型为

$$\rho c_p\left(V_{w,t} + V_{k,t}\right)\frac{dt_{L,t}}{dt} = \left[Q_{SC,t}^{in} + Q_{HR,t}^{in} - Q_{SK,t}^{out} - \eta_k A_k\left(t_{L,t} - t_{a,t}\right)\right] / \Delta t \tag{7-6}$$

式中：$Q_{SK,out}(t)$ 为 t 时刻 SK 的散热量，kW；$Q_{SC,t}^{in}$、$Q_{HR,t}^{in}$ 分别为 SC 和 HR 在 t 时刻产生用于 SK 的热能，kW；ρ 为储水槽中水的密度，取 1.0×10^3kg/m³；c_p 为比定压热容；$V_{w,t}$、$V_{k,t}$ 分别为储水槽中储水容量和储水槽容量，m³；$t_{L,t}$ 为储水槽在 t 时刻的水的温度，℃；$t_{a,t}$ 为 t 时刻的环境温度，℃；η_k 为储水槽的热转换效率；A_k 为储水槽面积。关于储水槽的工作原理和数学模型可见文献［197］。

7.2.3 微能源站常规调度优化模型

7.2.3.1 目标函数

在含 WPP、PV、SC 的 VEP 发电调度中，以 VEP 运营收益期望值最大为目标，构造基本数学模型，具体目标函数为

$$\max N(P_{\mathrm{VEP}})=R(P_{\mathrm{VEP}})-C(P_{\mathrm{VEP}}) \tag{7-7}$$

$$R(P_{\mathrm{VPP}})=\sum_{t=1}^{T}\begin{pmatrix} p_{\mathrm{WPP},t}P_{\mathrm{WPP},t}+p_{\mathrm{PV},t}P_{\mathrm{PV},t}+ \\ p_{\mathrm{CHP},t}^{\mathrm{e}}P_{\mathrm{CHP},t}^{\mathrm{e}}+\sum_{i=1}^{I}\sum_{j=1}^{J}\Delta L_{i,t}^{j}p_{i,t}^{j}\end{pmatrix}+\begin{pmatrix} p_{\mathrm{SC},t}^{\mathrm{h}}P_{\mathrm{SC},t}^{\mathrm{h}}+p_{\mathrm{CHP},t}^{\mathrm{h}}P_{\mathrm{CHP},t}^{\mathrm{h}}+ \\ p_{\mathrm{EB},t}^{\mathrm{h}}P_{\mathrm{EB},t}^{\mathrm{h}}\end{pmatrix}+p_{\mathrm{HSK},t}^{\mathrm{out}}g_{\mathrm{HSK},t}^{\mathrm{out}} \tag{7-8}$$

$$C(P_{\mathrm{VEP}})=\sum_{t=1}^{T}\left[\left(C_{\mathrm{CHP},t}+C_{\mathrm{CHP},t}^{\mathrm{sd}}\right)+p_{\mathrm{EB},t}^{\mathrm{in}}g_{\mathrm{EB},t}^{\mathrm{in}}+p_{\mathrm{HSK},t}^{\mathrm{in}}g_{\mathrm{HSK},t}^{\mathrm{in}}+p_{\mathrm{UG},t}g_{\mathrm{UG},t}\right] \tag{7-9}$$

$$C_{\mathrm{CHP},t}=a_i\left(P_{\mathrm{CHP},t}^{\mathrm{e}}+\theta_{\mathrm{h}}^{\mathrm{e}}P_{\mathrm{CHP},t}^{\mathrm{h}}\right)^2+b_i\left(P_{\mathrm{CHP},t}^{\mathrm{e}}+\theta_{\mathrm{h}}^{\mathrm{e}}P_{\mathrm{CHP},t}^{\mathrm{h}}\right)+c_i \tag{7-10}$$

$$C_{\mathrm{CHP},t}^{\mathrm{sd}}=\left[\mu_{\mathrm{CHP},t}^{\mathrm{u}}\left(1-\mu_{\mathrm{CHP},t-1}^{\mathrm{u}}\right)\right]C_{\mathrm{CHP},t}^{\mathrm{u}}+\left[\mu_{\mathrm{CHP},t}^{\mathrm{d}}\left(1-\mu_{\mathrm{CHP},t+1}^{\mathrm{d}}\right)\right]C_{\mathrm{CHP},t+1}^{\mathrm{d}} \tag{7-11}$$

式中：P_{VEP} 为 VEP 能源输出功率，kW；$N(P_{\mathrm{VEP}})$ 为 VEP 运营净收益，元；$R(P_{\mathrm{VEP}})$、$C(P_{\mathrm{VEP}})$ 分别为 VEP 运营收益和成本，元；$\Delta L_{i,t}^{j}$ 和 $p_{i,t}^{j}$ 分别为用户 i 在时刻 t 步骤 j 提供的灵活性负荷和价格，kW、元/kWh；$P_{\mathrm{WPP},t}$、$P_{\mathrm{PV},t}$、$P_{\mathrm{CHP},t}^{\mathrm{e}}$ 分别为 WPP、PV 和 CHP 在 t 时刻的发电出力，kW；$P_{\mathrm{SC},t}^{\mathrm{h}}$、$P_{\mathrm{CHP},t}^{\mathrm{h}}$、$P_{\mathrm{EB},t}^{\mathrm{h}}$ 分别为 SC、CHP 和 EB 在 t 时刻的供热出力，kW；$g_{\mathrm{HSK},t}^{\mathrm{out}}$ 为 HSK 在 t 时刻的输出电量，kWh；$p_{\mathrm{WPP},t}$、$p_{\mathrm{PV},t}$、$p_{\mathrm{CHP},t}^{\mathrm{e}}$ 分别为 WPP、PV 和 CHP 在 t 时刻的电价，元/kW；$p_{\mathrm{SC},t}^{\mathrm{h}}$、$p_{\mathrm{CHP},t}^{\mathrm{h}}$、$p_{\mathrm{EB},t}^{\mathrm{h}}$ 分别为 SC、CHP 和 RE 在 t 时刻的热价，元/kW；$p_{\mathrm{HSK},t}^{\mathrm{out}}$ 为 HSK 在 t 时刻的能源价格，元/kWh；$C_{\mathrm{CHP},t}$、$C_{\mathrm{CHP},t}^{\mathrm{sd}}$ 分别为 CHP 在 t 时刻的运营成本和启停成本，元；$p_{\mathrm{EB},t}^{\mathrm{in}}$、$p_{\mathrm{HSK},t}^{\mathrm{in}}$ 分别为 EB 和 HSK 在 t 时刻的能源输入价格，元/kWh；$p_{\mathrm{UG},t}$ 为 VEP 在 t 时刻向 UEG 购买电力的价格，元/kWh；$g_{\mathrm{EB},t}^{\mathrm{in}}$、$g_{\mathrm{HSK},t}^{\mathrm{in}}$ 分别为 EB 和 HSK 在 t 时刻的输入电量，kWh；$g_{\mathrm{UG},t}$ 为 VEP 在 t 时刻向 UEG 购买的电量，kWh；a_i、b_i 和 c_i 为 CHP 的发电成本系数，元、元/kW、元/kW²；$\theta_{\mathrm{h}}^{\mathrm{e}}$ 为 CHP 的电热转换系数；$\mu_{\mathrm{CHP},t}^{\mathrm{d}}$ 为 CHP 在 t 时刻的运营状态变量，0－1 变量；$C_{\mathrm{CHP},t}^{\mathrm{u}}$、$C_{\mathrm{CHP},t+1}^{\mathrm{d}}$ 为 CHP 在 $t+1$ 时刻的启停成本，元。

7.2.3.2 约束条件

VEP 运营需要满足能源平衡约束、系统运营约束和系统旋转备用约束条件。

1. 能源供需平衡约束

（1）电力供需平衡约束

$$\left[\underbrace{P_{\mathrm{WPP},t}^{\mathrm{e}}(1-\lambda_{\mathrm{WPP}})+P_{\mathrm{PV},t}^{\mathrm{e}}(1-\lambda_{\mathrm{PV}})+P_{\mathrm{CHP},t}^{\mathrm{e}}(1-\lambda_{\mathrm{CHP}})+u_{\mathrm{IBDR},t}\Delta P_{\mathrm{IBDR},t}^{\mathrm{E}}}_{\text{VEP 日前调度出力}}\right]+g_{\mathrm{UG},t}\geqslant L_t^0-u_{\mathrm{PBDR},t}^{\mathrm{e}}\Delta L_{\mathrm{PBDR},t} \tag{7-12}$$

式中：$P_{\mathrm{WPP},t}^{\mathrm{e}}$、$P_{\mathrm{PV},t}^{\mathrm{e}}$分别为WPP和PV直接用于满足电负荷的出力，kW；λ_{WPP}、λ_{PV}、λ_{CHP} 分别为WPP、PV、CHP的电力损耗率；$\Delta P_{\mathrm{IBDR},t}^{\mathrm{E}}$为IBDR在$t$时刻向能源系统提供的输出功率，kW；$L_t^0$为终端用户电力负荷需求，kW。

（2）热力供需平衡约束

$$P_{\mathrm{CHP},t}^{\mathrm{h}}+P_{\mathrm{SC},t}^{\mathrm{di}}+P_{\mathrm{EB},t}^{\mathrm{di}}+Q_{\mathrm{HSK},t}^{\mathrm{out}}=Q_t^0-\mu_{\mathrm{PBDR},t}^{\mathrm{h}}\Delta Q_t \tag{7-13}$$

$$\left[\left(P_{\mathrm{SC},t}-P_{\mathrm{SC},t}^{\mathrm{di}}\right)+\left(P_{\mathrm{EB},t}-P_{\mathrm{EB},t}^{\mathrm{di}}\right)\right]\lambda_{\mathrm{loss}}=Q_{\mathrm{HSK},t}^{\mathrm{in}} \tag{7-14}$$

式中：Q_t^0为终端用户在t时刻的热能需求，kW；$Q_{\mathrm{HSK},t}^{\mathrm{out}}$为HSK在$t$时刻向外提供的热量，kW；$P_{\mathrm{SC},t}^{\mathrm{di}}$、$P_{\mathrm{EB},t}^{\mathrm{di}}$分别为SC和EB在$t$时刻直接用于满足热负荷的功率，kW。$Q_{\mathrm{HSK},t}^{\mathrm{in}}$为在$t$时刻进入HSK的热量，kW；$\Delta Q_t$为热负荷通过参与PBDR产生的负荷削减量，kW。

（3）IBDR运营约束。IBDR能够同时参与能量市场和备用市场，详细的约束条件见式（6-3）～式（6-5）及式（6-28）～式（6-31）。

（4）RE运营约束

$$0\leqslant P_{\mathrm{RE},t}^{\mathrm{e}}+P_{\mathrm{RE},t}^{\mathrm{EB}}\leqslant P_{\mathrm{RE},t}^{*},\mathrm{RE}=\{\mathrm{WPP},\mathrm{PV}\} \tag{7-15}$$

式中：$P_{\mathrm{RE},t}^{\mathrm{e}}$、$P_{\mathrm{RE},t}^{\mathrm{EB}}$分别为RE在$t$时刻的直接满足电负荷出力和用于EB的制热出力，kW；$P_{\mathrm{RE},t}^{*}$为RE在t时刻的可用出力，kW。由于CHP服从以热定电模式，热负荷需求能够优先得到保障，故为避免能源多次转化，设定CHP的发电出力不用于EB进行制热。

2. *热力子系统运行约束*

（1）CHP 运营约束。热电机组出力约束可分为热电出力约束、热电机组功率爬坡约束和热电机组启停约束，即

$$P_{\mathrm{CHP},t}^{\mathrm{e,min}}\leqslant P_{\mathrm{CHP},t}^{\mathrm{e}}\leqslant P_{\mathrm{CHP},t}^{\mathrm{e,max}} \tag{7-16}$$

$$0\leqslant P_{\mathrm{CHP},t}^{\mathrm{h}}\leqslant P_{\mathrm{CHP},t}^{\mathrm{h,max}} \tag{7-17}$$

式中：$P_{\mathrm{CHP},t}^{\mathrm{e,min}}$、$P_{\mathrm{CHP},t}^{\mathrm{e,max}}$分别为热电机组电出力的最小值和最大值，kW；$P_{\mathrm{CHP},t}^{\mathrm{h,max}}$为热电机组热出力的最大值，kW。

1）热电机组功率爬坡约束

$$P_{\mathrm{CHP},t}^{\mathrm{dn}}\leqslant P_{\mathrm{CHP},t}^{\mathrm{h}}-P_{\mathrm{CHP},t-1}^{\mathrm{h}}\leqslant P_{\mathrm{CHP},t}^{\mathrm{up}} \tag{7-18}$$

$$P_{\mathrm{CHP},t}^{\mathrm{dn}}\leqslant P_{\mathrm{CHP},t}^{\mathrm{e}}-P_{\mathrm{CHP},t-1}^{\mathrm{e}}\leqslant P_{\mathrm{CHP},t}^{\mathrm{up}} \tag{7-19}$$

式中：$P_{\mathrm{CHP},t}^{\mathrm{dn}}$、$P_{\mathrm{CHP},t}^{\mathrm{up}}$分别为机组向上或向下爬坡的最大功率，kW。

2）热电机组启停约束

$$\left(X_{\mathrm{CHP},t-1}^{\mathrm{on}}-T_{\mathrm{CHP,U}}\right)(u_{\mathrm{CHP},t}-u_{\mathrm{CHP},t-1})\geqslant 0 \tag{7-20}$$

$$\left(X_{\mathrm{CHP},t}^{\mathrm{off}}-T_{\mathrm{CHP,D}}\right)(u_{\mathrm{CHP},t-1}-u_{\mathrm{CHP},t})\geqslant 0 \tag{7-21}$$

式中：$X_{\mathrm{CHP},t-1}^{\mathrm{on}}$ 为机组在 $t-1$ 时刻的运行时间，h；$T_{\mathrm{CHP},U}$ 为机组的最短运行时间，h；$X_{\mathrm{CHP},t}^{\mathrm{off}}$ 为机组在 t 时刻的停机时间，h；$T_{\mathrm{CHP,D}}$ 为机组最短停机时间，h；$u_{\mathrm{CHP},t}$ 为 CHP 的状态变量，0–1 变量，1 表示 CHP 被调用，0 表示 CHP 未被调用。

（2）EB 运营约束。电锅炉运营约束主要包括最大运行功率约束和能源平衡约束，具体见文献［49］。

（3）SC 运营约束

$$0\leqslant P_{\mathrm{SC},t}^{\mathrm{di}}+P_{\mathrm{SC},t}^{\mathrm{HSK}}\leqslant P_{\mathrm{SC},t}^{\max} \tag{7-22}$$

$$P_{\mathrm{SC}}^{-}\leqslant P_{\mathrm{SC},t}^{\mathrm{di}}+P_{\mathrm{SC},t}^{\mathrm{h,HSK}}\leqslant P_{\mathrm{SC}}^{+} \tag{7-23}$$

式中：$P_{\mathrm{SC},t}^{\max}$ 为 SC 机组在 t 时刻的最大输出功率，kW；$P_{\mathrm{SC},t}^{\mathrm{HSK}}$ 为 t 时刻由 SC 进入 HSK 的热输出功率，kW；P_{SC}^{+}、P_{SC}^{-} 分别为 SC 的上、下爬坡功率约束，kW。

3. 储能子系统运行约束

HSK 运营约束包括最大储能约束、最大释能约束及存储容量约束等，具体约束条件为

$$0\leqslant P_{\mathrm{HSK},t}^{\mathrm{out}}\leqslant P_{\mathrm{HSK}}^{\mathrm{out,max}} \tag{7-24}$$

$$0\leqslant P_{\mathrm{HSK},t}^{\mathrm{in}}\leqslant P_{\mathrm{HSK}}^{\mathrm{in,max}} \tag{7-25}$$

$$0\leqslant Q_{\mathrm{HSK}}^{T_0}+P_{\mathrm{HSK},t}^{\mathrm{in}}\left(1-\lambda_{\mathrm{HSK},t}^{\mathrm{in}}\right)-P_{\mathrm{HSK},t}^{\mathrm{out}}\leqslant Q_{\mathrm{HSK}}^{\max} \tag{7-26}$$

式中：$P_{\mathrm{HSK}}^{\mathrm{in,max}}$ 为 HSK 的最大热输入功率，kW；$P_{\mathrm{HSK}}^{\mathrm{out,max}}$ 为 HSK 的最大热输出功率，kW；T_0 为调度周期初始时刻，h；$Q_{\mathrm{HSK}}^{T_0}$ 为 HSK 在初始时刻的蓄热量，kW；$\lambda_{\mathrm{HSK},t}^{\mathrm{in}}$ 为 HSK 在 t 时刻的蓄热损失率；$Q_{\mathrm{HSK}}^{\max}$ 为 HSK 的最大蓄热量，kW。

4. 系统旋转备用约束

为了克服 WPP 和 PV 的出力波动性对 MES 运营稳定性的影响，一定的电力容量需要预留，具体约束条件为

$$P_{\mathrm{VEP},t}^{\mathrm{e,max}}-P_{\mathrm{VEP},t}^{\mathrm{e}}+\Delta L_{\mathrm{IBDR},t}^{\mathrm{up}}\geqslant r_1L_t+r_2P_{\mathrm{WPP},t}+r_3P_{\mathrm{PV},t} \tag{7-27}$$

$$P_{\mathrm{VEP},t}^{\mathrm{e}}-P_{\mathrm{VPP},t}^{\mathrm{e,min}}+\Delta L_{\mathrm{IBDR},t}^{\mathrm{dn}}\geqslant r_4P_{\mathrm{WPP},t}+r_5P_{\mathrm{PV},t} \tag{7-28}$$

式中：$P_{\mathrm{VEP},t}^{\mathrm{e,max}}$、$P_{\mathrm{VPP},t}^{\mathrm{e,min}}$ 分别为 VEP 在 t 时刻的最大输出功率和最小输出功率，kW；$P_{\mathrm{VEP},t}^{\mathrm{e}}$ 为 VEP 在 t 时刻的输出功率，kW；r_1、r_2 和 r_3 分别为负荷、WPP 和 PV 的上旋转备用系数；r_4、r_5 分别为 WPP 和 PV 的下旋转备用系数。相似的，也需要为热负荷预留上、下旋转备用容量，具体约束条件为

$$\left(P_{\mathrm{CHP},t}^{\mathrm{h,max}}-P_{\mathrm{CHP},t}^{\mathrm{h}}\right)+\left(P_{\mathrm{EB},t}^{\max}-P_{\mathrm{EB},t}^{\mathrm{HSK}}-Q_{\mathrm{EB},t}^{\mathrm{out}}\right)+\left(P_{\mathrm{HSK},t}^{\mathrm{out,max}}-P_{\mathrm{HSK},t}^{\mathrm{out}}\right)\geqslant r_6Q_t+Q_{\mathrm{SC},t} \tag{7-29}$$

$$\left(P_{\mathrm{CHP},t}^{\mathrm{h}}-P_{\mathrm{CHP},t}^{\mathrm{h,min}}\right)+\max\left\{P_{\mathrm{HSK},t}^{\mathrm{out}},Q_{\mathrm{HSK}}^{\max}-Q_{\mathrm{HSK},t}\right\}\geqslant r_8Q_t \tag{7-30}$$

式中 $Q_{\mathrm{EB},t}^{\mathrm{out}}$、$Q_{\mathrm{SC},t}$、$Q_t$ 分别为 EB、SC 在 t 时刻提供的热量及热负荷需求，kW；r_6、r_8 分别为热负荷的上、下旋转备用系数；r_7 为 SC 的上旋转备用系数；$Q_{\mathrm{HSK},t}$ 为 HSK 在 t 时刻的蓄热量，kW。

7.2.4 微能源调度优化站风险规避模型

在 VEP 中，由于 HSK 和 IBDR 的存在，使 VEP 应对负荷不确定性的能力较强，CVaR 能够描述置信水平外的风险分布情况，有效克服 VaR 只能测定确定置信水平下风险情况、不能考量风险尾部的问题。鲁棒随机优化理论是继随机优化理论、模糊优化理论后又一解决含不确定参数优化问题的较为成熟的理论。本文利用 CVaR 方法描述系统运行目标的风险水平，利用鲁棒随机优化理论将含不确定因素的约束条件转化为随机约束条件，具体过程如下：

首先，应用 CvaR 方法构造 VEP 调度额目标函数。设定 $\boldsymbol{E}^T=\left[e_{\mathrm{VEP},t}(1),e_{\mathrm{VEP},t}(2),\cdots,e_{\mathrm{VEP},t}(T)\right]$ 为决策向量，$\boldsymbol{y}^T=\left[\boldsymbol{P}_{\mathrm{WPP},t},\boldsymbol{P}_{\mathrm{PV},t},\boldsymbol{P}_{\mathrm{SC},t}\right]$ 为多元随机向量，则 VEP 运行净收益目标为 $N(\boldsymbol{G},\boldsymbol{g})$。定义 VEP 运行损失函数为 $L(\boldsymbol{E},\boldsymbol{y})=-N(\boldsymbol{E},\boldsymbol{y})$，则考虑不确定性后的 VEP 调度 CVaR 函数表征为

$$F_\beta(\boldsymbol{E},\alpha)=\alpha+\frac{1}{1-\beta}\int_{\boldsymbol{y}\in \boldsymbol{R}^m}\left[L(\boldsymbol{E},\boldsymbol{y})-\alpha\right]^+p(\boldsymbol{y})\mathrm{d}\boldsymbol{y} \tag{7-31}$$

式中：α 为决策者风险判定的门槛值；β 为 VEP 运行目标函数的置信度。当式（7-31）达到最小时，即为 CVaR 值，此时 α 就是 VaR 值。当 $p(\boldsymbol{y})$ 解析式难以确定时，可参照文献［25］构造近似求解算法，通常利用 y 的历史数据或者蒙特卡洛模拟样本数据来估计式（7-31）的积分项。令 $y_1,y_2,\cdots,y_N$ 为 $\boldsymbol{y}$ 的 N 个样本数据，则函数 $F_\beta(\boldsymbol{E},\alpha)$ 的估计值为

$$F_\beta(\boldsymbol{E},\alpha)=\alpha+\frac{1}{N(1-\beta)}\sum_{k=1}^{N}\left[L(\boldsymbol{E},\boldsymbol{y})-\alpha\right]_k^{\prime} \tag{7-32}$$

然后，利用鲁棒随机优化理论转化为含不确定因素的约束条件，将其构造为随机约束条件，本文主要考虑不确定因素 $P_{\mathrm{WPP},t}$、$P_{\mathrm{PV},t}$ 和 $Q_{\mathrm{SC},t}$，设定系统净负荷量为 M_t^{e} 和 M_t^{h}，具体计算公式为

$$M_t^{\mathrm{e}}=P_{\mathrm{CHP},t}^{\mathrm{e}}(1-\lambda_{\mathrm{CHP}})+P_{\mathrm{ESD},t}^{\mathrm{dis}}(1-\lambda_{\mathrm{ESD}})+u_{\mathrm{IBDR},t}\Delta P_{\mathrm{IBDR},t}^{\mathrm{E}}+g_{\mathrm{UG},t}-\left(L_t^0-u_{\mathrm{PBDR},t}^{\mathrm{e}}\Delta L_{\mathrm{PBDR},t}\right) \tag{7-33}$$

$$M_t^{\mathrm{h}}=P_{\mathrm{CHP},t}^{\mathrm{h}}+P_{\mathrm{EB},t}-P_{\mathrm{HSK},t}^{\mathrm{in}}/\lambda_{\mathrm{loss}}+P_{\mathrm{HSK},t}^{\mathrm{out}}-\left(Q_t^0-u_{\mathrm{PBDR},t}^{\mathrm{h}}\Delta Q_t\right) \tag{7-34}$$

根据式（7-33）和式（7-34），设定 WPP、PV、SC 的预测偏差为 $e_{\mathrm{WPP},t}$、

$e_{\mathrm{PV},t}$ 和 $e_{\mathrm{SC},t}$，相应的，$P_{\mathrm{WPP},t}$、$P_{\mathrm{PV},t}$ 将在 $\left[\left(1-e_{\mathrm{WPP},t}\right)P_{\mathrm{WPP},t},\left(1+e_{\mathrm{WPP},t}\right)P_{\mathrm{WPP},t}\right]$ 和 $\left[\left(1-e_{\mathrm{PV},t}\right)P_{\mathrm{PV},t},\left(1+e_{\mathrm{PV},t}\right)P_{\mathrm{PV},t}\right]$ 之间波动，而 $P_{\mathrm{SC},t}$ 将在 $\left[\left(1-e_{\mathrm{SC},t}\right)P_{\mathrm{SC},t},\left(1+e_{\mathrm{SC},t}\right)P_{\mathrm{SC},t}\right]$ 区间波动。为便于表达，$e_{\mathrm{RE},t}$ 被用于替代 $e_{\mathrm{WPP},t}$ 和 $e_{\mathrm{PV},t}$、$P_{\mathrm{RE},t}$ 被用于替代 $P_{\mathrm{WPP},t}$、$P_{\mathrm{PV},t}$。相应的，$P_{\mathrm{RE},t}$ 将在 $\left[\left(1-e_{\mathrm{RE},t}\right)P_{\mathrm{RE},t},\left(1+e_{\mathrm{RE},t}\right)P_{\mathrm{RE},t}\right]$ 区间波动，进一步式（7－33）和式（7－34）可以被改写为

$$-\left[P_{\mathrm{RE},t}\left(1-\lambda_{\mathrm{RE}}\right)\pm e_{\mathrm{RE},t}P_{\mathrm{RE},t}\right]\leqslant M_t^{\mathrm{e}} \tag{7-35}$$

$$-\left[P_{\mathrm{SC},t}\left(1-\lambda_{\mathrm{SC}}\right)\pm e_{\mathrm{SC},t}P_{\mathrm{SC},t}\right]\leqslant M_t^{\mathrm{h}} \tag{7-36}$$

根据式（7－35）和式（7－36），可以建立 VEP 调度优化风险规避模型，即

$$\min F_\beta\left(\boldsymbol{E},\alpha\right)=\alpha+\frac{1}{N\left(1-\beta\right)}\sum_{k=1}^{N}z_k \tag{7-37}$$

约束条件为

$$\left.\begin{array}{l}\text{式}(7-4)\sim\text{式}(7-25)\\ \text{式}(7-35)\sim\text{式}(7-36)\\ z_k=L\left(\boldsymbol{E},\boldsymbol{y}\right)-\alpha\\ z_k\geqslant 0\\ \text{其他约束}\end{array}\right\}$$

综上所述，VEP 调度优化风险规避模型能够实现在系统运行信息掌握不完全的情况下，在一定扰动范围内保证系统安全、稳定运行，提高系统对不确定因素的免疫能力，并实现调度预定目标。

7.2.5 算例分析

7.2.5.1 基础数据

为验证 VEP 调度优化风险规避模型的有效性和适用性，选取某产业园区群为实例对象，包括电力子系统、热力子系统及储能子系统三部分。电力子系统配置 12×10MW 小型风力发电集群和 8×10MW 小型光伏发电集群。热力子系统配置一台 200MW 额定功率的典型 CHP 机组，10×5MW 小型光热集群和 4×10MW EB。参照文献［195］设定 CHP 机组的运行参数，最大发电出力和最大供热功率分别为 211.6MW 和 254.86MW。EB 电热转换效率为 85%。储能子系统包括 4×20MW HSK，单台 HSK 最大储放热功率为±7.5MW。图 7－2 所示为 200MW CHP 的电热耦合关系。

设定 WPP 的运营参数：$v_{\mathrm{in}}=3\mathrm{m/s}$、$v_{\mathrm{rated}}=14\mathrm{m/s}$、$v_{\mathrm{out}}=25\mathrm{m/s}$，形状参数 $\varphi=2$ 和尺度参数 $\vartheta=2\bar{v}\sqrt{\pi}$。根据该园区太阳能光照强度，设定参数 α 和 β 分别为 0.39

和 8.54；参照文献［25］，设定园区太阳能光照强度分布数据，并计算 SC 可用热功率。选取园区典型负荷日电负荷和热负荷，作为系统负荷输入数据。图 7－3 所示为典型负荷日负荷需求和可用出力曲线。

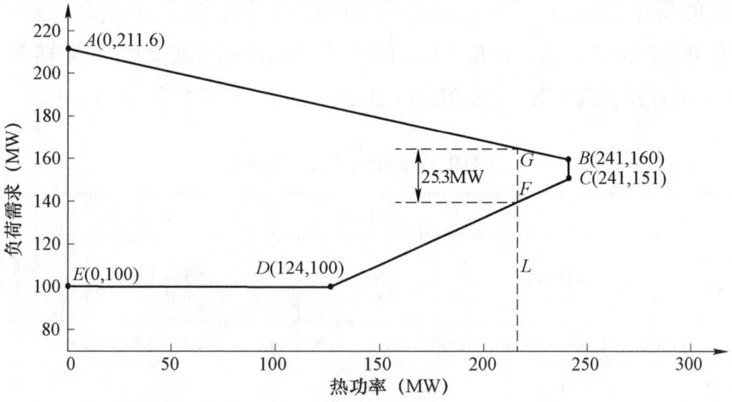

图 7－2　200MW CHP 的电热耦合关系

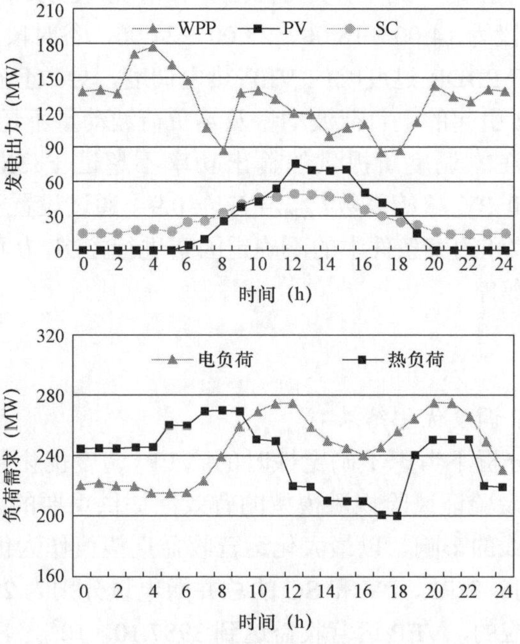

图 7－3　典型负荷日负荷需求和可用出力曲线

该园区 WPP、PV 和 CHP 的上网标杆电价分别为 0.51、0.88元/kWh 和 0.42元/kWh。同时，为对电负荷和热负荷实施 PBDR，设定 PBDR 前用户用电电价为 0.59元/kWh，参照文献［23］选取电力需求价格弹性，设定平时段价格不变，峰时段用电电价上调30%，谷时段用电电价下调50%。对于热负荷，PBDR前用户采暖价格为 0.25元/kWh，由于热力需求价格弹性鲜有文献涉及，本文设定 PBDR后，不同时段采暖价格变动同电负荷，而峰时段负荷削减 20%，谷时段负荷增加15%，平时段负荷增加5%，各时段内不同时刻电等比例分摊负荷。对于IBDR，在能量市场提供能源价格为0.5元/kWh，而在备用市场提供上、下旋转备用价格分别为0.2元/kWh和0.6 元/kWh。PBDR和IBDR的运营参数见表7－1。

表7－1　PBDR和IBDR的运营参数

项目	PBDR			IBDR		
	峰时段	谷时段	平时段	能源市场	备用市场	
					上	下
时段划分	09:00～13:00、19:00～22:00	00:00～8:00	14:00～18:00、23:00～24:00	—	—	—
用电电价（元/kWh）	0.69	0.33	0.55	0.5	0.2	0.6

对于热负荷，根据图7－3所示负荷曲线分布情况，划分峰时段为9:00～13:00、19:00～22:00，平时段为14:00～18:00、23:00～24:00，谷时段为00:00～18:00。同时，为避免IBDR和PBDR过度响应VEP热电调度，导致负荷曲线发生“峰谷倒挂”现象，设定PBDR引起的电负荷波动量及热负荷波动量不超过原始负荷的10%。设定 IBDR 参与 VEP 调度所提供的输出功率不超过±15MW。设置初始置信度$\beta=0.95$，WPP 和 PV 鲁棒系数$\Gamma_{WPP}=\Gamma_{PV}=0.9$，通过设置不同的置信度和鲁棒系数能够对目标函数和约束条件中的不确定因素进行控制，从而获得满足决策者诉求的VEP调度优化策略。

7.2.5.2　算例结果

1. 情景1：VEP调度优化结果

本节主要用于分析不考虑不确定性时的 VEP 调度优化结果，为进一步判定VEP 运营风险，以及验证风险规避模型的有效性提供重要的决策参考。本节不考虑 PBDR 对负荷曲线的影响，以最大化运营收益期望值作为优化目标，确立 VEP最优调度策略。此时，WPP、PV和SC的总并网电量分别为2905.65、564.81MWh和713.95MWh。相应的，VEP运营收益达到3987.10×10^3元。图7－4所示为不考虑不确定性时的VEP调度优化结果。

根据图7－4，由于EB和HSK将电能转化为热能，导致能源利用效率降低，故在以最大化运营收益期望值作为优化目标时，VEP会优先利用WPP和PV满足电负荷需求。因此，电负荷主要由CHP和WPP满足，PV出力主要集中在12:00～

16:00 时段，也是 PV 可用出力最大的时段。

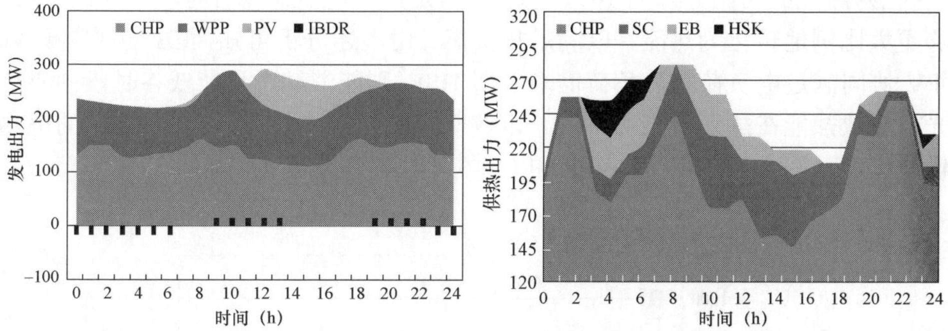

图 7－4　不考虑不确定性时的 VEP 调度优化结果

当以最大化运营收益期望值作为优化目标时，VEP 会充分消纳 WPP 和 PV，相应的，IBDR 在谷时段（0:00～6:00、23:00～24:00）提供上旋转备用，而在峰时段（9:00～13:00、18:00～22:00）提供下旋转备用，发电量为±135MWh。热负荷主要由 CHP 和 SC 满足，在热负荷低谷时段，WPP 和 PV 可用出力较高，EB 会转换剩余的 WPP 和 PV 提供热能。HSK 在电负荷低谷时段，利用弃风和弃光转化为热能，而在热负荷峰时段（3:00～7:00）进行释放，总的供热量为 88.17MWh。总的来说，电负荷和热负荷之间存在显著的互补特性，电热耦合优化调度有利于充分利用 WPP、PV 和 SC，从而实现 VEP 最大化运营收益的目标。图 7－5 所示为 VEP 供热和供电出力结构。

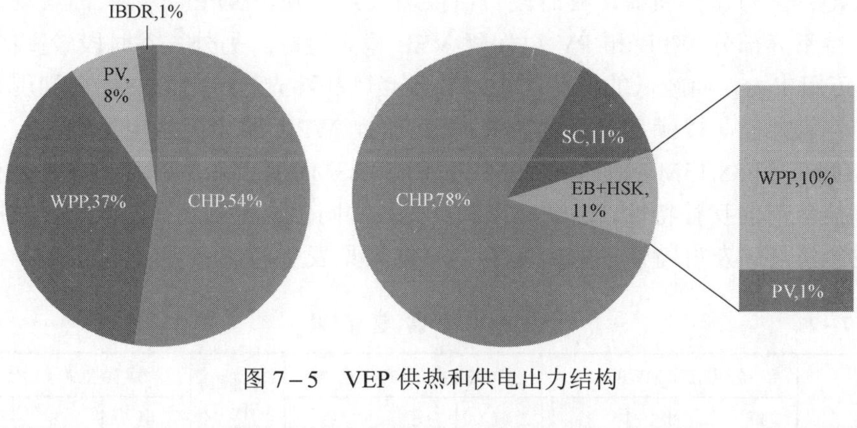

图 7－5　VEP 供热和供电出力结构

根据图 7－5，CHP 满足了较大部分的电负荷和热负荷需求，占比分别为 54% 和 78%，为电负荷和热负荷的供给提供了可靠的保障。剩余电负荷主要由 WPP 满足，同时，为了克服 WPP 出力的波动性，IBDR 被调用提供备用服务。剩余热负荷则由 SC 满足，而 EB 和 HSK 充分利用弃风和弃光转化为热能。其中，WPP 和 PV 转化为热能的比例分别为 10%和 1%，这是由于电负荷低谷时段，弃风量较多，能够更大比例地转化为热能，以满足热负荷。由上述分析可知，EB 能够实现 WPP 和 PV 协同满足电负荷和热负荷需求，而 HSK 则能消纳电负荷低谷时段的弃风和弃光，释放热能在热负荷高峰时段，以获取超额的经济效益，实现 VEP 的电热协调优化运行。图 7-6 所示为 WPP 和 PV 在不同时段的出力分布。

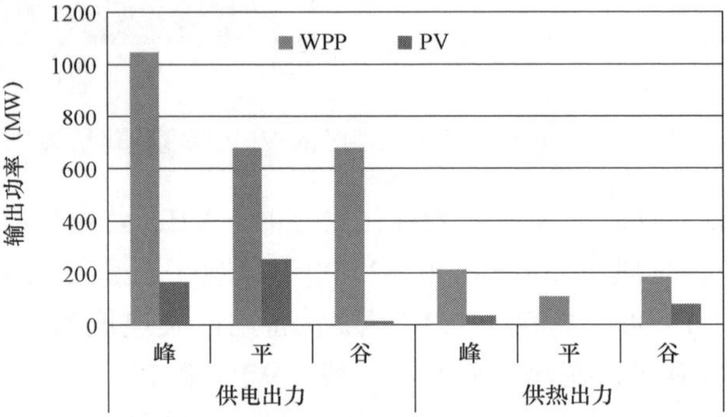

图 7-6　WPP 和 PV 在不同时段的出力分布

根据图 7-6，对于电负荷，在峰时段，较高的负荷需求会尽可能消纳 WPP，并网电量达到 1047.22MWh；而在谷时段，WPP 可用出力较高，并网电量为 687.80MWh。相似的，平时段较高的 PV 可用出力使并网电量也较高，达到 261.38MWh。对于热负荷，峰时段负荷供需关系紧张，WPP 出力的高波动性导致系统不得不弃部分 WPP 和 PV 以保障 VEP 稳定运行。另外，谷时段较高的 WPP 和 PV 可用出力，而较低的负荷需求，导致弃风和弃光。EB 和 HSK 会利用弃风和弃光转化为热能，以满足热负荷需求。相应的，WPP 和 PV 发电量较高，分别为 213.28MWh 和 38.13MWh，190.39MWh 和 80.83MWh。综上所述，VEP 会利用电负荷和热负荷的互补特性，消纳弃风和弃光，协同供给电热负荷，以充分发挥清洁能源的经济环境友好特性。VEP 运营调度结果见表 7-2。

表 7-2　　VEP 运营调度结果

子系统		发电量（MWh）			供热量（MWh）			弃能量（MWh）	运营收益（10^3 元）		
		峰	平	谷	峰	平	谷		电	热	总计
电力	WPP	1047.72	673.63	687.80	213.28	92.83	190.39	152.93	1228.67	—	1228.67
	PV	172.07	261.38	12.40	38.13	0	80.83	29.73	392.35	—	392.35
	IBDR	135	0	−148	—	—	—	—	97.10	—	110.10

续表

子系统		发电量（MWh）			供热量（MWh）			弃能量（MWh）	运营收益（10^3元）		
		峰	平	谷	峰	平	谷		电	热	总计
热力	CHP	1258.56	900.93	1125.09	2038.56	1198.12	1531.76	—	722.61	1153.53	1991.49
	SC	—	—	—	208.48	243.88	261.589	37.58	—	161.42	161.42
	EB	—	—	—	132.42	74.26	153.97	—	—	80.85	80.85
储能	HSK	—	—	—	40.43	12.45	47.73	—	—	22.22	22.22

根据表7－2，在仅以最大化运营收益作为优化目标时，VEP会充分利用WPP、PV SC，WPP、PV和SC的弃能也较低，弃能量分别为152.93、29.73MWh和37.58MWh。较高的并网电量，也带来了较高的运营收益。WPP、PV和SC收益占总收益的比例分别为30.82%、9.84%和4.05%。值得注意的是，CHP协同供给电负荷和热负荷，运营收益占总收益的比例为49.95%，达到最高，特别是CHP消纳天然气满足能源需求有利于实现系统整体的高环境友好特性。总的来说，VEP能充分利用电热负荷的互补特性，协同利用常规能源与清洁能源以实现系统整体的最优化运行，但高比例的清洁能源并网，其自身不确定性会导致系统面临较高的风险，这有待于深入地分析和讨论。

2. VEP风险规避调度结果

由于WPP、PV、SC的输出功率具有较强的不确定性，会给VEP安全稳定运行带来较大的冲击。本节基于5.2.1中获得的风险中立时VEP调度优化结果，进一步应用CVaR方法和鲁棒随机优化理论转换常规调度模型，用于度量和控制VEP运营风险引起的不确定因素。设定置信度$\beta=0.9$和鲁棒系数$\Gamma=0.9$，求解风险非中立时的VEP调度结果。图7－7所示为考虑不确定性时的VEP调度结果。

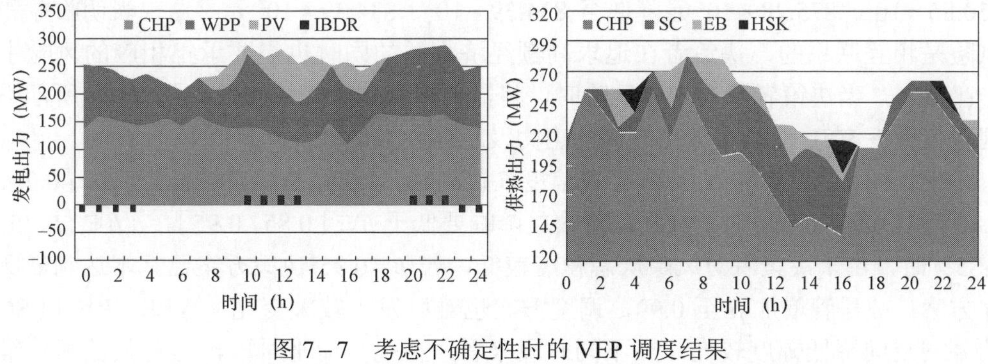

图7－7　考虑不确定性时的VEP调度结果

对比图 7－7，若考虑 WPP、PV、SC 带来的不确定性，系统会降低 WPP 和 PV 的出力，兼顾 VEP 运营收益和风险。相应的，CHP 提供的电能和热能分别为 3400.23MWh 和 505 715MWh，115.65MWh 和 288.71MWh。同样，SC 提供热能由 713.95MWh 降低至 638.79MWh。为了规避 VEP 运营不确定性风险，EB 提供热能由 360.66MWh 降低至 200.08MWh，HSK 提供热能则由 100.61MWh 降低至 61.79MWh。总的来说，若考虑不确定性风险，为了实现 VEP 的最优化运行，系统会限制 WPP、PV 和 SC 的并网空间，尽管会损失部分经济收益，但也会有效降低运营风险水平。当 $\Gamma=0.9$ 时不同置信度 β 下的 VEP 调度优化结果见表 7－3。

表 7－3　　当 $\Gamma=0.9$ 时不同置信度 β 下的 VEP 调度优化结果

β	发电量（MWh）				供热量（MWh）				收益（10^3元）	VaR（10^3元）	CVaR（10^3元）
	WPP	PV	IBDR	CHP	CHP	SC	EB	HSK			
0.75	2495.71	462.03	46	3128.51	4982.97	691.40	216.55	66.88	3890.62	850.86	875.28
0.8	2434.54	450.14	38	3209.57	5004.17	676.37	211.85	65.42	3846.05	846.16	864.38
0.85	2373.37	438.25	33	3287.63	5025.36	661.34	207.14	63.97	3826.77	842.54	852.47
0.9	2281.61	420.41	30	3400.23	5057.15	638.79	200.08	61.79	3745.15	840.96	845.28
0.95	2128.68	390.68	24	3588.88	5110.12	601.22	188.31	58.16	3642.26	836.27	839.55
0.99	1975.75	360.96	20	3775.54	5163.10	563.64	176.54	54.52	3613.66	834.39	834.39

根据表 7－3，置信度 β 反映决策者的风险态度，β 越大，决策者越厌恶风险，属于风险厌恶型；反之，决策者属于风险偏好型，既适当承受风险以博取超额经济收益。当 $\beta\in[0.75, 0.99]$ 时，WPP、PV 和 SC 的供能量分别降低 519.96、101.07MWh 和 127.76MWh。从收益和风险来看，WPP、PV 和 SC 出力的边际成本几乎为零，具有高度经济特性。当 $\beta\in[0.75, 0.99]$ 时，决策者会降低清洁能源出力，导致运营收益由 3890.62×10^3 元降低至 3613.66×10^3 元。但 VaR 和 CVaR 值则分别由 850.86×10^3、875.28×10^3 元降低至 834.39×10^3、834.39×10^3 元。这也表明收益和风险是相互联系的，决策者在追求高额经济收益的同时也需要承担相应的风险水平；反之，当决策者想要规避风险时，将需要舍弃部分经济收益。图 7－8 所示不同置信度下 VEP 消纳可再生能源的出力及运营收益。

根据图 7－8，从整体上看，当置信度 β 较高时，运营收益相对较低。当 $\beta\in[0.75, 0.88]$ 和 $[0.95, 0.99]$ 时，VEP 运营收益降幅要低于 $\beta\in[0.85, 0.95]$。当 $\beta\in[0.75, 0.85)$ 时，由于决策者对风险厌恶程度较低，若 $\beta=0.95$ 决策方案已基本达到最保守方案，故尽管增加 β 至 0.99，调度方案也难以发生较大变化，WPP、PV 和 SC 的并网空间降低幅度较低。从不同时段来看，在电负荷平时段，运营收益基本维持不变，这是由于 WPP 可用出力较高，在电负荷峰时段（热负荷谷时段），PV

和 SC 的可用出力较高，故当决策者考虑不确定性风险时，运营收益会发生较大变化。这也意味着为实现 VEP 最优化运行，需合理设置置信度以控制不确定因素带来的风险。

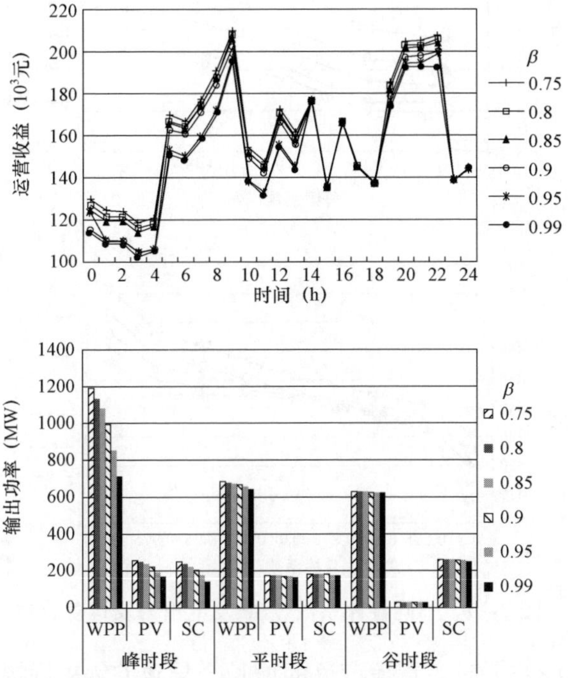

图 7－8　不同置信度下 VEP 消纳可再生能源的出力及运营收益

从能源出力分布来看，由于峰时段能源供需关系紧张，在负荷峰时段，WPP、PV 和 SC 的出力较高，不确定性风险也相对较高。因此，当决策者考虑不确定性风险时，WPP、PV 和 SC 的供能量降低很明显，相比基本调度模型，分别降低 476.95、87.82MWh 和 108.78MWh。然而，在负荷平时段和谷时段，供能量降低幅度较低，即 37.27、9.65MWh 和 9.92MWh，5.74MWh，相比常规调度模式，分别降低 3.60MWh 和 9.06MWh。由于约束条件中不确定因素（WPP、PV 和 SC）通过预测误差和鲁棒系数进行描述，也能够直接影响 VEP 的优化运行，故对预测误差 e、鲁棒系数 Γ 和置信度 β 之间的相互关系进行敏感性分析，讨论不同参数组合下的 VEP 运行方案。图 7－9 所示为不同鲁棒系数下的 VEP 发电出力及运营收益。

最后，根据图 7－9，分析预测误差 e 和鲁棒系数 Γ 对 VEP 运行的影响。当 e 较高时，在 Γ 增长相同幅度的条件下，CVaR 增幅更大。当 $e\in$［5%，10%）时，CVaR 增幅要低于 $e\in$［5%，10%），这意味着当预测误差降低时，不确定因素给 VEP 运行带来的风险要较高。进一步分析鲁棒系数 Γ 和置信度 β 对 VEP 运行的影

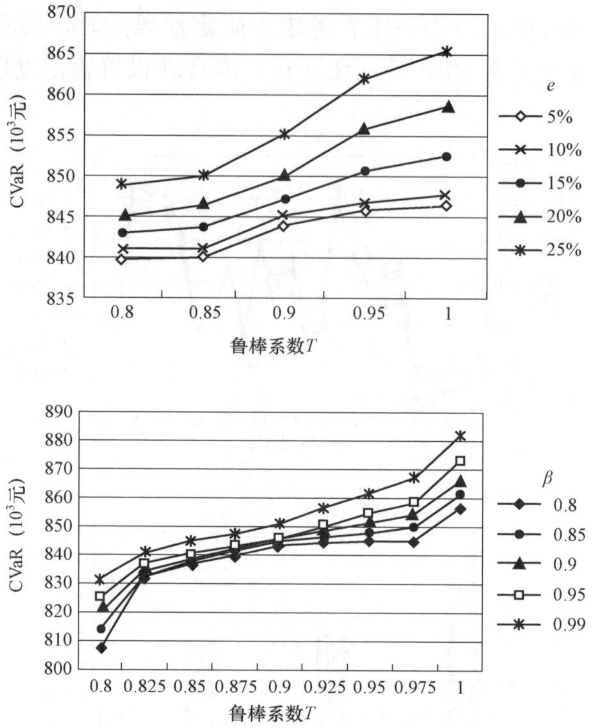

图 7-9　不同鲁棒系数 VEP 发电出力及运营收益

响，当$\Gamma\in$［0.8，0.825］时，置信度β的增长会导致 CVaR 增幅较大，这表明当决策者考虑不确定性分析时，VEP 运营方案会发生显著变动。当$\Gamma\in$（0.825，0.925］时，置信度β的增长使 CVaR 增幅较低，此时决策者会均衡考虑 VEP 的运营收益和运营风险，故决策方案处于相对稳定状态，但整体上 CVaR 值也会随着Γ的增加而增加。当$\Gamma\in$（0.925，1］时，置信度β的增长使 CVaR 增幅较大，此时决策者属于极度风险厌恶型，这也就意味着较小的不确定性都会带来较大的运营风险。总的来说，在提升不确定性预测误差的同时，需根据决策者自身情况，设置合理的置信度和鲁棒系数，兼顾 VEP 的运营风险和运营收益，实现 VEP 的最优化运行。

7.2.5.3　结果分析

1. HSK 对 VES 运行影响

由于 HSK 能够在电负荷低谷时段利用弃风和弃光进行蓄热，以及在热负荷低谷时段进行蓄热，在热负荷高峰时段进行释能放热，热负荷的峰谷价差会带来超额经济收益。对于 VEP 运行，HSK 有利于充分实现电热协调供给，实现系统整体的最优化运行。因此，本节主要对比 HSK 参与前后 VEP 的电热出力结构、运营收益和运营风险。当 VEP 不包含 HSK 时，WPP、PV 和 SC 总的供能量分别为 2189.85、402.58MWh 和 616.25MWh。不同 HSK 容量下的 VEP 调度运行结果见表 7-4。

表 7-4　　　　不同 HSK 容量下的 VEP 调度运营结果

容量（MW）	发电量（MWh）				供热量（MWh）				收益（10^3 元）	VaR（10^3 元）	CVaR（10^3 元）
	WPP	PV	IBDR	CHP		SC	EB	HSK			
0	2189.85	402.58	20.00	3474.82	5162.87	616.25	183.88	0.00	3655.35	844.28	848.52
40	2220.44	408.52	25.00	3433.29	5102.96	623.76	192.15	38.94	3708.28	842.43	847.18
80	2281.61	420.41	30.00	3400.23	5057.15	638.79	200.08	61.79	3745.15	838.51	844.49
120	2325.90	423.65	49.00	3333.70	5050.71	640.74	203.52	62.84	3782.52	837.28	843.25
160	2385.85	435.31	64.00	3247.09	5031.71	655.47	207.45	63.18	3819.89	836.85	842.94
200	2415.82	441.13	72.00	3203.29	5018.48	662.84	211.25	65.24	3857.26	835.28	840.29

根据表 7-4，当 HSK 容量由 0 增长至 120MW（EB：HSK=1：3）时，收益、VaR 和 CVaR 值增长很快。当 HSK 容量高于 120MW 时，三者变动很慢，这表明 HSK 能够提升 WPP、PV 和 SC 的并网空间；但当 HSK 容量足够大时，VEP 消纳清洁能源的能力已基本达到上限，为降低 VEP 初始投资成本，提升其运营收益，需通过其他途径提升 WPP、PV 和 SC 的并网空间。相比 HSK 容量为 0 时，WPP、PV 和 SC 分别增加 225.97、38.56MWh 和 46.59MWh，三者分别增加 201.91×10^3、9.00×10^3 元和 8.23×10^3 元。总的来说，随着 HSK 容量的增加，VEP 运营收益不断提升，但运营风险也相应提升，这也说明为了兼顾风险和收益，需要合理控制 HSK 容量，实现电热协同供给，保障 VEP 的最优化运行。

2. PBDR 对 VES 运行的影响

PBDR 通过实施峰谷分时电价引导用户用电行为，积极响应系统能量调度，平缓用户能量需求曲线，取得能量供给侧与消费侧联动优化的效应，提升 WPP、PV 和 SC 的并网空间。根据用户电力需求价格弹性、热力需求价格弹性及电价和热价变动情况，可获得 PBDR 后用户电热负荷分布情况。不同峰谷价差下的 VEP 调度运营结果见表 7-5。

表 7-5　　　　不同峰谷价差下的 VEP 调度运营结果

峰谷价比	发电量（MWh）				供热量（MWh）				收益（10^3 元）	VaR（10^3 元）	CVaR（10^3 元）
	WPP	PV	IBDR	CHP		SC	EB	HSK			
1	2281.61	420.41	30.00	3400.23	5057.15	638.79	200.08	61.79	3745.15	838.51	844.49
2	2485.52	460.05	60.00	3126.68	4873.79	688.89	301.73	93.40	3972.20	840.60	847.26
2.6	2587.48	479.86	75.00	2989.91	4782.11	713.94	352.56	109.20	4085.72	842.49	851.89
3	2656.09	489.68	85.00	2901.48	4747.31	726.99	367.81	115.70	4167.75	844.54	853.21
3.5	2690.40	494.59	95.00	2852.26	4729.91	733.52	375.43	118.95	4208.76	846.18	854.15

根据表 7-5，随峰谷价比的不断增加，VEP 利用峰谷价差获取的超额经济收益空间也较高。相应的，WPP、PV 和 SC 的出力显著增加，当峰谷价比低于 3 时，收益、VaR 和 CVaR 值的增长速度很快，但当峰谷价比高于 3 时，增长速度较慢。从运营收益和运营风险增长速度来看，PBDR 所产生的收益增幅要高于风险增幅，这表明 PBDR 有利于提升 VEP 运营收益，且有利于合理控制风险。为实现 VEP 的最优化运行，决策者需在消费侧积极实施 PBDR，通过设定合理的峰谷价差，激励用户响应系统的能量调度，消纳 WPP、PV 和 SC 等清洁能源出力，以最大化降低清洁能源弃能，博取 VEP 最大化经济收益的同时最小化运营风险水平。

7.3 电热气耦合微能源站调度优化模型

7.3.1 电热气互联系统构成

本文构建了电热气微能源站，主要由 WPP、PV、SC、CGT 和 CHP 构成，包括电力子系统、热力子系统和 P2GS 系统。首先，电力子系统包括 WPP、PV、CGT、EVG 和 CL。其中，CL 主要通过 IBDR 参与电力子系统调度。热力子系统主要包括 CHP 和 SC。其中，CHP 具备电热耦合输出特性，存在“以热定电”和“以电定热”两种运行模式。由于电热气微能源站中电源较多，故设定 CHP 服从以热定电模式。P2GS 包括 P2G 和 GST 两个部分。图 7-10 所示为电热气耦合能源站结构图。

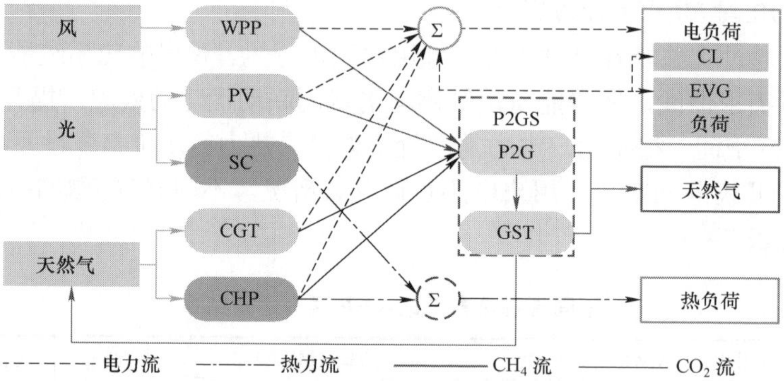

图 7-10　电热气耦合能源站结构图

根据图 7-10，P2G 包括电解和甲烷化两个过程，电解将水分解为氢气（H_2）和氧气，而甲烷化过程利用微能源站产生的二氧化碳（CO_2）与 H_2 反应生成甲烷（CH_4）。GST 则将 P2G 产生的 CH_4 进行存储。设 P2G 主要利用弃风和弃光进行电转气，并优先利用 CGT 和 CHP 自身产生的 CO_2 生产 CH_4，并仅用于 CGT 发电。WPP 和 PV 为主要电源，CGT 利用自身启停速度快的优势，为微能源站提供备用服务。EVG 和 CL 能够为微能源站提供备用服务，当备用能力不足时，GST 可向 CGT 和 CHP 供给 CH_4 进行发电出力，满足备用需求。P2GS 可根据实时气价、电价和气价的关系，选择供电、供热和供气。

7.3.2 微能源站设备模型

7.3.2.1 电源出力模型

1. WPP/PV 出力模型

由于风速和太阳能光伏辐射具有较强的随机性，WPP 和 PV 的出力也具有较强的不确定性，如何模拟风速和太阳能光伏辐射强度是计算 WPP 和 PV 出力的关键。式（4－1）和式（4－2）计算了 WPP 和 PV 的可用出力。

2. CL 出力模型

设定 CL 主要通过 IBDR 参与微能源站调度运行，CL 运营出力则取决于 DRP 的运营策略，具体出力模型见式（6－3）～式（6－4）的约束条件。

3. EVG 出力模型

设定 EVG 均向虚拟电厂运营中心注册，接受运营中心统一调度。EVG 通过自身蓄电池参与微能源站发电调度。本文引入荷电状态（state of charge，SOC）反映 EVG 蓄电池的剩余电量，具体约束条件同式（6－6）～式（6－9）。

7.3.2.2 热源出力模型

1. 小型 CHP 运行模型

热电机组发电功率 $P_{\mathrm{CHP},t}^{\mathrm{e}}$ 和对外供热功率 $P_{\mathrm{CHP},t}^{\mathrm{h}}$ 之间的耦合关系一般称为"电热特性"，可很好地体现热电机组的运行外特性，因此是分析热电机组灵活运行能力的一种有效方式，具体出力模型式（7－1）和式（7－2）。

2. SC 运行模型

太阳能集热板主要用于收集太阳能辐射以满足热负荷需求。储热罐主要被用作备用热源，当太阳能辐射不足时，可用于提供热能，具体出力模型见式（7－3）～式（7－5）。

7.3.2.3 P2GS运行模型

P2GS 能够通过 P2G 转化弃风和弃光为 CH_4，并通过 GST 进行储气、发电或售气，实现电—气网络互联，增加系统对新能源的消纳能力，降低系统碳排放量，提升微能源站运营的经济效益和环境效益。图7－11所示为P2G技术原理图。

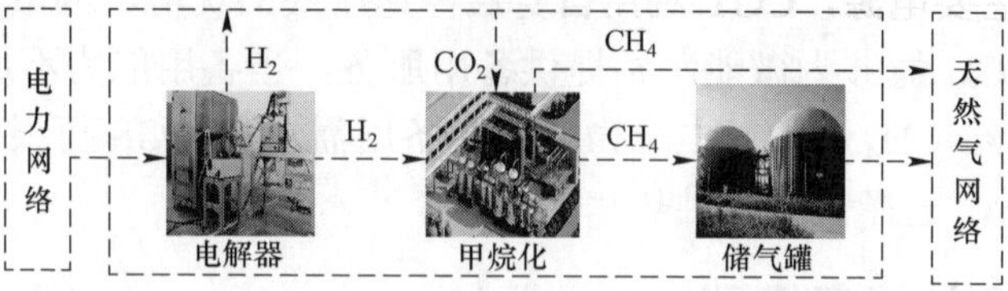

图7－11　P2G技术原理图

P2G包括电解和甲烷化两个过程。电解是将多余电能通过电解水产生H_2后直接将H_2注入天然气管道或者H_2存储设备，其能量转换效率可达75%～85%。甲烷化过程在电解的基础上，在催化剂的作用下将电解水生成的H_2和CO_2反应生成CH_4和H_2O，具体化学反应方程式为

$$2H_2O \xrightarrow{\text{电解}} 2H_2+O_2 \tag{7-38}$$

$$CO_2+4H_2 \longrightarrow CH_4+2H_2O \tag{7-39}$$

通过上述两个阶段化学反应，电转天然气综合效率为45%～60%。电能转化成为天然气后可注入天然气网络或者储气装置。可以看到，P2G化学反应H_2O的投入和产出相同，仅消耗CO_2，则有利于降低GVPP发电的碳排放。同时，为避免增加碳捕捉成本，限制P2G仅能利用CGT产生的CO_2，产生的CH_4在高峰时段通过CGT将天然气转化为电能，具体计算公式为

$$V_{\text{P2G},t} = g_{\text{P2G},t}\eta_{\text{P2G}} / H_{\text{ng}} \tag{7-40}$$

$$g_{\text{CGT},t}^{\text{P2G}} = V_{\text{CGT},t}^{\text{P2G}}\eta_{\text{CGT}}H_{\text{ng}} \tag{7-41}$$

式中：$V_{\text{P2G},t}$为P2G在t时刻产生的天然气量，m^3；$g_{\text{P2G},t}$为P2G在t时刻所消耗的电量，kW；η_{P2G}为P2G的转换效率；$g_{\text{CGT},t}^{\text{P2G}}$为P2G产生的天然气用于CGT在$t$时刻的发电量，kW；$V_{\text{CGT},t}^{\text{P2G}}$为P2G在$t$时刻产生的天然气进入CGT的量，$m^3$；$H_{\text{ng}}$为天然气的热值，$kW/m^3$。

GST主要将电转气所产生的天然气进行存储，在负荷高峰时期进入CGT进行发电。同时，GST存储的天然气也可以在气价较高的时候，进入天然气网络获取售气收益。GST中能量状态可以表示为

$$S_{\text{GST},t} = S_{\text{GST},T_0} + \sum_{t=1}^{T}\left(V_{\text{GST},t}^{\text{P2G}} - V_{\text{GST},t}^{\text{CGT}} - V_{\text{GST},t}^{\text{CH}_4}\right) \tag{7-42}$$

式中：$S_{\text{GST},t}$为GST在t时刻的储气量，m^3；S_{GST,T_0}为GST在初始时刻的储气量，m^3；$V_{\text{GST},t}^{\text{P2G}}$为在$t$时刻进入GST的天然气量，$m^3$；$V_{\text{GST},t}^{\text{CGT}}$为在$t$时刻GST向CGT输入的天然气量，$m^3$；$V_{\text{GST},t}^{\text{CH}_4}$为GST在$t$时刻进入天然气网络的天然气量，$m^3$。同时，

设定GST不能同时进行储气和释气操作，$V_{GST,t}^{Gas}$为GST在t时刻的储气量，具体约束为

$$V_{GST,t}^{P2G}\left\{V_{GST,t}^{CGT},V_{GST,t}^{Gas}\right\}=0 \tag{7-43}$$

总的来说，P2G和GST能够增强微能源网中电力网络和天然气网络的耦合特性，更加成熟地完善VPP供能稳定性方面的技术。本文研究P2G和GST对系统新能源消纳能力及负荷波动平抑的影响。

7.3.3 微能源站多目标调度模型

7.3.3.1 模型前提假设

WPP、PV、SC具有较强的不确定性，在确立能量调度计划时，尚没有确定精准的可用出力。微能源站优化运行的数学模型属于期望值模型。决策者需要根据WPP、PV的预测值制定调度方案，也就是事前决策。然而，WPP、PV的不确定性将给事前决策方案带来较大的偏差风险。如何描述微能源站运行的不确定性，是制定最优运行方案的关键问题。微能源站能量调度的经济效益期望值和运营风险水平均被考虑，并综合考虑能量平衡约束、单元运行约束和备用约束。为描述微能源站的风险水平，CVaR方法被用于获取WPP、PV的概率分布函数。该方法的应用能够通过设定反映自身风险态度的置信度为决策者提供一个有效的决策工具。

本文构建微能源站运营调度多目标优化模型，如何求解多目标模型是制定微能源站最优运行策略的关键问题。微能源站运营调度多目标优化模型的目标函数优化方向和量纲级别都不同，若直接进行加权，则难以获得微能源站运行的最优解。同时，由于非线性目标函数和约束条件的存在，微能源站运营调度多目标优化模型为混合整数非线性规划（mixed integer nonlinear programming，MINLP）模型。若直接进行求解，则会导致求解时间较长，并且求解结果的优化程度可能不高。相应的，本文首先对非线性目标函数和约束条件进行线性化处理，转化MINLP模型为MIP模型。然后，借助模糊满意度理论处理目标函数的不同量纲及优化方向，实现目标函数的一致化处理。最后，设置合理的权重系数加权多目标模型为单目标模型，进行数学模型的求解。

7.3.3.2 多目标模型构建

1. 目标函数

清洁能源具有较好的环境经济特性，但输出功率的强不确定性，也给微能源站运行带来了较大的风险。同时，随着碳排放权交易的不断推进，未来清洁能源利用也将带来碳排放权交易收益。可见，如何平衡清洁能源产生的效益与风险，是微能

源站运行的关键问题。本文选择最大化经济效益和最小化运营风险作为优化目标，构造微能源站运行多目标优化模型。

（1）最大化经济效益目标

$$\max F_1=\sum_{t=1}^{T}\left[\begin{pmatrix}R_{\mathrm{WPP},t}+R_{\mathrm{PV},t}+R_{\mathrm{CGT},t}+R_{\mathrm{EVG},t}+\\R_{\mathrm{IBDR},t}+R_{\mathrm{P2GS},t}+R_{\mathrm{CHP},t}+R_{\mathrm{SC},t}^{\mathrm{h}}\end{pmatrix}-\begin{pmatrix}C_{\mathrm{CGT},t}+C_{\mathrm{CHP},t}+\\g_{\mathrm{EG},t}p_{\mathrm{EG},t}\end{pmatrix}+R_{\mathrm{CO_2},t}\right] \tag{7-44}$$

式中：$R_{\mathrm{WPP},t}$、$R_{\mathrm{PV},t}$、$R_{\mathrm{CGT},t}$、$R_{\mathrm{EVG},t}$、$R_{\mathrm{IBDR},t}$和$R_{\mathrm{P2GS},t}$分别为t时刻WPP、PV、CGT、EVG、IBDR和P2GS的效益，元；$R_{\mathrm{CHP},t}$为t时刻的CHP运营收益，元，包括供电收益和供热收益；$R_{\mathrm{SC},t}^{\mathrm{h}}$为$t$时刻SC提供的热能收益，元；$R_{\mathrm{CO_2},t}$为微能源站参与碳排放权交易获得的收益，元；$C_{\mathrm{CGT},t}$、$C_{\mathrm{CHP},t}$分别为CGT、CHP在$t$时刻的运行成本，元；$p_{\mathrm{EG},t}$、$g_{\mathrm{EG},t}$分别为$t$时刻微能源站向公共电网的购电价格和购电量，元/kWh、kWh。

WPP、PV和SC供能的边际成本几乎为零，故其运营收益等于供能量与价格的乘积。由于P2GS主要利用弃风和弃光进行电转气，设定PGST的用电成本为零，但增加的清洁能源弃能量会带来更多的补贴，故P2GS的运营收益主要包括P2G运营收益、GST运营收益和弃能并网补贴三个部分，具体计算公式为

$$R_{\mathrm{P2GS},t}=R_{\mathrm{P2G},t}+R_{\mathrm{GST},t}+g_{\mathrm{P2G},t}\left(p_{\mathrm{RE},t}-p_{\mathrm{CGT},t}\right) \tag{7-45}$$

$$R_{\mathrm{P2G},t}=p_{\mathrm{CH_4},t}V_{\mathrm{P2G},t}^{\mathrm{CH_4}}+p_{\mathrm{CGT},t}g_{\mathrm{CGT},t}^{\mathrm{P2G}}-p_{\mathrm{P2G},t}g_{\mathrm{P2G},t} \tag{7-46}$$

$$R_{\mathrm{GST},t}=p_{\mathrm{CH_4},t}V_{\mathrm{GST},t}^{\mathrm{CH_4}}+p_{\mathrm{CGT},t}g_{\mathrm{CGT},t}^{\mathrm{GST}}-p_{\mathrm{GST},t}^{\mathrm{P2G}}V_{\mathrm{GST},t}^{\mathrm{P2G}} \tag{7-47}$$

式中：$R_{\mathrm{P2G},t}$、$R_{\mathrm{GST},t}$分别为P2G和GST在t时刻的收益，元；$p_{\mathrm{CH_4},t}$、$V_{\mathrm{P2G},t}^{\mathrm{CH_4}}$分别为P2G在$t$时刻向天然气网络的输气价格和输气量，元/m^3、m^3；$p_{\mathrm{P2G},t}$为P2G在t时刻的用电电价，元/kWh；$p_{\mathrm{CGT},t}$为CGT在t时刻的发电上网电价，元/kWh；$g_{\mathrm{CGT},t}^{\mathrm{P2G}}$为P2G在$t$时刻产生天然气用于CGT的发电量，kWh；$p_{\mathrm{GST},t}^{\mathrm{CH_4}}$、$V_{\mathrm{GST},t}^{\mathrm{CH_4}}$分别为GST在$t$时刻向天然气网络的输气价格和输气量，元/m^3、m^3；$g_{\mathrm{CGT},t}^{\mathrm{GST}}$为GST在$t$时刻提供天然气用于CGT的发电量，kWh；$p_{\mathrm{GST},t}^{\mathrm{P2G}}$、$V_{\mathrm{GST},t}^{\mathrm{P2G}}$分别为P2G在$t$时刻向GST提供的天然气价格和天然气量，元/m^3、m^3；$p_{\mathrm{RE},t}$、$p_{\mathrm{CGT},t}$分别为可再生能源和CGT在t时刻的发电上网电价，元/kWh。

P2GS能够将微能源站运行产生的CO_2全部转化为CH_4，若在调度周期末端将剩余的CH_4进行存储，则能实现微能源站的近零碳运行。故为能够激励微能源站利用弃能转化CO_2，设定碳排放权交易被实施，这将给微能源站带来新增的碳排放权交易收益，具体计算公式为

$$\mathrm{CET}_t^{\mathrm{actual}}=\left(g_{\mathrm{CGT},t}^{\mathrm{SE}}+g_{\mathrm{CGT},t}^{\mathrm{P2G}}+g_{\mathrm{CGT},t}^{\mathrm{GST}}\right)\xi_{\mathrm{CO_2}}^{\mathrm{out}}-g_{\mathrm{P2G},t}\xi_{\mathrm{CO_2}}^{\mathrm{in}} \tag{7-48}$$

$$R_{CO_2,t}=p_{CET,t}\left(\mathrm{CET}_t^{allow}-\mathrm{CET}_t^{actual}\right) \tag{7-49}$$

式中：$R_{CO_2,t}$为微能源站参与碳排放权交易所获得的收益，元；$g_{CGT,t}^{SE}$为 CGT 在 t 时刻的自身发电量，kWh；$\xi_{CO_2}^{out}$、$\xi_{CO_2}^{in}$分别为单位 CGT 发电碳排放系数和单位 P2G 用电碳分解系数，kg/kWh；CET_t^{actual}为微能源站在 t 时刻的实际碳排放量，kg；CET_t^{allow}为微能源站允许的碳排放量，kg；$p_{CET,t}$为单位碳排放权交易价格，元/kg。当$\sum_{t=1}^{T}\left(\mathrm{CET}_t^{actual}\right)$等于零时，表明微能源站在调度周期内实现零排放。

（2）最小化运营风险目标。如何度量微能源站运营风险水平，是制定其最优化运行方案的关键问题。本文选择 CVaR 值作为微能源站运营风险指标，以最小化运营风险作为另一个优化目标，具体目标函数为

$$\min F_2=\alpha+\frac{1}{1-\beta}\int_{g\in R^m}\left[f(\boldsymbol{G},\boldsymbol{g})-\alpha\right]^+p(\boldsymbol{g})\mathrm{d}\boldsymbol{g} \tag{7-50}$$

式中：α为微能源站运行损失的临界值，用以判定微能源站运行整体风险状况；$f(\boldsymbol{G},\boldsymbol{g})$为微能源站运行的损失函数，等于$-F_1$，$\boldsymbol{G}^T=\left[P_{RIES,t}(1),P_{RIES,t}(2),\cdots,P_{RIES,t}(T)\right]$为决策向量，$\boldsymbol{g}^T=\left[\boldsymbol{P}_{WPP,t},\boldsymbol{P}_{PV,t},\boldsymbol{P}_{SC,t},\boldsymbol{L}_t\right]$为多元随机向量。$\beta$为 VPP 运行的置信度。当式（7－50）达到最小时的α值，即为 VaR 值。由于式（7－50）难以直接求解，可通过取随机向量$\boldsymbol{g}$的 N 个样本值$g_1,g_2,\cdots,g_N$，用式（7－51）的样本值代替期望值，则式（7－50）可以改写为

$$\min F_2=\alpha+\frac{1}{N(1-\beta)}\sum_{k=1}^{N}\left[f(\boldsymbol{G},\boldsymbol{g})-\alpha\right]_k^+ \tag{7-51}$$

由于微能源站运营风险主要源于 WPP、PV、SC 的不确定性，故当追求最大化经济效益时，WPP、PV、SC 的较大出力将带来较大的风险，而当追求最小化运营风险时，WPP、PV、SC 的较低出力将降低微能源站的运营风险。如何兼顾两个优化目标诉求，对于实现微能源站的最优化运行至关重要。

2. 约束条件

为保证微能源站的安全可靠运行，需考虑能量供需平衡约束、子系统运行约束、系统旋转备用约束及负荷波动约束等。

（1）能量供需平衡约束

$$\begin{Bmatrix}P_{WPP,t}(1-\varphi_{WPP})+P_{PV,t}(1-\varphi_{PV})+P_{CGT,t}(1-\varphi_{CGT})+\\ P_{CHP,t}^{e}(1-\varphi_{CHP})+\left(g_{EVG,t}^{dis}-g_{EVG,t}^{ch}\right)+u_{IBDR,t}\Delta P_{IBDR,t}^{E}\end{Bmatrix}+g_{UG,t}=L_t^0+g_{P2G,t}-u_{PBDR,t}^{e}\Delta L_{PBDR,t} \tag{7-52}$$

式中：$P_{WPP,t}$、$P_{PV,t}$分别为 WPP 和 PV 在 t 时刻的发电出力，kW；$g_{UG,t}$为微能源

站在 t 时刻向上级电网购买的电量，kWh；$g_{\mathrm{P2G},t}$ 为 P2G 在 t 时刻提供的电量，kWh；$g_{\mathrm{EVG},t}^{\mathrm{dis}}$、$g_{\mathrm{EVG},t}^{\mathrm{ch}}$ 分别为 EVG 在 t 时刻的放电量和充电量，kWh；$P_{\mathrm{CGT},t}$ 为 CGT 在 t 时刻的发电出力，等于 $g_{\mathrm{CGT},t}^{\mathrm{se}}+g_{\mathrm{CGT},t}^{\mathrm{P2G}}+g_{\mathrm{CGT},t}^{\mathrm{GST}}$，kW；$g_{\mathrm{CGT},t}^{\mathrm{se}}$ 为 CGT 在 t 时刻的自身发电量，kWh；$\Delta P_{\mathrm{IBDR},t}^{\mathrm{E}}$ 为 IBDR 在 t 时刻的能量市场出力，kW；φ_{WPP}、φ_{PV}、φ_{CHP}、φ_{CGT} 分别为 WPP、PV、CHP 和 CGT 在 t 时刻的厂用电率。

$$Q_{\mathrm{CHP},t}^{\mathrm{h}}+Q_{\mathrm{SC},t}+Q_{\mathrm{HG},t}=Q_{\mathrm{h},t}^{0}-u_{\mathrm{PBDR},t}^{\mathrm{h}}\Delta Q_t \tag{7-53}$$

$$V_{\mathrm{P2G},t}^{\mathrm{CH_4}}+V_{\mathrm{GST},t}^{\mathrm{CH_4}}+V_{\mathrm{NG},t}=V_{\mathrm{CH_4},t}^{0}-u_{\mathrm{CH_4},t}^{\mathrm{h}}\Delta V_{\mathrm{CH_4},t} \tag{7-54}$$

式中：$Q_{\mathrm{HG},t}$ 为微能源站在 t 时刻向公共热网所购热能，kW；$Q_{\mathrm{h},t}^{0}$ 为微能源站在 t 时刻的热负荷需求，kW；$V_{\mathrm{NG},t}$ 为微能源站在 t 时刻向公共气网所购天然气量，m^3；$V_{\mathrm{CH_4},t}^{0}$ 为微能源站在 t 时刻的天然气需求，m^3；

（2）PGST 运行约束。PGST 运行约束包括 P2G 运行约束和 GST 运行约束，具体约束条件为

$$0\leqslant P_{\mathrm{P2G},t}\leqslant P_{\mathrm{P2G},t}^{\mathrm{rated}} \tag{7-55}$$

$$S_{\mathrm{GST},t}^{\min}\leqslant S_{\mathrm{GST},t}\leqslant S_{\mathrm{GST},t}^{\max} \tag{7-56}$$

$$P_{\mathrm{GST},t}^{\mathrm{P2G,\,min}}\leqslant P_{\mathrm{GST},t}^{\mathrm{P2G}}\leqslant P_{\mathrm{GST},t}^{\mathrm{P2G,\,max}} \tag{7-57}$$

$$P_{\mathrm{GST},t}^{\min}\leqslant Q_{\mathrm{GST},t}^{\mathrm{CH_4}}+g_{\mathrm{CGT},t}^{\mathrm{GST}}/\eta_{\mathrm{CGT}}H_{\mathrm{g}}\leqslant P_{\mathrm{GST},t}^{\max} \tag{7-58}$$

$$P_{\mathrm{P2G},t}^{\min}\leqslant Q_{\mathrm{P2G},t}^{\mathrm{CH_4}}+g_{\mathrm{CGT},t}^{\mathrm{P2G}}/\eta_{\mathrm{CGT}}H_{\mathrm{g}}\leqslant P_{\mathrm{P2G},t}^{\max} \tag{7-59}$$

式中：$P_{\mathrm{P2G},t}^{\mathrm{rated}}$ 为 P2G 在 t 时刻的额定运行功率，kW；$S_{\mathrm{GST},t}^{\min}$、$S_{\mathrm{GST},t}^{\max}$ 分别为 GST 在 t 时刻的最小储气量和最大储气量，m^3；$P_{\mathrm{GST},t}^{\mathrm{P2G,\,min}}$、$P_{\mathrm{GST},t}^{\mathrm{P2G,\,max}}$ 分别为 GST 在 t 时刻的储气最小功率和最大功率，kW；$P_{\mathrm{P2G},t}^{\min}$、$P_{\mathrm{P2G},t}^{\max}$ 分别为 P2G 在 t 时刻的输出天然气的最小功率和最大功率，kW；$P_{\mathrm{GST},t}^{\min}$、$P_{\mathrm{GST},t}^{\max}$ 分别为 GST 在 t 时刻输出天然气的最小功率和最大功率，kW。

同样，为了最大化 P2G 的利用效率，P2G 产生的天然气也需维持平衡，具体约束条件为

$$V_{\mathrm{P2G},t}=\left[\begin{array}{l}V_{\mathrm{P2G},t}^{\mathrm{CH_4}}/(1-\varphi_{\mathrm{P2G}})+V_{\mathrm{GST},t}^{\mathrm{CH_4}}/(1-\varphi_{\mathrm{GST}})+\\ \left(g_{\mathrm{CGT},t}^{\mathrm{GST}}+g_{\mathrm{CGT},t}^{\mathrm{P2G}}\right)/\eta_{\mathrm{CGT}}H_{\mathrm{ng}}\Delta t-\left(V_{\mathrm{GST},t}-V_{\mathrm{GST},T_0}\right)/(1-\varphi_{\mathrm{GST}})\end{array}\right]\Bigg/(1-\varphi_{\mathrm{P2G}}) \tag{7-60}$$

$$\sum_{t=1}^{T}\left[V_{\mathrm{GST},t}^{\mathrm{P2G}}(1-\varphi_{\mathrm{GST}})-\left(V_{\mathrm{GST},t}^{\mathrm{CH_4}}+g_{\mathrm{CGT},t}^{\mathrm{GST}}/\eta_{\mathrm{CGT}}H_{\mathrm{ng}}\right)\right]=0 \tag{7-61}$$

（3）CHP 运营约束。热电机组出力约束可分为热电出力约束、热电机组爬坡约束和热电机组启停约束，具体见式（7-16）～式（7-21）。

（4）DR 运行约束。PBDR 主要通过实施峰谷分时电价，引导终端用户响应系统能量调度，实现负荷曲线的削峰填谷。以电负荷为例，在得到分时电价及电力价格弹性后，PBDR 后负荷变动量可由式（6－15）计算。BDR 能够同时参与能量市场和备用市场，详细的约束条件见式（6－3）、式（6－4），以及式（6－34）～式（6－37）。

（5）系统旋转备用约束

$$P_{\text{RIES},t}^{\max}-P_{\text{RIES},t}+\Delta L_{\text{PBDR},t}+\Delta L_{\text{IBDR},t}^{\text{up}}\geqslant r_1L_t+r_2P_{\text{WPP},t}+r_3P_{\text{PV},t} \tag{7-62}$$

$$P_{\text{RIES},t}-P_{\text{RIES},t}^{\min}+\Delta L_{\text{IBDR},t}^{\text{dn}}\geqslant r_4P_{\text{WPP},t}+r_5P_{\text{PV},t} \tag{7-63}$$

式中：$P_{\text{RIES},t}^{\max}$、$P_{\text{RIES},t}^{\min}$ 分别为微能源站在 t 时刻的最大发电可用出力和最小发电可用出力，kW；$P_{\text{RIES},t}$ 为微能源站在 t 时刻的发电出力，kW；r_1、r_2 和 r_3 分别为负荷、WPP 和 PV 的上旋转备用系数；r_4、r_5 分别为 WPP 和 PV 的下旋转备用系数。

（6）其他约束。对于微能源站，还要考虑 CGT、EVG 和 PBDR 的运行约束。其中，CGT 需要满足最大/最小功率约束、启停时间约束和上下爬坡约束。EVG 需满足最大充放电功率约束、充放电状态约束等。PBDR 所产生的出力同样需要满足各时刻最大出力约束、上下爬坡约束和累计最大出力约束等。具体约束条件同本书第 4 章和第 6 章。

3. MIP 模型构建

微能源站运营调度多目标优化模型包括最大化经济效益和最小化运营风险两个目标函数。由于清洁能源经济性较优，当微能源站经济效益达到最佳时，WPP、PV、SC 的并网电量也相对较大，导致微能源站运营风险相对较大；为了求解多目标模型，需要将多目标模型转化为单目标模型，具体步骤如下：

首先，以最大化经济效益为优化目标，求解微能源站运行优化模型，得到经济效益的最优值 F_1^* 及此时的运营风险值 F_1^2。

然后，以最小化运营风险为优化目标，求解微能源站运行优化模型，得到运营风险最低值 F_2^* 和此时的经济效益值 F_2^1。

最后，为能够求解微能源站运营调度多目标优化模型，需将目标函数进行加权，形成单目标综合目标函数，从而得到微能源站的 MIP 调度优化模型，即

$$\min\rho(F)=\lambda_1\rho(F_1)+\lambda_2\rho(F_2) \tag{7-64}$$

约束条件为

$$\left.\begin{array}{l}\text{式}(7-44)\sim\text{式}(7-63)\\ \lambda_1+\lambda_2=1, 0\leqslant\lambda_1\leqslant 1, 0\leqslant\lambda_2\leqslant 1\\ \text{其他约束条件}\end{array}\right\}$$

式中：λ_1、λ_2 为目标函数的权重系数，权重系数设置的高低反映了决策者对微能源站经济效益或运营风险的重视程度。可见，如何确定合理的权重系数，转换多目

标模型为单目标模型是模型求解的关键。

7.3.4 算例分析

7.3.4.1 基础数据

本文选择某县级产业集群区为实例对象，其电力子系统配置 2×1MW 小型风力发电集群，1×1MW 小型光伏发电集群及 1×1.5MW CGT 机组。其中，CGT 机组的上下爬坡速率分别为 01.MW/h 和 0.2MW/h，启停时间分别为 0.1h 和 0.2h，启停成本为 0.102元/kWh。参照文献［194］将其成本曲线分两段线性化，两段斜率系数分别为 110元/MW 和 362元/MW。设定 EV 数量为 100 辆，均为 V2G 型电动汽车，单台 EV 额定充放电功率为 1.8kW，单台 EV 蓄电池额定容量为 10kWh。终端用户可提供终端负荷为 0.3MW，均通过 IBDR 方式参与发电调度。热力子系统主要包括 1×0.5MW SC 和 1 台 CHP 机组，最大发电出力和最大供热功率分别为 1.2MW 和 1.44MW。CHP 机组的运营参数参照文献［210］选取。图 7－12 所示为典型负荷日电热负荷需求曲线。

P2GS 包括 P2G 和 GST 两个部分，P2GS 的额定功率为 0.4MW，GST 的额定储气量为 400m^3。园区最大电负荷和热负荷分别为 3.87MW 和 1.62MW。由于该园区尚未参与碳排放权交易，设定初始碳排放权配额等于碳排放总量。微能源站通过优化运行减少的碳排放量均可参与通过碳交易市场获取经济效益，单位碳排放权交易价格为 50元/t。然后，为获取 WPP 和 PV 的可用出力，设定 WPP 机组参数 $v_{in}=3\text{m/s}$、$v_r=14\text{m/s}$、$v_{out}=25\text{m/s}$，形状参数 $\varphi=2$ 和尺度参数 $\vartheta=2\overline{v}/\sqrt{\pi}$。设定PV光照强度参数 α 和 β 分别为0.39和8.54。设定园区太阳能光照强度分布数据，并计算 SC 的可用热功率。同时，针对 WPP、PV、SC 的不确定性，设定初始置信度 β 为 0.85。图 7－13 所示为 WPP、PV 和 SC 的可用出力。

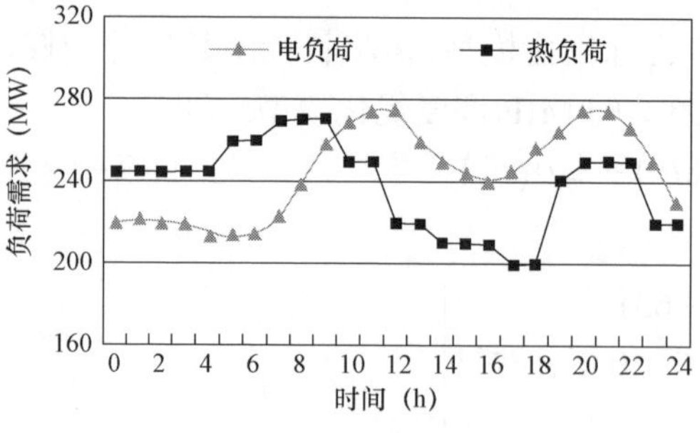

图 7－12 典型负荷日电热负荷需求曲线

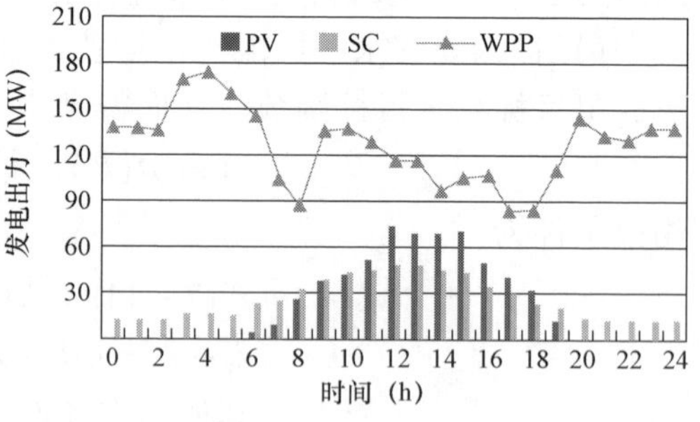

图 7－13 WPP、PV 和 SC 的可用出力

最后，设定 WPP、PV、CGT 和 CHP 的发电上网电价分别为 0.49、0.65、

0.41元/kWh和0.45元/kWh。设定EVG充放电电价分别为0.30元/kWh和0.72元/kWh。设定PBDR前，终端用户用电电价为0.5元/kWh。划分负荷峰、平、谷时段（9:00～11:00、18:00～22:00，12:00～17:00、23:00～24:00，1:00～8:00），设定平时段价格维持不变，峰时段用电电价上调25%，谷时段用电电价下调40%。选取电力需求弹性矩阵，对于热负荷，PBDR前用户采暖价格为0.25元/kWh，PBDR后，不同时段采暖价格变动同电负荷，而峰时段负荷削减20%，谷时段负荷增加15%，平时段负荷增加5%，各时段内不同时刻电等比例分摊负荷。同时，限定PBDR产生的负荷波动幅度不超过原负荷需求的10%。设定CL（可控负荷）提供正负出力的价格分别为0.65元/kWh和0.25元/kWh。

7.3.4.2 算例结果

为分析不同优化目标对微能源站运行的影响，本节分别求解不同目标函数下的最优调度结果。首先，以经济效益最优作为优化目标（F_1模式），求取微能源站的最优运行策略。此时，微能源站的运营收益和风险分别为53.88×10^3、8.86×10^3元；图7-14所示为微能源站在经济效益最优模式下的调度结果。

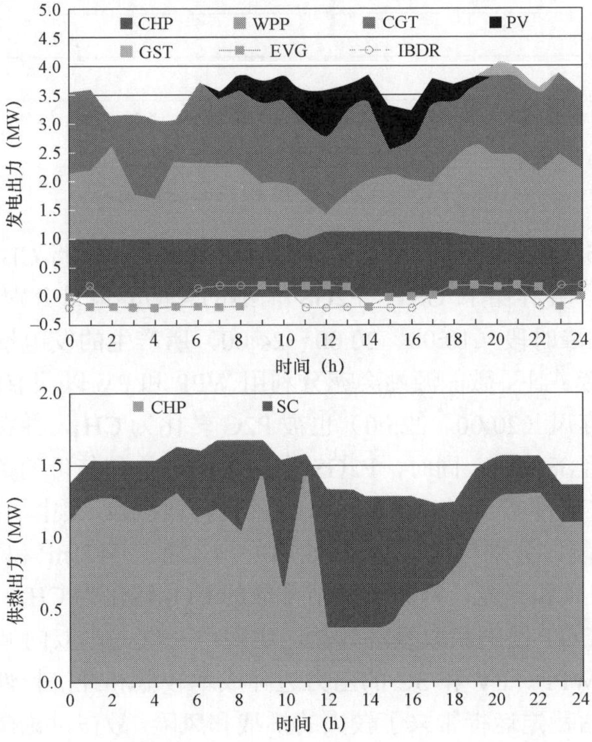

图7-14 微能源站在经济效益最优模式下的调度结果

由 7－14 可知，为追逐最大化运营收益，微能源站会优先利用 WPP、PV 和 SC 满足电负荷和热负荷需求。WPP、PV、SC 的总供能量分别为 25.74、6.07、11.84MWh。由于 CHP 按照以热定电模式运行，优先满足 SC 外的剩余热负荷，这限制了其电力调峰能力，故发电出力相对稳定，总供能量为 25.84MWh。CGT 利用自身启停速度快的优势，与 WPP、PV 协同互补运行。EVG 利用自身充放电特性，IBDR 通过控制终端用户用能行为，为微能源站运行提供备用服务。总的来说，CGT、EVG、IBDR 均为微能源站利用 WPP 和 PV 提供备用服务，协调满足电负荷需求，CHP 则优先满足热负荷需求，电功率相对稳定以保证微能源站的稳定运行。图 7－15 所示为 P2GS 在 F_1 模式的运营结果。

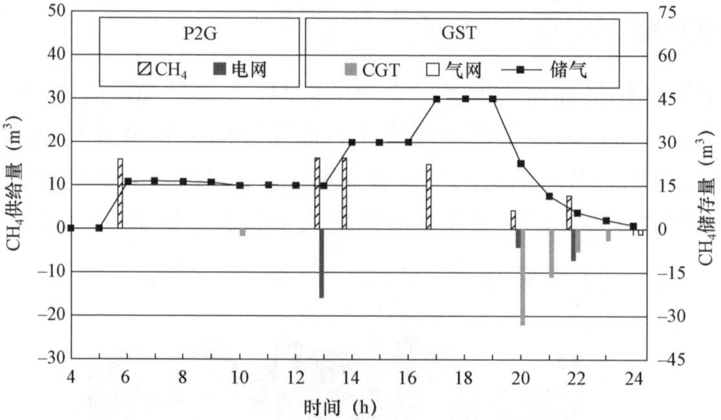

图 7－15　P2GS 在 F_1 模式的运营结果

根据图 7－15，P2GS 借助 P2G 设备利用弃风和弃光，将 CHP 和 CGT 产生的 CO_2 转化为 CH_4，并存储于 GST。P2GS 消纳的总的弃风量分别为 0.675MWh 和 0.674MWh，而在峰时段（10:00、20:00～24:00）所产生的发电量为 0.474MWh。其中，由于在 F_1 模式下，微能源站会充分利用 WPP 和 PV 以获取较高的经济效益，故部分峰时段的弃风（20:00、22:00）也被 P2G 转化为 CH_4，并在电价较高的时段发电获取超额的经济效益。同时，P2GS 也会根据电价和气价的关系，选择在部分时段将其产生的 CH_4 向天然气网络出售，获得售气收益。其中，在 13:00、20:00、22:00 和 24:00 时段，分别售出天然气 16.249、4.412、7.471m^3 和 1.406m^3。可见，P2GS 能够利用弃风和弃光，将微能源站排放的 CO_2 转化为 CH_4，并通过向天然气网络售出或进入 CGT 发电获取经济效益，实现电—气—电双向循环。

然而，尽管 WPP、PV 和 SC 的出力边际成本较低和经济特性显著，但其不确定性也给微能源站稳定运行带来了较大的挑战和风险。故在讨论微能源站最优运行策略时，需要分析 WPP、PV 和 SC 给微能源站运行带来的风险水平。区别于 F_1

模式，以最小化运营风险为优化目标时，微能源站的运营收益和风险分别为 49.78×10^3 元和 7.85×10^3 元；图 7－16 所示为微能源站在 F_2 模式下的调度结果。

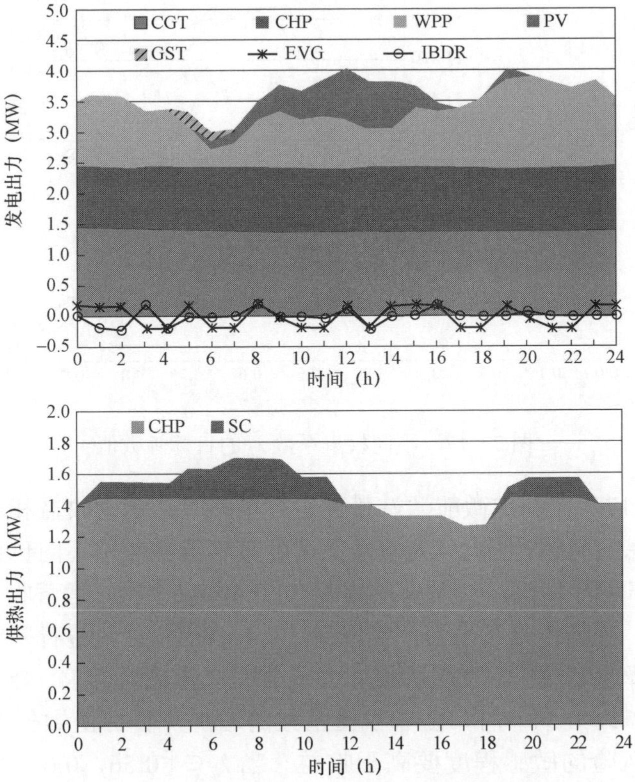

图 7－16　微能源站在 F_2 模式下的调度结果

根据图 7－16，当微能源站追逐运营风险最小时，会降低 WPP、PV、SC 的出力，优先调用 CGT 和 CHP 满足电负荷和热负荷需求。WPP、PV、SC 的总供能量分别为 22.88、5.08MWh 和 2.33MWh；相应的，CGT 发电量为 33.68MWh，增加了 4.7MWh。同样，区别于 F_1 模式，CHP 作为主要热源，优先满足热负荷需求，SC 仅满足剩余热负荷在峰时段。总的来说，EVG、IBDR 被调用的幅度明显高于 F_1 模式。此时，P2GS 仅消纳了部分谷时段（3:00～4:00）的弃风量，即 0.962MWh，并在后续时段（5:00～14:00）进入 CGT 用于发电，从而在降低碳排放量的同时，替代原有 WPP 和 PV 的并网空间，以降低微能源站的运营风险；也就是说，在 F_2 模式下，为实现最小化运营风险，微能源站会优先调用发电出力可控的 CGT 和 CHP 满足电负荷和热负荷需求，同时增加调用 EVG、IBDR 以应对 WPP、PV、SC 的不确定性风险。图 7－17 所示为不同权重系数 λ_2 的目标函数值。

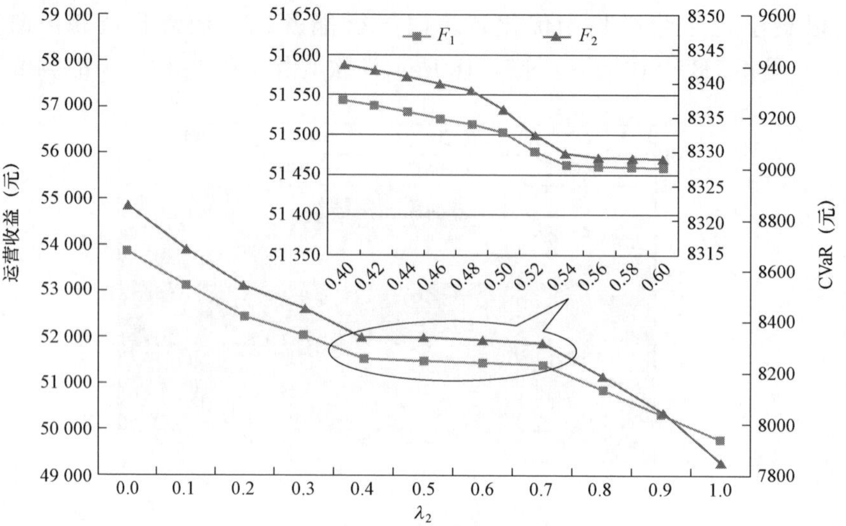

图 7－17　不同权重系数 λ_2 的目标函数值

根据图 7－17，在制定微能源站最优运行策略时，运营收益和运营风险均是微能源站需要考虑的问题。因此，为使最优调度策略能够兼顾不同目标函数的优化诉求，目标函数需进行加权，当权重系数 $\lambda_2\in[0.4,\ 0.6]$ 时，运营收益和 CVaR 达到相对稳定状态。从具体分布来看，当 $\lambda_2\in[0.4,\ 0.5]$ 时，随着权重系数的增加，目标函数值下降速度较快，表明决策者为了兼顾运营风险诉求，会舍弃部分经济收益。当 $\lambda_2\in[0.52,\ 0.54]$ 时，随着权重系数的增加，目标函数值下降速度最快，表明决策者对风险的敏感程度要高于收益。当 $\lambda_2\in[0.56,\ 0.6]$ 时，目标函数值已基本达到稳定，表明调度方案已基本达到稳定状态，也就意味着最优权重系数分布于该区间。因此，本文选择 0.58 作为 λ_2 的权重，并求解微能源站在综合最优模式（F）下的调度结果。图 7－18 所示为微能源站在综合最优模式下的调度结果。

根据图 7－18，为兼顾微能源站的运营收益和风险，CGT 和 CHP 会优先被调用满足电负荷和热负荷需求。为增加 WPP 和 PV 的并网空间，P2GS 会利用更多的弃风和弃光，其产生的 CH_4 在峰时段用于 CGT 发电出力，同时，在谷时段，EVG 进行充电蓄能，IBDR 则提供负出力，增加 WPP 和 PV 的并网空间。在峰时段，EVG 进行释能放电，IBDR 提供正出力，提升调峰能力，降低微能源站运营风险。对热负荷需求，由于 CHP 具有较大的热负荷调节空间，故在 F 模式下，SC 出力要明显高于 F_2 模式，而 CHP 则配合 SC，协同满足热负荷需求，其供热量为 26.42MWh。不同优化模式下微能源站对比分析结果见表 7－6。

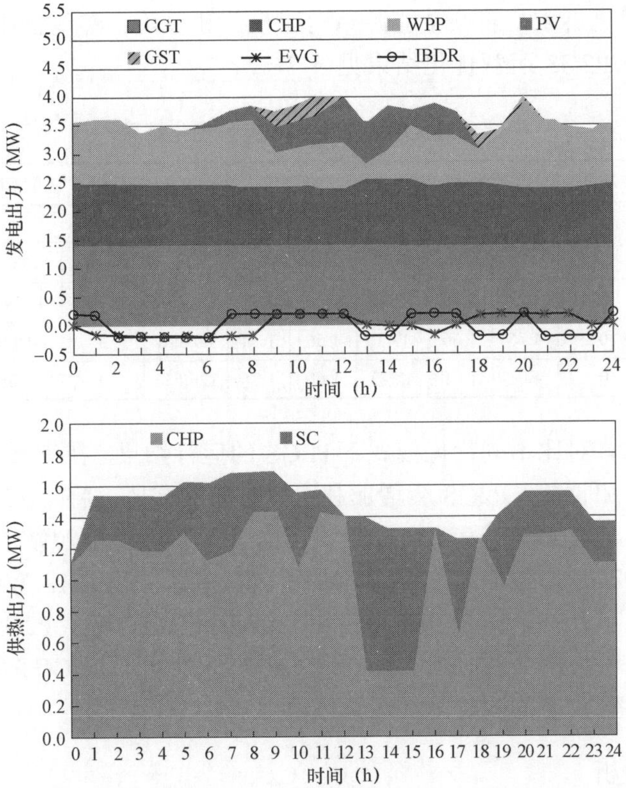

图 7－18　微能源站在综合最优模式下的调度结果

表 7－6　　不同优化模式下微能源站对比分析结果

模式	发电量（MWh）							供热量（MWh）		碳排放总量（t）	收益（10^3元）	CVaR（10^3元）
	CGT	WPP	PV	EVG	P2GS	IBDR	CHP		SC			
F_1	28.98	25.74	6.07	（－1.80，1.80）	0.47	（－2.2，2.144）	25.84	23.64	11.84	3.07	53.88	8.86
F_2	33.68	22.88	5.08	（－2.16，1.98）	0.44	（－0.812，0.813）	24.59	33.69	2.33	3.59	49.78	7.85
F	33.68	21.99	5.73	（－1.62，1.62）	1.37	（－2.40，2.40）	25.50	26.42	8.93	3.42	51.48	8.33

根据表 7－6，对比 F_1 模式，微能源站会降低 WPP、PV、SC 的出力，减少不确定性所带来的风险，剩余电负荷和热负荷则由 CGT 和 CHP 满足。对比 F_2 模式，微能源站会增加调用 PV 和 SC 获取较高的经济效益，同样，部分弃风被 P2GS 转化为 CH_4 用于 CGT 发电出力。在 F 模式下，运营收益和 CVaR 分别增加 -2.4×10^3、-0.33×10^3 元和 1.7×10^3、0.48×10^3 元。这表明 F 模式能够考虑不

同目标函数的优化诉求，兼顾微能源站运营收益和风险，实现整体最优均衡运行。综合最优模式下 P2GS 运营优化结果见表 7－7。

表 7－7　　综合最优模式下 P2GS 运营优化结果

模式	发电量（MWh）		弃能量（MWh）			峰谷比		PGST 产生的 CH_4 量（m^3）				
								P2G		GST		
	WPP	PV	WPP	PV	SC	电	热	CH_4	气网	CGT	储能	气网
F_1	0.675	0.674	2.19	0.00	1.596	1.66	1.37	70.281	28.132	43.748	46.561	1.406
F_2	0.962	0	4.76	1.66	11.115	1.56	1.34	40.878	0	40.878	40.878	0
F	2.599	0	4.01	1.01	4.523	1.60	1.36	126.571	0	126.084	126.571	0

根据表 7－7，对比不同优化模式下 P2GS 的运行结果。在 F 模式下，为兼顾微能源站运营风险和收益，P2GS 会增加利用谷时段的弃风，将 CGT 和 CHP 产生的 CO_2 转化为 CH_4，并在峰时段进入 CGT 用于发电，提升微能源站中电力调峰能力。相比 F_1 模式，P2GS 产生的 CH_4 总量增加了 56.29m^3。相应的，WPP、PV、SC 的弃能量分别降低了 0.75、0.65MWh 和 6.592MWh。总的来说，P2GS 能衔接电力系统和天然气系统，将部分谷时段弃能通过 CH_4 转化为峰时段 CGT 的稳定出力，在增加微能源站运营收益的同时降低运营风险。

7.3.4.3　结果分析

根据上述三种优化模式的调度结果，综合最优模式能够兼顾不同目标函数的优化诉求，实现整体的最优运行。同时，根据所建数学模型，分析不同置信度、P2GS 规模及 META 对微能源站运行有着重要的影响。微能源站在不同置信度下的调度结果见表 7－8。

表 7－8　　微能源站在不同置信度下的调度结果

β	WPP（MWh）		PV（MWh）		CHP（MWh）		SC（MWh）	碳排放总量（t）	收益（10^3 元）	CVaR（10^3 元）
	电	热	电	热	电	热				
0.80	25.45	0.958	6.15	0.324	26.15	24.83	10.52	3.12	52.95	8.75
0.85	23.05	1.652	5.83	0.215	25.75	25.45	9.90	3.25	52.14	8.62
0.90	21.99	2.599	5.73	0	25.52	26.42	8.93	3.42	51.48	8.33
0.95	21.15	2.805	5.63	0	24.35	26.85	8.50	3.49	50.06	8.08
0.99	21.05	2.784	5.62	0	23.82	27.16	8.19	3.53	49.45	7.85

根据表 7－8，随着置信度 β 的增加，决策者对不确定性风险的敏感度也不断增加。为降低微能源站的运营风险，WPP、PV、SC 的出力逐步降低。相应的，运

营收益和 CVaR 也逐步降低。这意味着若决策者想追求 WPP、PV、SC 所带来的经济效益，则需承担一定的风险水平。当 $\beta=0.99$ 时，运营收益降低 3.5×10^3 元，此时调度方案已基本达到最保守方案。此时，WPP、PV、SC 的出力也达到最低，故风险水平也达到最低。进一步分析不同置信度下清洁能源在不同时段出力情况，图 7–19 所示为不同置信度下微能源站在不同时段的出力分布。

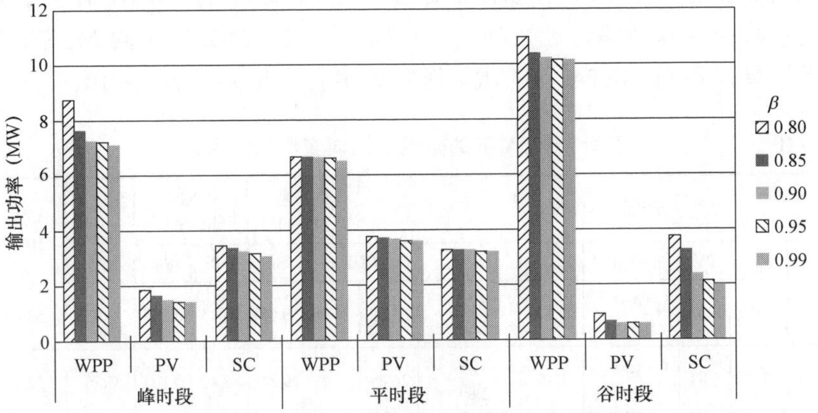

图 7–19　不同置信度下微能源站在不同时段的出力分布

根据图 7–19，分析不同 β 对微能源站运行的影响，当 $\beta\in[0.8,0.9]$，WPP、PV、SC 的出力降低幅度较大，表明随着决策者风险敏感度的增加，微能源站会逐步降低清洁能源的发电出力。当 $\beta\in[0.95,0.99]$ 时，WPP、PV、SC 的出力降低幅度较小，表明决策方案已基本达到最保守方案。从不同时段来看，峰时段和谷时段由于负荷供需关系较为紧张，随着 β 的增加，微能源站调度方案变动幅度较大，在平时段，调度方案变动幅度较小。可见，风险规避模型能度量不确定性风险，为决策者提供决策工具。进一步分析不同 P2GS 对微能源站运行的影响，不同 P2GS 容量时的微能源站运营收益见表 7–9。

表 7–9　　不同 **P2GS** 容量时的微能源站运营收益

P2G		发电量（MWh）							供热量（MWh）		P2GS（MWh）		收益（10^3元）	CVaR（10^3元）
		CGT	WPP	PV	EVG	P2GS	IBDR	CHP		SC	WPP	PV		
不含		33.40	22.18	5.06	（–1.80，1.80）	—	（–2.35，2）	25.33	27.81	7.90	—	—	48.54	8.2
含	PBDR 前	33.68	21.99	5.73	（–1.62，1.62）	1.37	（–2.40，2.40）	25.50	26.42	8.93	2.599	0	51.48	8.33
	PBDR 后	33.41	21.14	6.4	（–1.44，1.44）	1.2	（–2.40，2.60）	25.69	24.95	10.53	3.016	0	52.24	8.38

根据表 7-9，当微能源站不含 P2GS 时，WPP 和 PV 仅能用于满足电负荷需求，CVaR 为 8.2×10^3 元，微能源站运营风险较低，但运营收益也相对较低。然后，对比 PBDR 前后微能源站的运营结果。由于 PBDR 能够平缓负荷需求曲线，增加谷时段 WPP 和 PV 的并网电量，P2GS 将更多的弃风转化为 CH_4 并在峰时段进入 CGT 用于发电。同时，更加平缓的热负荷需求曲线也增加了 SC 的供热出力，微能源站运营收益明显增加，但 CVaR 的增幅要低于收益，这表明 PBDR 有利于提升微能源站的运营收益，并能够合理控制其运营风险。进一步分析不同 META 下微能源站的运行结果，不同 META 下的微能源站调度优化结果见表 7-10。

表 7-10　　不同 META 下的微能源站调度优化结果。

META（%）	发电量（MWh）							供热量（MWh）		P2GS（MWh）		碳排放总量（t）	收益（10^3元）	CVaR（10^3元）
	CGT	WPP	PV	EVG	P2GS	IBDR	CHP		SC	WPP	PV			
50	32.05	24.56	6.05	（-2.34，2.34）	0.84	（-2.8，2.8）	27.02	25.50	9.85	0.615	0.248	2.95	53.42	8.36
75	33.14	23.07	5.84	（-1.98，1.98）	1.19	（-2.6，2.8）	26.49	26.11	9.24	1.542	0.107	3.26	52.13	8.34
100	33.68	21.99	5.73	（-1.62，1.62）	1.37	（-2.40，2.40）	25.5	26.42	8.93	2.599	0	3.42	51.48	8.33
125	33.82	21.25	5.60	（-1.44，1.44）	1.69	（-2.2，2.0）	24.22	26.88	8.47	2.842	0	3.55	50.37	8.31
150	34.10	20.54	5.54	（-1.26，1.44）	1.85	（-1.80，1.80）	23.49	27.11	8.24	3.485	0	3.62	49.82	8.30

根据表 7-10，当 META 较低时，微能源站为降低碳排放总量，会增加利用 WPP、PV、SC，同时，P2GS 利用弃风和弃光将 CGT 和 CHP 产生的 CO_2 转化为 CH_4。总的 WPP、PV、SC 出力均有所增加，P2GS 的运行功率有所降低。相应的，碳排放配额由 1META 降低至 0.5META 时，碳排放总量由 3.42t 降低至 2.95t，运营收益有所增加，但风险增长幅度不大。这是由于 P2GS 能够释放部分灵活性电源调峰能力，从而降低其运营风险。总的来说，碳排放权交易有利于激励微能源站利用清洁能源出力，降低碳排放总量，增加运营收益，但 P2GS 则有利于克服清洁能源不确定性风险，实现微能源站的最优运行。

7.4　本　章　小　结

随着工业生产和居民生活对能源需求的日益增加，以及在能源危机与环境污染的双重压力下，如何提高能源利用效率、减少环境污染、实现能源可持续发展是当今工业界和学术界共同关注的话题。本章针对电、热、气耦合互联系统，以微能源站为载体，分别构造了电热耦合微能源站随机调度优化模型及电热气耦合微能源站调度优化模型，算例分析显示：① 所提区域综合能源系统能发挥不同分布式能源之间的互补特性，协同满足用户电、热、气负荷需求，P2GS 能够形成电—热、电—气—电互补运行，最终形成电（热）—气—电（热）循环效应；② 多目标优化模型能够兼顾不同目标函数的优化诉求，在追逐 RIES 最大化运行效益的同时合理控制其运营风险，实现整体最优均衡运行；③ CVaR 方法能描述 WPP、PV、SC 不确定性给 RIES 运行带来的风险，为不同类型决策者提供风险规避工具，设置不同的置信度，有利于保障 RIES 的安全稳定运行。未来，随着 P2GS 技术成本的下降，其应用推广空间将逐步增加，如何通过优化系统容量配置，实现微能源站近零排放是一个重要的研究方向。

第8章

农村县域综合能源多能互补运营优化模型

农村可再生能源资源丰富、空间资源充足，如风、光、农作物废弃物等农村可再生能源及居民屋顶、鱼塘、荒地等农村空间资源等。随着国家能源革命和能源转型进程的不断深化，未来农村地区将逐步呈现能源资源化趋势。另外，随着农村居民收入的增加和生活水平的提高，农村居民支付商品能源的潜力增强，对各类能源的需求量随之增加。同时，农村居民对能源消费品质也不断增加，由传统的能源可靠供给需求逐步向能源清洁、低碳供给转型，成为农村能源消费的新需求。未来，如何描绘农村能源供给和需求多元变化趋势，结合柔性光伏、多能互补、智慧用能、废弃物能源资源化利用等技术，研究农村能源供需新模式、新业态，明确未来农村能源产业形态，将是加快农村能源应用形式转变和布局的迫切需求。因此，本章综合考虑农村县域能源资源禀赋，研究电热互联综合能源系统、电气互联综合能源系统及电热气互联综合能源系统落地实践，实现多种能源的协调互补优化利用，推进清洁低碳、安全高效能源供给和消费模式，以助推农村能源体系的转型升级。

8.1 引　言

2014 年 6 月 13 日，习近平总书记提出“四个革命、一个合作”能源安全新战略，指明了新时代我国能源转型发展的新方向，要全面推进能源生产和消费革命，构建清洁低碳、安全高效的能源体系，积极推动“互联网＋”智慧能源发展。2018 年 9 月，中共中央、国务院正式印发《乡村振兴战略规划（2018—2022 年）》（以下简称《规划》），对实施乡村振兴战略第一个五年工作做出具体部署，要求优化农村能源供给结构、完善农村能源基础设施网络、推进农村能源消费升级、发展“互联网＋”智慧能源、探索建设农村能源革命示范区。当前，我国农村能源生产主要包括生物质能（如生物质直燃、沼气、生物质成型等），小型电源（如太阳能光伏发电、风力发电、微型水力发电），太阳能热利用（如太阳能热水器、热泵、采暖、制冷空调、太阳房、太阳灶等）[198]。近年来，以沼气、太阳能、生物质能发电、生物质成型为代表的农村能源产业保持强劲的发展势头，综合效益明显。但目前农村能源系统中电力、天然气和可再生能源消费比例偏低，用能品质低，亟须建设多能互补的能源供应体系，推进能源梯级利用、循环利用和能源资源化综合利用，优化农村能源消费结构。农村潜在用能需求较强与能源发展基础薄弱之间的矛盾突出，能源外引比例较高与本地资源开发不充分之间的矛盾突出，农村生产生活垃圾污染严重与废弃物资源化利用不高之间的矛盾突出，农村能源转型发展任务较重与体制机制不完善之间的矛盾突出，做强农村能源产业成为必然选择，迫切要求农村地区转变能源发展方式，加快推动农村能源产业优质发展[199]。

目前，国内外学者围绕综合能源系统展开了研究，包括容量配置和优化运行两方面[200]。其中，容量配置研究是根据电、热、冷等不同类型负荷需求，合理安排能源生产（energy production，EP）设备、能源转换（energy conversion，EC）设备和能源存储（energy storage，ES）设备，实现能量的最优供给[201]。文献［202］提出含燃料电池、风力发电、光伏发电，以及氢能的电、热、气互联综合能源系统。文献［203］介绍电转气的（power to gas，P2G）原理和技术性能，并研究含 P2G 的综合能源系统容量规划优化问题.。文献［204］将 P2G 看成具有较大存储容量，但是效率相对较低的储能系统。文献［205］深度挖掘太阳能和储能对能源消费的影响，构建含 PV 和电池储能的电气综合能源系统。文献［206］对含光伏和蓄能的 CCHP 系统调峰调蓄优化运行进行评述。文献［207］提出综合能源系统的建模方法，通过耦合矩阵对能源的转化、汇集和存储进行分析。上述相关研究为综合能源系统容量规划与配置提供了可行的理论方法，但现有研究更多的是基于固定的边界条件，考虑综合能源系统内能源设备均隶属于统一主体，降低了多种综合能源系统协同运行的灵活性。

此外，国内外学者在含 P2G 的电气互联综合能源系统方面也进行了大量研究。P2G 将低谷时段难以消纳的间歇性清洁能源发电转化为易于大规模存储的天然气，实现电力—天然气网络的深度耦合。文献［208］介绍了电转气的原理和技术性能，并对其经济性进行了评估。文献［209］研究 P2G 在未来能源系统中的潜在角色，将 P2G 看成具有较大存储容量，但是效率相对较低的储能系统。文献［210］对含有 P2G 设备的综合能源系统进行规划，评估 P2G 设备消纳风力发电的能力。文献［211］建立综合能源系统耦合模型，提出基于能源互联网的能量流概念。上述研究为 P2G 集成提供了一定的理论基础和依据。关于含 P2G 的电气互联综合能源系统方面的研究，文献［212］建立一种通用性强、可拓展的含 P2G 设备的综合能源系统调度模型。文献［213］分析多种能源系统运行对电网可靠性的影响。Pilar 等采用能源中心建模方法，建立了综合能源系统优化调度模型[179]。上述研究均证明了P2G 系统运行的灵活性对提高清洁能源发电接纳能力具有一定的帮助。

一般来说，综合能源系统优化运行研究是在满足安全约束的前提下，采用不同目标，合理安排内部各能源设备运行[214]。文献［215］以日运行费用最低为目标构建综合能源系统运行优化模型。文献［216］计及光伏、储能和太阳能热交换器，以能源成本最小为目标建立居民负荷运行优化模型。文献［217］基于热电联产机组热电比的可调模式构建双层优化模型，上层优化以用能成本最低为目标，下层优化以用能效率最高为目标；文献［218］以能源成本和温室气体排放量最小为目标，建立多种综合能源系统多目标协同优化模型；文献［219］以耗能和环境总成本最小为目标，构建综合能源系统优化运行模型。文献［220］采用确定性规划方法、二阶段规划方法和多阶段规划方法，构造考虑风力发电不确定性下英国微能源网的运行策略；文献［221］基于燃气发电机组的快速调节特性研究微能源网中风力发电的消纳问题。上述文献从不同视角研究了微能源网的优化运行问题，然而，WPP 和 PV 的不确定性将给微能源网运行带来风险，需要对其风险成本进行考虑，需要对考虑不确定性的综合能源系统优化运行开展研究。

综上所述，当前关于综合能源系统的研究主要包括协调规划、优化调度及经济性分析等几个方面。由于 WPP 和 PV 存在着较大的不确定性，当 P2G 被整合至综合能源系统中时，其不确定性影响将由电力系统拓展至天然气系统，但现有研究尚未研究到不确定性对电热气互联综合能源系统运行的影响。因此，为促进综合能源系统的安全稳定运行，借助相关理论和方法构造风险规避模型的意义凸显。本章综合考虑农村县域能源资源禀赋，研究电热互联综合能源系统、电气互联综合能源系统及电热气互联综合能源系统落地实践，实现多种能源的协调互补优化利用，以助推农村能源体系的转型升级。

8.2 电热互联综合能源系统调度优化模型

8.2.1 电热互联综合能源系统构成

8.2.1.1 系统结构

本书将风力发电（wind power plant，WPP）、蓄热式电锅炉（regenerative electric boiler，REB）、生物质天然气作为一次原料的燃气轮机发电（conventional gas turbine，CGT）和激励型需求响应（incentive – based demand response，IBDR）聚合为电热

互联综合能源系统（hybrid energy system，HES）。同时，为了激励终端用户参与系统优化调度，设定电负荷和热负荷分别参与价格型需求响应（price-based demand response，PBDR）。此外，HES 与外部公共电网相连，HES 可向 UEG 购买电能以满足电负荷和热负荷需求。当利用电能满足终端用户的热负荷需求时，对于分散式热负荷（decentralized thermal load），一般是借助空调、空气源热泵等电器进行电转热操作，故将分散式热负荷仍归为电负荷。对于集中式热负荷（centralized thermal load），则通过 REB 转换电能进行集中供热，整体呈现形式为热负荷。为了便于分析，设定对分散式热负荷实施 IBDR，对电负荷和集中式热负荷实施 PBDR。图 8-1 所示为 HES 的基本结构。

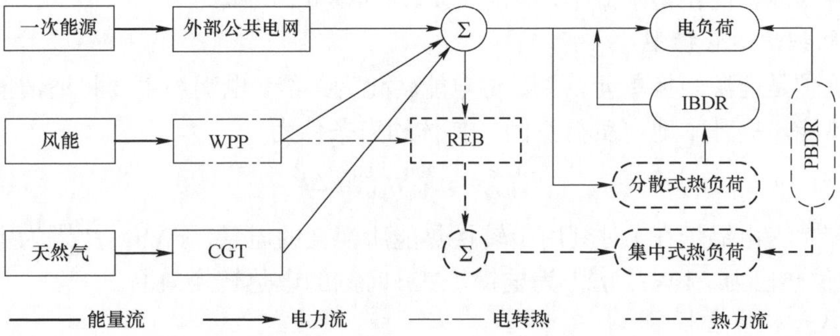

图 8-1 HES 的基本结构

由图 8-1 可知，如何协调满足电负荷和热负荷，是实现 HES 最优运行的保障。由于电热转换过程存在能量损耗，为了最大化能量利用效率，设定 HES 优先满足电负荷需求，即以电定热模式。WPP 和 CGT 剩余的发电能力，可利用 REB 将电能转换为热能，满足终端用户热负荷需求。具体来说，WPP 优先满足电负荷需求，当来风较大时，剩余发电能力由 REB 吸收进行制热和蓄热，用于满足用户热负荷需求。CGT 机组一方面提供电能满足用户电负荷需求；另一方面利用自身快速启停特性为 WPP 提供备用服务。最后，IBDR 根据系统释放的价格信号，调整自身用能行为，参与 HES 能量调度和备用调度。通过 WPP、CGT、REB 和 IBDR 的耦合运行，实现 HES 的电热最优协调供给和效益最佳的目标。

8.2.1.2 电力出力模型

电力出力模型主要包括 WPP 出力模型、IBDR 出力模型和 CGT 出力模型。CGT 出力取决于天然气的消耗量，其出力相对稳定可控，不做深入介绍。

1. WPP 出力模型

WPP 出力主要取决于自然来风情况，自然来风强随机特性导致 WPP 出力也具有较强的不确定性。WPP 出力和风速之间的关系可由式（5－1）描述。

2. IBDR 运行模型

激励型需求响应主要由调度中心直接控制，通过与用户签订事前协议，当发生响应需求时，要求用户按照协议内容执行操作，并给予用户约定的补偿费用，具体可由式（6－3）～式（6－5）描述。

8.2.1.3 热力出力模型

蓄热式电锅炉主要包括电锅炉模块和蓄热槽模块。在 WPP 和 PV 出力峰时段，蓄热槽能将多余的电负荷转化为热能，提高 WPP 和 PV 的出力空间。蓄热式电锅炉主要将热能存储在蓄水罐中，利用水作为热媒介。

1. 电锅炉运营模型

电锅炉是能源转换单元，主要将电能转化为热能。电锅炉主要将清洁能源弃能转化为热能，提升本地电负荷空间，具体约束条件为

$$P_{EB,t}^{REB} = g_{EB,t}^{REB}\eta_{EB,t}^{REB} / \Delta t \tag{8-1}$$

式中：$g_{EB,t}^{REB}$ 为电锅炉在 t 时刻用于转换热能所消耗的电量，kWh；$P_{EB,t}^{REB}$ 为电锅炉在 t 时刻的供热出力，kW；$\eta_{EB,t}^{REB}$ 为电锅炉在 t 时刻的电热转换效率。

2. 蓄热槽运营模型

当电锅炉装载一个蓄热设备时，弃风和弃光转化的热能被存储在蓄热槽中，并在热负荷需求较高时，进行供热。蓄热槽运行模型为

$$S_{HS,t}^{REB} = (1-\lambda_{HS})S_{HS,t-1}^{REB} + \left(g_{HS,t}^{REB}\eta_{HS}^{in} - \frac{P_{HS,t}^{out}}{\eta_{HS}^{out}}\Delta t\right) \tag{8-2}$$

式中：$S_{HS,t}^{REB}$ 为蓄热槽在 t 时刻的储热能力，kWh；λ_{HS} 为蓄热槽的蓄热损失率；$g_{HS,t}^{REB}$ 为蓄热槽在 t 时刻的供热用电量，kWh；$P_{HS,t}^{out}$ 为蓄热槽在 t 时刻的放热功率，kW；η_{HS}^{in}、η_{HS}^{out} 分别为蓄热槽的吸热效率和放热效率，kW。

8.2.2 电热耦合调度优化模型

对于 HES，WPP 的边际成本几乎为零，具有良好的经济效益和环境效益。故为实现 HES 的最优运行，需要最大化利用 WPP 协同满足电负荷和热负荷。但由于 WPP 出力的随机特性，高比例的风力发电并网会给系统带来较强的冲击，导致系统运营风险也较高。因此，需要均衡 WPP 带来的运营效益和运营风险，确立最优的 HES 运行策略。

8.2.2.1 优化目标函数

选择经济效益作为效益指标和负荷波动率作为风险指标，分别构造最大化经济

效益目标函数和最小化运营风险目标函数。

1. 最大化经济效益目标

HES 运营收益包括四部分，即 WPP 运营收益、CGT 运营收益、IBDR 运营收益和 REB 运营收益，具体目标函数为

$$\max F_1 = \sum_{t=1}^{T}\left(R_{\mathrm{WPP},t} + R_{\mathrm{CGT},t} + R_{\mathrm{REB},t} + R_{\mathrm{IBDR},t}\right) \tag{8-3}$$

$$R_{\mathrm{CGT},t} = p_{\mathrm{CGT},t}g_{\mathrm{CGT},t} - C_{\mathrm{CGT},t}^{\mathrm{pg}} - C_{\mathrm{CGT},t}^{\mathrm{ss}} \tag{8-4}$$

$$R_{\mathrm{IBDR},t} = \sum_{i=1}^{I}\sum_{j=1}^{J}\Delta L_{i,t}^{j}p_{i,t}^{j} \tag{8-5}$$

$$R_{\mathrm{REB},t} = \sum_{t=1}^{T}\left(p_{\mathrm{REB},t}^{\mathrm{h}}P_{\mathrm{REB},t} - p_{\mathrm{REB},t}^{\mathrm{e}}g_{\mathrm{REB},t}\right) \tag{8-6}$$

式中：F_1 为最大化运营收益目标函数；$R_{\mathrm{WPP},t}$、$R_{\mathrm{REB},t}$、$R_{\mathrm{CGT},t}$、$R_{\mathrm{IBDR},t}$ 分别为 WPP、REB、CGT 和 IBDR 在 t 时刻的运营收益，元，由于 WPP 边际成本几乎为零，WPP 运营收益等于电量和电价的乘积；$p_{\mathrm{CGT},t}$、$g_{\mathrm{CGT},t}$ 分别为 CGT 在 t 时刻的上网价格和上网电量，元/kWh、kWh；$C_{\mathrm{CGT},t}^{\mathrm{pg}}$、$C_{\mathrm{CGT},t}^{\mathrm{ss}}$ 分别为 CGT 在 t 时刻的发电燃料成本和发电启停成本，元；$p_{i,t}^{j}$ 为 t 时刻负荷供应商 DRP i 在步骤 j 的供能价格，元/kWh；$p_{\mathrm{REB},t}^{\mathrm{h}}$、$p_{\mathrm{REB},t}^{\mathrm{e}}$ 分别为 REB 在 t 时刻的供热价格和供电价格，元/kWh；$P_{\mathrm{REB},t}$ 为 REB 在 t 时刻的供热出力，kW；$g_{\mathrm{REB},t}$ 为 REB 在 t 时刻消耗的电量，kWh。

2. 最小化运营风险目标

WPP 出力具有较强的不确定性，其规模化接入系统将带来较大风险。因此，如何度量 WPP 接入系统的风险，对于保障 HES 安全运行至关重要。选择净负荷波动率作为风险指标，并以最小化运营风险作为 HES 的运营目标函数，即

$$\min F_2 = \left\{\sum_{t=1}^{T}\left[P_{\mathrm{WPP},t} - (Q_{\mathrm{HS},t}^{\mathrm{REB}}\eta_{\mathrm{HS}}^{\mathrm{in}} - P_{\mathrm{HS},t}^{\mathrm{out}}) - G_t\right]^2 \Big/ T\right\}^{1/2} \tag{8-7}$$

$$G_t = \sum_{t=1}^{T}\left[P_{\mathrm{WPP},t} - (Q_{\mathrm{HS},t}^{\mathrm{REB}}\eta_{\mathrm{HS}}^{\mathrm{in}} - P_{\mathrm{HS},t}^{\mathrm{out}})\right] \Big/ T \tag{8-8}$$

式中：F_2 为 HES 运营风险指标值，即负荷波动值，kW；G_t 为系统在整个调度周期内负荷波动的平均值，kW；$Q_{\mathrm{HS},t}^{\mathrm{REB}}\eta_{\mathrm{HS}}^{\mathrm{in}} - P_{\mathrm{HS},t}^{\mathrm{out}}$ 为 REB 提供的净蓄热功率，kW。

8.2.2.2 运营约束条件

HES 运营约束条件主要包括能量平衡约束、WPP 运营约束、CGT 运营约束、REB 运行约束、需求响应约束和系统旋转备用约束等。

1. 能量平衡约束

能量平衡约束主要包括电力（electric load）平衡约束和热力（thermal load）平衡约束。设定 HES 优先保证电负荷供给，剩余电力通过 REB 进行制热。当电力或热力不足时，HES 可向公共电网购电进行能源转换和供给，具体约束条件为

$$P_{\mathrm{WPP},t}(1-\varphi_{\mathrm{WPP}})+P_{\mathrm{CGT},t}(1-\varphi_{\mathrm{CGT}})+\Delta L_{\mathrm{IBDR},t}+g_{\mathrm{UEG},t}\geqslant L_t^0+Q_t^{\mathrm{de}}/\eta_{\mathrm{de}}-u_{L,t}\Delta L_{\mathrm{PBDR},t} \tag{8-9}$$

式中：φ_{WPP}、φ_{CGT} 分别为 WPP 和 CGT 的厂用电率；$g_{\mathrm{UEG},t}$ 为 HES 向 UEG 购买的电量，kWh；L_t^0 为终端用户电负荷需求，kW；Q_t^{de} 为终端用户的热负荷需求，kW，由于分散式热负荷一般通过空调、空气源热泵、电热炉等设备提供，直接体现的是电力负荷，因此，将分散式热负荷归类至电力平衡约束；η_{de} 为电热转换效率；$\Delta L_{\mathrm{IBDR},t}$ 为 IBDR 提供的能量输出，kW；$u_{L,t}$ 为 PBDR 电负荷的状态变量，0-1 变量，当 $u_{L,t}=1$ 时，表明 PBDR 被实施，反之，PBDR 未被实施；$\Delta L_{\mathrm{PBDR},t}$ 为 PBDR 产生的负荷波动量，kW。

$$Q_{\mathrm{EB},t}^{\mathrm{REB}}+P_{\mathrm{HS},t}^{\mathrm{out}}=Q_t^{\mathrm{de}}-u_{Q,t}\Delta Q_{\mathrm{PBDR},t} \tag{8-10}$$

式中：$u_{Q,t}$ 为热负荷实施 PBDR 的状态变量，0-1 变量，当 $u_{Q,t}=1$，表明 PBDR 被实施，反之，PBDR 未被实施；$\Delta Q_{\mathrm{PBDR},t}$ 为 PBDR 产生的负荷波动值，kW。对于 PBDR，能够平缓终端用户负荷需求曲线，但用户过度响应，会造成负荷曲线“峰谷倒挂”，故需要对 PBDR 产生的负荷波动进行限值，以热负荷为例，其约束条件为

$$\left|\Delta Q_{\mathrm{PBDR},t}\right|\leqslant u_{\mathrm{PBDR},t}\Delta Q_{\mathrm{PBDR},t}^{\max} \tag{8-11}$$

$$u_{\mathrm{PBDR},t}\Delta \underline{Q}_{\mathrm{PBDR},t}\leqslant \Delta Q_{\mathrm{PBDR},t}-\Delta Q_{\mathrm{PBDR},t-1}\leqslant u_{\mathrm{PBDR},t}\Delta \overline{Q}_{\mathrm{PBDR},t} \tag{8-12}$$

$$\sum_{t=1}^{T}\Delta Q_{\mathrm{PBDR},t}\leqslant \Delta Q_{\mathrm{PBDR}}^{\max} \tag{8-13}$$

式中：$\Delta \underline{Q}_{\mathrm{PBDR},t}$、$\Delta \overline{Q}_{\mathrm{PBDR,t}}$ 分别为 PBDR 产生的波动负荷的爬坡约束和降坡约束，kW；$\Delta Q_{\mathrm{PBDR},t}^{\max}$ 为 PBDR 产生的负荷波动极限值，kW；$\Delta Q_{\mathrm{PBDR}}^{\max}$ 为 PBDR 产生的负荷波动最大值，kW。

2. CGT 运营约束

CGT 运营约束包括出力约束、爬坡约束和启停约束，具体约束条件见式（5-19）～式（5-22）。

3. REB 运营约束

REB 运营约束主要包括电锅炉运营约束、蓄热槽运营约束和能源平衡约束，具体计算公式为

$$0 \leqslant P_{\mathrm{EB},t}^{\mathrm{RE}} + P_{\mathrm{HS},t}^{\mathrm{out}} \leqslant Q_{\mathrm{REB},t}^{\max} \tag{8-14}$$

$$S_{\mathrm{HS},T}^{\mathrm{REB}} = S_{\mathrm{HS},0}^{\mathrm{REB}} \tag{8-15}$$

$$S_{\mathrm{HS}}^{\mathrm{REB,min}} \leqslant S_{\mathrm{HS},t}^{\mathrm{REB}} \leqslant S_{\mathrm{HS}}^{\mathrm{REB,max}} \tag{8-16}$$

$$0 \leqslant P_{\mathrm{HS},t}^{\mathrm{out}} \leqslant \eta_{\mathrm{HS}}^{\mathrm{out}} P_{\mathrm{HS,nom}} \tag{8-17}$$

$$0 \leqslant P_{\mathrm{HS},t}^{\mathrm{RE}} \leqslant \eta_{\mathrm{HS}}^{\mathrm{in}} P_{\mathrm{HS,nom}} \tag{8-18}$$

$$P_{\mathrm{HS},t}^{\mathrm{out}} P_{\mathrm{HS},t}^{\mathrm{RE}} = 0 \tag{8-19}$$

式中：$P_{\mathrm{REB},t}^{\max}$ 为 REB 在 t 时刻的最大出力，kW；$S_{\mathrm{HS},0}^{\mathrm{REB}}$、$S_{\mathrm{HS},T}^{\mathrm{REB}}$ 分别为蓄热槽在调度周期始末的蓄热量，kWh；$S_{\mathrm{HS},t}^{\mathrm{REB,min}}$、$S_{\mathrm{HS},t}^{\mathrm{REB,max}}$ 分别为蓄热槽在 t 时刻的最小蓄热能力和最大蓄热能力，kWh；$P_{\mathrm{HS,nom}}$ 为 HS 的额定蓄热功率，kW。

4. IBDR 运营约束

考虑 DRP 参与备用市场调度，设定 $\Delta L_{i,t}^{\mathrm{R,dn}}$、$\Delta L_{i,t}^{\mathrm{R,up}}$ 分别为第 i 个 DRP 在 t 时刻参与的上、下备用调度量，则 DRP 在能源市场和备用市场出力应满足如下约束关系

$$\Delta L_{\mathrm{IBDR},t}^{\mathrm{E}} + \Delta L_{\mathrm{IBDR},t}^{\mathrm{up}} \leqslant \Delta L_{\mathrm{IBDR},t}^{\max} \tag{8-20}$$

$$\Delta L_{\mathrm{IBDR},t}^{\mathrm{E}} + \Delta L_{\mathrm{IBDR},t}^{\mathrm{dn}} \geqslant \Delta L_{\mathrm{IBDR},t}^{\min} \tag{8-21}$$

式中：$\Delta L_{\mathrm{IBDR},t}^{\mathrm{E}}$ 为 IBDR 在 t 时刻参与能源市场的发电出力，kW；$\Delta L_{\mathrm{IBDR},t}^{\mathrm{up}}$、$\Delta L_{\mathrm{IBDR},t}^{\mathrm{dn}}$ 分别为 IBDR 在 t 时刻参与上、下备用市场的出力，kW；$\Delta L_{\mathrm{IBDR},t}^{\max}$ 为 IBDR 在 t 时刻的最大出力，kW；$\Delta L_{\mathrm{IBDR},t}^{\min}$ 为 IBDR 在时刻 t 的最小出力，kW。相似的，IBDR 需要满足爬坡约束和启停时间约束。

5. 系统备用约束

为了克服 WPP 和 PV 的出力波动性对 HES 运营稳定性的影响，一定的电力容量需要预留，具体约束条件为

$$P_{\mathrm{HES},t}^{\mathrm{e,max}} - P_{\mathrm{HES},t}^{\mathrm{e}} + \Delta L_{\mathrm{IBDR},t}^{\mathrm{up}} \geqslant r_1 L_t + r_2 P_{\mathrm{WPP},t} \tag{8-22}$$

$$P_{\mathrm{HES},t}^{\mathrm{e}} - P_{\mathrm{HES},t}^{\mathrm{e,min}} + \Delta L_{\mathrm{IBDR},t}^{\mathrm{dn}} \geqslant r_3 P_{\mathrm{WPP},t} \tag{8-23}$$

式中：$P_{\mathrm{HES},t}^{\max}$、$P_{\mathrm{HES},t}^{\min}$ 分别为 HES 在 t 时刻的最大出力和最小出力，kW；r_1、r_2 分别为电力负荷和 WPP 的上旋转备用系数；r_3 为 WPP 的下旋转备用系数。相似的，热负荷的上、下备用容量也应该预留，具体约束条件为

$$P_{\mathrm{REB},t}^{\max} - P_{\mathrm{HS},t}^{\mathrm{REB}} - P_{\mathrm{EB},t}^{\mathrm{out}} \geqslant r_4 Q_t \tag{8-24}$$

$$\max\left\{P_{\mathrm{HS},t}^{\mathrm{out}}, S_{\mathrm{HS}}^{\mathrm{REB,max}} - S_{\mathrm{HS},t}^{\mathrm{REB}}\right\} \geqslant r_5 Q_t \tag{8-25}$$

式中：r_4、r_5 分别为热负荷的上、下旋转备用系数。

8.2.3 算例分析

8.2.3.1 场景设定

为了分析不同负荷状态和需求响应对 HES 热电耦合调度的影响，设立 4 种仿真情景进行模拟分析，各情景介绍如下：

情景 1：基础情景，仅考虑电负荷下的 HES 调度优化问题。该情景未考虑热负荷，仅考虑电负荷下的系统优化调度结果，测算风力发电参与采暖的空间。

情景 2：热负荷情景，同时考虑电负荷和热负荷下的 HES 调度优化问题。该情景同时考虑电负荷和热负荷，测算 HES 最优热电耦合调度结果。对比情景 1，该情景能够量化评估风力发电参与采暖后，其增加的并网电量。

情景 3：PBDR 情景，考虑 PBDR 的 HES 电热耦合调度优化问题。该情景主要用于分析 PBDR 对 HES 热电耦合调度的影响；对比情景 2，PBDR 的加入能够平缓电负荷和热负荷需求曲线，HES 最优热电耦合调度策略也将发生变动。

情景 4：PBDR 情景，同时考虑 PBDR 和 IBDR 的 HES 电热耦合调度优化问题。该情景主要分析分散式用户通过 IBDR 参与 HES 热电耦合调度，给 HES 综合运行产生的影响。同时，也可分析 IBDR 与 PBDR 之间的协同优化效应。

8.2.3.2 基础数据

下面选择北方某一县域产业园区作为实例分析对象。该园区共配置了 1×120MW WPP、5×40MW REB 和 2 台总装机容量为 250MW 的 CGT，协同满足园区的电负荷和热负荷需求。CGT 发电成本与天然气消耗量为二次函数，将燃气轮机发电的成本函数线性化为两阶段函数。燃气机组的运行参数见表 8－1。

表 8－1　　燃气机组的运行参数

机组类型	最小出力（MW）	最大出力（MW）	爬坡出力（MW）	启停成本（元）	启停时间（h）	1 段斜率/（元/MW）	2 段斜率/（元/MW）
1 号	70	150	70	310.8	2	336.6	541.5
2 号	30	100	50	250.4	1	248.5	403.4

该地区 CGT、WPP 的上网标杆电价分别为 0.65 元/kWh 和 0.45 元/kWh。同时，为了对电负荷和集中式热负荷实施 PBDR，设定 PBDR 前用户用电电价为 0.59 元/kWh，划分峰时段 9:00～11:00、谷时段 18:00～24:00 和 0:00～8:00、平时段 12:00～17:00。参照文献［185］选取电力需求价格弹性，并设定平时段价格不变，峰时段

用电电价上调30%，谷时段用电电价下调50%。对于集中式热负荷，PBDR前用户采暖价格为0.25元/kWh，由于热力需求价格弹性鲜有文献涉及，设定PBDR后，峰时段负荷削减20%，谷时段负荷增加15%，平时段负荷增加5%，各时段内不同时刻电等比例分摊负荷。图8-2所示为典型负荷日电负荷和热负荷需求。

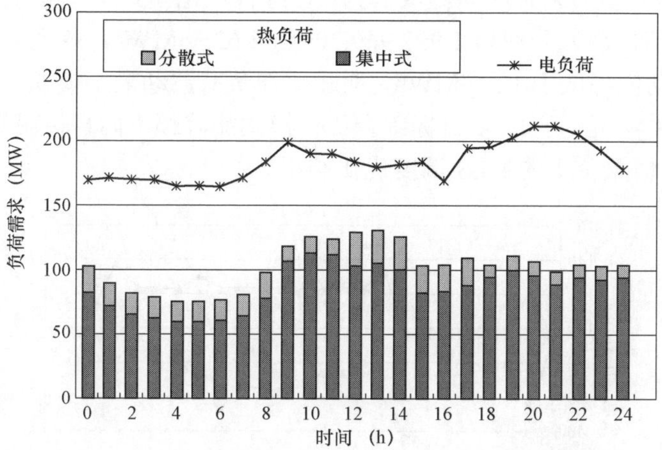

图8-2　典型负荷日电负荷和热负荷负荷需求

同时，为了避免IBDR和PBDR过度响应HES热电耦合调度，导致负荷曲线发生“峰谷倒挂”现象，设定PBDR引起的负荷波动量及IBDR提供的输出功率不得超过原始负荷的10%。按照文献[22]设定WPP机组参数为$v_{in}=3$m/s、$v_r=14$m/s、$v_{out}=25$m/s，形状参数$\varphi=2$和尺度参数$\vartheta=2\bar{v}\sqrt{\pi}$；根据文献[88]所提场景生成技术，随机生成50组风速场景集，并借助场景削减策略对生成场景进行削减，筛选出10组典型WPP模拟典型情景，选取各情景典型出力均值作为输入数据。图8-3所示为WPP模拟典型场景集。

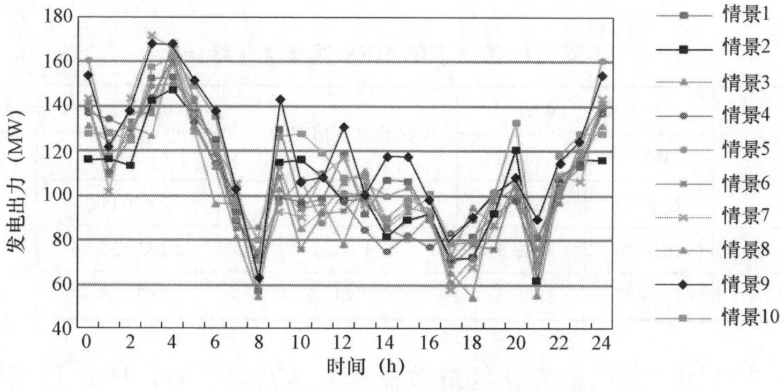

图8-3　WPP模拟典型场景集

8.2.3.3 结果分析

1. 情景 1 下的 HES 调度优化结果

该情景主要作为对比情景，讨论仅考虑电负荷情形下的 HES 调度优化结果，从而为评估 WPP 参与采暖空间提供依据。在综合优化模式下，HES 运营收益（F_1）和净负荷波动值（F_2）分别为 1 992 969.30 元和 62.34MWh。相比运营收益最大模式，净负荷波动值降低了 12.66MWh，而相比净负荷波动最小模式，HES 运营收益增加了 337 438.44 元。可知，多目标综合优化模式能兼顾不同目标函数的优化诉求。图 8－4 所示为情景 1 下的 HES 调度优化结果。

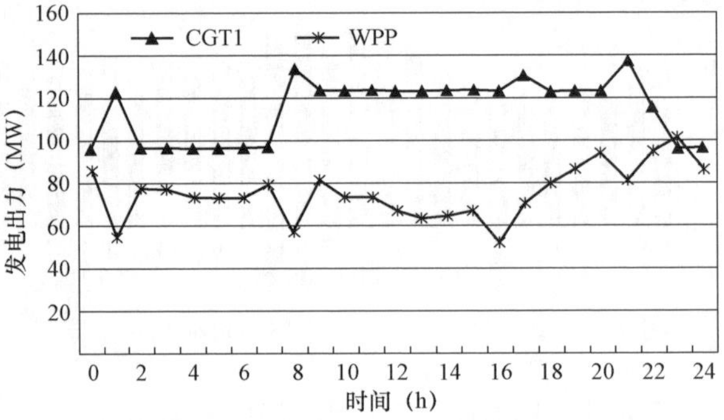

图 8－4　情景 1 下的 HES 调度优化结果

由图 8－4 可知，CGT 和 WPP 的出力相互耦合。在 WPP 出力较多时段（3:00～7:00），CGT 出力较少；反之，在 WPP 出力较少时段（9:00～17:00），CGT 出力较多。这表明 CGT 机组能够利用自身快速启停特性为 WPP 提供备用服务，降低 WPP 出力波动性给 HES 安全运行带来的影响。不同目标函数下的 HES 调度优化结果见表 8－2。

表 8－2　　不同目标函数下的 HES 调度优化结果

目标函数	发电量（MWh）		弃能量（MWh）	目标函数	
	WPP	CGT		F_1（元）	F_2（MWh）
F_1	2069.33	2688.47	591.59	2 440 000	75
F_2	1634.26	3120.54	1026.66	1 655 533.86	37.16
$0.76F_1+0.24F_2$	1888.43	2866.37	848.76	1 992 969.30	62.34

由表 8－2 可知，当以最大化经济效益作为运营目标时，HES 运营经济效益达到最高，为 2.44×10^6 元。此时，WPP 弃能量也达到最低，而净负荷波动值却为

75MWh；当以最小化净负荷波动作为运营目标时，HES 运营经济效益仅为 1.66×10^6 元，弃能量增长至 1026.66MWh。在综合优化模式下，F_1 和 F_2 介于单目标优化模式之间，WPP 和 CGT 的发电量分别为 1888.43MWh 和 2866.37MWh，相比经济效益最佳模式，CGT 少发电 254.17MWh，相比负荷波动最小模式，WPP 多发电 254.17MWh。总的来说，综合优化模式更能兼顾不同目标的优化诉求，所获取的系统调度结果具有更好的平衡性，更能满足实际决策需要。

2. 情景 2 下的 HES 调度优化结果

根据情景 1 下的 HES 调度优化结果，该情景考虑 HES 同时满足热负荷和电负荷的运营优化策略。相比情景 1，终端用户的热负荷需求提升了 WPP 的并网空间，相应的，也提升了 HES 运营经济效益。同样，F_1、F_2 的权重系数分别为 0.72、0.28。可见，WPP 并网电量的增加给系统带来了更大的不确定性风险，故 F_2 的权重也相应增加，F_1、F_2 分别为 1 992 969.30 元和 67.52MWh。图 8－5 所示情景 2 下的 HES 调度优化结果。

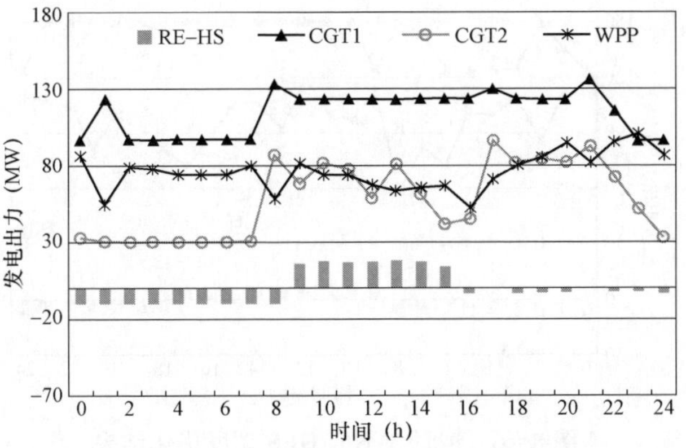

图 8－5　情景 2 下的 HES 调度优化结果

由图 8－5 可知，终端用户的热负荷需求较大地提升了 WPP 和 CGT 的并网空间。WPP 和 CGT 的总发电量分别为 2231.75MWh 和 5058.31MWh，相比情景 1，分别增加了 343.32MWh 和 2191.94MWh。相应的，WPP 的弃能量由 772.49MWh 降低至 386.25MWh，这说明利用 WPP 开展电采暖有利于降低 WPP 弃能。热负荷参与前后的 HES 调度优化结果见表 8－3。

表 8－3　　热负荷参与前后的 HES 调度优化结果

是否含热负荷	发电量（MWh）		供热量（MWh）		弃能量（MWh）	目标函数	
	WPP	CGT	WPP	CGT		F_1（元）	F_2（MWh）
不含热负荷	1888.43	2866.37	—	—	772.49	1 992 969.30	62.34
含热负荷	1974.26	2780.54	257.49	2277.77	386.25	2 801 860.5	67.52

由表 8-3 可知，相比情景 1，F_1、F_2 分别增加 808 891.2 元和 8.18MWh，这表明 WPP 并网电量的增加既能带来超额的经济效益，也能带来额外的风险水平。同样，F_1、F_2 增长比例分别为 40.59%和 8.31%，表明终端用户热负荷的引入对经济效益的带动效果要显著优于风险水平，也就是说，若决策者能够适度承担一定的风险，会带来极大的经济回报。

3. 情景 3 下的 HES 调度优化结果

该情景主要分析 PBDR 对 HES 运行的优化效应，包括电负荷和热负荷实施 PBDR（见图 8-6）。相应的，F_1、F_2 的权重系数分别为 0.77 和 0.23；这意味着 PBDR 提升了 HES 的风险承受能力，故 F_2 的权重系数设置较低。此时，F_1、F_2 分别为 2 944 898.6 元和 66.48MWh；相比情景 2，F_1 增长 143 038.1 元，F_2 降低 1.04MWh。图 8-7 所示为 PBDR 前后的电热负荷需求曲线。

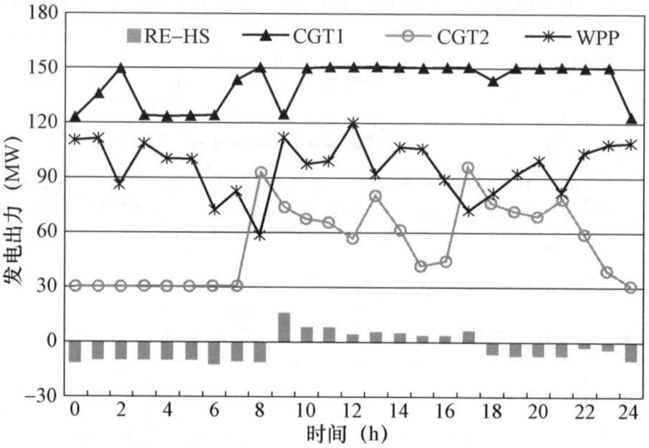

图 8-6　情景 3 下的 HES 调度优化结果

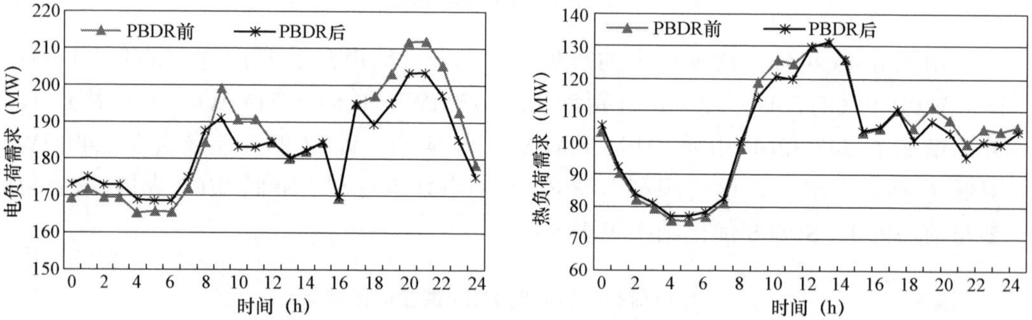

图 8-7　PBDR 前后的电热负荷需求曲线

由图 8-7 可知，PBDR 能够有效平缓电负荷和热负荷需求曲线，相比情景 1，PBDR 后的电负荷和热负荷曲线的峰谷比分别为 1.207 和 1.703，降低了 0.075 和

0.034。这表明PBDR能够降低峰时段负荷，提升谷时段负荷，削峰填谷效应显著。以热负荷为例，PBDR后，用户峰时段热负荷需求由898.85MWh降低至860.016MWh，谷时段热负荷需求则由1531.06MWh增加至1561.68MWh，更加平缓的负荷曲线能够消纳更多的WPP出力。

4. 情景4下的HES调度优化结果

该情景主要用于分散式热负荷参与IBDR对HES运行的优化效应。对于分散式热负荷，当以IBDR的形式接入系统时，能够增加热负荷的柔性。特别是在谷时段，充分利用分散式用户的热负荷潜力，提升夜间WPP采暖的空间，增加HES运行的经济效益。相似的，F_1、F_2分别为2 988 479.7元和68.83MWh。相比情景1，F_1增加了995 510.4元，F_2降低了3.40MWh。图8－8所示为IBDR前后热负荷需求，图8－9所示为情景4下的HES调度优化结果。

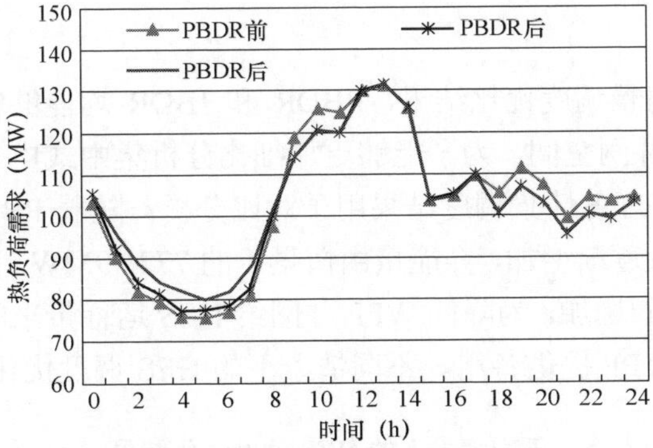

图8－8 IBDR前后热负荷需求

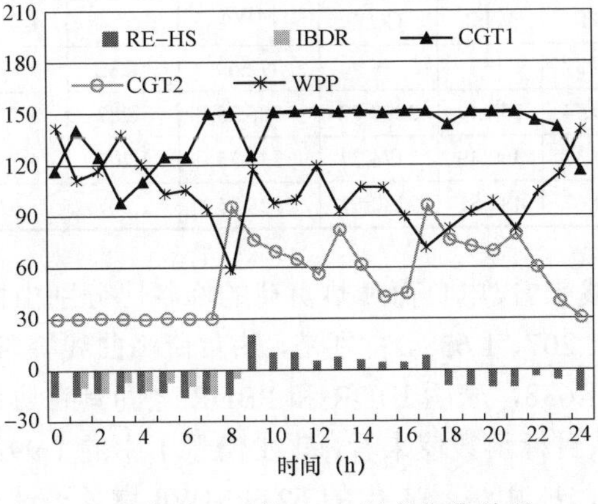

图8－9 情景4下的HES调度优化结果

当分散式用户参与IBDR后，在低谷时段，HES会调用IBDR增加采暖空间，以消纳更多的 WPP 出力。PBDR 和 IBDR 后的热负荷需求分别为 670.956MWh 和 703MWh；相比情景 2，分别增加了 13.156MWh 和 48.20MWh。WPP 的发电量也相应增加，总的弃能量为 128.75MWh，相比情景 2 和情景 3 分别降低了 257.5MWh 和 103MWh。若分散式采暖用户参与 IBDR，HES 会消纳更多的 WPP 发电量以满足热负荷需求，总的发电量达到 2697.93MWh，相应的，为保证系统的稳定运行，CGT 发电出力也增加至 4592.13MWh。相比情景 1，WPP 发电量增加了 643.74MWh，特别是在谷时段，WPP 发电量增加了 326MWh；就满足电负荷而言，WPP 和 CGT 发电量分别为 2218.13MWh 和 25 399.67MWh；就满足热负荷而言，WPP 和 CGT 发电量分别为 482.81MWh 和 2052.46MWh。总的来说，IBDR 的引入能够更大程度地平缓热负荷需求曲线，充分利用集中式和分散式采暖协同互补供暖，实现 HES 的热电耦合运行，系统运行经济效益和负荷波动均达到最优。

8.2.3.4 对比分析

根据上述四种情景调度优化结果，PBDR 和 IBDR 均能够实现负荷曲线的削峰填谷，提升 WPP 的并网空间。为了能够更加细化分析集中式电采暖和分散式电采暖的耦合效应，本节整理各情景调度结果用于对比分析。随着 PBDR 和 IBDR 的逐步引入，WPP 并网电量逐渐增加，弃能量由情景 1 的 772.49MWh 降低至 128.75MWh。由于 WPP 并网电量的增加，为降低 WPP 并网给 HES 运行带来的影响，CGT 发电出力也增加，用于为 WPP 提供备用。不同情景下的 HES 调度优化结果见表 8-4。

表 8-4　　不同情景下的 HES 调度优化结果

情景	发电量（MWh）		供热量（MWh）		弃能量（MWh）	峰谷比		目标函数	
	WPP	CGT	WPP	CGT		电负荷	热负荷	F_1（元）	F_2（MWh）
情景 1	1888.43	2866.37	—	—	772.49	1.282	—	1 992 969.3	62.34
情景 2	1974.26	2780.54	257.49	2277.77	386.25	1.282	1.737	2 801 860.5	67.52
情景 3	2094.43	2660.37	360.49	2174.77	231.75	1.207	1.703	2 944 898.6	66.48
情景 4	2218.13	2539.67	482.81	2132.57	128.75	1.207	1.638	2 988 479.7	68.83

从负荷需求曲线来看，电负荷和热负荷的峰谷比分别由情景 2 中的 1.282、1.737 降低至情景 4 中的 1.207、1.638。特别是，热负荷峰曲线峰谷比由情景 3 中的 1.703 降低至情景 4 中的 1.638，表明 IBDR 和 PBDR 之间具有协调优化效应，负荷曲线平缓化程度更高。从目标函数值来看，F_1 由情景 1 中的 1 992 969.3 元增长至情景 4 中的 2 988 479.7 元，F_2 由情景 1 中的 62.34MWh 增长至情景 4 中的 68.83MWh，但要低于情景 2 和情景 3。这是因为当 WPP 参与终端用户采暖后，较高的 WPP 并网电量会导致净负荷波动增加，但 PBDR 和 IBDR 的引入能够平缓用电负荷曲线，

有利于缓解 WPP 的波动性对 HES 运行的影响。

总的来说，当 HES 协同满足终端用户电负荷和热负荷时，若能够在用户侧实施 PBDR，并充分调用分散式用户参与 IBDR，有利于充分发挥集中式采暖和分散式采暖的耦合效用，促进 WPP 并网电量的增加，降低了 WPP 弃能量，实现系统整体最优运行，这也表明 HES 运行优化模型能够为决策者协同利用 WPP 和 CGT，满足终端用户电热负荷需求提供可行的决策工具。

8.3 电气互联综合能源系统调度优化模型

8.3.1 电气互联综合能源系统构成

8.3.1.1 系统结构

将电转气装置（power－to－gas，P2G）和储气槽（gas storage tank，GST）与 WPP、PV、CGT、EVG、可控负荷（controllable load，CL）和 GST 相整合，形成电气互联综合能源系统。为便于分析，统称 P2G 和 GST 为 PGST。其中，WPP、PV、CGT、EVG、CL 借助虚拟电厂（virtual power plant，VPP）管理，而设定 EVG 均向虚拟电厂运营中心注册，接受运营中心统一调度，能够充电蓄能和放电释能。将电气互联综合能源系统定义为气电虚拟电厂，即 P2G－GST－based VPP（GVPP）。同时，设定可中断负荷通过 IBDR 参与 VPP 发电调度，并在用户侧实施 PBDR 以最大化平缓负荷需求曲线。图 8－10 所示为电气互联综合能源系统的基本结构。

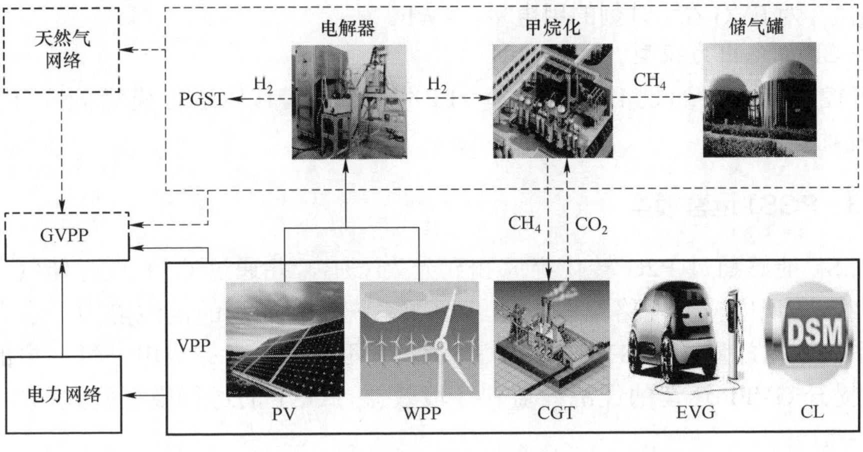

图 8－10　电气互联综合能源系统的基本结构

根据图 8－10，PGST 包括 P2G 和 GST 两个部分。P2G 包括电解和甲烷化两个过程，电解将水分解为氢气（H_2）和氧气（O_2），而甲烷化过程利用 CGT 产生的 CO_2 及空气中的 CO_2，与 H_2 发生化学反应产生 CH_4，进而用于 CGT 发电。为提升 GVPP 能源利用效率，设 P2G 主要利用弃风和弃光进行电转气，并优先利用 CGT 自身产生的 CO_2 生产 CH_4。其中，WPP 和 PV 为 GVPP 主要电源，CGT 利用自身启停速度快的优势，为 GVPP 提供备用服务。EVG 和 CL 能够直接为 GVPP 提供备用服务，当备用能力不足时，GST 可向 CGT 供给 CH_4 进行发电，满足备用需求。总的来说，GVPP 能够通过结合 P2G 和 VPP，实现电—气—电循环运行机制，从而降低 WPP 和 PV 的不确定性风险，实现 CVPP 利润的最大化。

8.3.1.2 VPP发电出力模型

GVPP 中 WPP、PV、CGT 为主要电源，而 EVG 和 CL 为辅助电源，不同电源之间协同运行，满足用户负荷需求。

1. EVG 运行模型

由于 EVG 均向虚拟电厂运营中心注册，接受运营中心统一调度。全部注册电动汽车可通过自身蓄电池参与 VPP 发电调度，在谷时段进行蓄能，在峰时段进行发电，为 VPP 提供备用服务。为监测蓄电池的能量状态，引入荷电状态（state of charge，SOC）反映 EVG 蓄电池的剩余电量，荷电状态为蓄电池剩余电力及其总容量的百分比。为了便于分析，设定电动汽车类型相同，故 EVG 输出功率主要跟电动汽车的数量直接相关，具体计算公式为

$$P_{\mathrm{EVG},t}=N_{\mathrm{EVG},t}g_{\mathrm{EVG},t}/\Delta t \tag{8-26}$$

式中：$P_{\mathrm{EVG},t}$ 为 EVG 在 t 时刻的输出功率，kW；$N_{\mathrm{EVG},t}$ 为 EVG 在 t 时刻的并网数量；$g_{\mathrm{EVG},t}$ 为 EVG 在 t 时刻的用电量，kWh。

2. CL 发电出力模型

可控负荷主要通过 IBDR 参与 VPP 发电调度，具体运行模型同式（6－3）～式（6－4）。

8.3.1.3 PGST运营模型

PGST 能够通过 P2G 转化弃风和弃光为 CH_4，并通过 GST 进行储气、发电或售气，实现电—气网络互联，能够增加系统对新能源的消纳能力，也有利于降低系统碳排放量。PGST 包括 P2G 和 GST 两个部分，完成电—气—电的循环转化，提升 GVPP 运营的经济效益和环境效益。PGST 的运行模型同式（7－38）～式（7－41）。

8.3.2 多目标调度优化模型

由于 WPP 和 PV 具有较高的环境经济特性，但因其自身出力的不确定性也会带来较大的运营风险。同时，随着温室效应的不断加剧，碳排放量将成为系统运营的重要约束。因此，如何平衡收益、风险及碳排放三者之间的相互关系，是系统优化运营的关键决策问题。

8.3.2.1 基本数学模型

为兼顾 WPP 和 PV 所带来的收益和风险，选择最大化运营收益和最小化运营风险作为 VPP 运行的优化目标。

1. 目标函数

（1） 最大化运营收益

$$\max F_1=\sum_{t=1}^{T}\left\{\left(\begin{aligned}&R_{\mathrm{WPP},t}+R_{\mathrm{PV},t}+R_{\mathrm{CGT},t}+R_{\mathrm{EVG},t}+\\&R_{\mathrm{IBDR},t}-C_{\mathrm{CGT},t}^{\mathrm{pg}}-C_{\mathrm{CGT},t}^{\mathrm{ss}}-g_{\mathrm{EG},t}p_{\mathrm{EG},t}\end{aligned}\right)+\left[\begin{aligned}&R_{\mathrm{P2G},t}+R_{\mathrm{GST},t}+\\&g_{\mathrm{P2G},t}\left(p_{\mathrm{RE},t}-p_{\mathrm{CGT},t}\right)\end{aligned}\right]\right\} \tag{8-27}$$

$$R_{\mathrm{EVG},t}=p_{\mathrm{EVG},t}^{\mathrm{dis}}g_{\mathrm{EVG},t}^{\mathrm{dis}}-p_{\mathrm{EVG},t}^{\mathrm{ch}}g_{\mathrm{EVG},t}^{\mathrm{ch}} \tag{8-28}$$

$$R_{\mathrm{IBDR}}=\sum_{i=1}^{I}\sum_{j=1}^{J}\Delta L_{i,t}^{j}p_{i,t}^{j} \tag{8-29}$$

$$R_{\mathrm{P2G},t}=p_{\mathrm{P2G},t}^{\mathrm{CH_4}}Q_{\mathrm{P2G},t}^{\mathrm{CH_4}}+p_{\mathrm{CGT},t}g_{\mathrm{CGT},t}^{\mathrm{P2G}}-p_{\mathrm{P2G},t}g_{\mathrm{P2G},t} \tag{8-30}$$

$$R_{\mathrm{GST},t}=p_{\mathrm{GST},t}^{\mathrm{CH_4}}Q_{\mathrm{GST},t}^{\mathrm{CH_4}}+p_{\mathrm{CGT},t}g_{\mathrm{CGT},t}^{\mathrm{GST}}-p_{\mathrm{GST},t}^{\mathrm{P2G}}Q_{\mathrm{GST},t}^{\mathrm{P2G}} \tag{8-31}$$

式中：$R_{\mathrm{WPP},t}$、$R_{\mathrm{PV},t}$、$R_{\mathrm{CGT},t}$、$R_{\mathrm{EVG},t}$ 和 $R_{\mathrm{IBDR},t}$ 分别为 WPP、PV、CGT、EVG 和 IBDR 在 t 时刻的运营收益，元；$p_{\mathrm{EG},t}$、$g_{\mathrm{EG},t}$ 分别为 t 时刻系统向公共电网的购电价格和购电量，元/kWh、kWh，由于 WPP 和 PV 的边际成本几乎为零，故其运营收益等于电量与电价的乘积；$R_{\mathrm{P2G},t}$、$R_{\mathrm{GST},t}$ 分别为 P2G 和 GST 在 t 时刻的收益；$g_{\mathrm{P2G},t}$ 为 P2G 在 t 时刻的用电量，kWh，由于 P2G 主要利用弃风和弃光进行电转气，设定 PGST 用电成本为零，但增加的清洁能源弃能量会带来更多的补贴；$C_{\mathrm{CGT},t}^{\mathrm{pg}}$、$C_{\mathrm{CGT},t}^{\mathrm{ss}}$ 分别为 CGT 在 t 时刻的燃气成本和启停成本，元；$p_{\mathrm{EVG},t}^{\mathrm{ch}}$、$p_{\mathrm{EVG},t}^{\mathrm{dis}}$ 分别为 EVG 在 t 时刻的充电价格和放电价格，元/kWh；$g_{\mathrm{EVG},t}^{\mathrm{ch}}$、$g_{\mathrm{EVG},t}^{\mathrm{dis}}$ 分别为 EVG 在 t 时刻的充电电量和放电电量，kWh；$p_{\mathrm{P2G},t}^{\mathrm{CH_4}}$、$Q_{\mathrm{P2G},t}^{\mathrm{CH_4}}$ 分别为 P2G 在 t 时刻向天然气网络提供的输气价格和输气量，元/m^3、m^3；$p_{\mathrm{P2G},t}$ 为 P2G 在 t 时刻的用电电价，元/kWh；$p_{\mathrm{RE},t}$、$p_{\mathrm{CGT},t}$ 分别为可再生能源和 CGT 在 t 时刻的发电上网电价，元/kWh；$g_{\mathrm{CGT},t}^{\mathrm{P2G}}$ 为 P2G 在 t 时刻产生天然气用于 CGT 的发电量，kWh；$p_{\mathrm{GST},t}^{\mathrm{CH_4}}$、$Q_{\mathrm{GST},t}^{\mathrm{CH_4}}$ 分别为 GST 在 t 时

刻向天然气网络提供的输气价格和输气量，元/m³、m³；$g_{\mathrm{CGT},t}^{\mathrm{GST}}$ 为 GST 提供天然气用于 CGT 在 t 时刻的发电量，kWh；$Q_{\mathrm{GST},t}^{\mathrm{CH_4}}$ 为 GST 在 t 时刻向天然气网络的输气量，m³；$p_{\mathrm{GST},t}^{\mathrm{P2G}}$、$Q_{\mathrm{GST},t}^{\mathrm{P2G}}$ 分别为 P2G 在 t 时刻向 GST 提供的天然气价格和天然气量，元/m³、m³。

（2）最小化运营风险。WPP 和 PV 的规模化并网能带来显著的经济效益，但其出力的不确定性也将带来较大的风险，如何度量 VPP 运营风险水平是制定 VPP 最优决策方案的关键。因此，选择 CVaR 值作为风险指标，并以最小化运营风险水平作为 VPP 运营目标，即

$$\min F_2=\alpha+\frac{1}{1-\beta}\int_{g\in \boldsymbol{R}^m}\left[f\left(\boldsymbol{G},\boldsymbol{g}\right)-\alpha\right]^{+}p\left(\boldsymbol{g}\right)\mathrm{d}\boldsymbol{g} \tag{8-32}$$

式中：α 为 GVPP 运行损失的临界值，用以判定 GVPP 运行整体风险状况；$f\left(\boldsymbol{G},\boldsymbol{g}\right)$ 为 GVPP 运行的损失函数，等于 $-F_1$，$\boldsymbol{G}^T=\left[P_{\mathrm{GVPP},t}(1),P_{\mathrm{GVPP},t}(2),\cdots,P_{\mathrm{GVPP},t}(T)\right]$ 为决策向量，$\boldsymbol{y}^T=\left[\boldsymbol{P}_{\mathrm{WPP},t},\boldsymbol{P}_{\mathrm{PV},t},\boldsymbol{L}_t\right]$ 为多元随机向量；β 为 VPP 运行的置信度。当式（8－32）达到最小时的 α 值，即为 VaR 值。VaR 值估算了特定置信水平下的 GVPP 调度方案的最大可能损失，但不能考量风险尾部情况，而 CVaR 方法则能够克服上述问题。由于式（8－32）难以直接求解，可通过取随机向量 $\boldsymbol{g}$ 的 N 个样本值 $g_1,g_2,\cdots,g_N$，用式（8－32）的样本值代替期望值，则式（8－32）可以改写为

$$\min F_2=\alpha+\frac{1}{N\left(1-\beta\right)}\sum_{k=1}^{N}\left[f\left(\boldsymbol{G},\boldsymbol{g}\right)-\alpha\right]_k^{+} \tag{8-33}$$

2. 约束条件

为保证 GVPP 安全可靠运行，负荷供需平衡约束、机组运行约束、负荷波动约束、碳排放总量约束及系统旋转备用约束需要被考虑，具体约束条件如下：

（1）负荷供需平衡约束

$$\left(\underbrace{\begin{gathered}P_{\mathrm{WPP},t}(1-\varphi_{\mathrm{WPP}})+P_{\mathrm{PV},t}(1-\varphi_{\mathrm{PV}})+P_{\mathrm{CGT},t}(1-\\ \varphi_{\mathrm{CGT}})+\left(g_{\mathrm{EVG},t}^{\mathrm{dis}}-g_{\mathrm{EVG},t}^{\mathrm{ch}}\right)+u_{\mathrm{IBDR},t}\Delta P_{\mathrm{IBDR},t}^{\mathrm{E}}\end{gathered}}_{\text{日前出力}}\right)+g_{\mathrm{UG},t}=L_t+g_{\mathrm{P2G},t}-u_{\mathrm{PBDR},t}\Delta L_{\mathrm{PBDR},t} \tag{8-34}$$

式中：$P_{\mathrm{WPP},t}$、$P_{\mathrm{PV},t}$ 分别为 WPP 和 PV 在 t 时刻的发电出力，kW；$P_{\mathrm{CGT},t}$ 为 CGT 在 t 时刻的出力，等于 $g_{\mathrm{CGT},t}^{\mathrm{se}}+g_{\mathrm{CGT},t}^{\mathrm{P2G}}+g_{\mathrm{CGT},t}^{\mathrm{GST}}$，kW；$g_{\mathrm{CGT},t}^{\mathrm{se}}$ 为 CGT 在 t 时刻的自身发电量，kWh；$\Delta P_{\mathrm{IBDR},t}^{\mathrm{E}}$ 为 IBDR 在 t 时刻的发电出力，kW；φ_{WPP}、φ_{PV}、φ_{BPG}、φ_{CGT} 分别为 WPP、PV、BPG 和 CGT 的厂用电率。

（2）PGST 运行约束。PGST 运行约束包括 P2G 运行约束和 GST 运行约束，具体约束条件同式（7－55）～式（7－59）。

（3）碳排放总量约束。GVPP 中 CGT 的发电出力均伴随着 CO_2 的排放。当 GVPP 可用出力小于负荷需求时，需向外部电网购电。虽然并未带来新增碳排放，但这部分电量产生的碳排放也应当看作 GVPP 运营产生的碳排放。同时，P2G 能够在 GVPP 内部利用 CO_2，引入最大允许碳排放量（maximum total emission allowances，MTEA）这一指标，具体约束条件为

$$\sum_{t=1}^{T}\left[a_{\mathrm{CGT}}+b_{\mathrm{CGT}}g_{\mathrm{CGT},t}+c_{\mathrm{CGT}}\left(g_{\mathrm{CGT},t}\right)^{2}+P_{\mathrm{UG},t}\gamma_{\mathrm{CO_2}}\psi_{\mathrm{CO_2}}-Q_{\mathrm{CGT},t}^{\mathrm{P2G,CO_2}}\right]\leqslant \mathrm{META} \tag{8-35}$$

式中：a_{CGT}、b_{CGT}、c_{CGT} 为 CGT 发电碳排放系数；$g_{\mathrm{CGT},t}$ 为 t 时刻向公共电网购电量；$\gamma_{\mathrm{CO_2}}\psi_{\mathrm{CO_2}}$ 分别为单位发电煤耗和单位煤耗碳排放系数；$Q_{\mathrm{CGT},t}^{\mathrm{P2G,CO_2}}$ 为 CGT 在 t 时刻向 P2G 提供的碳排放量，kg。

（4）IBDR 运营约束。IBDR 能够同时参与能量市场和备用市场，具体约束条件见式（6-3）和式（6-4）。

（5）系统旋转备用约束

$$P_{\mathrm{VPP},t}^{\max}-P_{\mathrm{VPP},t}+\Delta P_{\mathrm{PBDR},t}+\Delta L_{\mathrm{IBDR},t}^{\mathrm{up}}\geqslant r_1L_t+r_2P_{\mathrm{WPP},t}+r_3P_{\mathrm{PV},t} \tag{8-36}$$

$$P_{\mathrm{VPP},t}-P_{\mathrm{VPP},t}^{\min}+\Delta L_{\mathrm{IBDR},t}^{\mathrm{dn}}\geqslant r_4P_{\mathrm{WPP},t}+r_5P_{\mathrm{PV},t} \tag{8-37}$$

式中：$P_{\mathrm{VPP},t}^{\max}$、$P_{\mathrm{VPP},t}^{\min}$ 分别为 VPP 在 t 时刻的最大可用出力和最小可用出力，kW；$P_{\mathrm{VPP},t}$ 为 VPP 在 t 时刻的发电出力，kW；$\Delta P_{\mathrm{PBDR},t}$ 为 IBDR 在 t 时刻的发电出力，kW；r_1、r_2 和 r_3 分别为负荷、WPP 和 PV 的上旋转备用系数；r_4、r_5 分别为 WPP 和 PV 的下旋转备用系数。

（6）其他约束。对于 GVPP，还要考虑 CGT、ESD 和 PBDR 的运行约束；其中，CGT 主要需要满足最大/最小功率约束、启停时间约束和上下爬坡约束。ESD 需满足最大充放电功率约束、充放电状态约束等。PBDR 所产生的出力同样需要满足各时刻最大出力约束、上下爬坡约束和累计最大出力约束等。

8.3.2.2 鲁棒随机优化模型

在电气互联系统中，主要存在三类不确定因素，即 $P_{\mathrm{WPP},t}$、$P_{\mathrm{PV},t}$ 和 L_t。由于 EVG、CGT、GST 和 IBDR 的存在，灵活性电源电能供给能力充足，故认为系统能够应对负荷不确定性，但需重点考虑 WPP 和 PV 的不确定性。一般来说，处理不确定因素的方法有随机规划和鲁棒随机优化两种方法。前者能够解决不确定性，但难以描述概率分布规律，且计算十分复杂。然而，鲁棒随机优化的最优解对集合内每个元素可能造成的不良影响具有一定的抑制性，调节鲁棒系数即可决策出不同程度上抑制不确定性影响的优化调度方案。该方法无须考虑大量随机方案，计算负担较小，适用空间更佳。

因此，选择鲁棒随机优化理论转换含不确定因素的目标函数，具体过程如下：

首先，设定$e_{\mathrm{WPP},t}$、$e_{\mathrm{PV},t}$分别为WPP和PV的预测偏差；然后，$P_{\mathrm{WPP},t}$和$P_{\mathrm{PV},t}$将在$\left[\left(1-e_{\mathrm{WPP},t}\right)P_{\mathrm{WPP},t},\left(1+e_{\mathrm{WPP},t}\right)P_{\mathrm{WPP},t}\right]$和$\left[\left(1-e_{\mathrm{PV},t}\right)P_{\mathrm{PV},t},\left(1+e_{\mathrm{PV},t}\right)P_{\mathrm{PV},t}\right]$区间波动。为便于表达，$e_{\mathrm{RE},t}$被用于替代$e_{\mathrm{WPP},t}$和$e_{\mathrm{PV},t}$，$P_{\mathrm{RE},t}$被用于替代$P_{\mathrm{WPP},t}$和$P_{\mathrm{PV},t}$。相应的，$P_{\mathrm{RE},t}$将在$\left[\left(1-e_{\mathrm{RE},t}\right)P_{\mathrm{RE},t},\left(1+e_{\mathrm{RE},t}\right)P_{\mathrm{RE},t}\right]$区间波动。最后，设定系统净负荷$M_t$，计算公式为

$$
\begin{aligned}
M_t =& P_{\mathrm{CGT},t}(1-\varphi_{\mathrm{CGT}})+\left(g_{\mathrm{EVG},t}^{\mathrm{dis}}-g_{\mathrm{EVG},t}^{\mathrm{ch}}\right)+u_{\mathrm{IBDR},t}\Delta P_{\mathrm{IBDR},t}^{\mathrm{E}}+g_{\mathrm{UG},t}- \\
&\left(L_t+g_{\mathrm{P2G},t}-u_{\mathrm{PBDR},t}\Delta L_{\mathrm{PBDR},t}\right)
\end{aligned}
\tag{8-38}
$$

然后，将式（8－38）改写如下

$$
-\left[P_{\mathrm{RE},t}\left(1-\varphi_{\mathrm{RE}}\right)\pm e_{\mathrm{RE},t}P_{\mathrm{RE},t}\right]\leqslant M_t \tag{8-39}
$$

式（8－38）表明WPP和PV的不确定性越大，式（8－39）的不等式条件越严格，为了保证WPP和PV在达到预测边界时，该约束条件仍能够满足约束，对其约束条件进一步加强，引入辅助变量$\theta_{\mathrm{RE},t}\left(\theta\geqslant 0\right)$，设定$\theta_{\mathrm{RE},t}\geqslant\left|g_{\mathrm{RE},t}\left(1-\varphi_{\mathrm{RE}}\right)\pm e_{\mathrm{RE},t}P_{\mathrm{RE},t}\right|$。因此，式（8－39）改写为

$$
-\left(P_{\mathrm{RE},t}+e_{\mathrm{RE},t}P_{\mathrm{RE},t}\right)\leqslant -P_{\mathrm{RE},t}+e_{\mathrm{RE},t}\left|P_{\mathrm{RE},t}\right|\leqslant -P_{\mathrm{RE},t}+e_{\mathrm{RE},t}\theta_{\mathrm{RE},t}\leqslant M_t \tag{8-40}
$$

应用式（8－40）能够得到最严格约束条件下的电气互联系统调度模型，该模型能够直接控制不确定性给优化模型产生的影响，但在实际运行中，WPP和PV的预测偏差往往不会达到最大概率误差，故需对式（8－40）进行修正，引入具有自由调节性能的鲁棒系数Γ_{RE}，$\Gamma\in[0,1]$，具体修正为

$$
-\left(P_{\mathrm{RE},t}+e_{\mathrm{RE},t}P_{\mathrm{RE},t}\right)\leqslant -P_{\mathrm{RE},t}+\Gamma_{\mathrm{RE}}e_{\mathrm{RE},t}\left|P_{\mathrm{RE},t}\right|\leqslant -P_{\mathrm{RE},t}+e_{\mathrm{RE},t}\theta_{\mathrm{RE},t}\leqslant H_t \tag{8-41}
$$

对于多目标优化问题，需要对目标函数进行加权转为单目标优化模型，但由于不同目标函数具有不同的量纲和优化方向，难以直接进行加权，故需对其进行预处理。模糊满意度理论能够通过分析目标函数值与理想值之间的距离，将数值优化转换为程度优化[29]。下面分别选择升半直线形隶属度函数处理最大化运营收益目标函数［见式（8－42）］，选择降半梯度隶属度函数处理最小化运营风险目标函数［见式（8－43）］，具体过程为

$$
\rho(F_i)=\begin{cases}0, & F_i\leqslant F_i^* \\ \dfrac{F_i^*+\vartheta_i-F_i}{\vartheta_i}, & F_i^*<F_i<F_i^*+\vartheta_i \\ 1, & F_i>F_i^*+\vartheta_i\end{cases} \tag{8-42}
$$

$$\rho(F_i)=\begin{cases}1，F_i \geqslant F_i^* \\ \dfrac{F_i-\left(F_i^*+\vartheta_i\right)}{\vartheta_i}，F_i^*<F_i<F_i^*+\vartheta \\ 0，F_i \leqslant F_i^*\end{cases} \tag{8-43}$$

式中：$\rho(F_i)$为目标函数F_i的隶属度函数；F_i为第i个目标函数值；F_i^*为第i个目标函数的理想值；ϑ_i为决策者可接受的第i个目标的增加值，是将目标进行一定的伸缩。根据上述公式，能够建立适用于不同类型风险态度决策的电气互联系统调度优化模型，具体为

$$\min\rho(F)=\sum_{i=1}^{I}\lambda_i\rho(F_i) \tag{8-44}$$

约束条件为

$$\left.\begin{array}{l}\text{式}(8-27)\sim\text{式}(8-40),\text{式}(8-41)\\ \sum_{i=1}^{I}\lambda_i=1,0\leqslant\lambda_i\leqslant 1\\ \text{其他约束条件}\end{array}\right\}$$

总之，电气互联系统调度优化模型能够实现在系统运行信息掌握不完全的情况下，在一定扰动范围内保证系统安全、稳定运行，提高系统对不确定因素的免疫能力，并实现调度预定目标。

8.3.3 多目标模型求解算法

电气互联系统调度优化模型包括两个目标函数，在进行模型求解时，利用加权函数将多目标模型转换为单目标模型。本书采用粗糙集理论求解目标函数权重系统，包括三个步骤：第一，计算电气互联系统多目标模型投入收益表；第二，利用粗糙集理论确定各目标的权重系数，加权多目标函数为综合目标函数；第三，根据综合目标函数下电气互联系统的调度结果，更新投入收益表，迭代计算权重系数，直至获取稳定权重系数，加权形成电气互联系统综合单目标调度模型。

8.3.3.1 投入收益表

在进行目标函数赋权时，确立目标函数最优的权重系数是确立电气互联系统最优化调度的核心。一般来说，赋权方法包括主观赋权法和客观赋权法。前者主要根据主观经验进行赋权，这能够充分利用决策者自身的经验知识，但也容易受决策者主观性影响，权重系数可能存在误差。客观赋权法则主要依赖客观数据，借助数学理论和方法确定权重系数，能够克服主观赋权法的不足。要计算目标函数的权重，

同样需计算目标函数的投入产出表，具体见表 8-5。进一步应用粗糙集法进行目标函数权重的计算。粗糙集理论通过学习、归纳与挖掘并对不完整、不准确的数据进行处理，将其转化为较为清晰简明的数据体系。目标函数权重计算过程见式（8-42）～式（8-43）。

8.3.3.2 目标权重计算

根据式（8-42）～式（8-43）能够计算目标函数的权重系数，代入式（8-44）中可以得到综合目标函数下的 GVPP 调度结果。但在实际应用过程中，由于目标函数的个数不多，导致权重计算片面性较大。为丰富样本数量，分别计算综合目标函数下的电气互联系统不同目标函数值，将其代入原始投入产出表，更新目标函数的投入产出表，具体见表 8-5。

表 8-5　　多目标函数的投入产出表

目标函数	目标函数值			
	F_1	F_2	…	F_I
F_1	F_{11}	F_{12}	…	
F_2	F_{21}	⋱		
⋮	⋮	⋮	⋱	
F_I	F_{I1}	F_{I2}	…	F_{II}
F_{I+1}	$F_{I+1,1}$	$F_{I+1,2}$		$F_{I+1,I}$

根据表 8-5，重新计算目标函数的权重系数，引入权重偏差系数，判定目标函数权重系数的合理性，具体计算过程为

$$\delta=\sum_{j=1}^{J}\left|\lambda_i^{j-1}-\lambda_i^j\right|\leqslant\bar{\delta} \tag{8-45}$$

式中：δ 为权重偏差系数，即相邻两次目标函数的权重差值；λ_i^j 为第 i 个目标函数第 j 次计算权重；$\bar{\delta}$ 为决策者所能接受的决策偏差度。当偏差度满足决策者要求时，将权重计算结果代入式（8-43），获得电气互联系统的综合调度结果；反之，当偏差度不满足决策者要求时，重新计算电气互联系统在综合最优目标函数下的不同目标函数值，进而更新多目标函数的投入产出表，并利用式（8-42）～式（8-43）重新计算目标函数的权重系数，再次利用式（8-45）判定权重合理性。迭代上述权重计算过程，直至权重偏差系数满足决策者要求。

8.3.4 算例分析

8.3.4.1 仿真情景设定

由于 GST 能够根据负荷供需情况，在低谷时段存储 P2G 产生的天然气，在高峰时段释放 CH_4 用于售气或 CGT 发电，有利于增加电气互联系统内部调度的灵活性。同样，PBDR 利用峰谷分时电价引导用户合理用电，平缓负荷需求曲线，从而为 GVPP 利用更多的 WPP 和 PV 提供更大的并网空间。因此，根据 GST 和 PBDR 划分多目标模型的仿真情景，具体如下：

情景 1：基础情景。不含 PBDR 和 GST 时的 GVPP 调度优化问题。该情景主要作为基础情景，主要用于验证多目标模型和求解算法的有效性，并讨论 GVPP 内部气电能源间的转换效应，分析 VPP 内部不同分布式电源间的互补效应及 P2G 所产生 CH_4 的增量收益。

情景 2：PBDR 情景。含 PBDR 时的 GVPP 调度优化问题。由于 PBDR 能够平缓负荷曲线，有利于促进 WPP 和 PV 的谷时段并网。P2G 利用谷时段弃能进行电转气，两者有着直接的联系，故该情景重点讨论 PBDR 对 P2G 的影响及对 GVPP 运行的优化效应。

情景 3：GST 情景。含 GST 时的 GVPP 调度优化问题。由于 GST 能够根据电价和气价不同时段的差异进行储气、发电和售气，形成气电能源双向转换。故该情景讨论 GST 与 CGT 之间的耦合效应，重点分析 GVPP 内部的电—气—电循环效应，特别是 GST 对 WPP 和 PV 的并网空间的提升作用。

情景 4：综合情景。含 PBDR 和 GST 时的 GVPP 调度优化问题。由于 PBDR 能够提升 WPP 和 PV 的并网空间，而 GST 则能够利用弃风和弃光转化 CO_2 为 CH_4，两者均能促进 WPP 和 PV 的利用。故该情景主要分析 PBDR 和 GST 之间的协同优化效应，主要参数同上述三种情景。

8.3.4.2 基础数据

下面构造 9 节点能源集线器系统作为仿真系统。其中，H1～H9 是 9 个能源集线器。H3 和 H5 分别接入 1×1MW CGT，上、下坡功率分别为 01.MW/h 和 0.2MW/h，启、停时间分别为 0.1h 和 0.2h，启、停成本均为 0.102 元/kWh。将其成本曲线分两段线性化，两段斜率系数分别为 110 元/MW 和 362 元/MW[185]。H7 和 H9 分别接入 2×1MW WPP 和 5×0.2MW PV，H6 接入 100 辆 V2G 型电动汽车，单台 EV 额定充放电功率为 1.8kW，单台 EV 蓄电池额定容量为 10kWh。充放电损耗率约为 4%。H4 接入 0.1MW 可控负荷，通过 IBDR 参与 GVPP 发电调度。设定 P2G 电气能源转换效率为 60%，天然气热值取 39MJ/m^3，PGST 额定功率为 0.2MW，GST 的额定储气量为 200m^3，储气损耗率为 5%。另外，H3 和 H4 分别接入气源点 S2 和 S1。图 8－11 所示为 9 节点电气互联综合能源集线器系统结构。

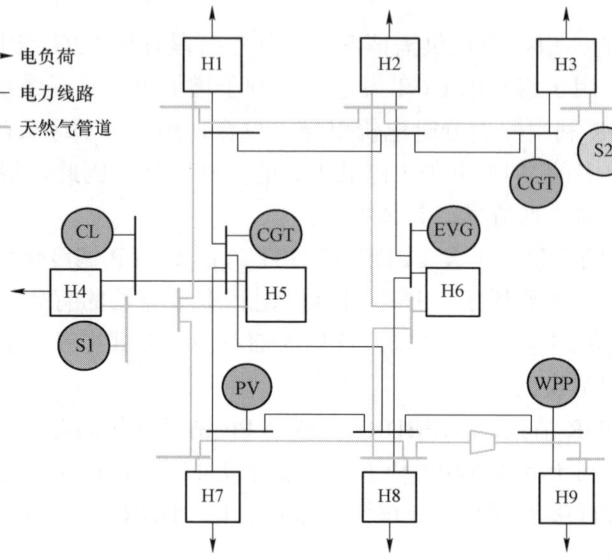

图 8－11　9 节点电气互联综合能源集线器系统结构

参照文献［186］，计算 WPP 和 PV 的可用出力，设定 WPP 机组参数 $v_{in}=3\text{m/s}$、$v_r=14\text{m/s}$、$v_{out}=25\text{m/s}$，形状参数 $\varphi=2$ 和尺度参数 $\vartheta=2\bar{v}\sqrt{\pi}$。设定 PV 光照强度参数 α 和 β 分别为 0.39 和 8.54。选取典型负荷日负荷需求，最大负荷和最小负荷分别为 2.53MW 和 1.35MW。图 8－12 所示为典型负荷日负荷、WPP 和 PV 的预测值。

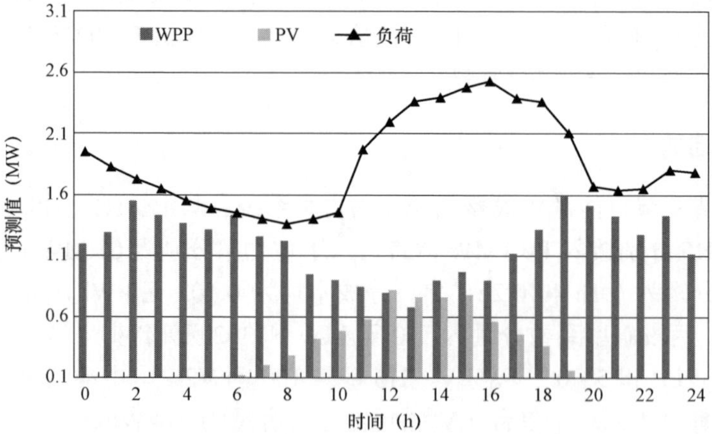

图 8－12　典型负荷日负荷、WPP 和 PV 的预测值

进一步设定 WPP、PV、CGT 的发电上网电价分别为 0.57、0.7 元/kWh 和 0.41 元/kWh。设定 EVG 充、放电价格分别为 0.30 元/kWh 和 0.72 元/kWh，划分负荷峰、平、谷时段（11:00～19:00，0:00～2:00、20:00～24:00，3:00～10:00），选取电力需求弹性矩阵。PBDR 前，终端用户用电电价为 0.59 元/kWh，PBDR 后时段价格维持不变，峰时段用电电价上调 30%，谷时段用电电价下调 50%。同时，为避免用户过度响应，导致负荷峰谷倒挂，限定 PBDR 产生的负荷波动幅度不超过原负荷需求的 10%。设定 CL 提供正负出力的价格分别为 0.65 元/kWh 和 0.25 元/kWh。假定 H_2O 输入和输出相等，设定 GVPP 向天然气网络输出的价格为 1.84 元/m^3。最后，设定初始置信度 β 和鲁棒系数 Γ 均为 0.9，风光预测误差 e 为 0.9，进而进行多目标模型的求解。

8.3.4.3 算例结果

1. 情景 1 下的 GVPP 调度优化结果

该情景作为基础情景，主要用于分析 VPP 和 PSGT 两个子系统间的耦合效应，并讨论 VPP 内部的资源互补效应。首先，分别计算单目标的投入产出表，然后计算 F_1、F_2 的权重系数分别为 0.432 和 0.568。图 8－13 所示为权重系数和目标函数的变化趋势。

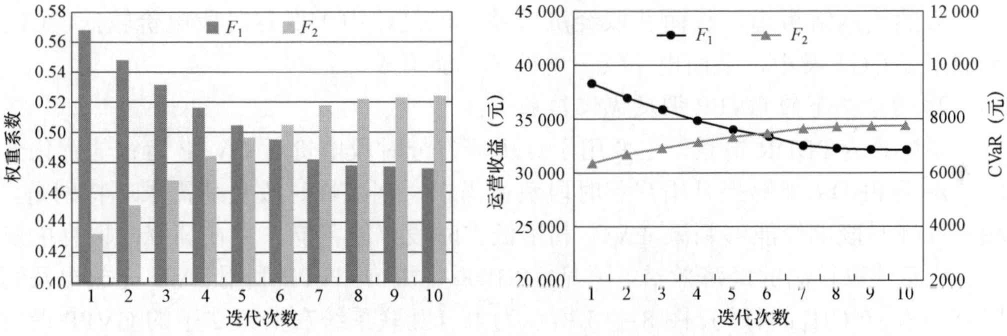

图 8－13　权重系数和目标函数的变化趋势

根据图 8－13，随着权重迭代次数的不断增加，两个目标函数的权重值均逐步趋于稳定，特别是当迭代次数达到 7 次时，F_1、F_2 值分别为 306 968.95 元和 7782.36 元，基本达到稳定。当迭代次数达到 10 次时，F_1、F_2 值分别为 32 073.91 元和 7718 元，已处于最优状态。可见，多目标权重计算方法能够确立最优的权重系数。进一步分析综合目标函数下的 GVPP 调度优化结果。图 8－14 所示为电气互联系统在情景 1 下的 GVPP 调度优化结果。

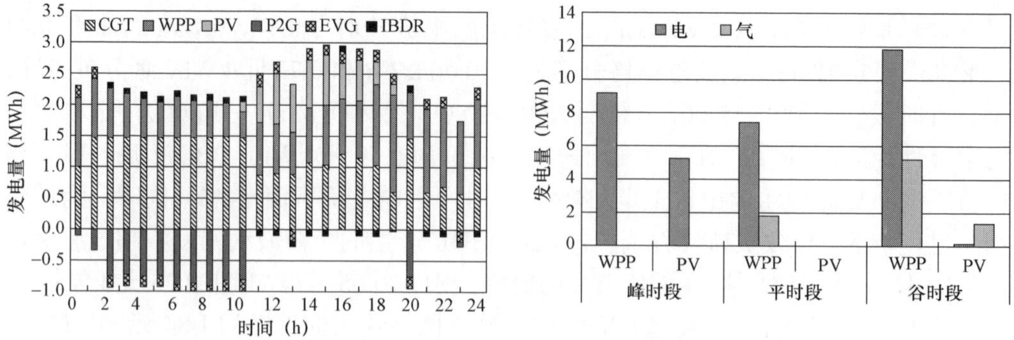

图 8－14 电气互联系统在情景 1 下的 GVPP 调度优化结果

根据图 8－14，从不同电源间互补效应来看，CGT、WPP、PV 为主要电源，EVG 和 IBDR 则主要为 WPP 和 PV 提供备用服务。在谷时段，EVG 充电和 IBDR 能够增加负荷需求，从而提供负出力。在峰时段，IBDR 能够通过削减负荷需求提供正出力，而 EVG 在峰时段释能发电。从 WPP 和 PV 的出力来看，WPP 和 PV 主要用于满足峰时段电负荷需求。P2G 利用谷时段弃风和弃光将 CGT 产生的 CO_2 转化为 CH_4。相应的，P2G 所利用的弃风和弃光分别为 7.05MWh 和 1.35MWh。总的来说，GVPP 能够通过 VPP 互补利用不同分布式电源，兼顾 GVPP 的运营收益和风险。同时，GVPP 可利用 P2G 转化弃风、弃光和 CGT 产生的 CO_2 转化为 CH_4，并向天然气网络售出，从而获取经济效益。但是，由于低谷时段电价较低，CH_4 不能用于 CGT 发电，从而电—气—电循环不能形成。

2. 情景 2 下的 GVPP 调度优化结果

该情景为 PBDR 情景，主要用于分析峰谷分时段电价对 GVPP 运行的优化效应。由于 PBDR 能够提升用户谷时段负荷需求，削减峰时段负荷需求。特别是，较高的峰时段电价能够刺激 EVG 利用低谷时段弃能蓄能，并在高峰时段释能发电，从而获取较高的经济效益。可见，PBDR 将影响 GVPP 利用 EVG 充放电及利用 P2G 生产 CH_4 的行为。图 8－15 所示为电气互联系统在情景 2 下的 GVPP 调度优化结果。

对比图 8－15，PBDR 后，WPP 和 PV 在谷时段并网电量分别增加 0.301MWh 和 0.364MWh；在峰时段，EVG 释能发电和 IBDR 提供负出力。相应的，CGT 发电量也有所降低，即降低了 0.6MWh。从负荷需求曲线来看，PBDR 后负荷曲线的峰谷比由 1.875 降低至 1.617，负荷曲线更加平缓，这能够刺激 EVG 在谷时段利用较低的电价进行充电蓄能，而在峰时段利用较高的电价进行释能发电，从而提升 WPP 和 PV 的并网空间。这也降低了 GVPP 对 P2G 的利用程度，进一步对比 P2G 参与前后的 GVPP 运行结果。P2G 参与前后的 GVPP 调度优化结果见表 8－6。

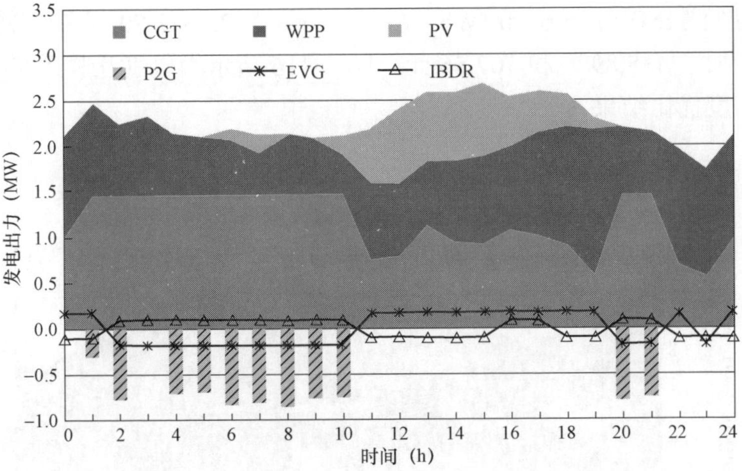

图 8-15　电气互联系统在情景 2 下的 GVPP 调度优化结果

表 8-6　P2G 参与 PBDR 前后的 GVPP 调度优化结果

P2G		发电量（MWh）					P2G		负荷需求（MW）			目标函数（元）	
		CGT	WPP	PV	EVG	IBDR	WPP	PV	峰时段	谷时段	峰谷比	F_1	F_2
不含		26.08	22.88	8.39	±2.16	（-1.2，1.2）	—	—	2.53	1.35	1.875	31 052.57	7688.48
含	PBDR 前	27.73	21.23	8.39	±2.16	（-1.2，1.1）	7.05	1.35	2.53	1.35	1.875	32 073.91	7718.00
	PBDR 后	27.13	22.03	8.73	±2.16	（-1.1，1.4）	6.88	1.20	2.41	1.49	1.617	32 158.09	7640.56

根据表 8-5，对比 P2G 参与 PBDR 前后的 GVPP 运行优化结果，P2G 能将低谷时段的弃风和弃光转化为 CH_4，向天然气网络售气获取收益，相应的，F_1、F_2 分别增加了 1021.34 元和 32.52 元。可见，P2G 有利于提升 GVPP 运行的经济效益，但也会增加 GVPP 的运营风险。对比 PBDR 前后的 GVPP 运行结果，P2G 利用的弃风和弃光分别降低了 0.17MWh 和 0.37MWh。然而，WPP 和 PV 总的发电量分别增加 0.63MWh 和 0.19MWh，相应的，F_1、F_2 分别增加了 81.18 元和 77.44 元。这表明 PBDR 能够促进 GVPP 优先利用 WPP 和 PV 满足电负荷需求，提升 GVPP 的运营收益，但更加平缓的负荷曲线释放了灵活性电源的备用能力，有利于降低 GVPP 的运营风险。

3. 情景 3 下的 GVPP 调度优化结果

该情景为 GST 情景，主要在情景 1 的基础上，分析 GST 对 GVPP 运行的优化效应。GST 能够存储低谷时段 P2G 产生的 CH_4，进而在电负荷峰时段用于 CGT 发电或者向天然气网络售气，从而获得额外的经济效益。相应的，WPP、PV 的并网电量分别为 31.82MWh 和 6.74MWh，F_1、F_2 分别为 32 512.80 元和 7725.56 元，相比情景 1 增加了 438.89 元和 107.56 元。图 8－16 所示为电气互联系统在情景 3 下的 GVPP 调度优化结果。

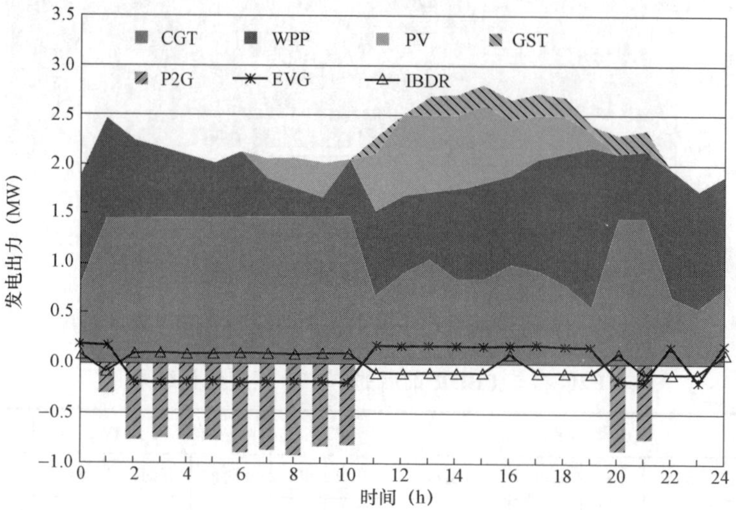

图 8－16　电气互联系统在情景 3 下的 GVPP 调度优化结果

对比图 8－16，如果 GST 被纳入 GVPP 后，P2G 能够利用低谷时段的弃风和弃光制造 CH_4，并根据电价、气价及负荷供需关系，向天然气网络售出 CH_4、CGT 用气发电及存储于 GST。同时，在峰时段，GST 利用存储的 CH_4 进行发电，与 WPP、PV、EVG 等协同满足电负荷需求。相应的，P2G 所产生的 CH_4 为 508.93m^3，相比情景 1 和情景 2，分别增加 73.53m^3 和 43.79m^3。GST 总的并网电量是 1.837MWh。由于 GST 所产生的 CH_4 主要通过 CGT 发电，这意味着 GST 发电出力能同时参与能源/备用市场调度。图 8－17 所示为情景 3 下的 P2G 和 GST 的调度优化结果。

根据图 8－17，在谷时段，由于电价较低，P2G 产生的 CH_4 包括 2 个去向：通过天然气网络售出 174.484m^3（3:00～5:00、8:00），存储于 GST 188.06m^3（6:00～7:00、9:00～10:00）。在峰时段，GST 中的 CH_4 进入 CGT 用于发电 132.684m^3（11:00～19:00）。在平时段，P2G 和 GST 所提供的 CH_4 则包括 3 个去向，即售气、发电及存储。由此可见，若 PGST 能够利用弃风和弃光，将 CGT 产生的 CO_2 转化为 CH_4，并根据电价、气价及负荷供需关系，选择售气发电或存储，从而协调优化 PGST 和 CGT 出力，利用气电能源的双向转换，形成电—气—电循环，最优化兼顾 GVPP 运行的经济效益和风险水平。

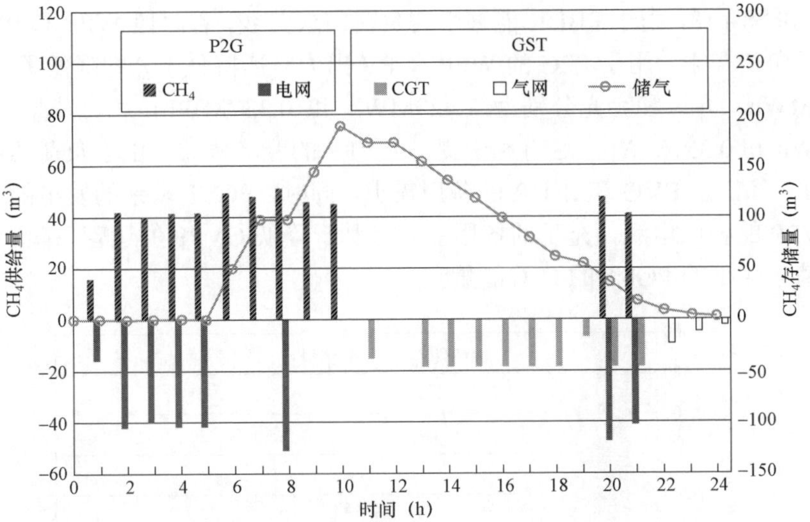

图8-17 情景3下的GST和P2G的调度优化结果

4. 情景4下的GVPP调度优化结果

该情景为综合情景，综合考虑PBDR和GST对GVPP运行的协同运行效应。情景3中，GST能够将低谷时段弃能转化为天然气，并在峰时段将天然气转化为电能，同时谷时段和峰时段向天然气网络售出，从而获取较高的经济效益。然而，PBDR主要通过峰谷分时段电价引导用户用电行为，导致电价—气价间的关系发生变化，相应的，也会影响GST的运行行为，P2G产生的CH_4总量为446.47m^3，相比情景3降低了62.46m^3。图8-18所示为电气互联系统在情景4下的GVPP调度优化结果。

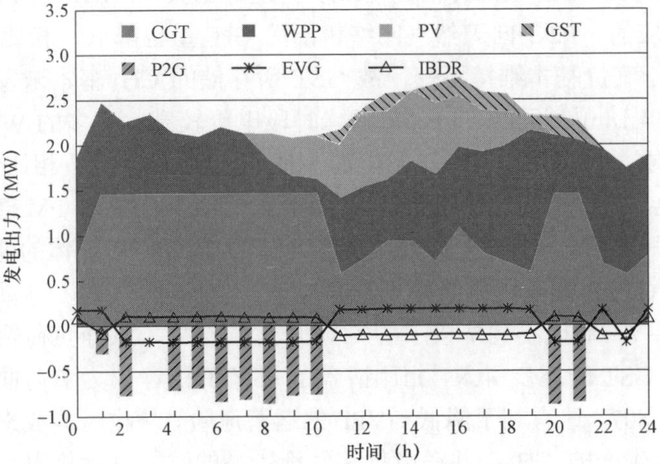

图8-18 电气互联系统在情景4下的GVPP调度优化结果

对比图 8－18，由于 PBDR 能够平缓负荷需求曲线，谷时段 WPP 和 PV 更多地用于满足负荷需求，用于 P2G 的 WPP 和 PV 出力有所降低，分别降低了 7.77MWh 和 0.32MWh，弃风和弃光分别为 1.429MWh 和 0.337MWh，相比情景 3 降低了 1.429MWh 和 0.337MWh，这有利于提升 GVPP 的经济效益。由于负荷曲线更加平缓，GVPP 降低了 EVG 和 IBDR 的备用需求，同时，PGST 剩余的发电能力也能够作为 GVPP 的备用电源，充足的备用能力有利于降低 GVPP 的运营风险。图 8－19 所示为情景 4 下的 PGST 的 CH_4 能量流。

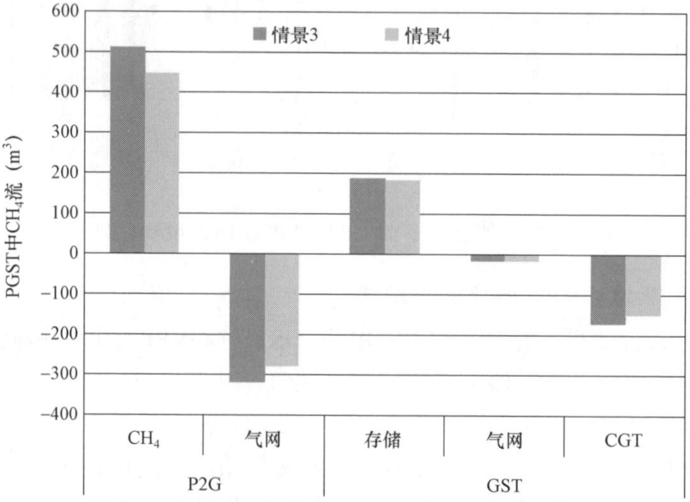

图 8－19　情景 4 下的 PGST 的 CH_4 能量流

根据图 8－19，对比 PBDR 前后 PGST 的运行结果，PBDR 后 P2G 产生的 CH_4 有所降低，相应的，P2G 向天然气网络售出的 CH_4 量也降低，相比情景 3 降低了 42.913m^3。由于气价基本维持不变，故 GST 所存储的 CH_4 基本未发生变化，相比情景 3 降低了 4.18m^3。同时，PBDR 后峰时段电价较高，更多的 WPP 和 PV 用于满足电负荷需求，使可用于 CGT 发电的 CH_4 量也明显降低，相比情景 3 降低了 19.54m^3。可见，PBDR 通过平缓负荷需求曲线，促进 WPP 和 PV 直接发电并网，PGST 进行电—气—电转换功率降低，这有利于提升 GVPP 整体的能源利用效率。不同情景下的 GVPP 调度优化结果见表 8－7。

根据表 8－7，对比不同情景下的 GVPP 运营结果，从净负荷需求曲线来说，随着 PBDR 和 GST 的逐步引入，相比情景 1，GVPP 的净出力负荷曲线的峰谷比由 2.002 降低至 1.807，这有利于降低 GVPP 的运营风险。从收益构成来说，由于 GST 能够存储 P2G 生产的 CH_4，并在电价和气价较高的时段进行售电或售气以获取较高的运营收益，故情景 3 和情景 4 中售气收益分别增加 527.48 元和 360.6 元。然而，

PBDR 能够提升 GVPP 发电收益，但相比情景 1，情景 2 和情景 4 售气收益分别降低了 54.72 元和 166.88 元。从碳排放量来看，PBDR 和 GST 同时引入后碳排放量仅为 2.615t，相比情景 1 降低了 0.413t。总的来说，PBDR 和 GST 的引入能够降低 GVPP 出力，促进 WPP 和 PV 的发电并网，减少碳排放总量，同时引入两者有利于提升运营收益，运营结果达到最优。

表 8-7　不同情景下的 GVPP 调度优化结果

情景	WPP 发电量（MWh）		PV 发电量（MWh）		弃能量（MWh）		净电力负荷曲线			碳排放总量（t）	收益（元）	
	电	P2G	电	P2G	WPP	PV	峰时段（MW）	谷时段（MW）	峰谷比		电	气
情景 1	21.23	7.05	8.39	1.35	8.716	1.348	3.301	1.649	2.002	3.018	31 218.05	858.86
情景 2	22.03	6.88	8.73	0.98	4.287	1.011	3.297	1.676	1.967	2.952	31 353.95	801.14
情景 3	23.30	8.52	6.07	0.67	2.858	0.674	3.084	1.669	1.848	2.604	31 129.46	1383.34
情景 4	28.82	7.77	6.40	0.32	1.429	0.337	3.035	1.680	1.807	2.615	32 137.29	1216.46

8.3.4.4 结果分析

根据不同情景下的 GVPP 调度运营结果，PBDR 有利于平缓负荷需求曲线，促进 WPP 和 PV 的发电并网，提升 GVPP 的运营经济收益。GST 能够根据电价、气价和负荷供需关系，存储 P2G 产生的 CH_4，并用于售气和发电，实现电—气—电循环，从而提升 EVG、IBDR 和 GST 的备用能力，降低 GVPP 的运营风险。为了能够深化分析不同鲁棒系数及置信度、最大碳排放配额，以及 GST 规模对 GVPP 运营的影响，对上述因素展开敏感性分析。不同情景下的 GVPP 调度优化结果见表 8-8。

表 8-8　不同情景下的 GVPP 调度优化结果

情景	发电量（MWh）					PGST 的 CH_4 能量流（m^3）					目标函数			
	CGT	WPP	PV	EVG	IBDR	P2G		GST			权重		目标值（元）	
						CH_4	气网	CGT	储气	气网	λ_1	λ_2	F_1	F_2
情景 1	27.73	21.23	8.39	±2.16	（-1.2, 1.1）	468.14	-468.14	—	—	—	0.478	0.522	32 073.91	7718.00
情景 2	27.13	22.03	8.73	±2.16	（-1.1, 1.4）	438.40	-438.40	—	—	—	0.482	0.518	32 158.09	7640.56
情景 3	27.39	23.30	6.07	±2.16	（-1.3, 1.2）	508.93	-320.86	-169.61	188.07	-16.15	0.486	0.514	32 512.80	7828.56
情景 4	28.84	28.82	6.40	±2.16	（-1.2, 1.2）	446.47	-277.95	-150.07	183.89	-16.15	0.492	0.508	33 353.74	7819.38

根据表 8–8，当同时引入 PBDR 和 GST 后，F_1 逐步增加，表明两者有利于提升 GVPP 的运营收益。同时，F_2 权重逐步降低，表明 GVPP 对风险的承受能力逐步增强。相应的，相比情景 1，情景 4 中 F_2 为 107.56 元，增加了 6.18 元。然而，相比情景 1，情景 2 中 F_2 增加了 77.44 元。同时，F_1 逐步增加，表明 PBDR 和 GST 能够提升 GVPP 的运营收益。总的来说，GST 能够提升 GVPP 的运营收益和风险，PBDR 则能在提升 GVPP 运营收益的同时降低运营风险，当同时引入 PBDR 和 GST 时，运营结果达到最佳。

8.4　电热气互联综合能源系统调度优化模型

电热气互联综合能源系统是基于紧密耦合的多维能源物理系统，通过对能源的产生、分配、转换和消费等环节进行有机交互与协调优化，实现能源的双向按需传输和动态平衡使用，从而形成的能源产供销一体化系统。本节以电力系统规划为主要模块，同时考虑天然气网络和交通网络建设的要求和约束，并利用能源集线器模型分析不同网络之间的能源传输和转化关系，从而实现电力系统、天然气网络、交通网络的综合能源系统规划。

8.4.1　电热气网络规划模型

8.4.1.1　天然气网络规划模型

天然气的供需网络环节可分为天然气供给、天然气输送、天然气负荷。其中，天然气供给来源主要有存储站液化天然气的再气化和天然气站点的管道输送；天然气输送渠道主要有燃气管道和大型罐车或者轮船；天然气负荷包括工商业应用、化工原料、燃气发电等。一般而言，天然气存储站的作用类似于电力的“削峰填谷”，在低负荷时将天然气存储起来，到高负荷时再将存储站的天然气投放到市场；此外，它还起到一定的战略储备作用。综合能源系统是一个小区域的系统，从系统经济性角度来说不具备配置大型储罐的条件，小型储罐对于燃气发电或燃气供热成本影响有限，因此，天然气网络规划模型仅考虑燃气管道网络和 P2G 成本，储气设施假设已存在于各节点。由于是与电力系统一起进行多能源系统的规划，因此在天然气负荷方面主要考虑天然气的热负荷、燃气发电负荷等。

为实现系统内能源的相互转化，配置分布式热电联产系统（distributed combined heat and power，DCHP）、电转气设施（power to gas，P2G）。为界定清楚投资核算的界限，假设 DCHP 为发电设备，在电力系统规划模型中单独展开，因此天然气

网络规划模型中的天然气相关设施总成本函数为

$$\begin{aligned}C_{\mathrm{T}}^{\mathrm{gas}}&=C_{\mathrm{I}}^{\mathrm{gas}}+C_{\mathrm{O}}^{\mathrm{gas}}-Z^{\mathrm{gas}}\\&=\sum_{t\in T}\left(\sum_{n\in N}C_{\mathrm{I}}^{\mathrm{P2G}}\Delta P_{n,t}^{\mathrm{P2G}}\right)(1+r)^{-t}\\&+\sum_{t\in T}\left(\sum_{n,m\in N}C_{\mathrm{I}}^{\mathrm{pipe}}l_{n\leftrightarrow m}^{\mathrm{gas}}z_{n\leftrightarrow m,t}^{\mathrm{pipe}}\right)(1+r)^{-t}\\&+\sum_{t\in T}\left(\sum_{n\in N}C_{\mathrm{O}}^{\mathrm{P2G}}V_{n,t}^{\mathrm{P2G}}\right)(1+r)^{-t}+\frac{(1+r)^{t}-1}{r(1+r)^{t}}C_{\mathrm{O}}^{\mathrm{pipe}}\\&+\sum_{t\in T}\left(p^{\mathrm{gas}}V_{t}^{\mathrm{net}}\right)(1+r)^{-t}+\sum_{t\in T}\left(C_{\mathrm{cut}}^{\mathrm{gas}}V_{t}^{\mathrm{cut}}\right)(1+r)^{-t}\\&-\sum_{t\in T}\left\{\frac{C_{\mathrm{I},t}^{\mathrm{P2G}}}{T^{\mathrm{P2G}}}\left[T^{\mathrm{P2G}}-(T-t)\right]+\frac{C_{\mathrm{I},t}^{\mathrm{pipe}}}{T^{\mathrm{pipe}}}\left[T^{\mathrm{pipe}}-(T-t)\right]\right\}\end{aligned}\tag{8-46}$$

式中：$C_{\mathrm{T}}^{\mathrm{gas}}$ 为天然气网络规划期内的总成本，元；$C_{\mathrm{I}}^{\mathrm{gas}}$ 为天然气网络规划期内的总投资成本，元；$C_{\mathrm{O}}^{\mathrm{gas}}$ 为天然气网络总变动成本，元；Z^{gas} 为规划期末时投资设备的残值，元；$C_{\mathrm{I},t}^{\mathrm{P2G}}$ 、$C_{\mathrm{I},t}^{\mathrm{pipe}}$ 分别为第 t 年电转气设备和管道的总投资，元；T^{P2G}、T^{pipe} 分别为电转气设备和管道的寿命期，年；T 为规划期年份集合；t 为第 t 个规划年，年；N 为天然气网络节点集合，包括所有天然气通过的系统节点；n 为第 n 个天然气网络节点；r 为折现率；$C_{\mathrm{I}}^{\mathrm{P2G}}$ 、$C_{\mathrm{I}}^{\mathrm{pipe}}$ 分别为电转气设备单位容量投资成本及输气管道的单位长度和投资成本，元/kW、元/m；$\Delta P_{n,t}^{\mathrm{P2G}}$为第 t 年节点 n 上新安装的 P2G 装置容量，kW；$l_{n\leftrightarrow m}^{\mathrm{gas}}$ 为节点 n 到节点 m 的待铺设管道长度，m；$z_{n\leftrightarrow m,t}$ 为布尔变量，当 $z_{n\leftrightarrow m,t}=1$ 时表示第 t 年铺设节点 n 到节点 m 的管道，反之亦然；$C_{\mathrm{O}}^{\mathrm{P2G}}$ 、$C_{\mathrm{O}}^{\mathrm{pipe}}$ 分别为电转气设备及输气管道的变动成本，元/m^3、元。其中 $C_{\mathrm{O}}^{\mathrm{pipe}}$ 受管道长度和天然气流通量的影响很小，假设每年的 $C_{\mathrm{O}}^{\mathrm{pipe}}$ 不变，且传输损耗也考虑在 $C_{\mathrm{O}}^{\mathrm{pipe}}$ 中；$V_{n,t}^{\mathrm{P2G}}$ 为第 t 年节点 n 中电转气的总体积，m^3；p^{gas} 为上级网络的天然气价格，元/m^3；V_{t}^{net} 为第 t 年从上级网络购买的天然气体积，m^3；$C_{\mathrm{cut}}^{\mathrm{gas}}$ 为天然气供应不足时削减负荷造成的费用，元/m^3；V_{t}^{cut} 为第 t 年削减天然气负荷的总体积，m^3。与电力类似，天然气在传输和应用过程中也必须符合一定的物理规律和系统约束条件，其中

$$f_{k,n\leftrightarrow m}^{\mathrm{gas}}=3.24\frac{t_0'}{p_0'}z_{n\leftrightarrow m}\sqrt{\frac{d_k^5\left(p_n'^2-p_m'^2\right)}{\mu_k\alpha G^{\mathrm{gas}}l_{n\leftrightarrow m}^{\mathrm{gas}}t_k'}z_{n\leftrightarrow m}},\forall k\in K_{n\leftrightarrow m},(n,m)\in N\tag{8-47}$$

$$-f_{k,n\leftrightarrow m}^{\mathrm{gas,max}}\leqslant f_{k,n\leftrightarrow m}^{\mathrm{gas}}\leqslant f_{k,n\leftrightarrow m}^{\mathrm{gas,max}},\forall k\in K_{n\leftrightarrow m},(n,m)\in N\tag{8-48}$$

$$\mu_k=\frac{0.032}{\sqrt[3]{d_k}},\forall k\in K\tag{8-49}$$

式中：$f_{k,n\leftrightarrow m}^{\text{gas}}$ 为通过节点 n 到节点 m 之间管道 k 的天然气流量，m^3；$\boldsymbol{K}$ 为天然气管道集合，k 为第 k 条管道，而 $K_{n\leftrightarrow m}$ 和 K_n 分别为节点 n 和节点 m 之间的管道集合及与节点 n 相连的管道集合；t_0'、p_0' 分别为标准温度和标准压强，℃、Pa；p_n'、p_m' 分别为节点 n 和节点 m 的压强，Pa；$z_{n\leftrightarrow m,t}$ 为布尔变量，当 $p_n'^2 \geqslant p_m'^2$ 时 $z_{n\leftrightarrow m,t}=1$，当 $p_n'^2 < p_m'^2$ 时 $z_{n\to m,t}=-1$；d_k 为管道 k 的直径；$f_{k,n\leftrightarrow m}^{\text{gas,max}}$ 为管道 k 能够承载的最大流通量；μ_k 为天然气与管道的摩擦系数，其中摩擦系数与管道 k 直径有关；α 为天然气的气体压缩因子；G^{gas} 为天然气的气体比例；t_k' 表示管道 k 的实际温度，℃。

$$\sum_{k\in K} f_{k,n}^{\text{in}} + V_n^{\text{gas}} = \sum_{k\in K} f_{k,n}^{\text{out}} + D_n^{\text{gas}}, \forall k \in K_n, n\in N \tag{8-50}$$

$$V_n^{\text{gas,min}} \leqslant V_n^{\text{gas}} \leqslant V_n^{\text{gas,max}}, \forall n\in N \tag{8-51}$$

$$V_{\min}^{\text{P2G}} \leqslant V^{\text{P2G}} \leqslant V_{\max}^{\text{P2G}} \tag{8-52}$$

式中：$f_{k,n,t}^{\text{in}}$、$f_{k,n,t}^{\text{out}}$ 分别为节点 n 中通过管道 k 的天然气输入量和输出量，m^3；V_n^{gas} 为节点 n 通过 P2G 等方式生产的天然气总量，m^3；D_n^{gas} 为节点 n 中储存的天然气量，m^3；$V_n^{\text{gas,min}}$、$V_n^{\text{gas,max}}$ 分别为节点 n 天然气产量的最小值和最大值，m^3；$V_{\min}^{\text{P2G}}$、$V_{\max}^{\text{P2G}}$ 分别为单个 P2G 装置可输出的天然气产量的上下限，m^3。

$$p_n' = p_m' \left(1+\beta \sum_{k\in K_{n\leftrightarrow m}} \frac{p_{k,n\leftrightarrow m}^{\text{pre}} \eta^{\text{pre}}}{3554.6 t_k' f_{k,n\leftrightarrow m}^{\text{gas}}}\right)^{\frac{\beta}{\alpha}}, \forall k\in K_{n\leftrightarrow m}, (n,m)\in N \tag{8-53}$$

$$-p_{\max}' \leqslant p_n' \leqslant p_{\max}', \forall n\in N \tag{8-54}$$

式中：$p_{k,n\leftrightarrow m}^{\text{pre}}$ 为节点 n 和 m 之间给管道 k 提供的外部压强，以保证天然气在节点之间流通，一般由压缩机来提供；η^{pre} 为外部压强效率；β 为调整系数，与实际温度和压强有关；$p_{\max}'$ 为节点能承受的最大压强。

8.4.1.2 电动汽车网络规划模型

电动汽车与电力系统的连接点主要是多种类型的充换电站，连接点的布局将直接影响电力系统和交通网络的综合经济效益和运行效率。因此，在综合能源系统规划中考虑电动汽车充换电站的选址定容问题十分重要。

8.4.1.3 电动汽车的充电需求

慢充站是电动汽车的主要能源补给设施，快充站是慢充站很好的补充设施，可以为更多的电动汽车提供充电服务。换电站由于成本较高，一般仅针对一些公共特种车辆。因此，本书主要考虑慢充站和快充站的选址定容问题。而充电站的选址定容问题首先要计算电动汽车的充电需求。在计算电动汽车充电需求前，以下假设需要明确：① 当前技术条件下电池的续驶里程是 SD_0。忽略不同类型车的电池容量差别，即 SD_0与车辆类型无关；② 基于目前动力电池技术水平，电池循环寿命较短，折旧成本较高，经济性较差，如果反复采用 3C 以上大电流对电池进行快速充电，将显著缩短电池寿命，导致电动汽车经济性变差，所以设定充电站以“慢充为主、快充为辅”的原则进行建设。根据上述假设，电动汽车的充电总需求可以通过式（8–55）计算得出，为后续充电站的选址定容提供了容量约束数据。

$$q^{\mathrm{EV}} = \sum_{h\in H} q_h^{\mathrm{EV}} = \sum_{h\in H} h\left(e\frac{y_h}{SD_0}\right) \tag{8-55}$$

式中：q^{EV} 为日最大充电频次需求，次；q_h^{EV} 为电动汽车在 h 时段内充电频次，次；e 为电动汽车的保有量，台；y_h 为在 h 时段内电动汽车的平均行驶里程，m；$\boldsymbol{H}$ 为所有运行时段的集合；h 为第 h 个时段。

8.4.1.4 充电站规划配置

一般而言，在路上行驶的电动汽车发现电量不足需要充电是一个随机过程，为了研究充电站的充电工作必须弄清电动汽车充电的发生规律。可以用泊松流描述电动汽车产生充电需求的规律。若电动汽车充电需求是泊松流，则两辆电动汽车相继到达的时间间隔 T 服从负指数分布。通过以上分析可知，充电系统模式是 $M/M/C$，即泊松流输入、负指数服务时间分布、C 个服务台（即充电装置）的等待制排队模型。若充电装置可同时工作且相互独立，平均服务率均为 γ（即充电平均时间的倒数），则整个充电站的平均服务率 Γ 计算公式为

$$\Gamma = \begin{cases} C\gamma, C \geqslant n \\ e\gamma, C < n \end{cases} \tag{8-56}$$

某节点处的电动汽车最大到达率 λ_i'，即电动汽车用户到达最小时间间隔的倒数，它是在节点安装充电装置数量的重要依据，计算公式为

$$\lambda_i' = \max_{h\in H}\left\{\lambda_{i,h} \middle| \lambda_{i,h} = \frac{q_h^{\mathrm{EV}}\tau_h f_{i,h}^{\mathrm{EV}}}{\sum\limits_{h\in H}\tau_h \sum\limits_{i\in I} f_{i,h}^{\mathrm{EV}}}, h\in H\right\}, \forall i\in I \tag{8-57}$$

电动汽车在节点 i 上某时段内的充电功率 $P_{i,h}^{\mathrm{EV}}$ 为

$$P_{i,h}^{\mathrm{EV}} = \frac{\lambda_{i,h}}{\gamma} P^{\mathrm{EV}}, \forall h\in H, i\in I \tag{8-58}$$

式中：$\boldsymbol{I}$ 为电力网络的节点集合；i 为第 i 个节点，根据上文所述，充电站所配置的地点都是交通网络和电力网络的连接处，因此电动汽车充电网络的节点直接采用电力系统节点标注，以方便后续计算；λ_i' 为节点 i 处的电动汽车最大到达率；$\lambda_{i,h}$ 为时

段 h 内节点 i 的电动汽车平均到达率；$f_{i,h}^{\mathrm{EV}}$ 为时段 h 内节点 i 的电动汽车总流量，台；τ_h 为时段 h 内电动汽车的平均使用率；P^{EV} 为单辆电动汽车的充电功率，kW。

根据交通高峰时段用户的最大允许充电等待时间 $\Delta h_{\max}$ 来配置充电站的充电设备数量，即

$$\min P_{0i}^{\mathrm{EV}} = C_i P^{\mathrm{EV}} \tag{8-59}$$

约束条件

$$\Delta h_i' \leqslant \Delta h_{\max} \tag{8-60}$$

$$\Delta h_i' = \max_{h\in H} \Delta h_{i,h} = \left\{ \frac{(C_i \tau')^{C_i} \tau'}{\lambda_i'(C_i)!(1-\tau')^2} Pr_{0i} \right\}, \forall h \in H, i \in I \tag{8-61}$$

$$Pr_{0i} = \left[\sum_{R=0}^{C_i-1} \frac{(C_i \tau')^R}{R!} + \frac{(C_i \tau')^{C_i}}{C_i!(1-\tau')} \right]^{-1}, \forall i \in I \tag{8-62}$$

$$\tau' = \frac{\lambda_i'}{C_i \gamma}, \forall i \in I \tag{8-63}$$

式中：P_{0i}^{EV} 为节点 i 配置的电动汽车充电装置总额定功率，kW，为该节点所有充电装置以额定功率工作时的功率总和，通过上述模型可以得到一组向量 $\boldsymbol{P}^{\mathrm{EV}} = \{P_{01}^{\mathrm{EV}}, P_{02}^{\mathrm{EV}}, P_{03}^{\mathrm{EV}}, \cdots, P_{0i}^{\mathrm{EV}}\}$，表示系统中各个节点充电装置的总额定功率；$\Delta h_i'$ 为所有时段内最大充电等待时间，h；C_i 为节点 i 安装充电装置的数量；τ' 为一天当中的最大利用率；Pr_{0i} 为节点 i 所有充电装置空置的概率。上述模型的重点在于决策变量 C_i，通过模型计算可以得到两组关键向量 $\boldsymbol{C} = \{C_1, C_2, \cdots, C_i\}$ 和 $\boldsymbol{P}^{\mathrm{EV}}$，分别表示每个节点安装的充电装置数量和充电装置的总容量。

交通网络中电动汽车相关设施的成本函数为

$$\begin{aligned} C_{\mathrm{T}}^{\mathrm{EV}} &= C_{\mathrm{I}}^{\mathrm{EV}} + C_{\mathrm{O}}^{\mathrm{EV}} - Z^{\mathrm{EV}} \\ &= \sum_{t\in T} \left(\sum_{i\in I} C_{\mathrm{I}}^{\mathrm{EV}} \Delta C_{i,t} \right) (1+r)^{-t} + \sum_{t\in T} \left(\sum_{i\in I} C_{\mathrm{O}}^{\mathrm{EV}} C_{i,t} \right) (1+r)^{-t} \\ &\quad - \sum_{t\in T} \left\{ \frac{C_{\mathrm{I},t}^{\mathrm{EV}}}{T^{\mathrm{EV}}} \left[T^{\mathrm{EV}} - (T-t) \right] \right\} \end{aligned} \tag{8-64}$$

式中：$C_{\mathrm{T}}^{\mathrm{EV}}$、$C_{\mathrm{I}}^{\mathrm{EV}}$、$C_{\mathrm{O}}^{\mathrm{EV}}$ 和 Z^{EV} 分别为交通网络规划期内的总成本、总投资成本、总变动成本及新投设备规划期末的残值，元；$\Delta C_{i,t}$ 为第 t 年在节点 i 处新增加的充电装置数量；$C_{i,t}$ 为第 t 年在节点 i 处已有运行的充电装置数量；$C_{\mathrm{I},t}^{\mathrm{EV}}$ 为第 t 年充电装置的总投资，元；T^{EV} 为充电装置的寿命期，年。

此外，在开展综合能源系统规划时，还需满足电动汽车的以下约束条件

$$0 \leqslant C_i \leqslant C_{\max}, \forall i \in I \tag{8-65}$$

$$-0.8P_{0i}^{\mathrm{EV}} \leqslant P_i^{\mathrm{EV}} \leqslant P_{0i}^{\mathrm{EV}}, \forall i \in I \tag{8-66}$$

$$\mathrm{SOC}_{i,h}^{\mathrm{EV}} = \mathrm{SOC}_{i,h-1}^{\mathrm{EV}} + \left[\left(q_{i,h}^{\mathrm{stch}} / \eta^{\mathrm{ch}} - \eta^{\mathrm{dis}} q_{i,h}^{\mathrm{stdis}}\right) / P_i^{\mathrm{EV}}\right], \forall h \in H, i \in I \tag{8-67}$$

$$\mathrm{SOC}_{\min}^{\mathrm{EV}} \leqslant \mathrm{SOC}_{i,h}^{\mathrm{EV}} \leqslant \mathrm{SOC}_{\max}^{\mathrm{EV}}, \forall h \in H, i \in I \tag{8-68}$$

式中：$C_{\max}$为单节点可安装充电装置数量的上限；P_i^{EV}为节点 i 的充电装置使用容量，kW；$\mathrm{SOC}_{i,h}^{\mathrm{EV}}$为节点 i 在 h 时段的电动汽车的荷电状态；$q_{i,h}^{\mathrm{stch}}$、$q_{i,h}^{\mathrm{stdis}}$ 分别为节点 i 在 h 时段内的电动汽车蓄电池的充电量及放电量，kWh；η^{ch}、η^{dis} 分别为蓄电池的充电效率和放电效率。

8.4.2 综合能源系统调度优化模型

1. 目标函数

综合能源系统调度优化模型是以规划范围内的系统综合成本最小化为目标的，同时兼顾电力系统、天然气网络、交通网络物理运行的基本要求和安全需求。系统综合成本包括天然气网络设施的投资成本和变动成本、充电站设施的投资成本和运行维护成本、电力系统发电和电网设施的投资成本和变动成本，以及从上级网络购买天然气和电能的购置费用，即

$$\min C_{\mathrm{T}}^{\mathrm{total}} = C_{\mathrm{T}}^{\mathrm{gas}} + C_{\mathrm{T}}^{\mathrm{EV}} + C_{\mathrm{T}}^{\mathrm{ele}} \tag{8-69}$$

式中：$C_{\mathrm{T}}^{\mathrm{total}}$ 为综合能源系统规划期内总的综合成本，元；$C_{\mathrm{T}}^{\mathrm{ele}}$ 为电力系统规划期内的总成本，元。

$C_{\mathrm{T}}^{\mathrm{ele}}$ 的函数表达式为

$$\begin{aligned}
C_{\mathrm{T}}^{\mathrm{ele}} = &\sum_{t \in T}\left\{\left[\sum_{i \in I}\sum_{g \in G}\left(C_{\mathrm{I},g}^{\mathrm{DG}} \Delta P_{g,i,t}^{\mathrm{DG}}\right) + \sum_{i \in I}\left(C_{\mathrm{O},g}^{\mathrm{DG}} P_{g,i,t}^{\mathrm{DG}}\right)\right](1+r)^{-t}\right\} \\
&+ \sum_{t \in I}\left\{\left[\sum_{i,j \in I:\exists(i,j)}\left(C_{\mathrm{I},ij}^{\mathrm{L}} z_{ij,t}^{\mathrm{L}} + C_{\mathrm{O}}^{\mathrm{L}} P_{ij,t}^{\mathrm{L}}\right)\right](1+r)^{-t}\right\} \\
&+ \sum_{t \in T}\left\{\left[\sum_{i \in I}\left(C_{\mathrm{I}}^{\mathrm{S}} \Delta P_{i,t}^{\mathrm{S}} + C_{\mathrm{O}}^{\mathrm{S}} q_{i,t}^{\mathrm{S}}\right)\right](1+r)^{-t}\right\} \\
&+ \sum_{t \in T}\left\{\left[\sum_{b \in B}\left(C^{\mathrm{DR}} P_{b,t}^{\mathrm{DR}} \Delta h_b + C^{\mathrm{cut}} Q_{ib,t}^{\mathrm{cut}}\right)\right](1+r)^{-t}\right\} \\
&+ \sum_{t \in T}\left[\left(p^{\mathrm{ele}} Q_t^{\mathrm{net}}\right)(1+r)^{-t}\right] - \sum_{w \in W}\frac{C_{\mathrm{I},w}^{\mathrm{ele}}}{T_w}\left[T_w - (T - t_w)\right]
\end{aligned} \tag{8-70}$$

式中：$\boldsymbol{G}$ 为 DG 的发电类型集合；g 为 DG 的第 g 种发电类型；$C_{\mathrm{I},g}^{\mathrm{DG}}$ 为发电类型 g 的 DG 机组单位容量投资成本，元/kW；$\Delta P_{g,i,t}^{\mathrm{DG}}$为第 t 年节点 i 内发电类型 g 的新增

DG 机组容量，kW；$C_{O,g}^{DG}$ 为发电类型 g 的 DG 机组单位容量运行成本，元/kW；$P_{g,i,t}^{DG}$ 为第 t 年节点 i 内发电类型 g 的实际运行容量，kW；$C_{I,ij}^{L}$ 为节点 i 和 j 之间线路的投资和建设成本，元；C_{O}^{L} 为线路单位容量运行成本，元/kW；$P_{ij,t}^{L}$ 为第 t 年节点 i 和节点 j 之间的实际运行容量，kW；C_{I}^{S}、C_{O}^{S} 分别为储能单元的单位容量投资成本和运行成本，元/kW；$\Delta P_{i,t}^{S}$ 为第 t 年节点 i 内的新增储能容量，kW；$q_{i,t}^{S}$ 为第 t 年节点 i 内系统与储能单元之间的总流通电量，kW；$\boldsymbol{B}$ 为负荷段集合，$\boldsymbol{B}=\{b/b=b_x, x=1, 2, 3, \cdots\}$，$b_x$ 为第 x 个负荷段，为方便计算，假设负荷段集合 $\boldsymbol{B}$ 与电动汽车模块中时间段集合 $\boldsymbol{H}$ 以相同时间跨度划分；C^{DR} 为系统实施需求响应的单位容量成本，元/kW；$P_{b,t}^{DR}$ 为第 t 年负荷段 b 通过需求响应削减的负荷，kW；Δh_b 为响应持续时间，h；C^{cut} 为直接削减用户负荷所需支付给用户的单位补偿费用，元，假设其以电量为单位进行补充；$Q_{b,t}^{cut}$ 为第 t 年负荷段 b 直接削减的用户电量，kWh；p^{ele} 为从上级电网的购电价格，元/kWh；Q_t^{net} 为第 t 年从上级电网的总购电量，kWh；$\boldsymbol{W}$ 为系统内所有设备的集合，$\boldsymbol{W}=\{w/w=w_x, x=1, 2, 3, \cdots\}$，$w_x$ 表示第 w 个设备。

2. 约束条件

为保证系统安全稳定性，电热气互联综合能源系统运行还需要满足以下约束条件：

（1）DG 容量约束。DG 机组的有功功率和无功功率都受其最大容量和最小容量的限制，同时节点 i 的可安装 DG 容量也受到约束，其约束条件为

$$P_{g,i,0}^{DG}+\sum_{t\in T}\Delta P_{g,i,t}^{DG}\leqslant P_{i,\max}^{DG} \tag{8-71}$$

$$P_g^{\min}\leqslant P_g^{DG}\leqslant P_g^{\max} \tag{8-72}$$

式中：$P_{g,i,0}^{DG}$ 为初始年节点 i 中拥有发电类型 g 的容量，kW；$P_{i,\max}^{DG}$ 为节点 i 可安装 DG 的总容量，kW；$P_g^{\min}$、$P_g^{\max}$ 分别为 DG 机组中发电类型 g 的有功功率上、下限，kW。

（2）线路容量约束。由于受空间资源限制，节点之间的输电通道可承受的线路容量有限，是线路升级所需考虑的约束，具体约束条件为

$$P_{ij,0}^{L}+\sum_{t\in T}\Delta P_{ij,t}^{L}\leqslant P_{ij,\max}^{L},\forall(i,j)\in I:\exists(i,j)\forall t\in T \tag{8-73}$$

$$\Delta P_{ij,t}^{L}\leqslant Mz_{ij}^{L},\forall(i,j)\in I \tag{8-74}$$

式中：$P_{ij,0}^{L}$ 为初始年节点 i 和 j 之间的线路容量，kW；$\Delta P_{ij,t}^{L}$ 为第 t 年节点 i 和节点 j 的新增线路容量，kW；$P_{ij,\max}^{L}$ 为节点 i 和 j 之间输电通道允许架设的线路最大容量，kW；M 为一个足够大的数，使当 $z_{ij}^{L}=0$ 时，$\Delta P_{ij,t}^{L}$ 为 0，当 $z_{ij}^{L}\neq 0$ 时，M 的值足够大，从而保证有足够大的空间来选择新线路；z_{ij}^{L} 为布尔变量，作为连续约束的“开关”，产生大于或等于线路升级所允许的最大容量。

（3）储能约束。受自身技术条件和经济性限制，系统中的储能采用中等容量和技术较为成熟的储能单元，在实际运行中储能的充放电容量及速率需满足如下约束条件

$$\mathrm{SOC}_{i,b}^{\mathrm{S}}=\mathrm{SOC}_{i,b-1}^{\mathrm{S}}+\left[\left(q_{i,b}^{\mathrm{ch}}/\eta^{\mathrm{ch}}-\eta^{\mathrm{dis}}q_{i,b}^{\mathrm{dis}}\right)/P_{i}^{\mathrm{S}}\right],\forall b\in B,i\in I \qquad (8-75)$$

$$\mathrm{SOC}_{\min}^{\mathrm{S}}\leqslant \mathrm{SOC}_{i,b}^{\mathrm{S}}\leqslant \mathrm{SOC}_{\max}^{\mathrm{S}},\forall b\in B,i\in I \qquad (8-76)$$

$$v_b\leqslant v_{\max},\forall b\in B \qquad (8-77)$$

式中：$\mathrm{SOC}_{i,b}^{\mathrm{S}}$ 为在负荷段 b 内节点 i 中储能单元的荷电状态；$q_{i,b}^{\mathrm{ch}}$、$q_{i,b}^{\mathrm{dis}}$ 分别为在负荷段 b 内节点 i 中储能单元的充电量和放电量，kW；η^{ch}、η^{dis} 分别为储能单元的充电效率和放电效率；$\mathrm{SOC}_{\min}^{\mathrm{S}}$、$\mathrm{SOC}_{\max}^{\mathrm{S}}$ 分别为荷电状态允许范围的上、下限；v_b 为储能单元在负荷段 b 内的充放电速率，kW；$v_{\max}$为储能单元充放电速率允许的最大限值，kW。

8.4.3 算例分析

8.4.3.1 基础数据及模型参数

电热气互联综合能源系统是一个包含多个主体模块的优化模型，其中天然气管道气流方程等属于非线性方程，可通过增量分段线性化方法进行处理，从而将模型转化为一个相对容易求解的混合整数线性优化问题。系统包含一个 7 节点的天然气网络系统和一个 6 节点的电力测试系统，如图 8－20 所示。其中，天然气网络系统包括 2 个天然气生产节点（含 P2G 设施）和 5 个天然气负荷节点，电力系统的基础数据见表 8－9 和表 8－10。

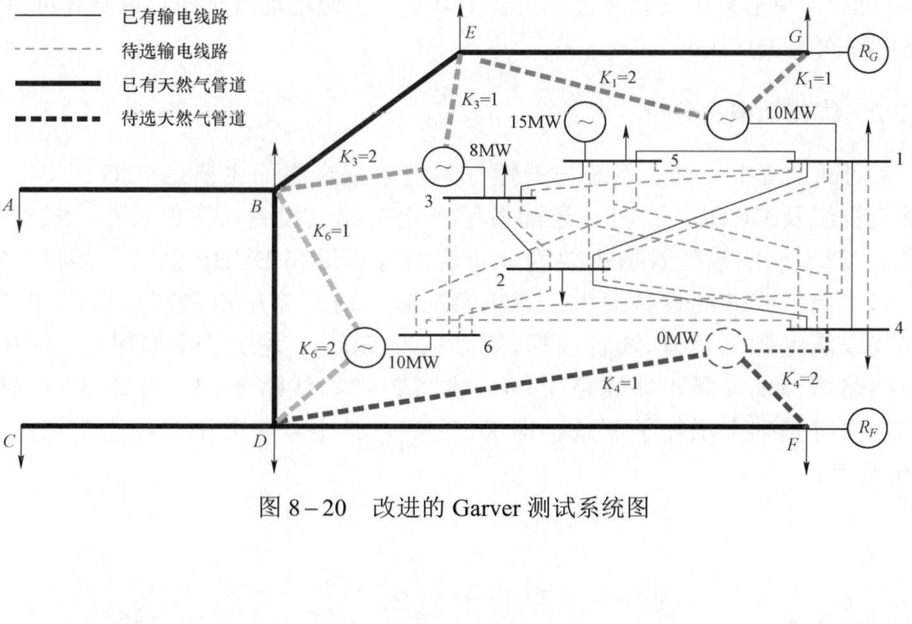

图 8－20　改进的 Garver 测试系统图

表 8-9　　测试系统的电力节点数据（初始年）

节点	最大可安装 DG 容量（MW）	已有容量（MW）	节点负荷（MW）
1	60	20	22
2	30	0	9
3	40	18	15
4	20	0	12
5	40	20	15
6	30	15	10

表 8-10　　发电/储能元件运行特性参数

元件类型	单位容量（MW）	变动成本（元/MWh）	投资成本（元/kW）	强迫停运率（%）	计划停运率（%）
风力发电	0.75	50.75	8540	1.8	1.2
光伏发电	0.50	86.24	8260	2.5	1.6
分布式燃气	1.50	192.78	3710	15	7
生物质能发电	2.00	122.15	10 640	16	8
DCHP	1.00	172.48	6160	12	6
储能	1000A·h	81.2	1820 元/kWh	—	—

假设每辆电动汽车单次充电 20kWh，通过慢充和快充装置充满分别需要 10h 和 0.5h。电动汽车的平均使用率为 30%，最大使用率为 80%。系统中储能以慢充为主，快充装置为慢充的 30%，单台慢充装置充电功率为 14kW、快充装置充电功率为 60kW，单节点可安装装置不大于 100 个，按照电动汽车保有量测算可得日最大充电频次为 350 次。

8.4.3.2 优化结果及分析

在测试系统中，电力系统与天然气系统的耦合界面主要是 P2G 设备、分布式燃气机组及 DCHP；此外，还配备了一定的储气设备（比例较小，模型中未体现）。新增加的输气管道主要为分布式燃气机组和 DCHP 供气，当供气不足时，则由储气或储能设备提供；当电负荷较低时，富余电量则可通过 P2G 设备储气或满足燃气负荷。通过模拟，规划后的 Garver 系统结构如图 8-21 所示，输电线路增加了 4 条，即线路 1-4、线路 2-3、线路 3-5、线路 3-6；输气管道在原有基础上增加了 9 条，即 K1～K9，其中 4 条分别与电力节点 1、3、4、6 连接。

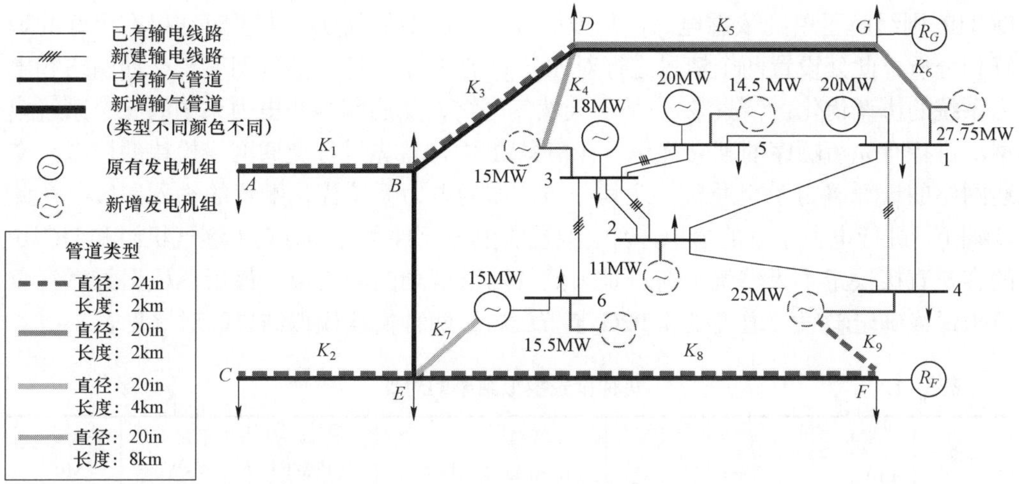

图 8－21　Garver 系统结构

由图 8－21 可知，随着各节点负荷的增长，6 个电力节点都有新增装机，其中节点 1、3、4、6 配置了燃气机组和 DCHP，因此分别贯通了输气管道与之相连。从 DG 类型来看，系统新增总容量 108.75MW，其中分布式燃气机组装机容量最大，达到 27.59%；风力发电机组次之，为 24.14%；DCHP 受热负荷影响配置比例最小，为 13.79%。从节点配置来看，节点 4 由于初始年未配置发电容量，因此新增容量最大达到 27.75MW，是新增总容量的 28.52%；节点 2 的负荷较低，且与节点 1、3、4、5 都互联，因此配置的新增容量最小；各节点可再生能源渗透率都在系统总容量（含初始年已有容量）的 35%以上。规划结果中各类设施的综合成本见表 8－11。

表 8－11　规划结果中各类设施的综合成本　万元

设施类型	风力发电	光伏发电	分布式燃气	DCHP	生物质能发电	储能单元	输电线路	天然气设施	EV 充电设施
投资成本	22 417.5	17 760.19	11 133.85	9241.61	17 030.3	3097.29	5186.09	55 454.77	13 524
变动成本	2615.9	2730.63	28 411.74	15 240.68	5756.52	4065.81	6995.17	24 954.3	6633.522
总成本	22 029.35	18 440.66	33 592.58	21 298.2	20 502.44	6801.83	11 564.35	66 738.91	17 558.04

在表 8－11 中，总变动成本为规划期内所有变动成本折现后的值，总成本为总投资成本和总变动成本扣除残值后的值。可见，电力元件成本 $C_{\mathrm{T}}^{\mathrm{ele}}$ 还是占据了较大比例的，交通网络的投资相对较少，只占综合总成本 $C_{\mathrm{T}}^{\mathrm{total}}$ 的 8.03%。而电力元件成本项 $C_{\mathrm{T}}^{\mathrm{ele}}$ 中，分布式燃气和 DCHP 的成本相对较高，主要原因在于装机容量较大，如进一步分析，这又与综合能源系统是一个相对独立的自平衡系统，需要保持系统自身可靠性和满足热负荷有关。系统的高可靠性要求配置能灵活出力的燃气机组，

DCHP 则缓解了单纯依靠电力供热或散烧化石能源的问题。为了对结果有更好的理解和分析，此处设置两个情景进行对比：情景 1 是进行天然气网络、交通网络和电力系统的协调优化；情景 2 是基于天然气网络、交通网络和电力系统的三个系统模型，进行有先后顺序的独立优化。在情景 2 中，首先进行交通网络模块的模拟，交通网络的计算确定了交通负荷及其分布，作为电力系统优化配置的输入参数；在此基础上，进行电力系统的模拟，确定配置的电力元件和分布，其中燃气机组和 DCHP 的容量直接决定了天然气负荷，是天然气网络规划的硬约束；最后，根据天然气负荷来最终确定输气管道类型和 P2G 装置配置。两种情景模拟结果的对比见表 8－12。

表 8－12　　两种情景模拟结果的对比

情景	C_T^{total}（10^4 元）	C_T^{ele}（10^4 元）	C_T^{gas}（10^4 元）	C_T^{EV}（10^4 元）	V^{net}（10^8m^3）	Q^{net}（10^8kWh）	Q^{cut}（10^8kWh）	新增容量（MW）
情景 1	218 526.4	134 250.5	66 738.91	17 558.03	10.81	18.56	8.64	108.75
情景 2	248 594.9	145 955.3	83 874.91	18 764.62	12.13	18.09	8.03	118.25

由表 8－12 可知，两组反映基础信息的数据，天然气购买量 V^{net} 和新增机组容量都是有明显增加的。这是因为情景 2 缺乏三个模块的协调和反馈机制，电力系统和天然气网络的约束条件无法制约交通网络，天然气的约束条件也无法制约电力系统，导致每一环节都以独立模块最优为目标。然而，电动汽车充电装置的最优配置方案对于电力系统来说可能需要更多的配套投入及更多的发电容量。同样，为了满足燃气机组和 DCHP 的天然气负荷，在管道类型选取上明显需要直径更大的输气管道（从指标 V^{net} 可以看出），使三个系统模块的成本项递进式增加。具体来看，与情景 1 相比，情景 2 中各分项成本都有增加，其中 C_T^{gas} 增加最多，达到 28.68%；C_T^{EV} 增加较少，增加了 8.07%。其原因在于，交通网络是第一个环节，相对来说受到的影响最小，而后续的优化模块就必须承受前面优化结果的约束。但是，从购电量 Q^{net} 和负荷削减量 Q^{cut} 来看，情景 2 规划方案的系统自平衡能力更好、系统可靠性更高。其实，这一点从装机容量和天然气网络配置的加强上不难看出。

8.5　本 章 小 结

近年来，以风光为代表的分布式新能源发电发展规模逐渐扩大，但风力发电和光伏发电的间歇性及反调峰特性，造成弃风和弃光问题比较突出。因此，研究灵活、安全、可靠的 DER 控制技术对于实现大规模分布式能源并网有着重要的意义。相应的，本章先后讨论了电热互联综合能源系统、电气互联综合能源系统及电热气互联综合能源系统，并构建了相应的调度优化模型，算例分析表明：① GVPP 能够根据电力市场和天然气市场不同时段的气电价格差异，协调优化电转气和燃气轮机的出力，利用气电能源的双向转换，形成电—气—电循环；② 多目标随机调度优化模型能够为不同风险态度决策者提供一个有效的决策工具；③ GST 和 PBDR 能够提升 WPP 和 PV 的并网空间。总之，本章所提优化模型能够为集中式能源聚合综合能源系统的优化运行提供方法支撑和决策依据。

第9章

农村多能互补利用综合效益评价与均衡模型

通过对农村风—光—生物质能—小型水力发电多能协同调度、农村虚拟电厂多目标运营、农村微能源站多能互补运营，以及农村县域综合能源多能互补运营等方面开展研究，推进农村分布式能源的优化利用策略。上述研究主要以清洁能源利用效率、系统安全稳定性作为优化目标，弱化系统内部各主体效益评价及分配问题。针对上述四种类型的多能互补清洁能源系统，本章对含多能互补的清洁能源系统效益评价及均衡机制进行研究：一方面是综合考虑多能互补能源系统的特点及其带来的效益，以指标体系构建原则为基准，多角度构建含多能互补清洁能源系统效益评价指标体系，并引入基于模糊群体层次分析法和改进云模糊综合评价方法，建立考虑多能互补清洁能源系统评价指标体系和综合评价模型；另一方面是考虑包含多能互补的各类清洁能源系统及跨区域资源配置中的主体效益关系分析，以及多主体效益均衡问题。基于此，本章围绕考虑多能互补清洁能源系统效益评价及不同利益主体效益均衡机制展开较为深入的研究，以便制定合理的效益评价及均衡机制，实现清洁能源系统的高效应用。

9.1 引　言

能源是人类赖以生存和发展的重要基础，是国民经济的命脉。随着社会经济的发展，对能源的需求量与日俱增，尤其给化石能源带来了前所未有的供能压力，加之环境问题被重视程度的不断深入，如何确保人类社会能源可持续供应的同时减少环境污染，成为当今世界各国关注的问题。提高能源利用效率、大力开发清洁能源，成为解决能源需求增长与能源紧缺、能源利用与环境保护之间矛盾的重要措施之一，综合能源系统正是在这种环境下提出的。

针对含多能互补的新能源项目效益评估的研究取得了一定成果。Khosravi 等评估了与太阳能光伏、风能、制氢装置和燃料电池相结合的离网混合可再生能源系统的能量、㶲和经济性能[212]。文献［213］对光伏—热电（PV－TE）混合系统进行了㶲和能量性能评估。文献［214］从经济和环境角度评估了具有光伏和地源热泵的混合能源系统。文献［215］基于计算机软件和算术模型，在特定的空间尺度上对混合可再生能源系统进行了技术经济绩效评估。同时，文献［216］提出的模糊集理论已经成为表示这种不确定现象的有力方法。通过模糊集理论与传统评估方法相结合，提出一些模糊评价方法，包括模糊综合评价（FSE）[217]和模糊多准则决策（MCDM）方法，如模糊 TOPSIS[218]、模糊 VIKOR[219]、模糊 PROMETHEE[220]和模糊 TODIM[221]。其中，FSE 方法是一种基于模糊数学的综合评估方法，MCDM 方法依赖于多个项目之间的相互比较。尽管 FES 方法在处理多因素和多层次复杂评估问题方面具有独特优势，但也具有明显的缺点，如忽略了信息的固有随机性，Deyi 等人提出了云模型[226]，可以描述随机性和模糊性的关系，已成功应用于能源管理领域[222-224]。

针对参与多主体利益均衡分配方面，夏普利值法和核心法表现出了优势。Kazi 等在澳大利亚昆士兰地区，通过采用夏普利值法解决了可再生能源成本分配的问题[225]。文献［226］采用了夏普利值法，分别构建了分散式和集中式两种不同类型的决策模型，从而为解决新能源汽车供应链中的利润分配问题提供了解决方案。文献［227］通过分析风力发电产业的实际情况，考虑风险和技术创新等要素，以夏普利值法对该利益分配问题进行了建模求解，从而有效解决了风力发电产业链利益分配不合理的问题。文献［228］采用博弈理论对循环取货的方式利用夏普利值法进行测算，从而将节约的成本合理分配到各个利益主体。文献［229］对企业联盟收益分配问题开展研究，考虑多种影响因素，主要包括风险承担能力、参与重要性等要素，并结合夏普利值法，对各项影响因素权重进行了确定。文献［230］采用夏普利值法对合作联盟节约的成本按照百分比确定最佳顺序，从而促进了联盟利益与贡献程度的正比例关系。文献［231－232］等对市场划分后的利益分配问题开展研究，采用夏普利值法对分配博弈模型进行了求解。相对于夏普利值法，核心法更加强调联盟成员分配后的利益大于独立收益。

综上所述，围绕考虑多能互补的新能源系统项目效益评价及均衡机制研究已经取得了丰富的成果。从可持续发展的角度来看，缺乏关于多能互补新能源系统项目绩效评估的文献。然而，可持续发展是指经济、环境和社会方面的长期发展[233]。能源项目的发展已经强调了这一概念[239,240]。事实上，多能互补新能源项目具有显著的环境效益和社会效益，如减少碳排放和创造就业等。同时，对能源系统内部和跨区域两种能源系统进行分析，对不同主体效益均衡问题开展研究，并且提出集成运行综合能源系统。在此背景下，一方面从经济、技术、环境、社会多个方面开展含多能互补的清洁能源系统效益评价，引入改进云模型的模糊综合评价方法，建立含多能互补的清洁能源项目效益评估模型，以期为含多能互补的清洁能源项目投资及运行提供有效的决策依据，从而进一步为电源侧、用户侧的多能互补优化运行提供基础。另一方面在考虑多能互补的前提下，对清洁能源系统进行效益优化建模，在此结果上，再对效益分配问题进行解决，基于两种典型的效益分配方法，构建多主体效益均衡模型，从而为有效解决能源系统不同主体效益均衡机制提供参考方案。

9.2 农村多能互补利用综合效益评价模型

9.2.1 能源系统效益评价指标体系

构建指标体系是对含多能互补的能源系统效益进行科学评价的前提，只有合理的指标体系，才能得出全面、准确、科学的评价结论，为决策者提供有价值的参考。本章从经济、技术、环境、社会四个角度出发，坚持科学性与系统性、代表性和可比性、独立性和实用性、定量与定性相结合的原则，建立含多能互补的新能源项目效益综合评价指标体系，具体包括 4 个一级指标、9 个二级指标和 23 个三级指标。含多能互补的清洁能源系统效益评价指标体系如图 9－1 所示。

9.2.1.1 经济效益指标

清洁能源系统的经济效益主要包括反映投资成本和财务表现的两类指标。

1. 投资成本效益

（1）系统初投资。系统初投资一定程度上决定了系统建设的难度和经济效益，系统初投资为各个设备的总投资费用，即

$$C_0=\sum_{i=1}^{n}\left(I_iP_i\right) \tag{9-1}$$

式中：C_0 为系统初投资，元；I_i 为第 i 种设备的单位投资，元/kW；P_i 为第 i 种设备的容量，kW；n 为设备种类数。

（2）年度化成本。在经济学分析中，年度化成本是将非能量费用年度化，其计算公式为

$$C_{\mathrm{a}}=\left\{\left[1-S_{\mathrm{v}}P_{\mathrm{WF}}\left(i,n\right)\right]C_0+\sum_{i=1}^{n}F_tP_{\mathrm{WF}}\left(i,t\right)\right\}C_{\mathrm{RF}}\left(i,n\right) \tag{9-2}$$

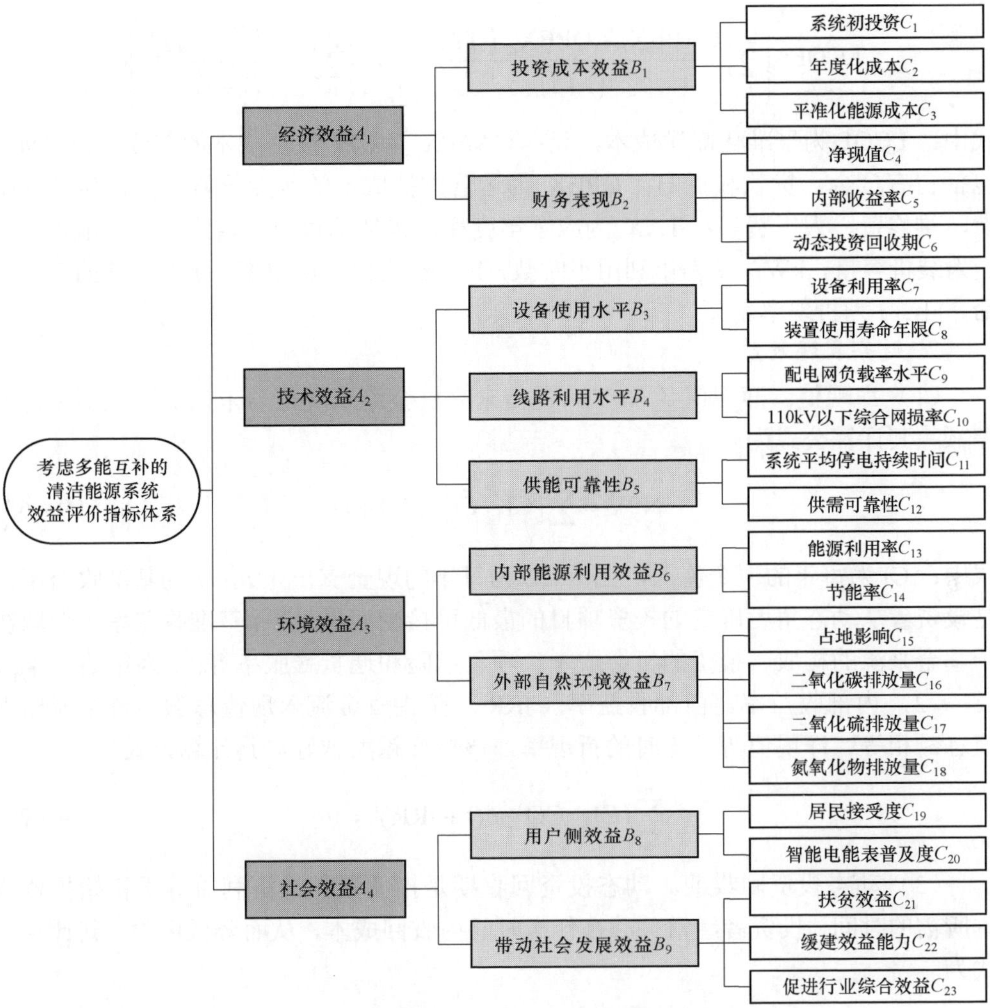

图9－1　含多能互补的清洁能源系统效益评价指标体系

$$P_{\mathrm{WF}}(i,n)=(1+i)^{-n} \tag{9-3}$$

$$C_{\mathrm{RF}}(i,n)=i(1+i)^{n}/\left[(1+i)^{n}-1\right] \tag{9-4}$$

式中：C_{a}为年度化成本，元；S_{v}为经济寿命期后的残值系数；$P_{\mathrm{WF}}(i,n)$为折现系数；F_t为第t年耗费的运维成本及税金，元；$C_{\mathrm{RF}}(i,n)$为资金回收系数；i为折现率，此处指银行利率；n为系统的运行寿命，年。

（3）平准化能源成本。平准化能源成本是衡量系统寿命期间能源单位成本（包括电力、热量和冷量）的净现值，是用于比较各种发电设施的经济性能的常用指标之一，其计算公式为

$$\mathrm{LCOE}=\left[\sum_{i=1}^{n}\frac{\mathrm{CAPEX}_t+\mathrm{OPEX}_t+\mathrm{TAX}_t}{(1+i)^t}\right]\bigg/\left\{\sum_{i=1}^{n}\frac{\left[CH\left(1-\varphi_{\mathrm{u}}\right)\right]_t}{(1+i)^t}\right\} \qquad (9-5)$$

式中：LCOE 为平准化能源成本，元；CAPEX_t 为初始投资成本的年度价值，元，包括自有资金、贷款和折旧；OPEX_t 为运营维护成本的年度价值，元，包括保险费、维修费、人工费等；TAX_t 为应缴年度税，包括销售税、增值税、土地税等；C 为装机容量，kW；H 为年利用小时数，h；φ_{u} 为自我用电率；n 为系统的运行寿命，年；i 为折现率。

2. 财务表现效益

（1）净现值。净现值（NPV）是指未来资金流入现值与未来资金流出现值的差额，其计算公式为

$$\mathrm{NPV}=\sum_{t=1}^{n}\left(\mathrm{CI}-\mathrm{CO}\right)_t/(1+i)^t \qquad (9-6)$$

式中：CI 为每年的现金流入，元；CO 为每年的现金支出，元；i 为基准收益率，是投资者从动态角度确定的投资项目的最低可接受回报水平，基准收益率主要取决于基金来源的构成、投资的机会成本、项目风险和通货膨胀率等；t 为年数，年。

（2）内部收益率。内部收益率（IRR）是指资金流入现值总额与资金流出现值总额相等、净现值等于零时的折现率，该指标越大越好，其计算公式为

$$\sum_{t=1}^{n}\left(\mathrm{CI}-\mathrm{CO}\right)_t/(1+\mathrm{IRR})^t=0 \qquad (9-7)$$

（3）动态投资回收期。动态投资回收期是指使累积经济利益等于初始投资成本所需的时间，投资者经常关心在什么时间内收回成本，从而降低风险，其计算公式为

$$\sum_{t=1}^{T}\left(\mathrm{CI}-\mathrm{CO}\right)_t/(1+i_{\mathrm{c}})^t=0 \qquad (9-8)$$

式中：T 为动态投资回收期，年。

9.2.1.2 技术效益指标

含多能互补的清洁能源系统的技术效益主要包括反映设备使用水平、线路利用水平和系统供能可靠性的三类指标。

1. 设备使用水平

（1）设备利用率。除了基本的配电一、二次装置以外，多能互补清洁能源系统主要设备集中于能源环节，投资成本大，且运行维护重要性高，具体可以分为能

源生产装置、能源转换装置和能源存储装置三类。设备利用率是能够体现出系统内该设备的工作状态和生产效率的指标，具有重要的评估意义。设备利用率是指一段时间内设备的实际工作时间与计划工作时间的比值，该数值的大小与项目效益直接相关，具体表达式为

$$\eta_e = \sum_{n=1}^{N} T_n \Big/ NT_0 \tag{9-9}$$

式中：η_e为系统的设备利用率；T_0为单位计划工作时长，h；T_n为第n台设备在单位时间内的实际工作时长，h；N为系统内的能源环节设备数量，台。

（2）装置使用寿命年限。能源系统的装置使用寿命是在进行规划设计时必须考虑的指标之一，装置使用寿命年限间接反映了装置的质量好坏和技术水平，在长时间的负荷承载及短时间的故障电流冲击的前提下，高质量的装置具有更长的寿命年限。

2. 线路利用水平

（1）配电网负载率水平。配电网是连接能源系统和终端用户之间的桥梁，在维持系统电压稳定、功率平衡，以及实现多种能源流的传输和分配等方面发挥着重要的作用。配电网负载率水平是决定配电系统利用水平的一项重要指标，包含配电变压器和线路两个方面。负载率水平是指平均负载容量和额定负载容量之比，既反映了配电系统承受大负荷运行的能力，又能够体现配电网设备是否得到最大利用，其计算公式为

$$\eta_a = \frac{S_a}{S_0} \times 100\% \tag{9-10}$$

式中：η_a为系统的配电网负载率水平；S_a为配电网平均负载容量，kW；S_0为配电网额定负载容量，kW。

（2）110kV以下综合网损率。由于技术水平限制和能源特性，配电网环节在传输能源时会存在一定的损耗，如线路、配电变压器等设备上存在的功率损耗等。通过一定的协调手段和运行控制，可以尽可能地降低损耗。以110kV以下综合网损率为代表性指标表征系统在配电网环节传输能源时的损耗情况。

3. 系统供能可靠性

（1）系统平均停电持续时间。系统平均停电持续时间是评估配电网运行和供能可靠性的重要指标，其计算公式为

$$\tau = \frac{\text{用户停电持续时间总和}}{\text{总用户数}} \tag{9-11}$$

式中：τ为系统平均停电持续时间，h。

（2）供需可靠性。系统供能与用户需求间的差异反映系统的供需可靠性，其计算公式为

$$P_{\mathrm{LOES}}=\frac{\Delta W_{\mathrm{E},T}+\Delta W_{\mathrm{H},T}+\Delta W_{\mathrm{C},T}}{W_{\mathrm{E},T}+W_{\mathrm{H},T}+W_{\mathrm{C},T}} \tag{9-12}$$

$$\left.\begin{aligned}
&\Delta W_{\mathrm{E},T}=\int_0^T\left[P_{\mathrm{L,E}}(t)-\sum_{i=1}^{n1}P_{\mathrm{o},i}(t)-\sum_{j=1}^{n3}P_{\mathrm{E},j}^{\mathrm{CCHP}}(t)-\sum_{i=1}^{n1}P_{\mathrm{S},k}(t)\right]\mathrm{d}t\\
&\Delta W_{\mathrm{H},T}=\int_0^T\left[P_{\mathrm{L,H}}(t)-P_{\mathrm{H}}^{\mathrm{CCHP}}(t)\right]\mathrm{d}t\\
&\Delta W_{\mathrm{C},T}=\int_0^T\left[P_{\mathrm{L,C}}(t)-P_{\mathrm{C}}^{\mathrm{CCHP}}(t)-P_{\mathrm{C}}^{\mathrm{E}}(t)\right]\mathrm{d}t\\
&W_{\mathrm{E},T}=\int_0^T P_{\mathrm{L,E}}(t)\mathrm{d}t,W_{\mathrm{H},T}=\int_0^T P_{\mathrm{L,H}}(t)\mathrm{d}t,W_{\mathrm{C},T}=\int_0^T P_{\mathrm{L,C}}(t)\mathrm{d}t
\end{aligned}\right\} \tag{9-13}$$

式中：P_{LOES}为系统的供需可靠性；$W_{\mathrm{E},T}$、$W_{\mathrm{H},T}$、$W_{\mathrm{C},T}$分别为一定时期园区内用户的用电量、热耗和冷耗，kW；$\Delta W_{\mathrm{E},T}$、$\Delta W_{\mathrm{H},T}$和$\Delta W_{\mathrm{C},T}$分别为T时期供电、供热和供冷的偏差，kW；$P_{\mathrm{L,E}}(t)$、$P_{\mathrm{L,H}}(t)$和$P_{\mathrm{L,C}}(t)$分别为T时期用户对电力负荷、热负荷和冷负荷的需求，kW；$P_{\mathrm{o},i}(t)$为T时期i可再生能源单位的实际输出功率，kW；$P_{\mathrm{C}}^{\mathrm{E}}(t)$为$T$时期的电制冷功率，kW；$P_{\mathrm{E},j}^{\mathrm{CCHP}}(t)$、$P_{\mathrm{H}}^{\mathrm{CCHP}}(t)$和$P_{\mathrm{C}}^{\mathrm{CCHP}}(t)$分别为$T$时期系统电力、热力和冷量的实际输出功率，kW；$P_{\mathrm{S},k}(t)$为$T$时期$k$储能装置的放电功率，kW。

9.2.1.3 环境效益指标

能源系统的环境效益主要包括反映系统内部能源利用水平和系统对外部环境影响的两类指标。

1. 内部能源利用效益

（1）能源利用效率

$$\eta_{\mathrm{W}}=\frac{\left|W_{\mathrm{E},T}\right|+\left|W_{\mathrm{H},T}\right|+\left|W_{\mathrm{C},T}\right|}{\left(\frac{\left|W_{\mathrm{grid},T}\right|}{1-\xi}+\left|W_{\mathrm{des},T}\right|\right)H_{\mathrm{gas}}} \tag{9-14}$$

式中：η_{W}为能源利用效率；ζ为某一区域内的网络损失率；$W_{\mathrm{grid},T}$为从外部电网购买的电量，kW；$W_{\mathrm{des},T}$为系统中的天然气消耗量，m^3；H_{gas}为天然气热值，kW/m^3。

（2）节能效率。节能效率表示在满足相同冷、热、电负荷需求时，含多能互补的新能源系统相对于传统能源利用形式的一次能源消耗量之比，即

$$\eta_{\mathrm{s}}=\frac{Q_{\mathrm{f}}-Q_{1}}{Q_{\mathrm{f}}} \tag{9-15}$$

式中：η_s 为节能效率；Q_f 为常规系统一次能源消耗量，kW；Q_l 为含多能互补的新能源系统一次能源消耗量，kW。

2. 外部自然环境效益

（1）占地影响。项目建设会占据土地，尤其当项目选址靠近城市时，会对城市、自然景观产生一定的影响。

（2）CO_2 排放量

$$M_{CO_2}=(W_{E,pro}+W_{H,pro}+W_{C,pro})km_{CO_2} \tag{9-16}$$

式中：M_{CO_2} 为能源系统 CO_2 排放量，kg；$W_{E,pro}$、$W_{H,pro}$ 和 $W_{C,pro}$ 分别为能源系统一定时期内电力、热力和冷量的生产量，kW；k 为供能的煤炭消耗量，kg/kW；m_{CO_2} 为燃烧 1t 标准煤产生的二氧化碳量，kg。

（3）SO_2 排放量

$$M_{SO_2}=(W_{E,pro}+W_{H,pro}+W_{C,pro})km_{SO_2} \tag{9-17}$$

式中：M_{SO_2} 为能源系统 SO_2 排放量，kg；m_{SO_2} 为燃烧 1t 标准煤产生的二氧化硫量，kg。

（4）NO_x 排放量

$$M_{NO_x}=(W_{E,pro}+W_{H,pro}+W_{C,pro})km_{NO_x} \tag{9-18}$$

式中：M_{NO_x} 为能源系统 NO_x 排放量，kg；m_{NO_x} 为燃烧 1t 标准煤产生的氮氧化物量，kg。

9.2.1.4 社会效益指标

能源系统的社会效益主要包括反映用户侧效益和带动社会发展效益的两类指标。

1. 用户侧效益

（1）用户接受度。用户的接受程度综合反映了用户对能源系统的意见。用户意见对于完善用户端用能建设具有重要的意义，随着我国区域能源系统的不断发展，用户侧在未来会变得更加智能化、便捷化。

（2）智能电能表普及度。智能电能表是需求侧管理的智能终端，除了具备传统电能表的电能计量功能之外，同时还具有用户信息数据存储、多费率双向计量、保护控制、防窃电能和数据，以及用户终端控制等智能化功能，能够促使用户更加积极地与电网互动，优化用能途径和体验，更好地适应多能互补项目的发展。因此，智能电能表的普及程度可以反映用户环节需求响应的完善度，代表着多能互补项目智能化、综合化的发展进程。

2. 带动社会发展效益

（1）扶贫效益。响应国家的精确扶贫战略，含多能互补的新能源项目的实施可以促进当地就业和经济增长，从而减少贫困。

（2）缓建效益能力。多能互补能源系统并网后，会改变配电网潮流分布，随之引起电网网损的变化。电网缓建效益可以用有功功率单位成本 $C_{i,P}^{\mathrm{IRP}}$ 和无功功率单位成本 $C_{i,Q}^{\mathrm{IRP}}$ 表示，如果两者为负值，则表明该节点导致线路、变压器传送功率下降，降低了现有设备使用强度，从而延缓了电网公司对新设备的投资。

$$\left.\begin{aligned} C_{i,P}^{\mathrm{IRP}} &= \frac{C_{i,P}}{\Delta P} \\ C_{i,Q}^{\mathrm{IRP}} &= \frac{C_{i,Q}}{\Delta Q} \end{aligned}\right\} \tag{9-19}$$

式中：ΔP 、ΔQ 分别为节点 i 的有功功率、无功功率的波动值，kg；$C_{i,P}$ 、$C_{i,Q}$ 分别为节点 i 的有功功率、无功功率波动造成的费用，元。

（3）促进行业综合效益。含多能互补的能源系统建设项目通过多种能源的互补梯级利用，促进能源合理开发利用，并取得经济、环境等多方面效益，推动能源、电力相关行业的全面健康发展。

9.2.2 能源系统综合效益评价模型

含多能互补的清洁能源系统效益评价指标体系包括定量和定性指标，评价方法构建的合理性直接决定评价结果的有效性。本节提出基于云模型的改进模糊综合评价方法，建立含多能互补的清洁能源系统综合效益评价模型。

9.2.2.1 指标权重确定方法

对含多能互补的清洁能源系统效益评价指标的赋权结果直接影响评价结果的有效性。本文采用模糊群体层次分析法（fuzzy group analytic hierarchy process，FGAHP）来确定含多能互补的清洁能源系统效益评价的指标权重。经典的三角模糊数可表示如下：

令 $\tilde{M}=(l,m,u)$，其中参数 l、m、u 分别为模糊事件的最小取值、最可能取值及最大取值。其隶属度函数描述为

$$\mu_{\tilde{M}}(x)=\begin{cases} 0, & x<l \\ \dfrac{x-l}{m-l}, & l\leqslant x<m \\ \dfrac{u-x}{u-m}, & m\leqslant x \\ 0, & x>u \end{cases} \tag{9-20}$$

以下是三角模糊数的基本运算：

假设 $\tilde{M}_1=(l_1,m_1,u_1)$ 和 $\tilde{M}_2=(l_2,m_2,u_2)$ 是两个三角模糊数，则有：

（1）加法：$\tilde{M}_1+\tilde{M}_2=(l_1+l_2,m_1+m_2,u_1+u_2)$。

（2）减法：$\tilde{M}_1-\tilde{M}_2=(l_1-l_2,m_1-m_2,u_1-u_2)$。

（3）乘法：$\tilde{M}_1\times\tilde{M}_2=(l_1\times l_2,m_1\times m_2,u_1\times u_2)$。

（4）除法：$\tilde{M}_1^{-1}=\left(\dfrac{1}{u_1},\dfrac{1}{m_1},\dfrac{1}{l_1}\right)$。

FGAHP 的决策步骤如下：

步骤一：定义评语集与模糊数的映射，见表 9－1。

表 9－1　评语集与模糊数的映射

评价尺度	标签	模糊数	标签	模糊数
完全相等	J	（1，1，1）	DJ	（1，1，1）
同等重要	E	（1/2，1，3/2）	DE	（2/3，1，2）
稍微重要	W	（1，3/2，2）	DW	（1/2，2/3，1）
一般重要	G	（3/2，2，5/2）	DG	（2/5，1/2，2/3）
十分重要	V	（2，5/2，3）	DV	（1/3，2/5，1/2）
极其重要	X	（5/2，3，7/2）	DX	（2/7，1/3，2/5）

步骤二：各决策者分别提供比较矩阵。每个专家采用表 9－1 中的标签给出指标的重要度比较矩阵，即

$$\boldsymbol{A}^k=\begin{bmatrix} a_{11} & a_{12} & \cdots & a_{1n} \\ a_{21} & a_{22} & \cdots & a_{2n} \\ \cdots & \cdots & \cdots & \cdots \\ u_{n1} & u_{n2} & \cdots & u_{nn} \end{bmatrix} \tag{9-21}$$

式中：a_{ij} 为表 9－1 中的评价语言集，$a_{ii}=J$；k 为第 k 个决策专家。

步骤三：比较矩阵一致性检验。首先，对矩阵进行去模糊化处理，即

$$\mathrm{Deff}(\tilde{M})=\frac{l+4m+u}{6} \tag{9-22}$$

矩阵一致性指数 CI 为

$$\mathrm{CI}=\frac{\lambda_{\max}-m}{m-1} \tag{9-23}$$

式中：$\lambda_{\max}$ 为比较矩阵中最大的特征值；m 为矩阵的阶数。

矩阵一致性指数CR可计算为

$$CR=CI/RI \quad (9-24)$$

其中RI值见表9-2。如果CR值小于0.1，则认为通过一致性检验，否则，需要决策者重新调整比较矩阵。

表9-2　不同阶数下的RI值

阶数	1	2	3	4	5	6	7	8	9	10
RI	0	0	0.58	0.9	1.12	1.24	1.32	1.41	1.45	1.49

步骤四：使用几何平均数集结各决策者结果

$$y_{ij}=\left(\prod_{l=1}^{k}x_{ijl}\right)^{1/k} \quad i,j,=1,2,\cdots,n;k=1,2,\cdots l \quad (9-25)$$

9.2.2.2　改进云模糊综合评价方法

通常情况下，云模型可以有效地整合概念的随机性和模糊性，可以更好地解决不确定情况下的问题。

设U为一个可采用精确数值表示的论域空间，T为论域U上的一个定性概念。设任意一个元素$x(x\in U)$是概念T的一个随机的实例，其满足$E_n'\sim N(E_n,H_e^2)$，$x\sim N(E_x,E_n'^2)$，并且x属于T的隶属度满足以下等式

$$u(x)=\mathrm{e}^{\frac{(x-E_x)^2}{2E_n'^2}} \quad (9-26)$$

其中，$u(x)$为x属于T的隶属度函数，它衡量x属于定性概念T的隶属度，$u(x)$值越大，x对T的从属性就越大，$u(x)$在论域U上的分布称为隶属云，简称云；任一x称作U中的一个云滴。

由大量云滴组成的云的整体形状是对定性概念属性的综合反映。通过三个数值特征描述一个定性概念的整体定量属性是云模型的核心思想，即期望（E_x）、熵（E_n）和超熵（H_e）。期望E_x代表云在论域空间分布上的中心值；熵E_n代表对定性概念的不确定性的度量；超熵H_e是熵E_n的熵，是对E_n的不确定性的量度，即二阶熵，它反映了云滴的分散性。如果A是具有三个数值特征E_x、E_n和H_e的云，那么云A可以被描述为A（E_x，E_n，H_e）。图9-2所示为云（20，1，0.1）。

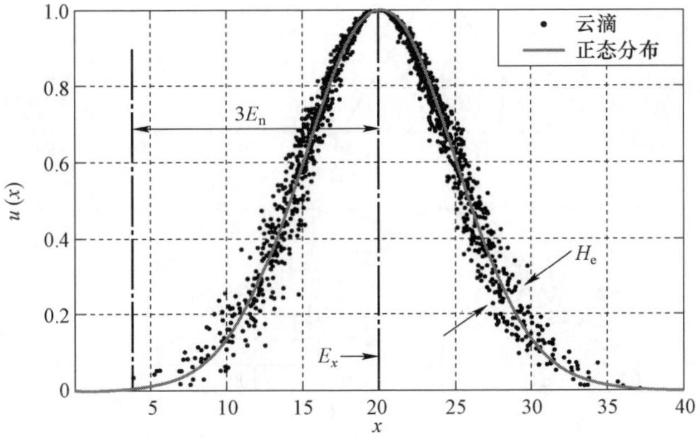

图 9-2　云（20，1，0.1）

假设有两个云 $X(E_{x1},E_{n1},H_{e1})$ 和 $Y(E_{x2},E_{n2},H_{e2})$，云 X 和 Y 之间的运算定义为

$$X+Y=\left(E_{x1}+E_{x2},\sqrt{E_{n1}^2+E_{n2}^2},\sqrt{H_{e1}^2+H_{e2}^2}\right) \tag{9-27}$$

$$X-Y=\left(E_{x1}-E_{x2},\sqrt{E_{n1}^2+E_{n2}^2},\sqrt{H_{e1}^2+H_{e2}^2}\right) \tag{9-28}$$

$$X\times Y=\left[E_{x1}E_{x2},\sqrt{\left(E_{n1}E_{x2}\right)^2+\left(E_{x1}E_{n2}\right)^2},\sqrt{\left(H_{e1}E_{x2}\right)^2+\left(E_{x1}H_{e2}\right)^2}\right] \tag{9-29}$$

$$X/Y=\left[\frac{E_{x1}}{E_{x2}},\left|\frac{E_{x1}}{E_{x2}}\right|\sqrt{\left(\frac{E_{n1}}{E_{x1}}\right)^2+\left(\frac{E_{n2}}{E_{x2}}\right)^2},\left|\frac{E_{x1}}{E_{x2}}\right|\sqrt{\left(\frac{H_{e1}}{E_{x1}}\right)^2+\left(\frac{H_{e2}}{E_{x2}}\right)^2}\right] \tag{9-30}$$

$$X^m=\left(E_{x1},\sqrt{m}E_{x1}^{m-1}E_{n1},\sqrt{m}E_{x1}^{m-1}H_{e1}\right) \tag{9-31}$$

$$mX=\left(mE_{x1},\sqrt{m}E_{n1},\sqrt{m}H_{e1}\right) \tag{9-32}$$

模糊综合评价方法利用隶属度函数将不确定性转化为确定性，从而可以使用传统的数学方法进行分析和处理。模糊综合评价的关键可以归纳为各个因素对各评语隶属度的确定问题，即因素对评语的模糊映射，而原始的模糊综合评判法用隶属度函数曲线表征这种映射，忽略了隶属度函数确定的模糊性与随机性。在对某个定性概念的处理过程中，具体因素对概念的隶属度并不是恒定不变的，而是始终存在着细微的变化，简单的隶属度函数曲线是不足以表达这种模糊映射的。

使用云模型而不是隶属度函数来提出基于云的模糊综合评估方法，如图 9-3 所示。该方法的计算过程如下：

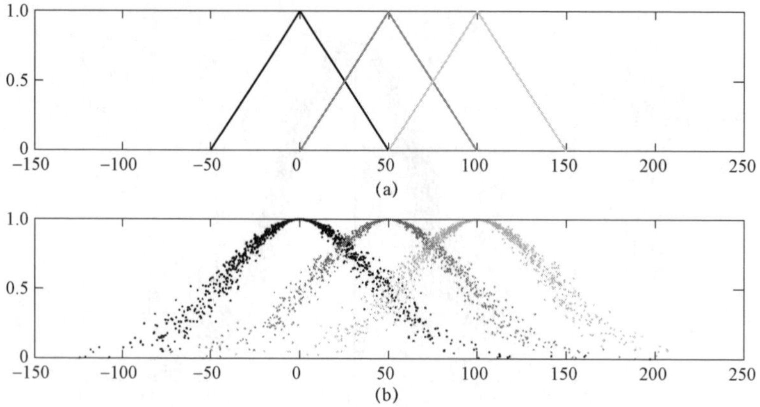

图 9−3 模糊综合评价和云模型中的隶属度函数

（a）模糊综合评价；（b）云模型

步骤一：定义被评价对象的评语集 $V=(v_1,v_2,\cdots,v_n)$。

步骤二：针对每个指标制定其属于各个评语时的区间范围 $U=[l,u]$。该步骤根据专家经验确定。例如，针对指标“能源利用效率”，专家可以制定“能源利用效率”处于区间［0%，20%］时的评语为“很差”。

步骤三：通过式（9−28）～式（9−32）计算每个指标对于每个评语的隶属度。

步骤四：汇总所有指标的隶属度并计算获得的最终结果。

9.3 含多能互补的清洁能源系统效益均衡模型

9.3.1 系统参与方效益关系分析

9.3.1.1 能量传递链

能源集线器是区域综合能源系统的组成单元，通常情况下能源集线器主要由四个部分构成，即可控单元、不可控单元、储能设施和配套设施。常规的能源集线器结构如图 9−4 所示。

可控单元主要由燃气轮机和锅炉构成，通过实时控制来调节出力；不可控单元主要由分布式能源构成，包括风机、光伏等，这一类能源出力受外部影响较大；储能主要由储电和储热两个部分构成，用以调整用电和用热时间，减少系统资源浪费；配套设施主要包括热交换器、压缩制冷机、吸收制冷机、余热回收装置等，辅助系统能源转化。

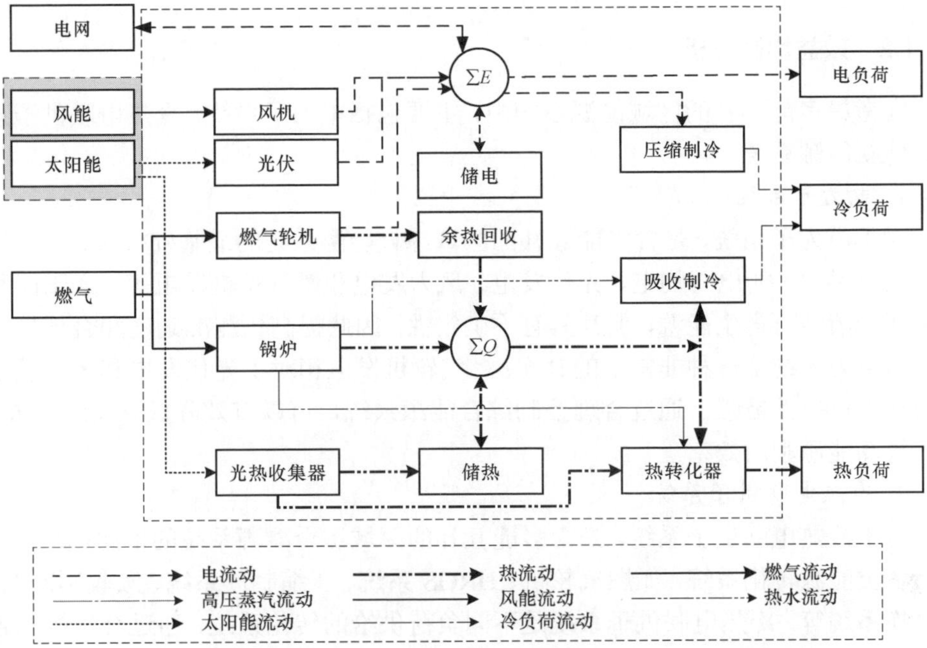

图 9－4　能源集线器结构示意图

然而，在实际生产中，并不是所有区域都适合这种完整的能源集线器，主要是分布式能源构成的差异，一些区域含有风机，一些区域含有光伏，还有一些区域仅含有燃气系统，不含分布式能源。为了提高整体综合能源系统的运行效率，可通过辐射状电网、环形热网和环形冷网将这些区域相连，通过整体调度产生冷、热、电负荷互补的效果。含多能互补的多种综合能源系统如图 9－5 所示。

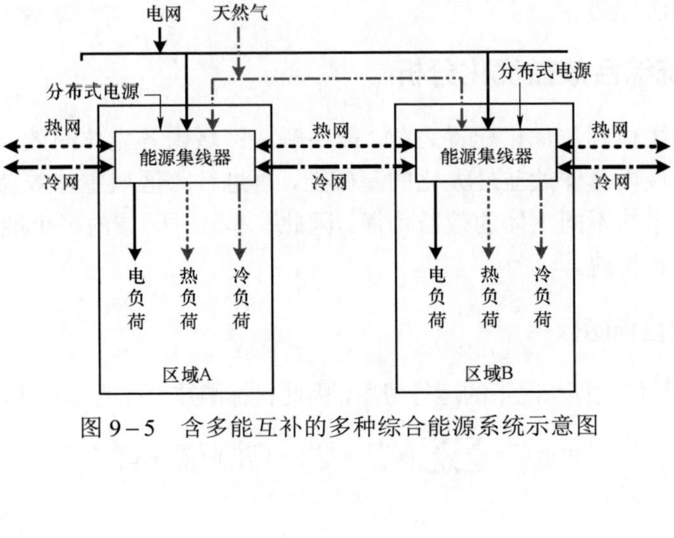

图 9－5　含多能互补的多种综合能源系统示意图

9.3.1.2 效益均衡分析

在考虑多能互补的区域能源系统中，主要包括电力子系统、冷热电联供子系统和其他新能源系统。

1. 电力子系统

对于电力子系统，是含多能互补的区域综合能源系统的最基础模块，主要包括多种发电类型，如电网购电、光伏发电、风力发电和燃气轮机发电等。太阳能和风能都属于清洁可再生能源，但其具有不确定性，因此提高预测准确度和合理控制对于常规电力系统是一种非常好的补充；燃气轮机发电相对于光伏发电和风力发电的优势在于可控性更强；通过合理控制综合能源系统，可以有效降低系统运行成本，从而提高能源利用效率。

2. 冷热电联供子系统

对于冷热电联供子系统，是含多能互补的区域综合能源系统的枢纽模块，主要包括各类能源转化系统，如燃气轮机、HRGS 系统、压缩制冷系统、吸收制冷系统、热交换系统等。冷热电联供子系统是不同负荷供给的转化系统，通过合理控制各种能源的使用和转化系统，能够在满足电负荷、热负荷、冷负荷的前提下，不断提高能源利用效率。

3. 其他新能源系统

除光伏发电、风力发电、燃气轮机发电这些清洁能源之外，目前能够应用到含多能互补的综合能源系统中的新能源越来越多，如地热能等。以地源热泵系统为例，该系统主要供给热负荷和冷负荷，主要利用的能源来源是土壤中常年保持的恒温特点。由于其运行成本远远低于其他能源转化为冷负荷、热负荷的成本，可以说具有非常明显的经济优势。

9.3.2 系统综合效益优化分析

在对不同主体利益优化配置之前，需要解决区域内各主体间效益优化问题，只有在优化了区域内总体效益最大化的基础上，再进行跨区域主体效益分配，才能真正地实现能源系统不同主体的效益均衡。因此，本节对区域内多个能源系统综合效益优化模型进行构建。

9.3.2.1 优化目标函数

首先测算最优运行状况下的运行费用，因此目标函数设计为多个成本之和，具体为

$$\min C=\sum_{i=1}^{n}\sum_{t=1}^{24}\left(C_{i,t}^{\mathrm{ng}}+C_{i,t}^{\mathrm{e}}+C_{i,t}^{\mathrm{sd}}+C_{i,t}^{\mathrm{es}}+C_{i,t}^{\mathrm{hs}}\right) \tag{9-33}$$

式中：n 为综合能源系统区域个数；$C_{i,t}^{\mathrm{ng}}$ 为区域 i 在 t 时刻的燃气消耗成本，元；$C_{i,t}^{\mathrm{e}}$ 为区域 i 在 t 时刻的电网购电成本，元；$C_{i,t}^{\mathrm{sd}}$ 为区域 i 在 t 时刻的燃气轮机启停成本，元；$C_{i,t}^{\mathrm{es}}$ 为区域 i 在 t 时刻的储电设备运行成本，这里特指运行损耗成本，元；$C_{i,t}^{\mathrm{hs}}$ 为区域 i 在 t 时刻的储热设备运行成本，元。

1. 燃气消耗成本

$$C_{i,t}^{\mathrm{ng}} = p_t^{\mathrm{ng}} V_{i,t}^{\mathrm{CGT}} + p_t^{\mathrm{ng}} V_{i,t}^{\mathrm{EB}} \tag{9-34}$$

式中：p_t^{ng} 为 t 时刻的燃气市场价格，元/m^3；$V_{i,t}^{\mathrm{CGT}}$ 为区域 i 在 t 时刻的燃气轮机燃气消耗量，m^3；$V_{i,t}^{\mathrm{EB}}$ 为区域 i 在 t 时刻的锅炉燃气消耗量，m^3。

2. 电网购电成本

$$C_{i,t}^{\mathrm{e}} = p_t^{\mathrm{e}} g_{i,t}^{\mathrm{e}} \tag{9-35}$$

式中：p_t^{e} 为 t 时刻的市场电价，元/kWh；$g_{i,t}^{\mathrm{e}}$ 为区域 i 在 t 时刻的电网电量，kWh。需要注意的是，电网电量可正可负，当其为正数时说明系统需要从电网购电；当其为负数时说明系统向电网售电。

3. 燃气轮机启停成本

$$C_{i,t}^{\mathrm{sd}} = p_t^{\mathrm{su}} z_{i,t}^{\mathrm{su}} + p_t^{\mathrm{d}} z_{i,t}^{\mathrm{d}} \tag{9-36}$$

式中：p_t^{su} 为区域 i 的燃气轮机启动成本，元；p_t^{d} 为区域 i 的燃气轮机停机成本，元；$z_{i,t}^{\mathrm{su}}$、$z_{i,t}^{\mathrm{d}}$ 为布尔变量，表示燃气轮机是否处于启动或停机状态，若是则取值为1，否则取值为0。

4. 储电设备运行成本

$$C_{i,t}^{\mathrm{es}} = p_t^{\mathrm{es}} \left(P_{i,t}^{\mathrm{esc}} z_{i,t}^{\mathrm{esc}} + P_{i,t}^{\mathrm{esd}} z_{i,t}^{\mathrm{esd}} \right) \tag{9-37}$$

式中：p_t^{es} 为区域 i 储电设备的单位电量运行成本，元/kW；$P_{i,t}^{\mathrm{esc}}$ 为区域 i 在 t 时刻的充电功率，kW；$P_{i,t}^{\mathrm{esd}}$ 为区域 i 在 t 时刻的放电功率；$z_{i,t}^{\mathrm{esc}}$、$z_{i,t}^{\mathrm{esd}}$ 为布尔变量，表示储电设备是否处于充电或放电状态，若是则取值为1，否则取值为0。

5. 储热设备运行成本

$$C_{i,t}^{\mathrm{hs}} = p_t^{\mathrm{hs}} \left(P_{i,t}^{\mathrm{hsc}} z_{i,t}^{\mathrm{hsc}} + P_{i,t}^{\mathrm{hsd}} z_{i,t}^{\mathrm{hsd}} \right) \tag{9-38}$$

式中：p_t^{hs} 为区域 i 储热设备的单位热量运行成本，元/kW；$P_{i,t}^{\mathrm{hsc}}$ 为区域 i 在 t 时刻的储热功率，kW；$P_{i,t}^{\mathrm{hsd}}$ 为区域 i 在 t 时刻的放热功率，kW；$z_{i,t}^{\mathrm{hsc}}$、$z_{i,t}^{\mathrm{hsd}}$ 为布尔变量，表示储热设备是否处于储热或放热状态，若是则取值为1，否则取值为0。

9.3.2.2 平衡约束条件

1. 电平衡

$$P_{\mathrm{CGT},i,t} + P_{\mathrm{WPP},i,t} + P_{\mathrm{PV},i,t} + P_{i,t}^{\mathrm{esd}} + P_{i,t}^{\mathrm{e}} = P_{i,t}^{\mathrm{el}} + P_{i,t}^{\mathrm{esc}} + P_{i,t}^{\mathrm{ec}} \tag{9-39}$$

式中：$P_{\mathrm{CGT},i,t}$ 为区域 i 在 t 时刻的燃气轮机发电功率，kW；$P_{\mathrm{WPP},i,t}$ 为区域 i 在 t 时刻的风力发电功率，kW；$P_{\mathrm{PV},i,t}$ 为区域 i 在 t 时刻的光伏发电功率，kW；$P_{i,t}^{\mathrm{el}}$ 为区域 i 在 t 的用户电负荷，kW；$P_{i,t}^{\mathrm{ec}}$ 为区域 i 在 t 时刻的压缩制冷功率，kW。

2. 热平衡

$$P_{\mathrm{PV},i,t}+P_{i,t}^{\mathrm{hrs}}+P_{\mathrm{EB},i,t}+P_{i,t}^{\mathrm{hsd}}+\sum_{j,j\neq i}P_{i,j,t}^{\mathrm{tfi}}=Q_{i,t}^{\mathrm{hl}}+P_{i,t}^{\mathrm{he}}+P_{i,t}^{\mathrm{hsc}}+P_{i,t}^{\mathrm{h,ac}}+\sum_{j,j\neq i}P_{i,j,t}^{\mathrm{tfo}} \tag{9-40}$$

式中：$P_{\mathrm{PV},i,t}$ 为区域 i 在 t 时刻的光热功率，kW；$P_{i,t}^{\mathrm{hrs}}$ 为区域 i 在 t 时刻的燃气轮机的发电余热功率，kW；$P_{\mathrm{EB},i,t}$ 为区域 i 在 t 时刻的锅炉热功率，kW；$P_{i,t}^{\mathrm{hsd}}$ 为区域 i 在 t 时刻的储热放热功率，kW；$P_{i,j,t}^{\mathrm{tfi}}$ 为区域 j 向区域 i 在 t 时刻的输入热功率，kW；$Q_{i,t}^{\mathrm{hl}}$ 为区域 i 在 t 时刻的用户热负荷，kW；$P_{i,t}^{\mathrm{he}}$ 为区域 i 在 t 时刻的热转化器热消耗功率，kW；$P_{i,t}^{\mathrm{hsc}}$ 为区域 i 在 t 时刻的储热设备储热功率，kW；$P_{i,t}^{\mathrm{h,ac}}$ 为区域 i 在 t 时刻的吸收制冷功率，kW；$P_{i,j,t}^{\mathrm{tfo}}$ 为区域 i 向区域 j 在 t 时刻的输出热功率，kW。

3. 冷平衡

$$P_{i,t}^{\mathrm{c,ec}}+P_{i,t}^{\mathrm{c,ac}}+\sum_{j,j\neq i}P_{i,j,t}^{\mathrm{cfi}}=P_{i,t}^{\mathrm{cl}}+\sum_{j,j\neq i}P_{i,j,t}^{\mathrm{cfo}} \tag{9-41}$$

式中：$P_{i,t}^{\mathrm{c,ec}}$ 为区域 i 在 t 时刻的压缩制冷功率，kW；$P_{i,t}^{\mathrm{c,ac}}$ 为区域 i 在 t 时刻的吸收制冷功率，kW；$P_{i,j,t}^{\mathrm{cfi}}$ 为区域 j 向区域 i 在 t 时刻的输入冷功率，kW；$P_{i,j,t}^{\mathrm{cfo}}$ 为区域 i 向区域 j 在 t 时刻的输出冷功率，kW。

9.3.2.3 参与主体约束

1. 分布式电源

（1）风力发电。WPP 可发电量一般取决于自然来风速度，即

$$P_{\mathrm{WPP},i}=\begin{cases}0, & 0\leqslant v<v_{\mathrm{in}},\ v>v_{\mathrm{out}}\\ \dfrac{v-v_{\mathrm{in}}}{v_{\mathrm{rated}}-v_{\mathrm{in}}}P_{\mathrm{WPP,R}}, & v_{\mathrm{in}}\leqslant v\leqslant v_{\mathrm{rated}}\\ P_{\mathrm{WPP,R}}, & v_{\mathrm{rated}}\leqslant v\leqslant v_{\mathrm{out}}\end{cases} \tag{9-42}$$

式中：v_{in}、v_{out} 和 v_{rated} 分别为风力发电机组的切入速度、切出速度和额定速度，m；v 为风力发电机组的实际转速；$P_{\mathrm{WPP,R}}$ 为风力发电机组的额定输出功率，kW，风速一般服从 Weibull 分布。

（2）光伏发电。光伏发电主要与太阳辐射强度有关，遵守 Beta 分布。光伏发电产量可以计算为

$$P_{\mathrm{PV},i}=\eta_{\mathrm{PV}}S_{\mathrm{PV}}\theta \tag{9-43}$$

式中：η_{PV}为光伏效率；S_{PV}为PV的总面积，m^2；θ为太阳辐射强度，$\mathrm{kW/m^2}$。

太阳能集热器的能量输入主要与太阳热强度有关，计算公式为

$$Q_{\mathrm{PV},i}=A_{\mathrm{P}}I_{\mathrm{FC}}\left[1+\frac{1}{3}\left(\frac{T_{\mathrm{a}}}{T_{\mathrm{s}}}\right)^4-\frac{4}{3}\frac{T_{\mathrm{a}}}{T_{\mathrm{s}}}\right] \tag{9-44}$$

式中：A_{P}为集热板的面积，m^2；T_{s}为太阳温度，等于6000K；T_{a}为集热板的环境温度，K；I_{FC}为平板集热器的辐射强度，kW/（m^2·K）。

2. 燃气轮机

$$P_{\mathrm{CGT},i,t}=V_{\mathrm{CGT},i,t}\eta_{\mathrm{CGT},i} \tag{9-45}$$

$$P_{\mathrm{CGT},i}^{\min}z_{i,t}^{0}\leqslant P_{\mathrm{CGT},i,t}\leqslant P_{\mathrm{CGT},i}^{\max}z_{i,t}^{0} \tag{9-46}$$

$$-P_i^{-}\leqslant P_{\mathrm{CGT},i,t}-P_{\mathrm{CGT},i,t-1}\leqslant P_i^{+} \tag{9-47}$$

$$-z_{i,t}^{\mathrm{d}}\leqslant z_{i,t}^{0}-z_{i,t-1}^{0}\leqslant z_{i,t}^{\mathrm{su}} \tag{9-48}$$

式中：$\eta_{\mathrm{CGT},i}$为区域i的燃气轮机发电效率；$P_{\mathrm{CGT},i}^{\min}$、$P_{\mathrm{CGT},i}^{\max}$分别为区域$i$的燃气轮机发电功率下限和上限，kW；$z_{i,t}^{0}$为布尔变量，即0–1变量，燃气轮机运行时取值为1，否则为0；P_i^{-}、P_i^{+}分别为区域i的燃气轮机爬坡功率的下限和上限，kW。

3. 锅炉

$$P_{\mathrm{CGT},i,t}=V_{\mathrm{CGT},i,t}\left(1-\eta_{\mathrm{CGT},i}-\lambda_{\mathrm{loss},i}\right) \tag{9-49}$$

$$P_{i,t}^{\mathrm{hrs}}=P_{\mathrm{CGT},i,t}\eta_i^{\mathrm{hrs}} \tag{9-50}$$

$$P_{\mathrm{EB},i,t}=P_{\mathrm{EB},i,t}^{\mathrm{h}}\eta_{\mathrm{EB},i} \tag{9-51}$$

$$0\leqslant P_{\mathrm{EB},i,t}\leqslant P_{\mathrm{EB},i}^{\max} \tag{9-52}$$

$$0\leqslant P_{i,t}^{\mathrm{hrs}}\leqslant P_i^{\mathrm{hrs,max}} \tag{9-53}$$

式中：$\lambda_{\mathrm{loss},i}$为区域$i$的燃气轮机热损失率；$\eta_i^{\mathrm{hrs}}$为区域$i$的余热利用效率；$\eta_{\mathrm{EB},i}$为区域$i$的锅炉利用效率；$P_{\mathrm{EB},i,t}^{\mathrm{h}}$为EB在$t$时刻的供热功率，kW；$P_{\mathrm{EB},i}^{\max}$为区域$i$的锅炉功率上限，kW；$P_i^{\mathrm{hrs,max}}$为区域$i$的余热利用功率上限，kW。

4. 储电系统

$$S_{i,t}^{\mathrm{es}}=S_{i,t-1}^{\mathrm{es}}\left(1-\lambda_i^{\mathrm{es}}\right)+P_{i,t}^{\mathrm{esc}}\eta_i^{\mathrm{esc}}-P_{i,t}^{\mathrm{esd}}/\eta_i^{\mathrm{esd}} \tag{9-54}$$

$$0\leqslant P_{i,t}^{\mathrm{esc}}\leqslant P_i^{\mathrm{esc,max}}z_{i,t}^{\mathrm{esc}} \tag{9-55}$$

$$0\leqslant P_{i,t}^{\mathrm{esd}}\leqslant P_i^{\mathrm{esd,max}}z_{i,t}^{\mathrm{esd}} \tag{9-56}$$

$$z_{i,t}^{\mathrm{esc}}+z_{i,t}^{\mathrm{esd}}\leqslant 1 \tag{9-57}$$

$$S_i^{\mathrm{es,min}}\leqslant S_{i,t}^{\mathrm{es}}\leqslant S_i^{\mathrm{es,max}} \tag{9-58}$$

$$S_{i,0}^{\mathrm{es}}=S_i^{\mathrm{esi}} \tag{9-59}$$

$$S_{i,24}^{\text{es}} = S_i^{\text{esf}} \tag{9-60}$$

式中：$S_{i,t}^{\text{es}}$ 为区域 i 在 t 时刻的储电量，kWh；λ_i^{es} 为区域 i 储电设备的损耗率；η_i^{esc} 为区域 i 储电设备的充电效率；η_i^{esd} 为区域 i 储电设备的放电效率；$P_i^{\text{esc,max}}$ 、$P_i^{\text{esd,max}}$ 分别为区域 i 储能设备的充电功率上限和放电功率上限，kW；$S_i^{\text{es,min}}$ 、$S_i^{\text{es,max}}$ 分别为区域 i 储电设备容量的下限和上限，kWh；S_i^{esi} 、S_i^{esf} 分别为区域 i 储电设备的初始值和末值，kWh。

5. 储热系统

$$S_{i,t}^{\text{hs}} = S_{i,t-1}^{\text{hs}}\left(1-\lambda_i^{\text{hs}}\right) + Q_{i,t}^{\text{hsc}}\eta_i^{\text{hsc}} - Q_{i,t}^{\text{hsd}} / \eta_i^{\text{hsd}} \tag{9-61}$$

$$0 \leqslant P_{i,t}^{\text{hsc}} \leqslant P_i^{\text{hsc,max}} z_{i,t}^{\text{hsc}} \tag{9-62}$$

$$0 \leqslant P_{i,t}^{\text{hsd}} \leqslant P_i^{\text{hsd,max}} z_{i,t}^{\text{hsd}} \tag{9-63}$$

$$z_{i,t}^{\text{hsc}} + z_{i,t}^{\text{hsd}} \leqslant 1 \tag{9-64}$$

$$S_i^{\text{hs,min}} \leqslant S_{i,t}^{\text{hs}} \leqslant S_i^{\text{hs,max}} \tag{9-65}$$

$$S_{i,0}^{\text{hs}} = S_i^{\text{hsi}} \tag{9-66}$$

$$S_{i,24}^{\text{hs}} = S_i^{\text{hsf}} \tag{9-67}$$

$$Q_{i,t}^{\text{hl}}\left(1-\eta_i^{\text{he}}\right) = P_{i,t}^{\text{he}}\eta_i^{\text{he}} \tag{9-68}$$

式中：$S_{i,t}^{\text{hs}}$ 为区域 i 在 t 时刻的储热量，kWh；λ_i^{hs} 为区域 i 储热设备的损耗率；η_i^{hsc} 为区域 i 储热设备的储热效率；η_i^{hsd} 为区域 i 储热设备的放热效率；$P_i^{\text{hsc,max}}$ 、$P_i^{\text{hsd,max}}$ 分别为区域 i 储能设备的储热功率上限和放热功率上限，kW；$S_i^{\text{hs,min}}$ 、$S_i^{\text{hs,max}}$ 分别为区域 i 储热设备容量的下限和上限，kWh；S_i^{hsi} 、S_i^{hsf} 分别为区域 i 储热设备的初始值和末值，kWh；η_i^{he} 为热转换器的效率。

6. 制冷系统

$$P_{i,t}^{\text{c,ec}} = P_{i,t}^{\text{ec}}\kappa_i^{\text{copec}} \tag{9-69}$$

$$P_{i,t}^{\text{c,ac}} = P_{i,t}^{\text{h,ac}}\kappa_i^{\text{copac}} \tag{9-70}$$

$$0 \leqslant P_{i,t}^{\text{ec}} \leqslant P_i^{\text{ec,max}} \tag{9-71}$$

$$0 \leqslant P_{i,t}^{\text{h,ac}} \leqslant P_i^{\text{h,ac,max}} \tag{9-72}$$

式中：κ_i^{copec} 为区域 i 压缩制冷系数；κ_i^{copac} 为区域 i 吸收制冷系数；$P_i^{\text{ec,max}}$ 为区域 i 压缩制冷电功率上限，kW；$P_i^{\text{h,ac,max}}$ 为区域 i 吸收制冷功率上限，kW。

7. 管道约束

$$P_{i,j,t}^{\text{ec}} = P_{i,j,t}^{\text{tfo}}\left(1-\lambda^{\text{tf}} d_{i,j}\right) \tag{9-73}$$

$$P_{i,j,t}^{\text{cfi}} = P_{i,j,t}^{\text{cfo}}\left(1-\lambda^{\text{cf}} d_{i,j}\right) \tag{9-74}$$

$$0 \leqslant P_{i,j,t}^{\text{tfo}} \leqslant P_{i,j}^{\text{tf,max}} z_{i,j,t}^{\text{tf}} \tag{9-75}$$

$$0 \leqslant P_{i,j,t}^{\text{tfi}} \leqslant P_{i,j}^{\text{tf,max}}\left(1-z_{i,j,t}^{\text{tf}}\right) \tag{9-76}$$

$$0 \leqslant P_{i,j,t}^{\text{cfo}} \leqslant P_{i,j}^{\text{cf,max}} z_{i,j,t}^{\text{cf}} \tag{9-77}$$

$$0 \leqslant P_{i,j,t}^{\text{cfi}} \leqslant P_{i,j}^{\text{cf,max}}\left(1-z_{i,j,t}^{\text{cf}}\right) \tag{9-78}$$

式中：λ^{tf}、λ^{cf}分别为热管道和冷管道的单位距离损耗；$d_{i,j}$为区域i和区域j的传输距离，m；$P_{i,j}^{\text{tf,max}}$、$P_{i,j}^{\text{cf,max}}$分别为热管道和冷管道的传输量上限，kW；$z_{i,j,t}^{\text{tf}}$、$z_{i,j,t}^{\text{cf}}$为布尔变量，即0－1变量有能量传输则取值为1，否则取值为0，该值可以有效限定管道的单向传输。

9.3.3 系统多主体效益均衡模型

9.3.3.1 典型效益分配方法

目前比较常用的效益分配方法较多，包括基于博弈理论的核心法和夏普利值法等，对于主体间效益分配问题主要采用核心法和夏普利值法，下面主要对核心法进行介绍。

1. 核

假设联盟中共有N个参与方，如果对于联盟集合的任一子集S都对应着一个实值函数$V(S)$，满足$V(\phi)=0$，$V(S_1 \cup S_2) \geqslant V(S_1)+V(S_2)$，其中$S_1 \cap S_2 = \phi$，则称$[N,V]$为$n$人合作对策，$V$为对策的特征函数，$V(S)$称为合作联盟$S$的总体收益值。

用X_i表示N中第i个成员从联盟合作的最大效益值$V(N)$中所分配到的利益，那么$X=(X_1,X_2,\cdots X_n)$称为合作博弈对策的分配策略。如果分配策略X满足如下3个特性，则称分配X为该合作博弈的核，记为$C(V)$：

（1）整体合理性。联盟中所有参与者所分配到的利益份额之和与联盟合作的最大效益值一致，即

$$\sum_{i=1}^{n} X_i = V(N) \tag{9-79}$$

（2）个体合理性。联盟中的各个个体愿意参与联盟合作的前提是联盟合作分配得到的收益高于单独运营的收益水平，即

$$X_i \geqslant V(i),\ \forall i \in N \tag{9-80}$$

式中：$V(i)$是成员i不与其他成员结盟时的收益。

（3）联盟合理性。联盟合理性主要是考虑联盟中各个主体对形成联盟的接受程度和意愿程度，只有当大联盟中的各个主体利益高于各种小联盟的各个主体利益时，这些利益主体才愿意加入大联盟，也就是说与总体合作，达到效益最优。因此，各种小联盟的主体利益需要满足

$$\sum_{i \in S} X_i \geqslant V(S) \tag{9-81}$$

式中：$\forall S \subset N$，且$|S|>1$。

2. 核心法

核心法是另外一种典型的效益分配方法，也是基于合作博弈理论中的一种，这种方法对合作规模效益提出了更高的要求。针对不同松弛变量的形式，核心法又可以划分为比例最小核心法和一般最小核心法。对于一般合作利益分配问题，通常解决的方法是添加松弛变量，从而提高求解的成功率，由此来贴近核的要求。

在最小核心法中，给所有联盟 S 的联盟收益总和都加一个相同的额外量 ε，此时，计算联盟各成员的分配收益即转化为求解以下线性规划问题

$$\min \varepsilon \tag{9-82}$$

约束条件为

$$X_i + \varepsilon \geqslant V(i),\ \forall i \in N \tag{9-83}$$

$$\sum_{i \in S} X_i + \varepsilon \geqslant V(S),\ \forall S \subset N \tag{9-84}$$

$$\sum_{i \in N} X_i = V(N) \tag{9-85}$$

式（9－82）为目标函数，目标为松弛变量最小，即分配结果尽可能地接近核的要求；式（9－83）为个体合理性约束；式（9－84）为联盟合理性约束；式（9－85）为整体合理性约束。

在最小核心法中，ε 为绝对值。而在比例最小核心法中，ε 则为比例系数，即为联盟 S 的联盟收益增加一个与其开发收益总和成比例的额外量来求解核心，因此，原问题可以转化为求解以下规划问题

$$\min \varepsilon \tag{9-86}$$

约束条件为

$$X_i(1+\varepsilon) \geqslant V(i),\ \forall i \in N \tag{9-87}$$

$$\sum_{i \in S} X_i(1+\varepsilon) \geqslant V(S),\ \forall S \subset N \tag{9-88}$$

$$\sum_{i \in N} X_i = V(N) \tag{9-89}$$

在比例最小核心法中，个体合理性约束及联盟合理性约束中均包括二次项，因此比例最小核心法是二次规划问题。

9.3.3.2 多主体效益均衡模型

在含多能互补的区域综合能源系统优化的基础上，考虑跨区域交易的多方利益主体效益均衡问题，构建多主体效益均衡模型。为了提高跨区域能源系统多能互补的优势明显性，引入碳交易机制，在构建效益均衡模型时，同时考虑碳排放成本，从而使结果更为明显。

1. 目标函数

首先需要测算最优的总体效益，目标函数设置为

$$\max U_{\text{sum}}^t = \sum_{i \in Q} \left[p_{i,\text{on}} g_{i,\text{R}}^t - b_i g_{i,\text{R}}^t + \left(E_{i,\max}^t - E_i^t \right) p_{\text{c}}^t \right] - \sum_{k \in T} \left| L_k^t \right| p_{k,\text{Tran}} \tag{9-90}$$

式中：U_{sum}^t为在t时段的社会总收益，元；$g_{i,\text{R}}^t$为电厂i在t时段的计划发电量，kWh；p_{c}^t为t时段碳交易价格，元/kg；$E_{i,\max}^t$、E_i^t分别为电厂i在t时段按照计划发电量发电的碳排放量和实际碳排放量；T为线路的集合；L_k^t为线路k在t时段的传输电量，kWh；$p_{k,\text{Tran}}$为单位电量的输电成本，元/kWh；$p_{i,\text{on}} g_{i,\text{R}}^t - b_i g_{i,\text{R}}^t$为电厂的送电方收益，元；$p_{i,\text{on}}$为上网电价，元/kWh；$b_i$为电厂$i$的单位发电成本，元。

2. 约束条件

（1）电厂发电量约束

$$g_{i,\min}^t \leqslant g_{i,\text{R}}^t \leqslant g_{i,\max}^t \tag{9-91}$$

式中：$g_{i,\min}^t$、$g_{i,\max}^t$分别为电厂的最小发电量和最大发电量，kWh。

（2）线路最大传输电量约束

$$|L_k^t| \leqslant L_{k,\max} \tag{9-92}$$

式中：$L_{k,\max}$为线路最大传输电量，kWh。

（3）网络约束。考虑电网系统中的各节点的输入、输出电量需要满足拓扑约束，具体为

$$\boldsymbol{A}\boldsymbol{L}^t = \boldsymbol{N}^t \tag{9-93}$$

其中A表示$n \times l$阶节－支关联矩阵，其中元素包括

$$a = \begin{cases} 1, \text{节点}\, b\, \text{是支路}\, k\, \text{的发点} \\ -1, \text{节点}\, b\, \text{是支路}\, k\, \text{的收点} \\ 0, \text{节点}\, b\, \text{不是支路}\, k\, \text{的端点} \end{cases} \tag{9-94}$$

式中：$\boldsymbol{L}^t$为线路在t时段的传输电量矩阵；$\boldsymbol{N}^t$为节点在t时段的注入电量矩阵。由此计算得到节点所有电厂发电量与该节点负荷之差为

$$N_b^t = \sum_{i \in \Omega_b} g_{i,\text{R}}^t - D_b^t \tag{9-95}$$

式中：Ω_b 为节点 b 的所有电厂集合；D_b^t 为节点 b 在 t 时段的用电量，kWh。

3. 电厂收益分配模型

若各电厂按照模型优化前的初始分配电量发电（在当下电力体制下，初始分配发电量主要为计划发电量，所以后文称为计划发电量），在考虑碳交易市场的情况下，在 t 时段所有发电厂的收益总和为

$$U_{\text{sum,p}}^t = \sum_{i \in \Omega} U_{i,\text{p}}^t \sum_{i \in Q} \left[p_{i,\text{on}} g_{i,\text{R}}^t - b_i g_{i,\text{R}}^t + \left(E_{i,\max} - E_i^t \right) p_\text{c}^t \right] \tag{9-96}$$

式中：$U_{i,\text{p}}^t$ 为电厂在 t 时段的收益，元；$g_{i,\text{R}}^t$ 为电厂 i 在 t 时段的计划发电量，kWh。

优化后的电厂收益总和的增量将按照以优化前后发电量变化量绝对值为正比的方式分配到各个电厂，由此可以得到优化后各电厂的收益为

$$U_{i,\text{R}}^t = U_{i,\text{p}}^t + (U_{\text{sum}}^t - U_{\text{sum,p}}^t) \frac{\left| \Delta g_i^t \right|}{\sum_{i \in \Omega} \left| \Delta g_i^t \right|} \tag{9-97}$$

式中：Δg_i^t 为电厂 i 在 t 时段的发电量变化率。

4. 其他主体间效益分配模型

在跨区域能源系统优化中，不仅仅需要考虑发电商之间的效益分配，还需要考虑输电主体、受电主体之间的效益分配，下面采用夏普利值法来构建其他主体间效益分配模型。

假定存在集合 $N = \{1,2,3,\cdots,n\}, n \geqslant 2$，如果对于 N 的任一子集 S 都对应着一个实值函数 $V(S)$，满足条件

$$\begin{cases} V(\Phi) = 0 \\ V\left(S_1 \cup S_2\right) \geqslant V\left(S_1\right) + V\left(S_2\right), S_1 \cap S_2 = \Phi \end{cases} \tag{9-98}$$

则称 $[N,V]$ 为 n 人合作博弈，V 为博弈的特征函数，$V(S)$ 为合作联盟 S 的收益。记 Φ_i 为集合 N 内成员 i 通过参与合作应得的收益，则 $\Phi = \left(\Phi_1, \Phi_2, \cdots, \Phi_n\right)$ 为合作联盟的博弈分配策略。

$$\begin{cases} \sum_{i=1}^{n} \Phi_i = V(N) \\ \Phi_i \geqslant V\left(i\right), i = 1,2,\cdots,n \end{cases} \tag{9-99}$$

式中：$V(i)$ 为成员 i 不参与合作联盟的收益。由此可以推导得出夏普利值法计算公式为

$$\Phi_i\left(V\right) = \sum_{S_i \in S} W\left(|S|\right)[V(S) - V(S-i)], i = 1,2,\cdots,n \tag{9-100}$$

$$W(|S|)=\frac{(n-|S|)!(|S|-1)!}{n!} \tag{9-101}$$

式中：S_i 为 N 中包含成员 i 的所有子集；$|S|$ 为子集 S 中元素的个数；$W(|S|)$ 为加权因子；$V(S)$ 为成员 i 在联盟 S 的合作收益。

9.4 算例分析

9.4.1 基础数据

下面选取河南省某县一大型能源企业的多能互补项目验证多能互补利用综合效益评价模型的有效性。该项目包含光伏发电、风力发电及天然气发电，地区年平均辐射强度为1200W/m^2，平均风速为4.7m/s，园区面积约为64 000m^2，设计用电负荷约为2.0MW，热负荷约为1.2MW，冷负荷约为1.0MW，年用电量约为2120MWh，每年供暖和制冷的天数是120天，具体参数见表9-3。

表9-3　项目相关参数

参数	取值	参数	取值
单位投资成本（元/kW）	3000	天然气价格（元/m^3）	2.5
自有资金率（%）	20	上网电价（元/kWh）	0.64
贷款期限（年）	10	增值税税率（%）	17
年利率（%）	6	所得税率（%）	25
运行寿命（年）	20	检修费率（%）	2
资产残值率（%）	5	保险费率（%）	0.25
贴现率（%）	8	人工成本（元/年）	80 000
折旧率（%）	5	净损失率（%）	5
资本内部收益率（%）	8	能效比（%）	3
发电用气（m^3/kWh）	0.2	供电用煤量（g/kWh）	335
自用电率（%）	40	单位燃煤排放量（t）	2.62
污染控制成本（元/kWh）	0.006		

9.4.2 效益评价分析

根据以上参数，可以计算出该项目在定量指标上的表现，见表9-4。

表 9-4　　定量指标值

指标	指标取值	指标	指标取值
系统初投资（C_1）	16 856 万元	系统平均停电持续时间（C_{11}）	3.091h
年度化成本（C_2）	23 494 万元	供需可靠性（C_{12}）	0.601
平准化能源成本（C_3）	0.92 元/kWh	能源利用率（C_{13}）	66.37%
净现值（C_4）	235 万元	节能率（C_{14}）	21.99%
内部收益率（C_5）	10%	占地影响（C_{15}）	64 000m^2
动态投资回收期（C_6）	4 年	CO_2 排放量（C_{16}）	19 069t/年
设备利用率（C_7）	65%	SO_2 排放量（C_{17}）	87t/年
装置使用寿命年限（C_8）	20 年	NO_x 排放量（C_{18}）	172t/年
配电网负载率水平（C_9）	89.416%	智能电能表普及度（C_{20}）	70%
110kV 以下综合网损率（C_{10}）	4.25%		

由式（9-27）～式（9-29）可得每个专家的一致性矩阵都通过一致性检验，通过式（9-30）可以得到指标最终的权重。然后计算各指标的评语集区间取值及各指标的隶属度函数，见表 9-5 和表 9-6。

表 9-5　　各指标的评语集区间取值

指标	非常好	好	中等	差	非常差
系统初投资（C_1）	[10 000，15 000]	[15 000，20 000]	[20 000，25 000]	[25 000，30 000]	[30 000，35 000]
年度化成本（C_2）	[20 000，25 000]	[25 000，30 000]	[30 000，35 000]	[35 000，40 000]	[40 000，45 000]
平准化能源成本（C_3）	[0.7，0.8]	[0.8，0.9]	[0.9，1.0]	[1.0，1.1]	[1.1，1.2]
净现值（C_4）	[300，350]	[250，300]	[200，250]	[150，200]	[100，150]
内部收益率（C_5）	[13，15]	[11，13]	[9，11]	[7，9]	[5，7]
动态投资回收期（C_6）	[3，3.5]	[3.5，4]	[4，4.5]	[4.5，5]	[5，5.5]
设备利用率（C_7）	[70，75]	[65，70]	[60，65]	[55，60]	[50，55]
装置使用寿命年限（C_8）	[22.5，25]	[20，22.5]	[19.5，20]	[15，19.5]	[12.5，15]
配电网负载率水平（C_9）	[90，95]	[85，90]	[80，85]	[75，80]	[70，75]
110kV 以下综合网损率（C_{10}）	[4，4.5]	[4.5，5]	[5，5.5]	[5.5，6]	[6，6.5]
系统平均停电持续时间（C_{11}）	[2，2.5]	[2.5，3]	[3，3.5]	[3.5，4]	[4，4.5]
供需可靠性（C_{12}）	[0.8，0.9]	[0.7，0.8]	[0.6，0.7]	[0.5，0.6]	[0.4，0.5]
能源利用效率（C_{13}）	[80，90]	[70，80]	[60，70]	[50，60]	[40，50]

续表

指标	非常好	好	中等	差	非常差
节能效率（C_{14}）	[35，40]	[30，35]	[25，30]	[20，25]	[15，20]
占地影响（C_{15}）	[50 000，60 000]	[60 000，70 000]	[70 000，80 000]	[80 000，90 000]	[90 000，100 000]
CO_2排放量（C_{16}）	[19 000，20 000]	[18 000，19 000]	[17 000，18 000]	[16 000，17 000]	[15 000，16 000]
SO_2排放量（C_{17}）	[60，70]	[70，80]	[80，90]	[90，100]	[100，110]
NO_x排放量（C_{18}）	[150，160]	[140，150]	[130，140]	[120，130]	[110，120]
居民接受度（C_{19}）	[95，100]	[90，95]	[85，90]	[80，85]	[75，80]
智能电能表普及度（C_{20}）	[90，100]	[80，90]	[70，80]	[60，70]	[50，60]
扶贫效益（C_{21}）	[95，100]	[90，95]	[85，90]	[80，85]	[75，80]
缓建效益能力（C_{22}）	[95，100]	[90，95]	[85，90]	[80，85]	[75，80]
促进行业综合效益（C_{23}）	[95，100]	[90，95]	[85，90]	[80，85]	[75，80]

表9－6　各指标的隶属度函数

指标	非常好	好	中等	差	非常差
系统初投资（C_1）	0.923	0.999	0.971	0.929	0.891
年度化成本（C_2）	0.999	0.990	0.962	0.933	0.903
平准化能源成本（C_3）	0.974	0.997	1.000	0.992	0.980
净现值（C_4）	0.965	0.990	0.999	0.934	0.663
内部收益率（C_5）	0.963	0.986	1.000	0.968	0.789
动态投资回收期（C_6）	0.975	0.998	0.998	0.987	0.972
设备利用率（C_7）	0.995	0.999	0.999	0.991	0.970
装置使用寿命年限（C_8）	0.987	0.998	0.998	0.973	0.905
配电网负载率水平（C_9）	0.999	1.000	0.996	0.989	0.974
110kV以下综合网损率（C_{10}）	1.000	0.994	0.981	0.967	0.952
系统平均停电持续时间（C_{11}）	0.931	0.992	0.999	0.986	0.965
供需可靠性（C_{12}）	0.957	0.981	0.997	0.995	0.940
能源利用效率（C_{13}）	0.977	0.994	1.000	0.977	0.885
节能效率（C_{14}）	0.920	0.952	0.978	1.000	0.964
占地影响（C_{15}）	0.987	1.000	0.990	0.969	0.950
CO_2排放量（C_{16}）	1.000	0.999	0.996	0.988	0.974
SO_2排放量（C_{17}）	0.943	0.988	1.000	0.997	0.986

续表

指标	非常好	好	中等	差	非常差
NO_x 排放量（C_{18}）	0.994	0.983	0.963	0.927	0.888
居民接受度（C_{19}）	0.992	0.997	1.000	1.000	0.995
智能电能表普及度（C_{20}）	0.967	0.984	0.998	0.997	0.966
扶贫效益（C_{21}）	0.994	0.998	1.000	0.999	0.993
缓建效益能力（C_{22}）	0.998	1.000	0.999	0.994	0.983
促进行业综合效益（C_{23}）	0.994	0.998	1.000	0.999	0.993

群决策模糊层次分析法对指标权重进行计算，该方法的优点是在避免单个专家的主观性的同时考虑专家决策思维的模糊性。其中，群决策模糊层次分析法的权重结果显示，系统初投资权重最大，占 0.068；其次是设备利用率，占 0.066。效益评估结果显示，该项目整体表现为“好”，倾向于“中等”。具体地，该项目在年度化成本、110kV 以下综合网损率、CO_2 排放量和 NO_x 排放量指标上表现为“非常好”，而在节能效率和居民接受度这两个指标上表现为“差”。因此，政府及相关部门需要采取相应措施来提高这两个指标的表现来更好地吸引投资。

9.4.3 效益均衡分析

9.4.3.1 基础数据

下面选取河南省某县一大型能源企业的多能互补项目验证多能互补利用效益均衡模型的有效性。其中，电力系统配有 150MW 的风电场和 PILKINGTON SFM 144h×250W 型的光伏发电机组，一个组件个数为 400，共有 360 个方阵，每个组件的面积为 2.16 m^2，光电转换效率为 13.44%。P2G 设备容量为 25MW，η_{P2G} 为 60%。CHP 机组配置 2 台容量分别为 15MW 和 10MW 的燃气锅炉和 1 台容量为 15MW 的燃气轮机，α_{e,CO_2} 和 ϖ_{g,CO_2} 分别为 968g/kWh 和 220g/kWh。储热与储电装置功率均为 10MW。各能源系统自用电率均为 2%。园区各能源系统是否合作是影响效益的最重要因素之一；P2G 设备的配置是消纳清洁能源弃能、提高其他能源系统收益的重要途径之一。因此，以各能源系统是否合作、P2G 设备配置为变动因素，设置多情景，以探讨在不同情景下，能源系统净收益、清洁能源消纳、用户总用能支出等，进而确定最优运营情景。

情景 1：不考虑 P2G 设备，各能源系统独立运营。电力系统只负责电负荷，热力系统只负责热负荷。重点探讨电、热系统在无 P2G 设备参与的单独运营情景下，分别产生的经济与环境效益。

情景2：在情景1的基础上，考虑P2G设备。P2G设备可利用外部电网电能进行电转气，并向外部天然气市场售出。重点探讨在单独运营情景下，P2G设备所发挥的作用。

情景3：不考虑P2G设备，电力系统和热力系统合作。电力系统与燃气轮机共同负责电负荷需求。重点探讨电、热系统在无P2G设备参与的合作运营情景下，产生的经济与环境效益。

情景4：在情景3的基础上，考虑P2G设备。P2G设备可利用内部电力系统剩余电能进行电气转化，供应燃气轮机和燃气锅炉运营气负荷需求。重点探讨在综合能源系统中，P2G设备所发挥的作用。

9.4.3.2 算例结果

为分析在不同情景下园区能源系统的经济效益和环境效益，基于能源系统绩效评估指标对以上四种情景进行对比分析，能源系统绩效评估结果见表9–7，各情景下各系统净收益水平见表9–8。

表9–7　能源系统绩效评估结果

情景	系统总收益（万元）	用户总支出（万元）	碳排放总量（t）	清洁能源弃能率（%）
情景1	66.634	134.114	617.428	14.67
情景2	66.634	134.114	617.428	14.67
情景3	68.945	115.575	478.663	14.67
情景4	72.088	115.575	459.404	4.33

表9–8　各情景下各系统净收益水平

情景	电力系统收益（万元）	P2G收益（万元）	热力系统收益（万元）
情景1	62.206	0	4.428
情景2	62.206	0	4.428
情景3	62.206	0	6.739
情景4	64.762	0.517	6.809

结合表9–7和表9–8分析可知：情景1和情景2，各评价指标值相同，且在四种情景下均为最差。在各系统独立运营情景下，从电力系统角度，在用电高峰期，需由外部电网补给，导致碳排放总量和用户总支出较高；在用电低谷期，储能装置

容量有限，导致清洁能源弃能率较高。从 P2G 设备角度，在情景 1 和情景 2 下，无法发挥其消纳清洁能源弃能、满足 CHP 机组气负荷需求的优势；从热力系统角度出发，CHP 机组无法参与电力市场交易，机组利用率和收益无法提升。因此，各系统之间必须进行合作。

在情景 3 下，由于电热系统合作，燃气轮机满足部分电负荷需求。相比于情景 1 和情景 2，热力系统收益增加 2.416 万元，用户用电支出减少 18.539 万元，碳排放总量降低 138.765t，起到系统与用户、经济与环境双赢的效果，验证了合作联盟的有效性；但在此情景下，由于无 P2G 设备的参与，电力系统剩余发电量难以消纳，清洁能源弃能率仍与情景 1 和情景 2 相同，为 14.67%，清洁能源消纳量和电力系统收益无法提升。

情景 4 是在情景 3 的基础上，增加 P2G 设备，其利用清洁能源剩余发电量进行电气转换，在直接增加自身收益的同时，消纳了大量清洁能源弃能，使清洁能源弃能率降至 4.33%，电力系统交易量提升，提升了电力系统的收益；其次，P2G 设备所得天然气满足 CHP 机组日常运营部分气负荷需求，降低了热力系统成本和购气产生的二氧化碳排放总量，实现了经济与环境的共赢，直接验证了 P2G 设备在综合能源系统中，消纳清洁能源剩余发电量，降低内部生产成本等方面的重要作用。

9.4.3.3 效益均衡结果

根据表 9－8，进一步利用夏普利值法的效益分配方法，对合作情景下三方收益结果进行计算，具体见表 9－9。

表 9－9　　各情景下效益再分配结果

系统分类	基于夏普利值法的效益分配结果	与原收益对比，现收益变化量	与原收益占比对比，现收益占比变化量
	（10 000 元）	（10 000 元）	
PS	64.409	－0.353	－0.489%
P2G	1.048	0.531	0.736%
HS	6.631	－0.178	－0.247%
系统分类	引入风险因子的效益分配结果	与原收益对比，现收益变化量	与原收益占比对比，现收益占比变化量
	（10 000 元）	（10 000 元）	
PS	64.601	－0.161	－0.223%
P2G	1.384	0.867	1.203%
HS	6.103	－0.706	－0.980%

结合表 9-9 分析可知：基础夏普利值法和引入出力风险因子的夏普利值法的分配结果均符合各能源主体在合作中的角色定位。其中，在基础夏普利值法和引入出力风险因子的夏普利值法下，P2G 设备收益分别增加 0.531 万元和 0.867 万元，收益占比分别增加了约 0.736%和 1.203%，充分体现了 P2G 设备在能源系统合作中的辅助作用，体现了其消纳清洁能源、减少资源浪费和降低弃风、弃光等方面的重要作用。电力系统和热力系统收益在以上两种分配策略下，与原收益相比，现收益均在不同程度上有所减少，但比其单独运营下的收益均有所增加，其中，单独收益与夏普利值法分配结果相比，两者分别增加 2.203 万元和 2.381 万元；与改进的夏普利值法相比，两者分别增加 2.395 万元和 1.675 万元。

9.5 本 章 小 结

本章主要对含多能互补的清洁能源系统效益评价及不同主体效益均衡机制问题开展研究。首先，从以经济、技术、社会和环境四个维度，构建含多能互补的清洁能源系统效益指标体系，共包含 23 个评价指标。其次，提出改进云模型的模糊综合评价方法对含多能互补的清洁能源系统效益进行评价。然后，构建含多能互补的清洁能源系统多主体效益均衡模型，并选取某综合能源系统作为算例分析，结果表明，引入出力风险因子的夏普利值法的收益协调分配模型，能够较好地解决综合能源各系统之间的收益分配问题，保证各方合理的收益，规避仅以交易量为考虑因素的弊端，以及基础夏普利值法认为主体无差异的弊端。基于引入出力风险因子的夏普利值法的收益分配方法比原分配方法，P2G 设备收益增加，体现了 P2G 设备在消纳弃风、弃光等方面的作用，增加了 P2G 设备参与合作的积极性。

第 10 章

县域多能互补优化运营策略及服务模式应用——以河南省兰考县为例

10.1 兰考县域多能互补系统结构

10.1.1 多能互补负荷特性

10.1.1.1 电网现状

兰考县位于开封市东北部，总面积为 1116km²，辖 5 个镇、11 个乡，常住人口 90.2 万人。2019 年，兰考县最大供电负荷为 378MW，同比增长 14.9%。

截至 2019 年年底，兰考县共有 220kV 变电站 2 座，总容量为 540MVA，即景文变电站（2×180MVA）和爱民变电站（1×180MVA）；110kV 变电站 8 座，其中公用变电站 6 座，均为全户外型式，分别是兰考变电站、枣林变电站、小宋变电站、薛楼变电站、余寨变电站和爪营变电站，主变压器 11 台，主变压器容量共计 566MVA；专用变电站 2 座，义寨牵引变电站［2×（16+12.5）MVA］和油田变电站（1×6.3MVA）；35kV 公用变电站 14 座，变电容量为 178.05MVA。

兰考电网通过景文变电站—祥符变电站 1 回、景文变电站—崔楼 1 回、景文—杜良牵引站共计 3 回 220kV 线路与系统 220kV 电网联系，通过枣林—米寨 1 回、余寨—苗寨 1 回，共计 2 回 110kV 线路与系统 110kV 电网相连。

10.1.1.2 新能源发展现状

兰考县作为全国首个农村能源革命试点县，大力发展建设经济可持续的清洁能源开发利用。截至 2019 年年底，兰考县新能源装机容量为 5210.1.1MW，其中生物质能电厂装机容量为 39MW（秸秆发电装机容量 24MW、垃圾发电装机容量 15MW），风力发电装机容量为 230MW（泰丰风电场 94.6MW、谷营风电场

59.4MW、三义寨风电场 45MW、分散式风力发电 31MW)，光伏发电装机容量为 258.1MW(森源光伏发电 200MW、分布式光伏发电 58.1MW)，见表 10-1。

表 10-1　　兰考新能源接入情况

序号	电厂名称	电厂类型	装机容量(MW)	接入变电站	接入电压等级(kV)
1	森源光伏电站	集中式光伏发电	200	景文变电站	110
2	三义寨风电场	集中式风力发电	45	爱民变电站	110
3	范寨风电场	集中式风力发电	59.4	T接Ⅱ景小线	110
4	泰丰风电场	集中式风力发电	94.6	景文变电站	110
5	瑞华秸秆电厂	生物质能	24	枣林变电站	10
6	光大环保电厂	生物质能	15	枣林变电站	35
7	广丰风电场	分散式风力发电	10	兰考、白楼变电站	10
8	东坝头风电场	分散式风力发电	11	雷集变电站	35
9	润桐风电场	分散式风力发电	10	薛楼变电站	10
10	夜明珠光伏电站	分布式光伏发电	10	枣林变电站	10
11	技术学院光伏电站	分布式光伏发电	3	枣林变电站	10
12	扶贫光伏电站	分布式光伏发电	35.6	—	10
13	喜临门光伏电站	分布式光伏发电	3	余寨变电站	10
14	皮阿诺光伏电站	分布式光伏发电	4.5	余寨变电站	10
15	曲美光伏电站	分布式光伏发电	2	余寨变电站	10
16	兰考储能电站	储能	9.6	兰考变电站	10
合计			5210.1.1		
光伏发电合计			258.1	集中式光伏发电	200
风力发电合计			230	集中式风力发电	199
生物质能电厂			39	—	—
储能电站			9.6	—	—

10.1.1.3　电力需求预测

兰考县农村用电负荷分为生活负荷和农业生产负荷。居民的用电设备主要是各类家用电器、照明等，农业用电设备主要是灌溉水泵、大棚浇菜机、电动扬谷机等农业用具。其中，电负荷和热负荷具有较强的季节性变化，夏季农忙时节用电负荷较大，冬季热负荷需求较大。2019 年，兰考县最大供电负荷为 378MW，同比增长 14.9%，根据兰考县负荷现状及经济发展情况，预计 2021 年最大供电负荷为 459.98MW。开封市供电区及兰考县逐年负荷预测见表 10-2。

表 10-2　　开封市供电区及兰考县逐年负荷预测　　MW

项目	2019 年	2020 年	2021 年	2022 年	2025 年
开封市	2758	3008.9	3284.1	3520.4	4418.6
兰考县	378	426.2	459.9	494.5	636.4
兰考县春季日间小负荷	132.3	149.2	161.0	173.1	222.7

根据电网年负荷特性曲线，同时考虑负荷特点，兰考县春季日间低谷负荷为年最大负荷的 35%，春季夜间小负荷为年最大负荷的 26%。兰考县夏季白天风力发电出力系数为 0.68，春季日间风力发电出力系数为 0.75；夜间风力发电出力系数为 0.89；光伏发电日间出力系数为 0.8，夜间不出力。由兰考县电力平衡可知：

（1）夏季大负荷方式，考虑风力发出力系数为 0.68、光伏发电出力系数为 0.8，在考虑风力发电+分散式风力发电、光伏电站装机、能源革命电源+储能指标的情况下，预计 2022 年电力盈余为 3910.1.51MW，2025 年电力盈余为 419.51MW。

（2）春季日间小负荷方式，考虑风力发电出力系数为 0.75、光伏发电出力系数为 0.8，在考虑风力发电+分散式风力发电、光伏电站装机、能源革命电源+储能指标的情况下，预计 2022 年电力盈余为 755.70MW，2025 年电力盈余为 865.70MW。

（3）春季夜间小负荷方式，考虑风力发电出力系数为 0.89、光伏发电出力系数为 0，在考虑风力发电+分散式风力发电、光伏电站装机、能源革命电源+储能指标的情况下，预计 2022 年电力盈余为 579.48MW，2025 年电力盈余 740.48MW。

10.1.2　多能互补系统结构

农村地域广阔、大型建筑物少，风能和太阳能资源丰富，并且农作物的秸秆和树木的薪柴燃烧后可以产生热能，牲畜的粪便可在沼气池（biogas pool，BP）中反应生成沼气。本节依托河南省兰考县资源条件，根据因地制宜及多能互补发展的原则，构建适用于农村集中生活用能的多能互补系统，充分利用农村丰富的风能、太阳能等可再生能源及秸秆、薪柴、牲畜粪便等生物质能资源，满足农村集中生活终端的电、热负荷，提高能源利用效率。图 10-1 所示为针对农村集中生活用能的多能互补系统结构。

风力发电机组将风能转化为电能，太阳能集热器将太阳能转化为热能，沼气热电联产可以实现供热与供电同步进行，空气源热泵消耗电能来供热，节柴灶通过焚烧秸秆、薪柴供热，主要满足炊事做饭的热负荷需求。农村电负荷主要包括生活负荷和农业生产负荷，电动汽车具有负荷大、充放电灵活的特性接入多能互补系统。公共电网通过制定峰谷分时电价引导用户参与需求响应，采用多种能源组合供电、供热，不仅充分利用农村的各种能源，提高农村多能互补系统的运行稳定性，一定程度上减少碳排放，在满足电、热供需平衡的前提下，实现多能互补系统的最优运行。

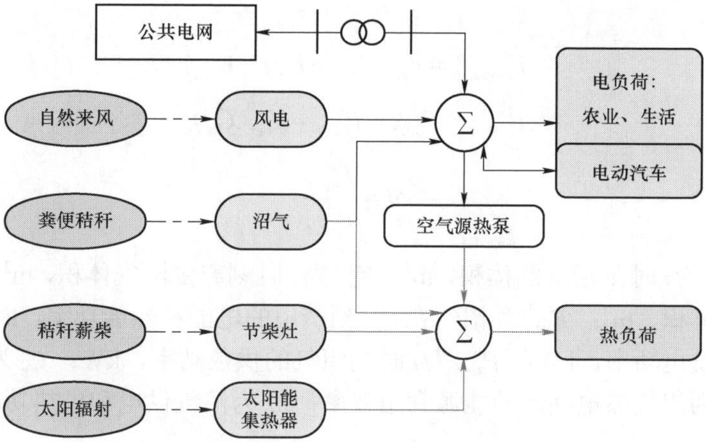

图 10－1　针对农村集中生活用能的多能互补系统结构

10.2　兰考“源—网—荷—储”一体化调度运营策略

10.2.1　农村多能互补系统出力特性

1. 风力发电机组模型

风力发电机组通过对风能的吸收和转化将机械能转化为电能，农村自然风速和风力发电机组自身发电特性决定了其输出功率。在不同风速的时间下，风力发电机组可用的输出功率可由下式计算

$$P_{\mathrm{WPP},t}=\begin{cases}0, & 0\leqslant v_t<v_{\mathrm{in}}, v_{\mathrm{out}}<v_t \\ \left(\dfrac{v_t-v_{\mathrm{in}}}{v_{\mathrm{r}}-v_{\mathrm{out}}}\right)^3 P_{\mathrm{r}}, & v_{\mathrm{in}}\leqslant v_t\leqslant v_{\mathrm{r}} \\ P_{\mathrm{r}}, & v_{\mathrm{r}}<v_t\leqslant v_{\mathrm{out}}\end{cases} \tag{10-1}$$

式中：$P_{\mathrm{WPP},t}$ 为风力发电机组在 t 时刻的可用输出功率，kW；v_t 为 t 时刻自然来风的风速，m/s；v_{in}、v_{r}、v_{out} 分别为风力发电机组的切入风速、额定风速和切出风速，m/s；P_{r} 为风力发电机组的额定功率，kW。

2. 沼气热电联产模型

沼气主要是由农村禽畜粪便发酵制备，多用于热电联产。沼气通过增压机处理达到一定参数后进入燃气内燃机，燃烧带动发电机组运行供电。热电联产过程中产生的余热通过废热回收装置收集后供热。沼气热电联产流程如图 10－2 所示。其模型为

$$V_{\text{biogas},t} = V_{\text{biogas},t-1} + V_{\text{in},t} - V_{\text{out},t} \tag{10-2}$$

$$P_{\text{BP},t}^{\text{e+h}} = P_{\text{BP},t}^{\text{e}} + P_{\text{BP},t}^{\text{h}} = V_{\text{out},t} C_{\text{b}} \eta_{\text{b}} \tag{10-3}$$

$$\varpi = \frac{P_{\text{BP},t}^{\text{e}}}{P_{\text{BP},t}^{\text{h}}} \tag{10-4}$$

式中：$V_{\text{biogas},t}$ 为 t 时刻沼气的体积，m^3；$V_{\text{in},t}$ 为 t 时刻产生沼气体积，m^3；$V_{\text{out},t}$ 为 t 时刻沼气消耗体积，m^3；$P_{\text{BP},t}^{\text{e+h}}$ 为沼气在 t 时刻产出的电能和热能功率，kW；$P_{\text{BP},t}^{\text{e}}$ 为 t 时刻沼气的发电功率，kW；$P_{\text{BP},t}^{\text{h}}$ 为 t 时刻沼气的供热功率，kW；C_{b} 为沼气热值，kW/m^3；η_{b} 为沼气热电联产的能源利用效率；ϖ 为沼气供电和供热功率之比。

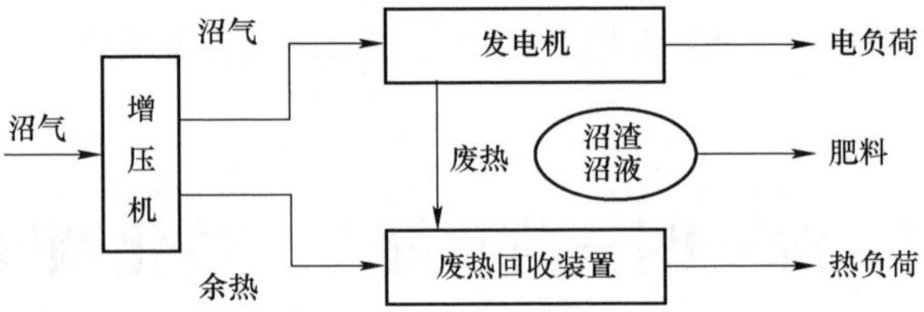

图 10－2　沼气热电联产流程图

3. 节柴灶模型

将煤、秸秆在节柴灶中直接进行燃烧，与旧式柴灶相比，优化了灶膛、锅壁与灶膛之间的相对距离与吊火高度、烟道和通风等的设计，并增设保温措施和余热利用装置，比传统土灶节省时间、效率、省燃料，使用起来方便卫生。其模型为

$$Q_{\text{FS},t} = \eta_{\text{FS}} q_{\text{s}} m_{\text{s},t} p_{\text{FS},t} \tag{10-5}$$

式中：$Q_{\text{FS},t}$ 为 t 时刻节柴灶产生的热量，kW；η_{FS} 为节柴灶的能源转化效率；q_{s} 为秸秆和薪柴的热值，kW/kg；$m_{\text{s},t}$ 为 t 时刻秸秆和薪柴消耗的质量，kg；$p_{\text{FS},t}$ 为 t 时刻节柴灶的运行概率。

4. 太阳能集热器模型

太阳能集热器利用集热器吸收太阳能，为农村用户提供热能，主要由太阳辐射强度及转化效率决定。其模型为

$$Q_{\text{SH},t} = \eta_{\text{SH}} S_{\text{SH}} \theta_t \tag{10-6}$$

式中：$Q_{\text{SH},t}$ 为 t 时刻太阳能集热器产生的热能，kW；η_{SH} 为太阳能集热器的转化效率；S_{SH} 为集热面积，m^2；θ_t 为 t 时刻太阳辐射强度，kW/m^2。

5. 空气源热泵供热模型

低温空气源热泵只消耗少量电能，能够从周围环境或者废热中吸收热量，可获得大量的所需热能。它以电能为驱动力，对供暖回水加热，以使水箱中的出水温度满足热能需求，是一种清洁且供热效率较高的供热方式。其模型为

$$P_{\mathrm{ASHP},t}^{\mathrm{h}} = g_{\mathrm{ASHP},t}^{\mathrm{e}} \mathrm{COP}_{\mathrm{ASHP}} \tag{10-7}$$

式中：$P_{\mathrm{ASHP},t}^{\mathrm{h}}$ 为 t 时刻空气源热泵的供热功率，kW；$g_{\mathrm{ASHP},t}^{\mathrm{e}}$ 为 t 时刻空气源热泵消耗的电量，kWh；$\mathrm{COP}_{\mathrm{ASHP}}$ 为功率性能系数，是指空气源热泵每消耗一份电能或功时可获得的热能。热泵出水温度为

$$\theta_{\mathrm{out},t} = \theta_{\mathrm{in},t} + \frac{P_{\mathrm{ASHP},t}^{\mathrm{h}}}{m_{\mathrm{w}} c_p} \tag{10-8}$$

式中：$\theta_{\mathrm{out},t}$ 为 t 时刻的出水温度，℃；$\theta_{\mathrm{in},t}$ 为 t 时刻的进水温度，℃；m_{w} 为热泵中水的质量，kg；c_p 为水的比定压热容，kJ/（kg・℃）。

6. 电动汽车

引入荷电状态（SOC）表示电动汽车的蓄电池剩余电量占其总容量的百分比，具体为

$$\mathrm{SOC}_{\mathrm{EV},t} = \frac{Q_{\mathrm{EV},t}}{C_{\mathrm{EV}}} \tag{10-9}$$

$$Q_{\mathrm{EV},t} = Q_{\mathrm{EV},t-1} + \mu_{\mathrm{EV},t}^{\mathrm{ch}} \eta_{\mathrm{ch}} P_{\mathrm{EV},t}^{\mathrm{ch}} - \mu_{\mathrm{EV},t}^{\mathrm{dis}} \frac{P_{\mathrm{EV},t}^{\mathrm{dis}}}{\eta_{\mathrm{dis}}} - \mu_{\mathrm{EV},t}^{\mathrm{dr}} Q_{\mathrm{EV},t}^{\mathrm{dr}} \tag{10-10}$$

式中：$\mathrm{SOC}_{\mathrm{EV},t}$ 为 t 时刻电动汽车的荷电状态；$Q_{\mathrm{EV},t}$ 为 t 时刻电动汽车的蓄电池电量，kWh；C_{EV} 为蓄电池容量，kWh；$\mu_{\mathrm{EV},t}^{\mathrm{ch}}$、$\mu_{\mathrm{EV},t}^{\mathrm{dis}}$ 和 $\mu_{\mathrm{EV},t}^{\mathrm{dr}}$ 为 0－1 变量，分别表示电动汽车充电状态、放电状态和行驶状态。η_{ch}、η_{dis} 分别为充电效率和放电效率；$P_{\mathrm{EV},t}^{\mathrm{ch}}$、$P_{\mathrm{EV},t}^{\mathrm{dis}}$ 分别为 t 时刻电动汽车的充电功率和放电功率，kW；$Q_{\mathrm{EV},t}^{\mathrm{dr}}$ 为 t 时刻电动汽车行驶消耗的电量，kWh。

电动汽车行驶时满足以下关系

$$Q_{\mathrm{EV},t}^{\mathrm{dr}} = p_{\mathrm{EV},t} Q_{\mathrm{km}} v_{\mathrm{EV}} \Delta t \tag{10-11}$$

式中：$p_{\mathrm{EV},t}$ 为 t 时刻电动汽车行驶概率；Q_{km} 为行驶每千米消耗电量，kWh；v_{EV} 为电动汽车行驶速度，m/s；Δt 为单位时间，h。

10.2.2 农村多能互补需求响应机制

实施峰谷分时电价能够引导农村用户转移用电负荷，起到削峰填谷作用，使电

负荷波动较小。负荷对电价的弹性可分为自弹性和交叉弹性两类，自弹性表现为本时段的电价变化对本时段负荷的影响，交叉弹性表现为本时段电价对其他时段负荷的影响。自弹性系数为负值，交叉弹性系数为正值。需求响应中负荷和价格函数的关系为

$$E_{st}=\frac{\Delta L_{\mathrm{e},s}/L_{\mathrm{e},s}^{0}}{\Delta p_t/p_t^{0}}\begin{cases}E_{st}\leqslant 0,s=t\\E_{st}\geqslant 0,s\neq t\end{cases} \tag{10-12}$$

式中：$L_{\mathrm{e},s}^{0}$ 为 s 时刻实施需求响应前的负荷需求，kW；$\Delta L_{\mathrm{e},s}$ 为需求响应前后的负荷变化量，kW；p_t^0 为需求响应前的电价，元/kW；Δp_t 为峰谷分时电价差，元/kW；s、t 为时间，h；E_{st} 为电力价格弹性，当 $s=t$ 称为自弹性，当 $s\neq t$ 称为交叉弹性。

10.2.3 农村多能互补调度优化模型

10.2.3.1 目标函数

根据上面提到的农村多能互补系统各个设备运行模型、负荷特性分析、需求响应模型，构建多能互补系统多目标函数。与城镇相比，农村整体经济发展较为缓慢，收入较低，因此将用能成本作为目标函数，以实现用能的经济性。此外，农村城镇化水平低，生产生活方式落后，碳排放需要得到控制，以实现用能的环保性。秸秆、薪柴、粪便等原料消耗费用几乎为零，电能使用起来方面但是费用较高，居民用能偏好程度会影响用能结构，将用能习惯考虑在内，以实现用能的满意度。在构建多能互补系统多目标函数时同时兼顾用能成本、二氧化碳排放量和用能满意程度，实现经济效益、环境效益和用能满意最优。

1. 用能成本

在满足的电负荷和热负荷的前提下，实现农村用户的综合成本最低，包括系统中各个设备成本、购电成本，其中需求响应能够降低用能成本，目标函数为

$$\min F_1=\sum_{t=1}^{24}\left(C_{\mathrm{WPP},t}+C_{\mathrm{BP},t}+C_{\mathrm{FS},t}+C_{\mathrm{SH},t}+C_{\mathrm{ASHP},t}+C_{\mathrm{UG},t}-C_{\mathrm{PBDR},t}\right) \tag{10-13}$$

式中：F_1 为调度周期内的综合成本，元；$C_{\mathrm{WPP},t}$、$C_{\mathrm{BP},t}$、$C_{\mathrm{FS},t}$、$C_{\mathrm{SH},t}$、$C_{\mathrm{ASHP},t}$ 分别为风力发电机组、沼气池、节柴灶、太阳能集热器、空气源热泵在 t 时刻的成本，元；$C_{\mathrm{UG},t}$ 为向公共电网的购电费用，元；$C_{\mathrm{PBDR},t}$ 为用户参与需求响应，根据分时电价调整用电时间而节省的用电费用，元。

风力发电机组、沼气池和太阳能集热器成本主要包括设备初始投资费用和后期运行维护费用，其能量源自自然来风、粪便、太阳能等，故不计原料消耗成本。为

了便于计算，简化为单位供电（热）成本与供电（热）量乘积，即

$$C_{\mathrm{WPP},t}=g_{\mathrm{WPP},t}c_{\mathrm{WPP}} \tag{10-14}$$

$$C_{\mathrm{BP},t}=g_{\mathrm{BP},t}^{\mathrm{e}}c_{\mathrm{BP}}^{\mathrm{e}}+Q_{\mathrm{BP},t}^{\mathrm{h}}c_{\mathrm{BP}}^{\mathrm{h}} \tag{10-15}$$

$$C_{\mathrm{SH},t}=Q_{\mathrm{SH},t}c_{\mathrm{SH}} \tag{10-16}$$

式中：c_{WPP}为风力发电机组的单位发电成本，元；$c_{\mathrm{BP}}^{\mathrm{e}}$、$c_{\mathrm{BP}}^{\mathrm{h}}$分别为沼气池的单位发电成本和单位供热成本，元；$c_{\mathrm{SH}}$为太阳能集热器的单位供热成本，元/kW。

节柴灶和空气源热泵的成本除了初始投资费用、后期运行维护费用外，还包括原料消耗费用，即

$$C_{\mathrm{FS},t}=Q_{\mathrm{FS},t}c_{\mathrm{FS}}+m_{\mathrm{c}}c_{\mathrm{c}}+m_{\mathrm{s}}c_{\mathrm{s}} \tag{10-17}$$

$$C_{\mathrm{ASHP},t}=Q_{\mathrm{ASHP},t}c_{\mathrm{ASHP}}+g_{\mathrm{ASHP},t}p_t \tag{10-18}$$

式中：c_{FS}为节柴灶的单位供热成本，元/kW；m_{c}、m_{s}分别为节柴灶消耗的煤炭的质量和秸秆、薪柴的质量，kg；c_{c}、c_{s}分别为煤炭和秸秆、薪柴的成本，元/kg。

向公共电网的购电成本由购电量与实时电价确定，空气源热泵消耗的电能成本可包括在$C_{\mathrm{UG},t}$内统一计算，即

$$C_{\mathrm{UG},t}=g_{\mathrm{UG},t}p_t$$

式中：$g_{\mathrm{UG},t}$为农村多能互补系统在t时刻向公共电网的购电量，kWh；p_t为实时电价，元/kWh。

实时峰谷分时电价，可提高峰时段电价，降低谷时段电价。用户参与需求响应后，将峰时段部分负荷转移到谷时段，减少的用电费用为

$$C_{\mathrm{PBDR},t}=p_t^0L_t^0-p_tL_t \tag{10-19}$$

式中：p_t^0、p_t分别为需求响应前后的电价，元/kWh；L_t^0、L_t分别为需求响应前后的负荷，kWh。

2. 碳排放量

农村多能互补系统中供电、供热会产生二氧化碳排放，其中风光等新能源也会产生碳排放，表现为其设备在生产时产生的碳排放。碳排放设备包括风力发电机组、沼气池、节柴灶、太阳能集热器，并且考虑公共网络购电的碳排放量，碳排放的目标函数为

$$\min F_2=\sum_{t=1}^{24}\sum_{i=1}^{N}P_{i,t}\beta_i+\sum_{t=1}^{24}g_{\mathrm{UG},t}\eta_{\mathrm{UG}} \tag{10-20}$$

式中：F_2为二氧化碳排放量，kg；$P_{i,t}$为第i台设备在t时刻的供电（热）功率，kW；

β_i 为第 i 台设备供电（热）的碳排放系数；N 为产生碳排放的设备数量；$g_{\mathrm{UG},t}$ 为公共电网购电量，kWh；η_{UG} 为区域供电排放系数。

3. 用能满意度

农村多能互补系统中既包括风能、太阳能等清洁能源，除了碳排放较低优点以外，它们的边际成本较低，没有原料消耗费用同时还包括秸秆、薪柴、粪便等自产自用的资源，费用较低；相反，煤和电费用较高，但是利用起来非常方便。因此，调度期内农村用户的满意度作为另一个目标函数，即

$$\max F_3 = \sum_{t=1}^{24}\sum_{j=1}^{M} m_{j,t}\Phi_j \tag{10-21}$$

式中：F_3 为用能满意度；$m_{j,t}$ 为 j 类能源在 t 时刻的使用量，kWh；Φ_j 为农村用户对 j 类能源的满意度；M 为能量种类数。

10.2.3.2 约束条件

根据农村多能互补系统多目标优化模型，在寻求最优运行方案时需要满足功率供需平衡、沼气池、节柴灶、空气源热泵、电动汽车、需求响应等约束条件。

1. 功率供需平衡约束

农村用户的电功率和和热功率均达到平衡才能维持多能互补系统的稳定运行，即

$$P_{\mathrm{WPP},t}^{*} + P_{\mathrm{BP},t}^{\mathrm{e}} + P_{\mathrm{UG},t} + P_{\mathrm{EV},t}^{\mathrm{dis}} = L_{\mathrm{e},t}^{0} + \Delta L_{\mathrm{e},t} + P_{\mathrm{ASHP},t} + P_{\mathrm{EV},t}^{\mathrm{ch}} \tag{10-22}$$

$$P_{\mathrm{FS},t}^{\mathrm{h}} + P_{\mathrm{SH},t}^{\mathrm{h}} + P_{\mathrm{ASHP},t}^{\mathrm{h}} = L_{\mathrm{h},t} \tag{10-23}$$

式中：$P_{\mathrm{WPP},t}^{*}$ 为风电机组实际利用功率，kW；$L_{\mathrm{e},t}^{0}$ 为原始农村用户电负荷，kW；$\Delta L_{\mathrm{e},t}$ 为实施需求响应负荷的变化量，kW；$L_{\mathrm{h},t}$ 为热负荷，kW。

2. 沼气池约束

沼气生产和消耗速率受沼气池的体积及粪便、秸秆供应量的影响，沼气池的体积决定了其供能功率，需要满足以下约束条件

$$V_{\mathrm{in}}^{\min} \leqslant V_{\mathrm{in},t} \leqslant V_{\mathrm{in}}^{\max} \tag{10-24}$$

$$V_{\mathrm{out}}^{\min} \leqslant V_{\mathrm{out},t} \leqslant V_{\mathrm{out}}^{\max} \tag{10-25}$$

$$V_{\mathrm{biogas}}^{\min} \leqslant V_{\mathrm{biogas},t} \leqslant V_{\mathrm{biogas}}^{\max} \tag{10-26}$$

式中：$V_{\mathrm{in},t}$ 为 t 时刻产生沼气的体积，m^3；$V_{\mathrm{out},t}$ 为 t 时刻沼气消耗的体积，m^3；$V_{\mathrm{in}}^{\min}$、$V_{\mathrm{in}}^{\max}$ 分别为沼气产生体积的上下限，m^3；$V_{\mathrm{out}}^{\min}$、$V_{\mathrm{out}}^{\max}$ 分别为沼气消耗上下限，m^3；$V_{\mathrm{biogas},t}$ 为 t 时刻沼气的体积，m^3；$V_{\mathrm{biogas}}^{\min}$、$V_{\mathrm{biogas}}^{\max}$ 为沼气池体积的上下限，m^3。

3. 节柴灶约束

$$P_{\mathrm{FS},t}^{\mathrm{h,min}} \leqslant P_{\mathrm{FS},t}^{\mathrm{h}} \leqslant P_{\mathrm{FS},t}^{\mathrm{h,max}} \tag{10-27}$$

式中：$P_{\mathrm{FS},t}^{\mathrm{h,min}}$为节柴灶的最小供热功率，kW；$P_{\mathrm{FS},t}^{\mathrm{h,max}}$为节柴灶最大供热功率，kW。

4. 空气源热泵约束

$$P_{\mathrm{ASHP},t}^{\mathrm{h,min}} \leqslant P_{\mathrm{ASHP},t}^{\mathrm{h}} \leqslant P_{\mathrm{ASHP},t}^{\mathrm{h,max}} \tag{10-28}$$

式中：$P_{\mathrm{ASHP},t}^{\mathrm{h,min}}$、$P_{\mathrm{ASHP},t}^{\mathrm{h,max}}$分别为空气源热泵供热功率的最小值和最大值，kW。

5. 电动汽车约束

为了延长储能电池寿命，荷电状态必须保持在一定范围内，电动汽车充电和放电也不能同时进行，且不能超过最大功率。电动汽车调度周期初始时刻的荷电状态和最终时刻的荷电状态保持一致，约束条件为

$$\mathrm{SOC}_{\mathrm{EV},t}^{\min} \leqslant \mathrm{SOC}_{\mathrm{EV},t} \leqslant \mathrm{SOC}_{\mathrm{EV},t}^{\max} \tag{10-29}$$

$$P_{\mathrm{EV},t}^{\min} \leqslant P_{\mathrm{EV},t}^{\mathrm{ch/dis}} \leqslant P_{\mathrm{EV},t}^{\max} \tag{10-30}$$

$$u_{\mathrm{EV},t}^{\mathrm{ch}} u_{\mathrm{EV},t}^{\mathrm{dis}} = 0 \tag{10-31}$$

$$\mathrm{SOC}_{\mathrm{EV},t_0} = \mathrm{SOC}_{\mathrm{EV},t_m} \tag{10-32}$$

式中：$\mathrm{SOC}_{\mathrm{EV},t}^{\min}$、$\mathrm{SOC}_{\mathrm{EV},t}^{\max}$分别为电动汽车荷电状态的上下限；$P_{\mathrm{EV},t}^{\min}$、$P_{\mathrm{EV},t}^{\max}$分别为最大和最小充放电功率，kW；$t_0$、$t_m$分别为调度期的初始时刻和最终时刻，h。

6. 需求响应约束

为防止负荷曲线峰谷时段交换，需求响应前后负荷的变动需满足以下约束条件

$$\left|L_t - L_t^0\right| \leqslant u_{\mathrm{PBDR},t} \Delta L_t^{\max} \tag{10-33}$$

$$\sum_{t=1}^{T} \Delta L_t \leqslant \Delta L^{\max} \tag{10-34}$$

式中：$u_{\mathrm{PBDR},t}$为t时刻需求响应的状态变量，为0－1变量；$\Delta L_t^{\max}$为t时刻负荷变动上限，kW；$\Delta L^{\max}$为周期内负荷累计变动量的上限，kW。

10.2.4 多目标优化方法

运用模糊决策理论从得到的Pareto（帕累托）前沿中折中求得最优解。模糊满意度函数包括偏小型、中间型、偏大型三类。农村多能互补系统多目标优化包括综合成本最小、碳排放量最低、用能满意度最高三个目标函数，前两个是最小化目标函数，应该选用偏小型目标函数，目标函数值越小，模糊满意度值越接近1。最后

一个目标函数是最大化目标函数，应该选择偏大型目标函数，目标函数值越大，模糊满意度越接近 1。

$$f_i=\begin{cases}1, & F_i\leqslant F_i^{\min}\\ \dfrac{F_i^{\max}-F_i}{F_i^{\max}-F_i^{\min}}, & F_i^{\min}\leqslant F_i\leqslant F_i^{\max}\\ 0, & F_i\geqslant F_i^{\max}\end{cases} \tag{10-35}$$

$$f_i=\begin{cases}1, & F_i\geqslant F_i^{\max}\\ \dfrac{F_i-F_i^{\min}}{F_i^{\max}-F_i^{\min}}, & F_i^{\min}\leqslant F_i\leqslant F_i^{\max}\\ 0, & F_i\leqslant F_i^{\min}\end{cases} \tag{10-36}$$

式中：f_i 为第 i 个目标函数的满意度，在 0 – 1 之间；F_i 为第 i 个目标函数；$F_i^{\max}$ 和 $F_i^{\min}$ 分别为第 i 个目标函数的最大值和最小值。

将所有目标函数加权平均求得满意度最大的解，即为 Pareto 解集的最优折中解

$$f=\frac{1}{i}\sum_{i=1}^{N}f_i \tag{10-37}$$

10.2.5 实例分析

10.2.5.1 基础数据

为了分析含风力发电机组、沼气池等多能互补系统在农村运行的可行性，选择冬天典型日内河南省兰考地区作为研究对象，时间长度为 $\Delta t=1\text{h}$ 。该地区风速的季节变化较为明显，冬季风速较大，夏季风速最小，太阳能资源十分丰富，季节性特征恰好和风能相反，夜间没有光照，中午太阳能辐射强度最高。该地区冬季典型日内风速和太阳能辐射强度如图 10 – 3 所示。节柴灶和沼气池使薪柴、秸秆等生物质能得到很大程度的开发和利用，空气源热泵由于供热的便捷性及环保性被广泛应用。

设计农村多能互补系统中共 20 台功率为 10kW 的风力发电机组，其切入风速为 3m/s，额定风速为 11m/s，切出风速为 24m/s。设定每个沼气池中初始储气量为 2m^3，并且沼气体积不超过沼气池体积的 85%，沼气热电联产的供电与供热比例为 1.5。节柴灶通过燃烧秸秆、薪柴供暖，其主要在炊事做饭时运行。太阳能集热器有 390 个，每个集热面积为 1m^2。空气源热泵主要依靠消耗的电能供热，功率性

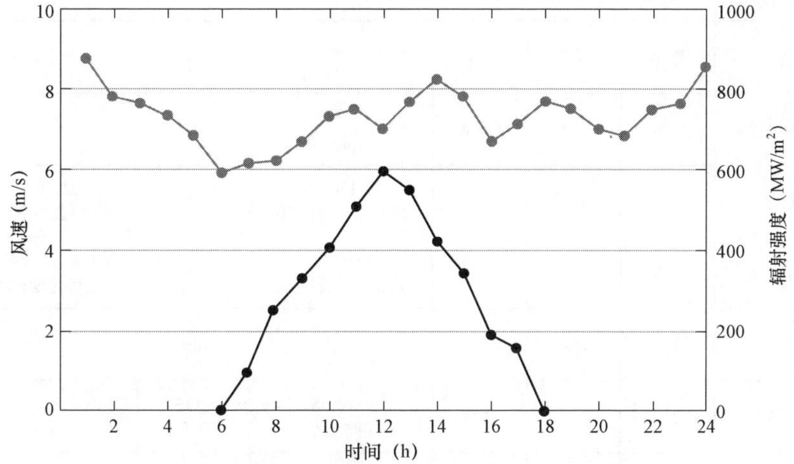

图 10－3　冬季典型日内风速和太阳能辐射强度

能系数 COP 为 2.5。此外，还包括 50 辆电动汽车并网参与多能互补调度，设定调度初始期电量为 60%，其平均行驶速度为 30km/h，每千米消耗的电量为 0.2kWh，电动车行驶概率密度分布如图 10－4 所示。为了便于对比分析，设定同一时刻电动汽车电网充电价格和向电网馈电的补贴价格相同，均等于实时电价。设备的具体参数见表 10－3，各类能源的热值见表 10－4，各设备碳排放因子和用能满意度见表 10－5。

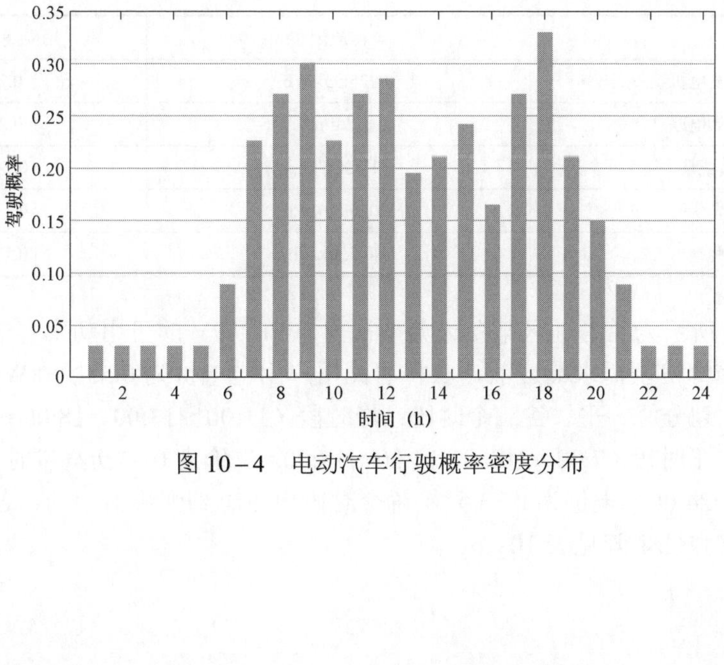

图 10－4　电动汽车行驶概率密度分布

表 10－3　设备的具体参数（电动自行车参数：60V 20Mh 2kW・h 200w）

设备	数量	容量	功率	平均供电/热成本 原料消耗成本	运行效率	其他参数
风力发电机组	20		10kW	0.5/— 风能：0		
沼气池	150	$10m^3$		0.45/0.2 粪便、秸秆：0	80%	产气率为 $0.2m^3/h$ 最大耗气 $2m^3/h$
节柴灶	350			—/0.15 薪柴、秸秆：0	19%	秸秆、薪柴消耗低于 2kg/h 调度周期内不超过 5kg/d
光伏	390	$1m^2$		—/0.27 太阳能：0	40%	
空气源热泵	250		1kW	—/0.08 实时电价	COP 2.5	
电动汽车	50	30kWh	5kW	实时电价/— 实时电价	95%	荷电状态下限 20% 荷电状态上限 95%

表 10－4　　沼气、煤、秸秆、薪柴热值

	热值
沼气	$25.2MJ/m^3$
煤	29MJ/kg
秸秆、薪柴	15MJ/kg

表 10－5　　碳排放因子和用能满意度

	碳排放因子	用能满意度
风力发电机组	0.025kg/kWh	0.2
沼气热电联产	$1.2kg/m^3$	0.2
节柴灶	1.33kg/kg	0.24
光伏	0.075kg/kWh	0.19
购电	1.01kg/kWh	0.17

图 10－5 所示为兰考地区某冬天典型日内 WPP、PV 的可用功率、电负荷及热负荷。未实施价格型需求响应前，农村居民用户用电电价为 0.53 元/kWh。根据用电负荷曲线，划分峰、平、谷三个时段：峰时段（11:00～13:00、18:00～22:00）电价为 0.82 元，平时段（7:00～10:00、14:00～17:00）电价为 0.53 元，谷时段（1:00～6:00、23:00～24:00）电价为 0.33 元。每个时段内各时刻弹性值相同，各个时段用户的需求价格弹性矩阵见表 10－6。

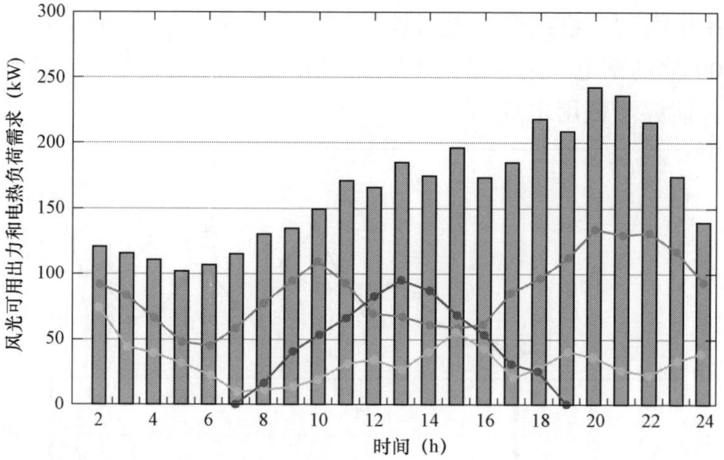

图 10－5　冬天典型日内 WPP、PV 的可用功率、电负荷及热负荷

表 10－6　　电力需求价格弹性矩阵

时段	高峰	平段	低谷
高峰	－0.2	0.12	0.08
平段	0.12	－0.14	0.06
低谷	0.08	0.06	－0.18

为了分析针对农村集中用能的多能互补系统运行的合理性，以及多能互补系统中沼气热电联产和电动汽车的优化效应，分别设置以下三个情景进行对比分析：

情景 1：基础情景。多能互补系统中沼气只供热不进行发电，电动汽车只进行充电。

情景 2：沼气热电联产情景。沼气热电联产除了供热外，同时还供电，电动汽车只进行充电。

情景 3：电动汽车充放电情景。电动汽车具备放电功能，并网后根据峰谷电价制定充电和放电策略。

10.2.5.2　算例结果

1. 情景 1 算例结果

该情景下，农村多能互补系统中电能供给端包括风力发电机组和公共电网，电能消耗端除了有居民电负荷外，还包括电动汽车充电负荷和空气源热泵耗电负荷，如图 10－6 所示。风力发电机组输出功率为 737.9kWh，仅仅风力发电不足以满足系统电负荷需求，需要从公共电网购电，购电量为 3645.1kWh。由于电动汽车不具备放电功能，用户对于分时电价机制响应深度不够，只能通过调节柔性可控负荷降低用电费用，系统调度灵活性较差。电动汽车在 3:00、4:00、6:00、8:00、23:00 和 24:00 时刻充电，充电量为 471.8kWh，这些时刻集中在负荷低谷时段，较低的用电电价能够降低用电成本。

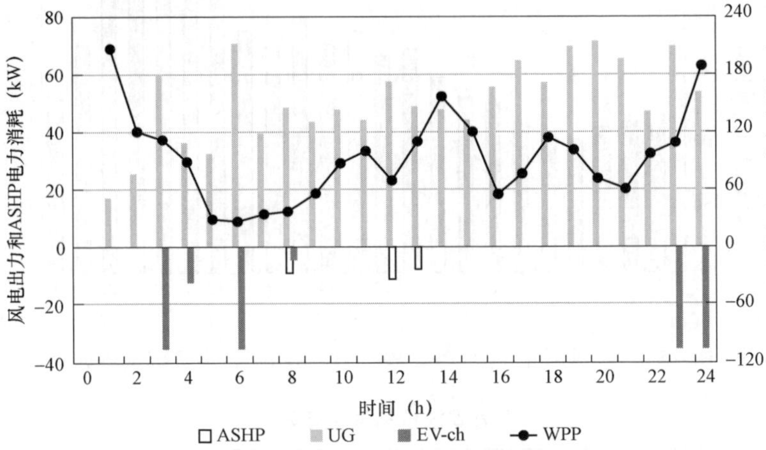

图 10-6　情景 1 下的电能优化结果

农村多能互补系统中热能供给端包括太阳能集热器、节柴灶、沼气、空气源热泵，如图 10-7 所示。太阳能集热器供热时间集中在 7:00～17:00，提供热能共 550.3kWh。农村节柴灶使用时间集中在 7:00～8:00、12:00～13:00 和 18:00，用于满足农村居民日常炊事做饭热负荷需求，提供热能共 467.8kWh。沼气池作为农村热负荷主要来源，除了节柴灶运行时间外，其他时间为居民提供了较多的热能，共 3033.4kWh。空气源热泵供热时刻为 8:00、12:00～13:00，消耗电能共 28.2kWh，提供热能共 70.6kWh。

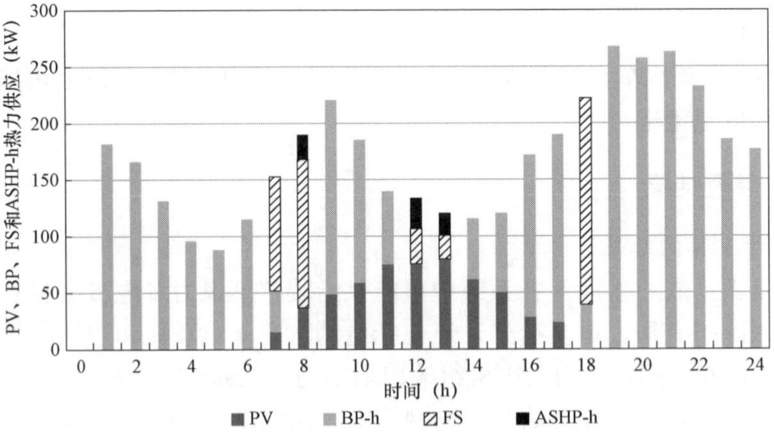

图 10-7　情景 1 下的热能优化结果

该情景运行成本较高，为 3334.3 元，碳排放量为 6725.6kg，农村居民用能满意度较低，为 1107.2。由于未考虑沼气池的电功率，沼气全部用来发热，沼气可转化的能源形式单一，在满足农村电负荷及热负荷时缺乏调度的灵活性。就电能而言，多能互补系统需要从公共电网购买较多的电能。就热能而言，空气源热泵不能充分发挥供热作用，未达到资源最佳配置。该情景的优化方案，昂贵的综合用能成本给收入水平本来就不高的农村带来较大的经济压力，较高的碳排放量造成了一定程度的环境污染，较低的用能满意度影响了居民用能习惯。

2. 情景 2 算例结果

在该情景下，农村多能互补系统中电能供给端除风力发电机组和公共电网，还包括沼气热电联产机组，如图 10－8 所示。风力发电机组输出功率为 751.7kW，沼气热电联产机组供电时段集中在 7:00 和 9:00～22:00，提供的电能为 2318.4kW，该时段公共电网销售电价较高。多能互补系统向公共电网购电时段主要集中在负荷谷时段和平时段，购电量从 3645.087kWh 降低为 1980.9kWh，购电费用大大较低。电动汽车规避开高峰负荷高价时段，在负荷谷时段和平时段充电。

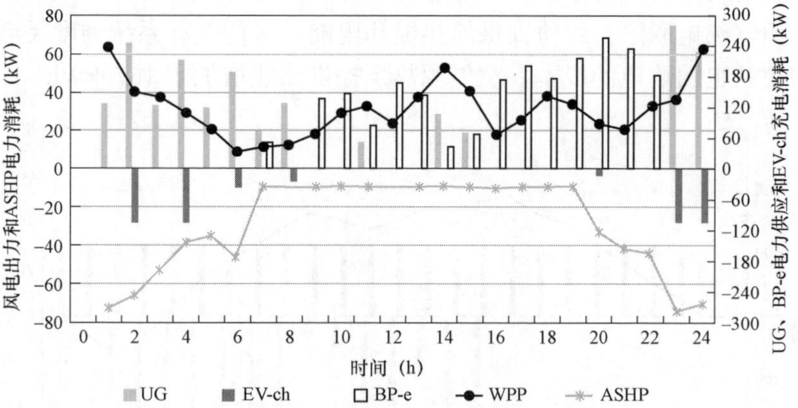

图 10－8　情景 2 下的电能优化结果

农村多能互补系统中热负荷由太阳能集热器、节柴灶、沼气热电联产机组、空气源热泵热协同供给，如图 10－9 所示。该情景太阳能集热器的供热时间与情景 1 相同，但是其提供的热能增加了 13kWh。节柴灶使用时间为 7:00～9:00 和 17:00～19:00，提供 452.4kWh 热能用于满足农村炊事做饭需求。沼气热电联产机组由于部分沼气用于发电，提供的热能有所减少，运行时间与发电同步，提供热能共 1545.6kWh。空气源热泵在供热端充分发挥自身作用，供热集中在沼气热电联产机组和太阳能集热器停运的时段，提供热能共 1740.6kWh。

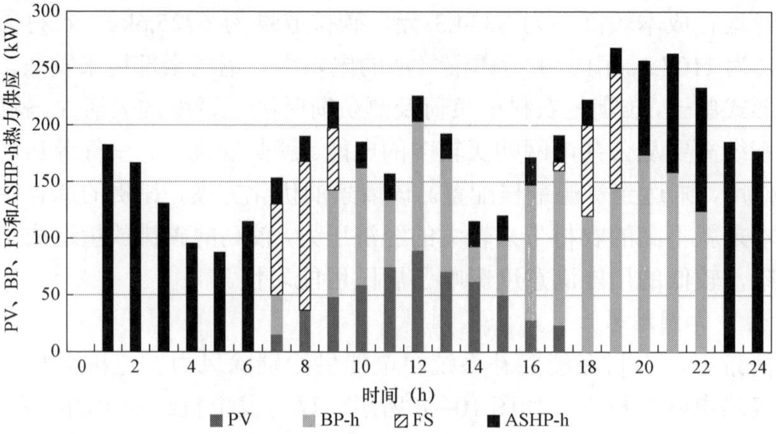

图 10－9　情景 2 下的热能优化结果

在该情景下，沼气热电联产机组既能将沼气转化为热能，又能将沼气转化为电能。沼气热电联产机组共消耗沼气量为 690m^3，运行时间为 7:00 和 9:00～22:00，沼气池进气、出气功率和储气量如图 10－10 所示，系统每小时向沼气池注入 30m^3 的沼气，热电联产机组根据电、热负荷实时需求制定运行方案。与情景 1 相比，该情景由于沼气热电联产机组协同供给热能和电能，多能互补系统调度灵活性增加，降低了向公共电网购电的成本，空气源热泵提供热能增加了 1670kWh。

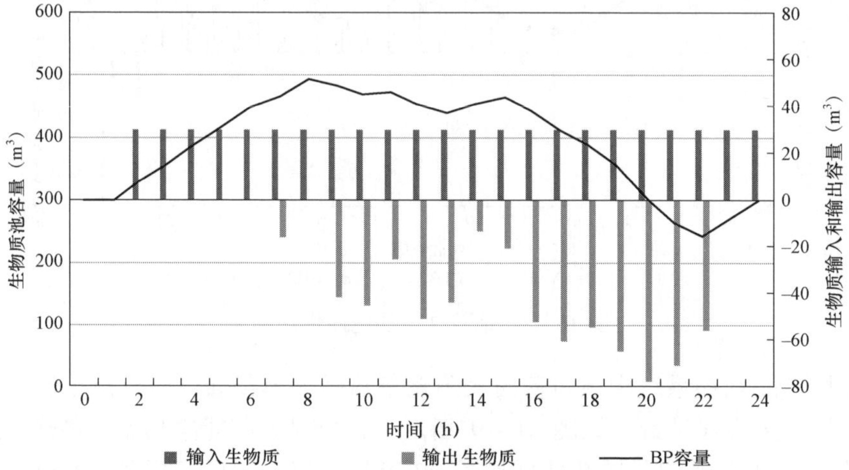

图 10－10　沼气池进气、出气功率和储气量

情景 2 中多能互补系统用能成本为 3170.9 元，碳排放量为 5222.8kg，农村居民用能满意度较高，为 1174。总体而言，沼气热电联产机组能够提高多能互补系统调度灵活性，降低系统运行成本，提高风力发电机组、太阳能集热器、空气源热

泵等设施的运行效率。

3. 情景3算例结果

在该情景下，农村多能互补系统中电能供给端在之前的基础上新增电动汽车，电动汽车的电池除可以储存电能，还可以在适当时机放电充当电源向公共电网售电，如图10－11所示。风力发电机组输出功率为756kWh，沼气热电联产机组发电主要集中在负荷高峰时段，发电量共2318.4kWh，系统向公共电网的购电量为2240.4kWh，向公共电网的售电量为361.4kWh，电动汽车放电量共623.2kWh。该情景多能互补系统热能供给情况与情景2大致相同，其优化结果如图10－12所示。

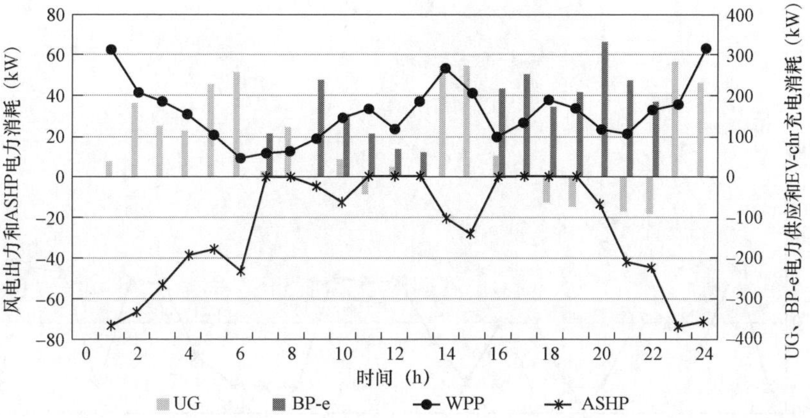

图10－11　情景3下的电能优化结果

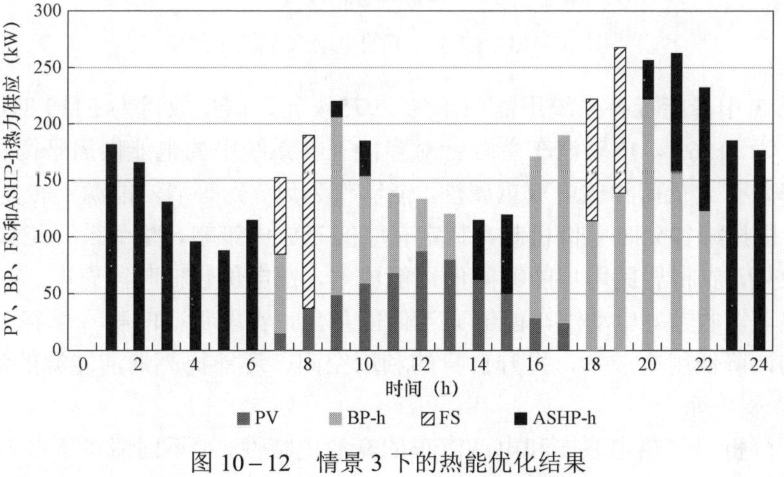

图10－12　情景3下的热能优化结果

电动汽车能够实现农村多能互补系统中发电侧和负荷侧的灵活户活动，其电池充放电特性能够实现电能的时间和空间转移，这一特性决定了电动汽车具有广阔的利用空间，如图 10－13 所示。在调度周期内，电动汽车行驶累计消耗电量为 451.8kWh，充电量为 1060.2kWh，放电量为 623.2kWh。如图 10－13 所示，充电时间位于横坐标轴下面的点，主要集中在用电负荷较低、电价较低的时段，放电时间位于横坐标轴上面的点，主要集中在用电负荷较高、电价较高的时段。电动汽车电池容量在 13:00 和 22:00 时刻达到最低，分别为 255kWh 和 167.2kWh，由于这两个时段均为峰时段的结束时间点，电动汽车放电深度在峰负荷结束时达到最大。

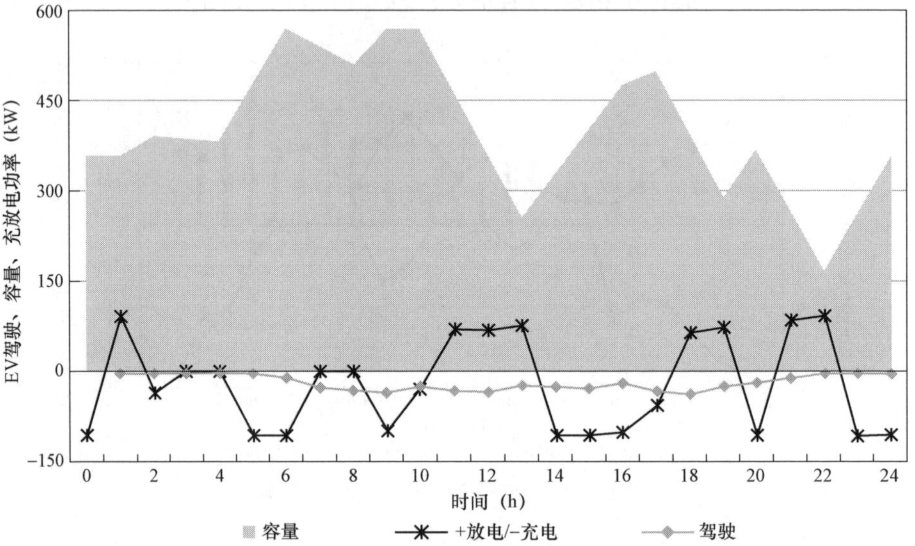

图 10－13　情景 3 下的电动汽车优化结果

情景 3 中多能互补系统用能成本为 2975.4 元，碳排放量为 5119.8kg，居民用能满意度为 1156.7。电动汽车主要针对多能互补系统中的电能供需平衡进行优化，电动汽车兼有大负荷和放电双重属性，能够作为风、光等清洁能源不稳定发电的储能设备，根据峰谷分时电价机制，制定有序的充放电策略，整个系统能够达到削峰填谷的效果，农村居民用户能够降低用能成本，在电价较低时段充电、在电价较高时段放电获取收益。电动汽车能够充当储能角色，实现负荷的削峰填谷，优化电能供需结构，降低用电成本，提升自身的利用空间，还能提高清洁能源的消纳量。

4. 结果分析

为了分析沼气热电联产和电动汽车的充放电特性，对不同情景下多能互补系统优化结果进行对比，见表 10－7。情景 1 中沼气全部用来供热，沼气可转化的能源形式单一，电动汽车只充电不放电，系统多能调度缺乏灵活性；情景 2 中采用沼气热电联产技术，沼气除了满足热负荷，还能满足电负荷，系统调度灵活性有所提高；

情景3中电动汽车根据电价实时信息制定充放电策略，系统调度灵活性进一步提高。

由表10－7可知，情景1～情景3风力发电和太阳能集热器的消纳量分别增加了18.1kWh和19.9kWh，沼气热电联产技术和电动汽车储电技术能够减小弃风、弃光率，提升清洁能源利用效率。沼气协同供给电能和热能要比单一的热能利用效率更高，空气源热泵的利用效率也在提高。系统向公共电网的购电量逐渐下降，电动汽车具有灵活充放电的特性，在情景3中参与系统优化调度，在满足自身驾驶用电的前提下可以向公共电网放电而获取收益。

表10－7　不同情景优化结果对比　kWh

情景	电						热			
	WPP	BP	电网		EV		PV	BP	FS	ASHP
			购电量	售电量	充电量	放电量				
情景1	737.9	0	3645.1	0	471.8	0	550.3	3033.4	467.8	70.6
情景2	751.7	2318.4	1980.9	0	471.8	0	563.3	1545.6	452.4	1740.6
情景3	756	2318.4	2240.4	361.4	1060.2	623.2	570.2	1545.6	475.6	1558.6

不同情境下多目标函数的优化结果见表10－8，情景2用能成本比情景1减少163.4元，情景3比情景2用能成本减少195.5元，沼气热电联产协同供热和供能能够降低系统运行成本，电动汽车根据峰谷分时电价制定充放电策略能够进一步降低用电成本。由于风能和太阳能的利用率提高，对沼气、薪柴等的使用量有所减少，碳排放量下降了1605.8kg。情景1～情景3用能满意度逐渐提高，这是由于沼气热电联产的电能和热能协同供给提高了居民生活的便捷程度，清洁能源使用量的增加也会满足居民日益增强的环保意识。总体而言，沼气热电联产和电动汽车能够降低农村多能互补系统的运行成本，减少碳排放量，提高居民的生活水平。

表10－8　不同情景多目标函数优化结果

情景	能量成本（元）	碳排放（kg）	能源消费满意度
情景1	3334.3	6725.6	1107.2
情景2	3170.9	5222.8	1174
情景3	2975.4	5119.8	1156.7

综上所述，沼气热电联产机组可以优化多能互补系统能源供需结构，电能和热能协同供给提高了调度的灵活性。沼气池中部分用于供热的沼气用来供电，减少了购电费用的支出163.4元，为空气源热泵留出了供热空间。

10.3 兰考县域多能互补综合能源服务模式

10.3.1 多能互补系统服务模式

兰考县域多能互补系统服务模式设计见表 10－9。

表 10－9　　兰考县域多能互补系统服务模式设计

阶段	内容	方式	
系统规划	方案设计	产学研一体化方案设计	
	方案评估	资源可行性评估	
		技术可行性评估	
		经济可行性评估	
商业模式	管理模式	PPP 模式	
	投资主体	多能互补运行商	
	建设主体	多能互补运行商	
	经营主体	多能互补运行商	
	关键业务	供能（冷、热、电、气）	
		能源套餐设计	
	盈利模式	盈利来源	供能收益
			能源套餐设计收益
		盈利方式	基于峰谷分时冷—热—电价的价格供能方式
	效益分配	多主体一体化	夏普利值法

兰考县域多能互补系统与外部电网及用户合作下，具体实施商业模式如下：

首先，设计以多能互补系统运营商为基础参与主体，外部电网、用户两个灵活参与主体的联盟参与方。外部电网和用户参与商业模式运作的具体方式如下：

（1）外部电网通过为多能互补系统运营商提供备用服务的形式参与商业模式运作，在多能互补系统运营商无法满足园区用户内部负荷需求时，由外部电网提供备用服务弥补供能差额。

（2）用户通过执行由多能互补系统运营商实施的需求响应策略参与商业模式运作。

其次，为有效保障用户用能和清洁能源消纳，设置其他基本假设条件如下：

（1）各方均有充分达成商业模式运作的意愿。

（2）多能互补系统运营商拥有园区内部优先供能权；多能互补系统运营商独立运营下外部电网不提供备用，不实施需求响应策略。

（3）外部电网独立运营时不参与园区内部交易，即不能作为单独供能主体满足园区用户的负荷需求。

（4）用户独立运营时，不参与多能互补系统运营商实施的需求响应策略，仅作为系统调度结果的被动接收端。

（5）供能系统独立运行及商业模式运作必须能够实时满足用户的电、热负荷需求，否则，不能独立运行，联盟不成立。

（6）商业模式运作总收益必须大于成员单独运营收益，否则，联盟不成立。

10.3.2 系统效益测算模型

10.3.2.1 多能互补系统运营商净收益测算模型

在商业模式运作下，多能互补系统运营商与用户合作，需求响应实施，从收益角度，供能量发生变化，收益改变，从成本角度，增加 IBDR 成本 C_{IBDR}，净收益测算模型为

$$F_{\text{PIES}}^{\text{co}} = R_{\text{E}} + R_{\text{H}} - C_{\text{OM}} - C_{\text{DC}} - C_{\text{AC}} - \mu C_{\text{IBDR}} \tag{10-38}$$

$$R_{\text{E}} = \sum_{t=1}^{T} \left\{ c^{\text{e}}(t) \left[Q_{\text{e}}^{\text{PIES}}(t) + \mu \Delta Q_{\text{e}}^{\text{PIES}}(t) \right] \right\} \tag{10-39}$$

$$R_{\text{H}} = \sum_{t=1}^{T} \left\{ c^{\text{h}}(t) \left[Q_{\text{h}}^{\text{PIES}}(t) + \mu \Delta Q_{\text{h}}^{\text{PIES}}(t) \right] \right\} \tag{10-40}$$

$$C_{\text{IBDR}} = C_{\text{IBDR}}^{\text{e}} + C_{\text{IBDR}}^{\text{h}} \tag{10-41}$$

式中：$F_{\text{PIES}}^{\text{co}}$ 为多能互补系统运营商参与联盟合作时的净收益，元；μ 为 0-1 状态变量，当 $\mu = 0$ 时，多能互补系统运营商未与用户达成商业模式运作（不实施需求响应），$\mu = 1$ 时，多能互补系统运营商与用户达成商业模式运作（实施需求响应）；$\Delta Q_{\text{e}}^{\text{PIES}}(t)$、$\Delta Q_{\text{h}}^{\text{PIES}}(t)$ 分别为需求响应前后由多能互补系统运营商供应的电、热负荷变动量，kWh；$C_{\text{IBDR}}^{\text{e}}$、$C_{\text{IBDR}}^{\text{h}}$ 为 IBDR 的实施成本，元；$C^{\text{e}}(t)$、$C^{\text{h}}(t)$ 分别为多能互补系统在 t 时刻的供电成本和供热成本，元/kWh。

10.3.2.2 用户净收益测算模型

定义与多能互补系统运营商达成商业模式运作后，用户减少的购能成本和参与 IBDR 获得的收益之和为用户的净收益，其测算模型为

$$F_{\mathrm{U}}=\sum_{t=1}^{T}\left[\begin{array}{l}c^{\mathrm{e}}(t)Q_{\mathrm{e}}^{\mathrm{PIES}}(t)+c^{\mathrm{h}}(t)Q_{h}^{\mathrm{PIES}}(t)+\mu c_{\mathrm{o}}^{\mathrm{h}}(t)\cdot Q_{\mathrm{h}}^{\mathrm{o}}(t)+\mu c_{\mathrm{o}}^{\mathrm{e}}(t)Q_{\mathrm{e}}^{\mathrm{o}}(t)\\-c_{*}^{\mathrm{e}}(t)Q_{\mathrm{e}*}^{\mathrm{PIES}}(t)+c_{*}^{\mathrm{h}}(t)Q_{h*}^{\mathrm{PIES}}(t)+\mu c_{\mathrm{o}}^{\mathrm{h}}(t)Q_{\mathrm{h}*}^{\mathrm{o}}(t)+\mu c_{\mathrm{o}}^{\mathrm{e}}(t)Q_{\mathrm{e}*}^{\mathrm{o}}(t)\end{array}\right]+C_{\mathrm{IBDR}} \tag{10-42}$$

式中：$c_{*}^{\mathrm{h}}(t)$、$c_{*}^{\mathrm{e}}(t)$分别为PBDR实施后的内部用热热价和用电电价，元/kWh；$Q_{\mathrm{e}*}^{\mathrm{PIES}}$、$Q_{h*}^{\mathrm{PIES}}$分别为需求响应实施后由内部和外部满足的电、热负荷量，kW；μ为外部电网是否参与商业模式运作的状态变量，当为0时，为不参与商业模式运作，当为1时，为参与商业模式运作。$c_{\mathrm{o}}^{\mathrm{h}}(t)$、$c_{\mathrm{o}}^{\mathrm{e}}(t)$分别为外部电网购热和购电的单位价格，元/kWh；$Q_{\mathrm{e}}^{\mathrm{o}}(t)$、$Q_{\mathrm{h}}^{\mathrm{o}}(t)$、$Q_{\mathrm{g}}^{\mathrm{o}}(t)$分别为在$t$时段外部电网满足的热、电、气负荷需求量，kWh。

10.3.2.3　外部电网净收益测算模型

与多能互补系统运营商达成商业模式运作时的外部电网的净收益由供热、供电、供气收益和供能成本之差组成。供能成本包括燃料和启停，其测算模型为

$$F_{\mathrm{EBS}}=\sum_{t=1}^{T}\left\{\begin{array}{l}c_{\mathrm{o}}^{\mathrm{e}}(t)[Q_{\mathrm{e}}^{\mathrm{o}}(t)+\mu\Delta Q_{\mathrm{e}}^{\mathrm{o}}(t)]+c_{\mathrm{o}}^{\mathrm{h}}(t)[Q_{\mathrm{h}}^{\mathrm{o}}(t)+\mu\Delta Q_{\mathrm{h}}^{\mathrm{o}}(t)]+\\c_{\mathrm{o}}^{\mathrm{g}}(t)[Q_{\mathrm{g}}^{\mathrm{o}}(t)+\mu\Delta Q_{\mathrm{g}}^{\mathrm{o}}(t)]\end{array}\right\}-p_{\mathrm{coal}}[C_{\mathrm{EBS}}^{\mathrm{pg}}(t)+C_{\mathrm{EBS}}^{\mathrm{ss}}(t)] \tag{10-43}$$

$$\left.\begin{array}{l}C_{\mathrm{EBS}}^{\mathrm{pg}}(t)=a_{\mathrm{EBS}}+b_{\mathrm{EBS}}g_{\mathrm{EBS}}(t)+c_{\mathrm{EBS}}[g_{\mathrm{EBS}}(t)]^{2}\\g_{\mathrm{EBS}}(t)=Q_{\mathrm{e}}^{\mathrm{o}}(t)+\Delta Q_{\mathrm{e}}^{\mathrm{o}}(t)+Q_{\mathrm{h}}^{\mathrm{o}}(t)+\Delta Q_{\mathrm{h}}^{\mathrm{o}}(t)\end{array}\right\} \tag{10-44}$$

$$C_{\mathrm{EBS}}^{\mathrm{ss}}(t)=[u_{\mathrm{EBS}}(t)(1-u_{\mathrm{EBS}}(t))]C_{\mathrm{EBS}} \tag{10-45}$$

式中：$C_{\mathrm{EBS}}^{\mathrm{pg}}(t)$、$C_{\mathrm{EBS}}^{\mathrm{ss}}(t)$分别为外部电网在$t$时段的发电成本和启停成本，元；$a_{\mathrm{EBS}}$、$b_{\mathrm{EBS}}$和$c_{\mathrm{EBS}}$为外部电网机组的成本系数；$g_{\mathrm{EBS}}(t)$为$t$时段外部电网的供能总量，kWh；$p_{\mathrm{coal}}$为煤炭价格，元/t；$u_{\mathrm{EBS}}(t)$为外部电网在$t$时段的启停状态；$C_{\mathrm{EBS}}$为启动成本，元。

10.3.3　主体效益再分配模型

10.3.3.1　商业模式运作主体分析

首先，由于外部电网为多能互补系统运营商的备用系统，多能互补系统运营商收益和市场份额的提升是以挤占外部电网收益和市场份额为前提；用户用能成本的降低主要得益于外部电网为多能互补系统运营商提供备用，使用户在享受多能互补系统运营商内部供能低价的同时，也能保证用能需求。因此，为体现外部电网为多能互补系统运营商提供备用服务、为用户提供稳定用能等方面的重要作用，提高外

部电网合作积极性，有必要对三方收益进行再分配。

其次，外部电网为多能互补系统运营商提供备用的方式参与商业模式运作，提高了多能互补系统运营商运行的稳定性；用户通过多种需求响应参与商业模式运作，主动调整用能需求，提高了多能互补系统运营商内部“负荷—需求”匹配度，在促进多能互补系统运营商收益提升的同时，降低用户用能成本和外部电网启停成本，三方协作带来了更多的社会与经济效益，符合合作博弈基本定义。因此，本节构建基于夏普利（Shapley）值法的效益分配模型。

10.3.3.2 基础夏普利值法

夏普利值法是1953年由夏普利（Shapley）提出的，夏普利值法是解决多方合作下效益分配问题的常用方法，其能反映商业模式运作参与者对联盟的贡献大小，通过考虑参与者在联盟中的重要程度，来公平地分配参与各方收益，避免了分配上的平均主义，其具体模型参考本书第9章中9.3.3。

10.3.3.3 改进夏普利值法

基础夏普利值法原假设为各方承担的风险均为$\overline{R}=1/n$，但在实际运营情况下，由于多能互补系统运营商的供能主要来源于清洁能源，供能时段性和波动性最为明显，用户优先由多能互补系统运营商供应，风险性其次，而外部电网为稳定性较高的火力发电机组，风险最小。

因此，为更好地反映联盟三方实际，引入风险对基础夏普利值法进行修正，其模型为

$$V_i^* = \left(R_i - \frac{1}{n}\right)V + V_i \tag{10-46}$$

$$\sum_{i=1}^{n} R_i = 1$$

式中：R_i为三方实际需承担的风险；V_i^*为基于经营风险改进后的分配模型。此外，实际风险系统利用模糊综合评价法进行计算。

10.3.4 算例分析

10.3.4.1 情景设定

以多能互补系统运营商为基础参与主体，其是否与用户及外部电网达成商业模式运作是影响收益的关键因素之一，因此，以三方是否合作为考虑因素，构建商业

模式运作情景，见表 10－10。

表 10－10　　商业模式运作情景

情景	多能互补系统运营商	外部电网	用户
情景 A	√	√	—
情景 B	√	—	√
情景 C	√	√	√

10.3.4.2 基础数据

多能互补系统配有 100MW WPP、50MW PV，沼气燃气轮机机组配有 25MW GT、20MW WHB 和 20MW CH，电储能装置功率分别为 10MW，EB 和 HSD 分别为 15MW 和 10MW。WPP 切入风速为 3m/s，额定风速为 11m/s，切出风速为 24m/s。设定每个沼气池中初始储气量为 2m^3，并且沼气体积不超过沼气池体积的 85%，沼气热电联产供电与供热比例为 1.5。兰考县域典型日清洁能源出力及用户电热负荷预测值如图 10－14 所示。

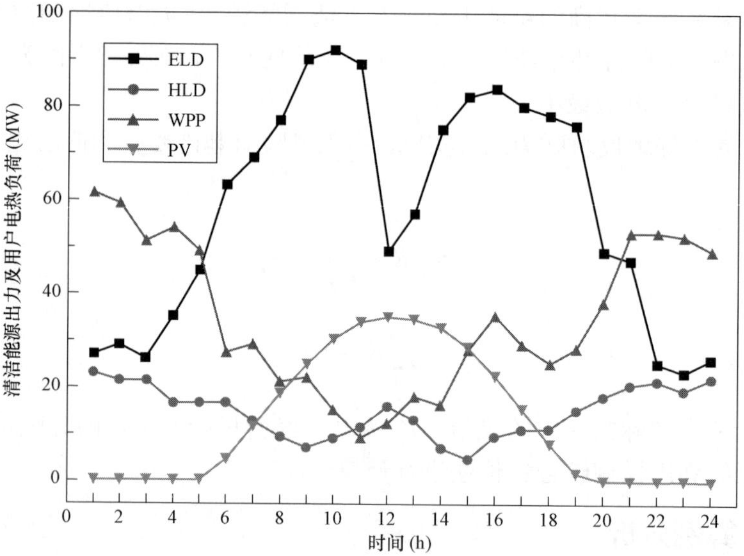

图 10－14　兰考县域典型日清洁能源出力及用户电热负荷预测值

10.3.4.3 结果分析

基于运营策略，达成联盟的基本条件首先在于能够实时满足用户的电、热负荷需求，而基于图 10－14 可知，情景 B 下外部电网不参与系统交易，多能互补系统运营商无法单独满足用户的电负荷需求，从而合作联盟不成立。因此，设置 4 个情景，即合作联盟情景可行情景，见表 10－11。

表 10－11　　优化情景设置

情景	多能互补系统运营商	外部电网	PU－PBDR	PU－IBDR
情景 1	√	√	—	—
情景 2	√	√	√	—
情景 3	√	√	—	√
情景 4	√	√	√	√

结合以用户用能成本最小化、用户用能收益最大化、多能互补系统运营商收益最大化为多目标函数，进行优化分析。基于情景设置，得到四种情景下不同主体的经济收益，见表 10－12 和图 10－1。

表 10－12　　不同情景下联盟各方经济收益　　元/万元

参与方	类别	情景			
		情景 1	情景 2	情景 3	情景 4
多能互补运营商净收益	电	43.88	43.646	42.947	44.078
	热	9.573	9.486	9.513	10.494
	总和	51.348	52.105	52.46	54.572
用户成本	电	120.53	118.487	117.899	116.47
	热	17.046	17.165	17.031	17.033
	总和	137.576	135.652	134.93	133.503
电网净收益	电	33.125	31.432	30.652	28.993
	热	2.501	2.844	0.972	1.097
	总和	35.626	34.276	31.624	30.09
用户收益	IBDR 收益	0	0	1.836	1.836
	成本减少收益	0	1.922	2.645	4.072
	总和	0	1.922	4.481	5.908

结合表 10－12 和图 10－15，在情景 4 下，达成充分的合作联盟，能够实现系统与用户、经济和环境相协调。因此，为保证合作联盟的稳定性，提升外部电网作为备用机组的参与积极性，对情景 4 进行收益再分配。

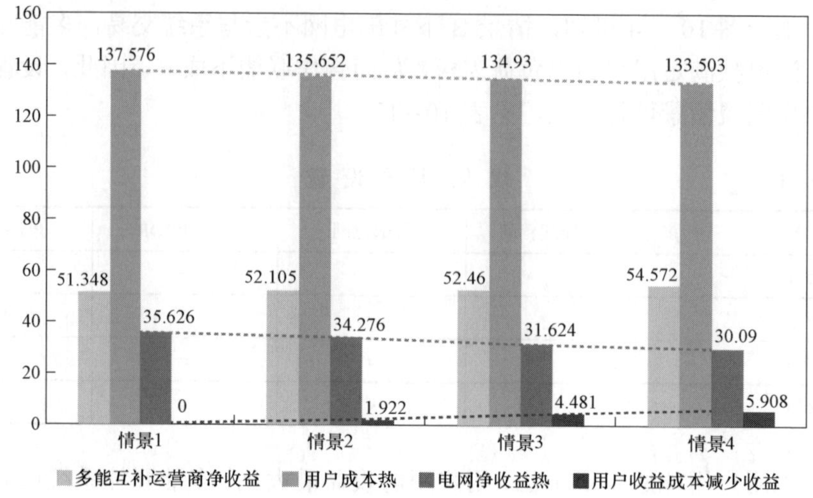

图 10－15　不同情景下联盟各方经济收益

10.3.4.4　联盟效益均衡分配结果分析

在情景 4 下三方原收益分配结果，仅与各参与方的供能量和削减量相关，为有效体现不同主体对提升情景 4 中商业模式运作效益中的不同作用，因此，利用基础夏普利值法和改进夏普利值法对三方进行效益再分配。表 10－13 为基础夏普利值法下三方收益结果。

表 10－13　　基础夏普利值法下三方收益结果

主体	基础夏普利值法收益（万元）	与原收益相比增减量收益（万元）
多能互补系统运营商	44.685	－9.887
外部电网	44.685	14.596
用户	1.199	－4.709

结合表 10－13 分析可得，从角色定位方面：基础夏普利值法进行分配的结果符合各主体在合作中的角色定位。从分配结果方面：从外部电网配合多能互补系统运营商的角度，若外部电网不参与合作，多能互补系统运营商不能满足用户负荷需求，多能互补系统运营商收益为 0，得益于外部电网的备用，多能互补系统运营商进行园区内部交易，收益提升；从外部电网配合用户的角度，用户在满足用能需求的同时降低了购能成本，因此，外部电网对商业模式运作中贡献较大，从而在基础夏普利值法下，外部电网收益增加约 14.596 万元，体现了外部备用系统在联盟中配合多能互补系统运营商供能、促进清洁能源消纳，以及为用户提供稳定备用的重

要作用。但多能互补系统运营商收益降低明显，低估了多能互补系统运营商在满足用户用能等方面的作用，且忽视了多能互补系统运营商供能的风险性。因此，有必要对其进行进一步的改进。改进夏普利值法下三方收益结果见表10-14。

表10-14　　　　改进夏普利值法下三方收益结果

主体	实际供能/用能风险	改进夏普利值法收益（万元）	与原收益相比增减量收益（万元）
多能互补系统运营商	0.42	52.535	-2.037
外部电网	0.23	35.327	5.238
用户	0.35	2.708	-3.2

基于模糊综合评价法的各主体实际供能与用能的风险系数，得到改进后的夏普利值。结合表10-14分析可得，效益分配结果符合三方角色定位，电网增加5.238万元收益，体现了其在商业模式运作中的重要备用作用。此外，虽多能互补系统运营商和用户的收益分别降低了2.037万元和3.2万元，但与不参与联盟相比，净收益仍分别增加1.187万元和2.708万元。因此，改进夏普利值法下能够有效对多方主体进行效益均衡分配。

10.4　本 章 小 结

本章围绕全国首个农村能源革命试点县——兰考县开展多能互补模型构建和优化运行关键技术研究，主要研究内容包括兰考县域多能互补系统结构、兰考“网—源—荷—储”一体化调度运营策略、兰考县域多能互补综合能源服务模式设计。其中，在兰考县域多能互补结构中包括兰考多能互补负荷特性和多能互补系统结构两部分内容，确立了兰考开展多能互补的发展空间及系统容量配置方案。在兰考“源—网—荷—储”一体化调度运营策略中，通过分析农村多能互补系统出力特性，构造农村多能互补需求响应机制，从而建立农村多能互补调度优化模型，结果表明，沼气热电联产和电动汽车能够降低农村多能互补系统的运行成本，减少碳排放量，提高居民的生活水平。在兰考县域多能互补综合能源服务模式中，通过设计适应兰考能源资源禀赋的多能互补模式，测算不同主体在多能互补系统中获取的增量收益，构造兼顾不同主体发展诉求的额定效益再分配模型，从而保障兰考多能互补的实践落地。

参 考 文 献

[1] 聂海宁，黄小琳，曾智勇．中国清洁能源供热现状及发展前景［J］．能源与节能，2018（12）：87－89．

［2］徐航，董树锋，何仲潇，等．基于多能互补的电/热综合需求响应［J］．电网技术，2019，43（2）：480－489．

［3］周晓倩，艾芊，林琳，等．多能互补微网集群分布式优化调度［J］．电网技术，2019：1－9．

［4］Feng L，Dai X，Mo J，et al．Analysis of energy matching performance between CCHP systems and users based on different operation strategies［J］．Energy Conversion and Management，2019，182：60－71．

［5］Saberi K，Pashaei－didani H，Nourollahi R.，et al．Optimal performance of CCHP based microgrid considering environmental issue in the presence of real time demand response［J］．Sustainable Cities and Society，2019，45：596－606．

［6］Hoicka C E，Parker P．Assessing the adoption of the house as a system approach to residential energy efficiency programs［J］．Energy Efficiency，2018，11（2）：295－313．

［7］Belitz H－J，Winter S，Rehtanz C. Load shifting of the households in the E－Energy project E－DeMa［C］//2013 IEEE Grenoble Conference．Grenoble，France：IEEE，2013：1－6．

［8］Takayama S，Ishigame A．Study on the ramp fluctuation suppression control of wind power generation output using optimization method［J］．Electrical Engineering in Japan，2018，205（2）：8－15．

［9］Yamaguchi M，Yamada H，Katsumata Y，et al．Efficiency potential and recent activities of high－efficiency solar cells［J］．Journal of Materials Research，2017，32（18）：3445－3457．

［10］贾宏杰，王丹，徐宪东，等．区域综合能源系统若干问题研究［J］．电力系统自动化，2015，39（7）：198－207．

［11］The Fifth Framework Programme［EB/OL］．［2018－01－12］．http://ec.europa.eu/research/fp5．

［12］The Sixth Framework Programme［EB/OL］．［2018－01－12］．http://ec.europa.eu/research/fp6．

［13］The Seventh Framework Programme［EB/OL］．［2018－01－12］．http://ec.europa.eu/research/fp7．

［14］创新英国的能源系统弹射器［EB/OL］．［2018－01－12］．http://www.catapult.org.uk/energy-systems-catapult．

［15］Danish Energy Agency［EB/OL］．［2018－01－12］．http://www.ens.dk/．

［16］德国－Energy 项目［EB/OL］．［2018－01－12］．http://www.e-energy.de/．

[17] SUŠKEVIČS M，Eiter S，Martinat S，et al．Regional variation in public acceptance of wind energy development in Europe：What are the roles of planning procedures and participation?[J]．Land Use Policy，2019，81：311－323．

[18] Lu S，Gu W，Zhou J，et al．Coordinated dispatch of multi－energy system with district heating network：Modeling and solution strategy [J]．Energy，2018，152：358－370．

[19] Li H，Wang X，Gao Y，et al．Evaluation research of the energy supply system in multi－energy complementary park based on the improved universal generating function method [J]．Energy Conversion and Management，2018，174：955－970．

[20] Ge S，Li J，Liu H，et al．Research on Operation－Planning Double－Layer Optimization Design Method for Multi－Energy Microgrid Considering Reliability [J]．Applied Sciences，2018，8（11）：2062．

[21] Energy Independence and Security ACT of 2007 [EB/OL]．[2018－01－12]．http://frwebgate.access.gpo.gov/cgi－bin/getdoc.cgi?dbname＝110_cong_bills&docid＝f:h6enr.txt.pdf．

[22] Obama’s Inaugural Speech [EB/OL]．[2018－01－12]．http://articles.cnn.com/2009－01－20/olitics/obama.politics_1_nation－generation－president－bush?－s＝PM:POLI TICS．

[23] Integrated Community Energy Solution－a Roadmap for Action [EB/OL]．[2018－01－12]．ttp://oee.nrcan.gc.ca/sites/oee.nrcan.gc.ca/files/pdf/publications/cem－cme/iecs_e.pdf．

[24] 加拿大安大略省建立智能能源系统 [EB/OL]．[2018－01－12]．http://www.chinaenvironment.com/view/View News.aspx?k＝20121016161231187．

[25] Nakanishi H Japan’s Approaches to Smart Community [EB/OL]．[2018－01－12]．http://www.ieee－smartgridcomm.org/2010/downloads/Keynotes/nist.pdf．

[26] 国家统计局．中国统计年鉴 2018 [J]．北京：中国统计出版社，2016－2018．

[27] 洪博文，李琼慧，王伟．分布式能源在农村的应用 [J]．能源，2018（2）：64－67．

[28] Fan H，Macgill I F，Sproul A B．Statistical analysis of driving factors of residential energy demand in the greater Sydney region，Australia [J]．Energy and Buildings，2015，105：9－25．

[29] 刘思东，朱帮助．基于最坏情况条件鲁棒利润的发电机组最优组合 [J]．数学的实践与认识，2015，45（16）：99－106．

[30] 王珺，顾伟，陆帅，等．结合热网模型的多区域综合能源系统协同规划 [J]．电力系统自动化，2016，40（15）：17－24．

[31] Lutz L M，Fischer L B，Newing J，et al．Driving factors for the regional implementation of renewable energy－a multiple case study on the german energy transition [J]．Energy Policy，2017，105：136－147．

[32] Kelly S．Do homes that are more energy efficient consume less energy：a structural equation model of the english residential sector [J]．Energy，2011，36（9）：5610－5620．

［33］Sindhu S，Nehra V，Luthra S. Identification and analysis of barriers in implementation of solar energy in Indian rural sector using integrated ism and fuzzy Micmac approach［J］. Renewable & Sustainable Energy Reviews，2016，62：70－88.

［34］包森，田立新，王军帅. 中国能源生产与消费趋势预测和碳排放研究［J］. 自然资源学报，2010，25（8）：1248－1254.

［35］赵书强，李志伟. 考虑可再生能源出力不确定性的多能源电力系统日前调度［J］. 华北电力大学学报（自然科学版），2018，45（5）：1－10.

［36］王瑾然，卫志农，张勇，等. 计及不确定性的区域综合能源系统日前多目标优化调度［J］. 电网技术，2018，42（11）：3496－3506.

［37］张晓辉，赵翠妹，梁军雪，等. 考虑发用电双侧不确定性的电力系统鲁棒模糊经济调度［J］. 电力系统自动化，2018，42（17）：67－78.

［38］沈超，李永刚，秦潇璘，等. 基于概率统计的风电出力时间序列生成方法［J］. 电力科学与技术学报，2017，32（3）：50－56.

［39］Ma L，Liu N，Zhang J，et al. Real－time rolling horizon energy management for the energy－hub－coordinated prosumer community from a cooperative perspective［J］. Ieee Transactions on Power Systems，2019，34（2）：1227－1242.

［40］Gao Y，Ai Q，Yousif M.，et al. Source－load－storage consistency collaborative optimization control of flexible DC distribution network considering multi－energy complementarity［J］. International Journal of Electrical Power & Energy Systems，2019，107：273－281.

［41］段偲默，苗世洪，霍雪松，等. 基于动态 Copula 的风光联合出力建模及动态相关性分析［J］. 电力系统保护与控制，2019：1－8.

［42］王辉君，郑海涛，贾云辉，等. 风光发电微网负载分段选择供电优化管理［J］. 计算机仿真，2019，36（1）：122－126.

［43］黎静华，桑川川. 能源综合系统优化规划与运行框架［J］. 电力建设，2015，36（8）：41－48.

［44］于波，孙恒楠，项添春等. 综合能源系统规划设计方法［J］. 电力建设，2016，37（2）：78－84.

［45］顾伟，陆帅，王珺，等. 多区域综合能源系统热网建模及系统运行优化［J］. 中国电机工程学报，2017，37（5）：1305－1316.

［46］Vahidinasab V. Optimal distributed energy resources planning in a competitive electricity market：Multiobjective optimization and probabilistic design［J］. Renewable Energy，2014，66：354－363.

［47］夏永洪，吴虹剑，辛建波，等. 含小水电集群的互补微网混合储能容量配置［J］. 可再生能源，2016，34（11）：1658－1664.

[48] 赵波，汪湘晋，张雪松，等. 考虑需求侧响应及不确定性的微电网双层优化配置方法[J]. 电工技术学报，2018，33（14）：3284-3295.

[49] 宋阳阳，王艳松，衣京波. 计及需求侧响应和热/电耦合的微网能源优化规划［J］. 电网技术，2018，42（11）：3469-3476.

[50] 曾鸣，杨雍琦，刘敦楠等. 能源互联网“源—网—荷—储”协调优化运营模式及关键技术［J］. 电网技术，2016，40（1）：114-124.

[51] 齐志远，郭佳伟，李晓炀. 基于联合概率分布的风光互补发电系统优化配置［J］. 太阳能学报，2018，39（1）：203-209.

[52] Ran X H，Miao S H，Jiang Z，et al. A framework for uncertainty quantification and economic dispatch model with wind-solar energy [J]. International Journal of Electrical Power & Energy Systems，2015，73：23-33.

[53] Zhang Y，Lu H H，Fernando T，et al. Cooperative dispatch of bess and wind power generation considering carbon emission limitation in Australia [J]. IEEE Transations on Industrial Informatics，2015，11（6）：1313-1323.

[54] 曾鸣，杨雍琦，向红伟，等. 兼容需求侧资源的“源—网—荷—储”协调优化调度模型[J]. 电力自动化设备，2016，36（2）：102-111.

[55] 高红均，刘俊勇. 考虑不同类型 DG 和负荷建模的主动配电网协同规划［J］. 中国电机工程学报，2016，36（18）：4911-4922.

[56] Ju L W，Tan Z F，Yuan J Y，et al. A bi-level stochastic scheduling optimization model for a virtual power plant connected to a wind-photovoltaic-energy storage system considering the uncertainty and demand response [J]. Applied energy，2016，1717：184-199.

[57] Acharya S，Moursi M S E，Hinai A. A coordinated frequency control strategy for an islanded microgrid with demand side management capability [J]. IEEE Transactions on Energy Conversion，2018，33（2）：639-651.

[58] 董雷，陈卉，蒲天骄，等. 基于模型预测控制的主动配电网多时间尺度动态优化调度[J]. 中国电机工程学报，2016，36（17）4609-4616.

[59] Nolan S，O'malley M. Challenges and barriers to demand response deployment and evaluation [J]. Applied Energy，2015，152：1-10.

[60] 杨胜春，刘建涛，姚建国，等. 多时间尺度协调的柔性负荷互动响应调度模型与策略[J]. 中国电机工程学报，2014，34（22）：3664-3673.

[61] 张鑫，邓莉荣，李敬光，等. 基于一致性算法的“源—网—荷—储”协同优化方法［J］. 电力建设，2018，39（8）：2-8.

[62] Tu Y C，Chen M C，Sun Y S. Two-stage link scheduling scheme for variable-bit-rate traffic flows in wireless mesh networks [J]. IEEE Transactions on Wireless Communications，2014，

13（11）：6232－6244.
[63] Wang X，Chen L，Chen Q，et al. Model and Analysis of Integrating Wind and PV Power in Remote and Core Areas with Small Hydropower and Pumped Hydropower Storage [J]. Energies，2018，11（12）：3459.
[64] Jiang Z，Hao R，Ai Q，et al. Extended multi－energy demand response scheme for industrial integrated energy system [J]. Iet Generation Transmission & Distribution，2018，12（13）：3186－3192.
[65] Banshwar A，Sharma N K，Sood Y R，et al. Market－based participation of energy storage scheme to support renewable energy sources for the procurement of energy and spinning reserve [J]. Renewable Energy，2019，135：326－344.
[66] Baruah D C，Enweremadu C C. Prospects of decentralized renewable energy to improve energy access：A resource－inventory－based analysis of South Africa [J]. Renewable and Sustainable Energy Reviews，2019，103：328－341.
[67] 颜宁，潘霄，张明理，等. 基于复合储能的多互联微电网日内调度研究 [J]. 电工技术学报，2018，33（S2）：577－585.
[68] 吴盛军，刘建坤，周前，等. 考虑储能电站服务的冷热电多微网系统优化经济调度 [J]. 电力系统自动化，2019：1－9.
[69] 杨建卫. 火电机组深度调峰下的优化控制技术研究 [J]. 电力与能源，2018，3（5）：683－685＋689.
[70] 马彦宏，姜继恒，鲁宗相，等. 基于随机生产模拟的火电机组深度调峰提升新能源消纳能力评估方法 [J]. 全球能源互联网，2019，2（1）：35－43.
[71] 肖俊明，高洪洋，朱永胜，等. 考虑新能源接入的电力多目标优化调度 [J]. 计算机工程与应用，2019：1－11.
[72] 李琳，徐晶，林威，等. 考虑随机性的区域综合能源系统多目标日前优化调度方法 [J]. 电力建设，2018，39（12）：39－46.
[73] 王成山，武震，李鹏. 微电网关键技术研究 [J]. 电工技术学报，2014，29（2）：1－12.
[74] 赵紫嫣，崔双喜，樊小朝，等. 考虑经济环保效益的微网群多目标协调优化 [J]. 可再生能源，2019，37（3）：372－378.
[75] 郝超超，李晓明，刘胜，等. 基于 MILP 模型的多主体平衡的微网日前最优调度 [J]. 电力系统保护与控制，2019（6）：32－39.
[76] Salehpour M J，Moghaddas Tafreshi S M. The effect of price responsive loads uncertainty on the risk－constrained optimal operation of a smart micro－grid [J]. International Journal of Electrical Power & Energy Systems，2019，106：546－560.
[77] Mansour－Lakouraj M，Shahabi M. Comprehensive analysis of risk－based energy management

for dependent micro－grid under normal and emergency operations［J］. Energy，2019，171：928－943.

［78］安磊，王绵斌，齐霞，等．“风、光、火、蓄、储”多能源互补优化调度方法研究［J］. 可再生能源，2018，36（10）：1492－1498.

［79］常娟娟．多能互补、集成优化能源系统关键技术的探讨［J］. 节能，2019（3）：111－112.

［80］蔡世超．多能互补分布式能源系统架构及综合能源管理系统研究［J］. 吉林电力，2018，46（1）：1－4+16.

［81］李瑞生．多能互补集成优化关键技术研究及实践［J］. 供用电，2018，35（7）：1.

［82］刘秀如．多能互补集成优化系统分析与展望［J］. 节能，2018，37（9）：28－33.

［83］吴新玲，佘家驹，黄芙蓉，等．多能源、多目标、多变量的能源协调优化调度模型［J］. 节能，2018，37（12）：126－128.

［84］马溪原，郭晓斌，雷金勇．面向多能互补的分布式光伏与气电混合容量规划方法［J］. 电力系统自动化，2018，42（4）：55－63.

［85］Muh E，Tabe F. Comparative analysis of hybrid renewable energy systems for off－grid applications in Southern Cameroons［J］. Renewable Energy，2019，135：41－54.

［86］叶林，屈晓旭，么艳香，等．风光水多能互补发电系统日内时间尺度运行特性分析［J］. 电力系统自动化，2018，42（4）：158－164.

［87］赵鲲鹏，丁强，黄芙蓉．多能互补综合能源系统的四维实时调度策略研究［J］. 节能，2018，37（12）：122－125.

［88］Tan Z，Guo H，Lin H，et al. Robust Scheduling Optimization Model for Multi－Energy Interdependent System Based on Energy Storage Technology and Ground－Source Heat Pump［J］. Processes，2019，7（1）：27.

［89］Rostarnzadeh H，Ebadollahi M，Ghaebi H，et al. Comparative study of two novel micro－CCHP systems based on organic Rankine cycle and Kalina cycle［J］. Energy Conversion and Management，2019，183：210－229.

［90］Lu S，Li Y，Xia H. Study on the configuration and operation optimization of CCHP coupling multiple energy system［J］. Energy Conversion and Management，2018，177：773－791.

［91］熊文，刘育权，苏万煌，等．考虑多能互补的区域综合能源系统多种储能优化配置［J］. 电力自动化设备，2019，39（1）：118－126.

［92］Ippolito F，Venturini M. Micro combined heat and power system transient operation in a residential user microgrid［J］. Journal of Energy Resources Technology，2018，141（4）：042006.

［93］Buffat R，Raubal M. Spatio－temporal potential of a biogenic micro CHP swarm in Switzerland［J］. Renewable and Sustainable Energy Reviews，2019，103：443－454.

［94］Kneiske T M，Niedermeyer F，Boelling C. Testing a model predictive control algorithm for a

PV – CHP hybrid system on a laboratory test – bench [J]. Applied Energy, 2019, 242: 121 – 137.

[95] Cinti G, Bidini G, Hemmes K. Comparison of the solid oxide fuel cell system for micro CHP using natural gas with a system using a mixture of natural gas and hydrogen [J]. Applied Energy, 2019, 238: 69 – 77.

[96] Di Marcoberardino G, Chiarabaglio L, Manzolini G, et al. A Techno – economic comparison of micro – cogeneration systems based on polymer electrolyte membrane fuel cell for residential applications [J]. Applied Energy, 2019, 239: 692 – 705.

[97] 姜子卿，郝然，艾芊. 基于冷热电多能互补的工业园区互动机制研究 [J]. 电力自动化设备，2017，37（6）：260 – 267.

[98] 许福鹿，周任军，曹俊波，等. 多种市场下虚拟电厂电 – 热 – 气协调优化调度 [J]. 电力系统及其自动化学报，2019：1 – 7.

[99] 孙惠娟，蒙锦辉，彭春华. 风/光/水/碳捕集多区域虚拟电厂协调优化调度 [J]. 电网技术，2019：1 – 10.

[100] 曾鉴，刘俊勇，杜新伟，等. 风电全消纳下虚拟电厂内部资源鲁棒调度策略 [J]. 现代电力，2019（3）：80 – 87.

[101] 方燕琼，艾芊. 考虑内部响应意愿的虚拟电厂日内互动机制 [J]. 现代电力，2019（3）：88 – 94.

[102] 周博，吕林，高红均，等. 考虑热电联合调度的虚拟电厂交易策略研究 [J]. 电测与仪表，2019：1 – 7.

[103] 王哲，杨鹏，刘思源，等. 考虑需求响应和多能互补的虚拟电厂协调优化策略 [J]. 电力建设，2017，38（9）：60 – 66.

[104] 刘思源，艾芊，郑建平，等. 多时间尺度的多虚拟电厂双层协调机制与运行策略 [J]. 中国电机工程学报，2018，38（3）：753 – 761.

[105] Zhang G, Jiang C, Wang X. Comprehensive review on structure and operation of virtual power plant in electrical system [J]. IET Generation, Transmission & Distribution, 2019, 13 (2): 145 – 156.

[106] Gao Y, Zhou X, Ren J, et al. Double layer dynamic game bidding mechanism based on multi – agent technology for virtual power plant and internal distributed energy resource [J]. Energies, 2018, 11 (11): 3072.

[107] Ju L, Tan Q, Lu Y, et al. A CVaR – robust – based multi – objective optimization model and three – stage solution algorithm for a virtual power plant considering uncertainties and carbon emission allowances [J]. International Journal of Electrical Power & Energy Systems, 2019, 107: 628 – 643.

［108］ Yu S，Fang F，Liu Y，et al. Uncertainties of virtual power plant：Problems and countermeasures ［J］. Applied Energy，2019，239：454－470.

［109］ 吕梦璇，娄素华，刘建琴，等. 含高比例风电的虚拟电厂多类型备用协调优化［J］. 中国电机工程学报，2018，38（10）：2874－2882＋3138.

［110］ Ju L，Li P，Tan Z，et al. A dynamic risk aversion model for virtual energy plant considering uncertainties and demand response［J］. International Journal of Energy Research，2019，43（3）：1272--1293.

［111］ 何奇琳，艾芊. 售电侧放开环境下含需求响应虚拟电厂的电力市场竞价策略［J］. 电力建设，2019，40（2）：1－10.

［112］ 宋巍，王佳伟，赵海波，等. 考虑需求响应交易市场的虚拟电厂多阶段竞价策略研究［J］. 电力系统保护与控制，2017，45（19）：35－45.

［113］ 赵洪山，刘然. 奖惩机制下虚拟电厂优化调度效益分析［J］. 电网技术，2017，41（9）：2840－2847.

［114］ 曹佳，曹建国，胡家喜，等. 考虑需求响应的多目标概率最优潮流问题研究［J］. 控制与信息技术，2019（2）：1－7.

［115］ 孙毅，刘迪，李彬，等. 深度强化学习在需求响应中的应用［J］. 电力系统自动化，2019，43（5）：183－194.

［116］ 彭春华，刘兵，左丽霞，等. 计及分类需求响应的孤岛微网并行多目标优化调度［J］. 电力系统保护与控制，2019，47（5）：60－68.

［117］ 李彪，万灿，赵健，等. 基于实时电价的产消者综合响应模型［J］. 电力系统自动化，2019：1－8.

［118］ Ghorbankhani E，Badri A. A bi－level stochastic framework for VPP decision making in a joint market considering a novel demand response scheme［J］. International Transactions on Electrical Energy Systems，2018，28（1）：e2473.

［119］ Han H，Cui H，Gao S，et al. A remedial strategic scheduling model for load serving entities considering the interaction between grid－level energy storage and virtual power plants［J］. Energies，2018，11（9）：2420.

［120］ Pourghaderi N，Fotuhi－firuzabad M，Moeini－Aghtaie M，et al. Commercial demand response programs in bidding of a technical virtual power plant［J］. IEEE Transactions on Industrial Informatics，2018，14（11）：5100－5111.

［121］ Tan Z，Li H，Ju L，et al. Joint scheduling optimization of virtual power plants and equitable profit distribution using shapely value theory［J］. Mathematical Problems in Engineering，2018，2018：1－13.

［122］ 张高，王旭，蒋传文. 基于主从博弈的含电动汽车虚拟电厂协调调度［J］. 电力系统自动

化，2018，42（11）：48-55.

［123］周任军，孙洪，唐夏菲，等. 双碳量约束下风电-碳捕集虚拟电厂低碳经济调度［J］. 中国电机工程学报，2018，38（6）：1675-1683+1904.

［124］Masffour E，Moghaddas-Tafreshi S M. Bidding srategy of virtual power plant for participating in energy and spinning reserve markets—part Ⅱ：numerical analysis［J］. IEEE Transactions on Power Systems，2011，26（2）：957-964.

［125］周博，吕林，高红均，等. 多虚拟电厂日前鲁棒交易策略研究［J］. 电网技术，2018，42（8）：2694-2703.

［126］甄浩然，张永贵，赵玺灵，等. 一种三联供和地源热泵耦合的综合能源系统的运行策略优化研究［J］. 区域供热，2019，（1）：36-42.

［127］李阳，曹华珍，吴亚雄，等. 考虑能源互联网耦合特性的智慧工业园区协同规划研究［J］. 智慧电力，2018，46（12）：15-22.

［128］辛禾，鞠立伟，李秋燕，等. 计及资源互补特性的风光水储耦合系统运行策略及求解算法［J］. 可再生能源，2018，36（12）：1833-1841.

［129］张海峰，汪一波. 考虑 P2G 的电-气综合能源系统分布式最优能量流［J］. 电测与仪表，2018，55（21）：61-67.

［130］刘洪，陈星屹，李吉峰，等. 基于改进 CPSO 算法的区域电热综合能源系统经济调度［J］. 电力自动化设备，2017，37（6）：193-200.

［131］刘思东，朱帮助. 基于最坏情况条件鲁棒利润的发电机组最优组合［J］. 数学的实践与认识，2015，45（16）：99-106.

［132］Xu X，Jin X，Jia H，et al. Hierarchical management for integrated community energy systems［J］. Applied Energy，2015，160（8）：231-243.

［133］胡浩，王英瑞，曾博，等. 基于 CVaR 理论的综合能源系统经济优化调度［J］. 电力自动化设备，2017，37（6）：209-219.

［134］冯雪，张金锁，邹绍辉. 基于多源信息融合的能源需求预测模型研究综述［J］. 统计与决策，2016，（23）：29-32.

［135］张鹏，王丹，贾宏杰，等. 考虑可再生能源不确定性的综合能源系统优化调度方法［J］. 电气应用，2017，36（19）：38-44.

［136］陈沼宇，王丹，贾宏杰，等. 考虑 P2G 多源储能型微网日前最优经济调度策略研究［J］. 中国电机工程学报，2017，37（11）：3067-3077+3362.

［137］薛禹胜，雷兴，薛峰，等. 关于风电不确定性对电力系统影响的评述［J］. 中国电机工程学报，2014，38（29）：5029-5040.

［138］张旭，梁军，贠志皓，等. 考虑风电接入不确定性的广义负荷建模及应用［J］. 电力系统自动化，2014，38（20）：61-67.

［139］Growe K N，Heitsch H，Romisch W．Scenario reduction and scenario tree construction for power management problems［C］．In：Proceeding of IEEE Power Technology Conference．June 23－26，Bologna，Italy，2003．
［140］邓创，鞠立伟，刘俊勇，等．基于模糊 CVaR 理论的水火电系统随机调度多目标优化模型［J］．电网技术，2016，40（5）：1447－1454．
［141］闫晓霞，张金锁，邹绍辉．我国可耗竭能源资源最优开采模型研究［J］．中国管理科学，2016，24（9）：81－90．
［142］丁占文，杨宏林，田立新．东西部能源经济系统能源开发两期博弈分析［J］．系统工程理论与实践，2005（12）：38－42＋47．
［143］谭忠富，宋艺航，张会娟，等．大规模风电与火电联合外送体系及其利润分配模型［J］．电力系统自动化，2013，37（23）：63－70．
［144］谭忠富，董力通，刘文彦，等．发电机组污染排放约束下电量互换合作博弈优化模型［J］．电工技术学报，2012，27（5）：245－251．
［145］闫晓霞，张金锁，邹绍辉．污染约束下可耗竭资源最优消费模型研究［J］．系统工程理论与实践，2015，35（2）：291－299．
［146］李力，朱磊，范英．不确定条件下可再能源项目的竞争性投资决策［J］．中国管理科学，2017，25（7）：11－17．
［147］吴利兰，荆朝霞，吴青华，等．基于 Stackelberg 博弈模型的综合能源系统均衡交互策略［J］．电力系统自动化，2018，42（4）：142－150＋207．
［148］郝然，艾芊，姜子卿．区域综合能源系统多主体非完全信息下的双层博弈策略［J］．电力系统自动化，2018，42（4）：194－201．
［149］杨铮，彭思成，廖清芬，等．面向综合能源园区的三方市场主体非合作交易方法［J］．电力系统自动化，2018，42（14）：32－39＋47．
［150］赵鹏飞．含分布式电源及储能的民用负荷需求响应激励机制设计［D］．华北电力大学（北京），2016．
［151］谢俊，李振坤，章美丹，等．机组调峰的价值量化与费用补偿［J］．电工技术学报，2013，28（1）：271－276．
［152］国家能源局．国家能源局新闻发布会介绍上半年的能源形势等［EB/OL］．http://www.nea.gov.cn/2017－07/21/c_136461811.htm，2017－07－21．
［153］何俊，邓长虹，徐秋实，等．基于等可信容量的风光储电源优化配置方法［J］．电网技术，2013，37（12）：3317－3324．
［154］何俊，邓长虹，徐秋实，等．风光储联合发电系统的可信容量及互补效益评估［J］．电网技术，2013，37（11）：3030－3036．
［155］朱兰，严正，杨秀，等．风光储微网系统蓄电池容量优化配置方法研究［J］．电网技术，

2012，36（12）：26－31.
［156］黄弦超. 计及可控负荷的独立微网分布式电源容量优化［J/OL］. 中国电机工程学报：1－11［2017－12－20］. https://doi.org/10.13334/j.0258－8013.pcsee.170128.
［157］李正茂，张峰，梁军，等. 含电热联合系统的微电网运行优化［J］. 中国电机工程学报，2015，35（14）：3569－3576.
［158］陈洁，杨秀，朱兰，等. 微网多目标经济调度优化［J］. 中国电机工程学报，2013，33（19）：57－66.
［159］徐飞，闵勇，陈磊，等. 包含大容量储热的电热联合系统［J］. 中国电机工程学报，2014，34（29）：5063－5072.
［160］黄国日，刘伟佳，文福拴，等. 具有电转气装置的电－气混联综合能源系统的协同规划［J］. 电力建设，2016，37（9）：1－13.
［161］徐国栋，程浩忠，马则良，等. 考虑电网调峰能力限制的风储联合系统概率综合效益评价方法［J］. 电网技术，2015，39（10）：2731－2738.
［162］张涛，朱彤，高乃平，等. 分布式冷热电能源系统优化设计及多指标综合评价方法的研究［J］. 中国电机工程学报，2015，35（14）：3706－3713.
［163］李洋，吴鸣，周海明，等. 基于全能流模型的区域多能源系统若干问题探讨［J］. 电网技术，2015，39（8）：2230－2237.
［164］Kou Y N，Zheng J H，Li zhigang，et al. Many－objective optimization for coordinated operation of integrated electricity and gas network［J］. Journal of Modern Power Systems and Clean Energy，2017，5（3）：350－363.
［165］Ju Liwei，Tan Zhongfu，Yuan Jinyun，etal. A bi－level stochastic scheduling optimization model for a virtual power plant connected to a Wind－Photovoltaic－Energy storage system considering the uncertainty and demand response［J］. Applied Energy，2016，171：184－199.
［166］谭忠富，鞠立伟，陈致宏，等. 基于粗糙集理论与 CLSDE 算法的环境经济调度优化模型［J］. 电网技术，2014，38（5）：1339－1345.
［167］Foley A M，Leahy P G，Li K，et al. A long－term analysis of pumped hydro storage to firm wind power［J］. Applied Energy，2015，137（1）：638－648.
［168］Mahmoud M A W，Ghaza M G M. Estimations from the exponentiated rayleigh distribution based on generalized Type－Ⅱ hybrid censored data［J］. Journal of the Egyptian Mathematical Society，2016，7.
［169］Ju LW，Tan ZF，Yuan JY，et al. A bi－level stochastic scheduling optimization model for a virtual power plant connected to a wind－photovoltaic－energy storage system considering the uncertainty and demand response［J］. Applied Energy，2016，171：184－199.
［170］庞忠和，孔彦龙，庞菊梅，等. 雄安新区地热资源与开发利用研究［J］. 中国科学院院刊，

017，17，32（11）：1224－1230.

［171］ Muhammad F Z，Elhoussin E，Mohamed B. Microgrids energy management systems：A critical review on methods，solutions，and prospects［J］. Applied Energy，2018，222：1033－1055.

［172］ Aboelsood Z，Hossam AG，Ahmed E. Optimal planning of combined heat and power systems within microgrids［J］. Energy，2015，93（1）：235－244.

［173］ Mahdi A，Hoay B G，Josep M G. Designing high－order power－source synchronous current converters for islanded and grid－connected microgrids［J］. Applied Energy，2018，219：370－384.

［174］ Xie M，Ji X，Hu XT，et al. Autonomous optimized economic dispatch of active distribution system with multi－microgrids［J］. Energy，2018，153：479－489.

［175］ Liu YY，Li M，Lian HB，et al. Optimal dispatch of virtual power plant using interval and deterministic combined optimization［J］. International Journal of Electrical Power & Energy Systems，2018，102：235－244.

［176］ Mashhour E，Moghaddas M S. Bidding strategy of virtual power plant for participating in energy and spinning reserve markets：part I problem formulation［J］. IEEE Transactions on Power Systems，2011，26（2）：949－956.

［177］ Shropshire D，Purvins A，Papaioannou I，et al. Benefits and cost implications from integrating small flexible nuclear reactors with offshore wind farms in a virtual power plant［J］. Energy Policy，2012（46）：558－573.

［178］ Mohammadi J，Rahimikian A，Ghazizadeh M S. Aggregated wind power and flexible load offering strategy［J］. IET Renewable Power Generation，2007，5（6）：439－447.

［179］ Peik－Herfeh M，Seifi H，Sheikh－El－Eslami M K. Decision making of a virtual power plant under uncertainties for bidding in a day－ahead market using point estimate method［J］. International Journal of Electrical Power & Energy Systems，2013，44（1）：88－98.

［180］ Morteza S，Mohammad－Kazem S，Mahmoud－Reza H. An interactive cooperation model for neighboring virtual power plants［J］. Applied Energy，2017，200：273－289.

［181］ Tan Z F，Wang G，Ju LW，et al. Application of CVaR risk aversion approach in the dynamical scheduling optimization model for virtual power plant connected with wind－photovoltaic－energy storage system with uncertainties and demand response［J］. Energy，2017，124：198－213.

［182］ Janusz K，Daniel W，Michał J. Analysis of component operation in power－to－gas－to－power installations［J］. Applied Energy，2018，216：45－59.

［183］ Chaudry M，Jenkins N，Strbac G. Multi－time period combined gas and electricity network optimization［J］. Electric Power Systems Research，2008，78（7）：1265－1279.

[184] Janusz K, Daniel W, Michał J. Analysis of component operation in power-to-gas-to-power installations [J]. Applied Energy, 2018, 216: 45-59.

[185] Chaudry M, Jenkins N, Strbac G. Multi-time period combined gas and electricity network optimization [J]. Electric Power Systems Research, 2008, 78 (7): 1265-1279.

[186] Anna L B, Umberto D. Opportunities of power-to-gas technology in different energy systems architectures [J]. Applied Energy, 2018, 228: 57-67.

[187] Götz M, Lefebvre J, Mörs F, et al. Renewable power-to-gas: a technological and economic review [J]. Renewable Energy, 2016, 85: 1371-1390.

[188] Vandewalle J, Bruninx K, D'haeseleer W. Effects of large-scale power to gas conversion on the power, gas and carbon sectors and their interactions [J]. Energy Conversion and Management, 2015, 94: 28-39.

[189] Manuel B, Begoña P, Pilar L, et al. Decision-making methodology for managing photovoltaic surplus electricity through Power to Gas: Combined heat and power in urban buildings [J]. Applied Energy, 2018, 228: 1032-1045.

[190] Sharif A, Almansoori A, Fowler M. Design of an energy hub based on natural gas and renewable energy sources[J]. International Journal of Energy Research, 2014(38): 363-373.

[191] Qadrdan M, Wu J, Jenkins N, et al. Operating strategies for a GB integrated gas and electricity network considering the uncertainty in wind power forecasts [J]. IEEE Transactions on Sustainable Energy, 2014, 5 (1): 128-138.

[192] Alabdulwahab A, Abusorrah A, Zhang X, et al. Coordination of interdependent natural gas and electricity infrastructures for firming the variability of wind energy in stochastic day-ahead scheduling [J]. IEEE Transactions on Sustainable Energy, 2015, 6 (2): 606-615.

[193] Bai L Q, Li F X, Cui H T, et al. Interval optimization based operating strategy for gas-electricity integrated energy systems considering demand response and wind uncertainty [J]. Applied Energy, 2016, 167: 270-279.

[194] Zakariazadeh A, Homaee O, Jadid S, et al. A new approach for real time voltage control using demand response in an automated distribution system [J]. Applied Energy, 2014, 117: 157-66.

[195] Hrvoje P, Igor K, Tomislav C. Virtual power plant mid-term dispatch optimization [J]. Applied Energy, 2013, 101: 134-141.

[196] David S, Arturs P, Ioulia P, et al. Benefits and cost implications from integrating small flexible nuclear reactors with off-shore wind farms in a virtual power plant [J]. Energy Policy, 2012, 46: 558-573.

[197] Foley A M, Leahy P G, Li K, et al. A long-term analysis of pumped hydro storage to firm

wind power [J]. Applied Energy, 2015, 137 (1): 638-648.

[198] Mahmoud M A W, Ghazal M G M. Estimations from the exponentiated rayleigh distribution based on generalized Type-Ⅱ hybrid censored data[J]. Journal of the Egyptian Mathematical Society, 2016, 7.

[199] Mohammad H A, Seyyed M, Taghi B. Techno-economic optimization of hybrid photovoltaic/wind generation together with energy storage system in a stand-alone micro-grid subjected to demand response [J]. Applied Energy, 2017, 202: 66-77.

[200] Ju L W, Zhao R, Tan Q L, Lu Y, Tan Q K, Wang W. A multi-objective robust scheduling model and solution algorithm for a novel virtual power plant connected with power-to-gas and gas storage tank considering uncertainty and demand response[J]. Applied Energy, 2019, 250: 1336-1355.

[201] Bornapour M, Hooshmand R A, Khodabakhshian A, Parastegari M. Optimal stochastic coordinated scheduling of proton exchange membrane fuel cell-combined heat and power, wind and photovoltaic units in micro grids considering hydrogen storage [J]. Applied Energy, 2017, 202: 308-322.

[202] Guandalini G, Campanari S, Romano M C. Power-to-gas plants and gas turbines for improved wind energy dispatch ability: energy and economic assessment [J]. Applied Energy, 2015, 147: 117-130.

[203] Qiu J, Zhao J H, Yang H M, Wang D X, Dong Z Y. Planning of solar photovoltaic, battery energy storage system and gas micro turbine for coupled micro energy grids [J]. Applied Energy, 2018, 219: 361-369.

[204] Goetz M, Lefebvre J, Moers F. Renewable Power-to-gas: a technological and economic review [J]. Renewable Energy, 2016, 85: 1371-1390.

[205] Guo L, Liu W, Cai J, et al. A two-stage optimal planning and design method for combined cooling, heat and power microgrid system [J]. Energy Conversion & Management, 2013, 74 (10): 433-445.

[206] Guandalini G, Campanari S, Romano MC. Power-to-gas plants and gas turbines for improved wind energy dispatch ability: energy and economic assessment[J]. Applied Energy, 2015, 147: 117-130.

[207] Stephen C, Pierluigi M. Integrated modeling and assessment of the operational impact of power-to-gas (P2G) on electrical and gas transmission networks [J]. IEEE Transactions on Sustainable Energy, 2015, 6 (4): 1234-1244.

[208] Li ZS, Guo QL, Sun HB, et al. Storagelike devices in load leveling: complementarity constraints and a new and exact relaxation method [J]. Applied Energy, 2015, 151: 13-22.

［209］ Paolo C，Giulio G，Stefano C. Modelling the integrated power and transport energy system: The role of power – to – gas and hydrogen in long – term scenarios for Italy［J］. Energy，2018，154：592 – 601.

［210］ He LC，Lu ZG，Zhang JF，Gen LJ，Zhao H，Li XP. Low – carbon economic dispatch for electricity and natural gas systems considering carbon capture systems and power – to – gas［J］. Applied Energy，2018，224：357 – 370.

［211］ Anna LB，Umberto D. Opportunities of power – to – gas technology in different energy systems architectures［J］. Applied Energy，2018，228：57 – 67.

［212］ Chen Z X，Zhang Y J，Tang W H，et al. Generic modelling and optimal day – ahead dispatch of micro – energy system considering the price – based integrated demand response［J］. Energy，2019，176：171 – 183.

［213］ Wang Y L，Zhao J H，Wen F S，et al. Market equilibrium of multi – energy system with power – to – gas functions［J］. Automation of Electric Power Systems，2015，39（21）：1 – 10，65.

［214］ Thanhtung H A，Zhang Y J，Thang V V，et al. Energy hub modeling to minimize residential energy costs considering solar energy and BESS［J］. Journal of Modern Power Systems & Clean Energy，2017，5（3）：389 – 399.

［215］ Amiri S，Honarvar M A，Sadegheih. Providing an integrated Model for Planning and Scheduling Energy Hubs and preventive maintenance［J］. Energy，2018，163：1093 – 1114.

［216］ Maroufmashat A，Elkamel A，Fowler M，Sourena S，et al. Modeling and optimization of a network of energy hubs to improve economic and emission considerations［J］. Energy，2015，93（Part 2）：2546 – 2558.

［217］ Mu T F，Wu J Z，Hao L J. Energy flow modeling and optimal operation analysis of the micro energy grid based on energy hub［J］. Energy Conversion and Management，2017，133：292 – 306.

［218］ Qadrdan M，Wu J，Jenkins N，et al. Operating strategies for a GB integrated gas and electricity network considering the uncertainty in wind power forecasts［J］. IEEE Transactions on Sustainable Energy，2014，5（1）：128 – 138.

［219］ Alabdulwahab A，Abusorrah A，Zhang X，et al. Coordination of interdependent natural gas and electricity infrastructures for firming the variability of wind energy in stochastic day – ahead scheduling［J］. IEEE Transactions on Sustainable Energy，2015，6（2）：606 – 615.

［220］ Khosravi A，Koury R，Machado L，Pabon J. Energy，exergy and economic analysis of a hybrid renewable energy with hydrogen storage system. Energy 2018，148，1087 – 1102.

［221］ Li D，Xuan Y，Li Q，Hong H. Exergy and energy analysis of photovoltaic – thermoelectric hybrid systems. Energy 2017，126，343 – 351.

［222］ Yildirim N，Bilir L. Evaluation of a hybrid system for a nearly zero energy greenhouse. Energy Conversion and Management 2017，148，1278－1290.

［223］ Ma W，Xue X，Liu G. Techno－economic evaluation for hybrid renewable energy system：Application and merits. Energy 2018，15，385－409.

［224］ Zadeh L A，FUZZY SETS. Information & Control 1965，8，（3），338－353.

［225］ Wu Y，Song Z，Li L，Xu R. Risk management of public－private partnership charging infrastructure projects in China based on a three－dimension framework. Energy 2018，165，1089－1101.

［226］ Solangi Y，Tan Q，Khan M，Mirjat N，Ahmed I. The Selection of Wind Power Project Location in the Southeastern Corridor of Pakistan：A Factor Analysis，AHP，and Fuzzy－TOPSIS Application. Energies 2018，11，（8），1940.

［227］ Dong J，Li R，Huang H. Performance evaluation of residential demand response based on a modified fuzzy VIKOR and scalable computing method. Energies 2018，11，（5），1097.

［228］ Wu Y，Xu C，Ke Y，Chen K，Sun X. An intuitionistic fuzzy multi－criteria framework for large－scale rooftop PV project portfolio selection：Case study in Zhejiang，China. Energy 2018，143，295－309.

［229］ Tseng M L，Wu K J，Ma L，Kuo T C，Sai F. A hierarchical framework for assessing corporate sustainability performance using a hybrid fuzzy synthetic method－DEMATEL. Technological Forecasting and Social Change 2017.

［230］ Deyi L，Haijun M，Xuemei S. Membership clouds and membership cloud generators［J］. Journal of Computer Research and Development 1995，6，15－20.

［231］ Wu Y，Chen K，Zeng B，Yang M，Geng S. Cloud－based decision framework for waste－to－energy plant site selection－A case study from China. Waste Management 2016，48，593－603.

［232］ Wu Y，Xu C，Li L，Wang Y，Chen K，Xu R. A risk assessment framework of PPP waste－to－energy incineration projects in China under 2－dimension linguistic environment. Journal of Cleaner Production 2018，183，602－617.

［233］ Zhang L，Xin H，Yong H，Kan Z. Renewable energy project performance evaluation using a hybrid multi－criteria decision－making approach：Case study in Fujian，China. Journal of Cleaner Production 2019，206，1123－1137.

［234］ Kazi N H，Tapan K S，Deb C，et al. Benefit－based expansion cost allocation for large scale remote renewable power integration into the Australian grid［J］. Applied Energy，2014，113：836－847.

［235］ 张学龙，王军进. 基于 Shapley 值法的新能源汽车供应链中政府补贴分析［J］. 软科学，2015，（9）：54－58.

［236］檀勤良，罗开颜，张充，等．我国风电产业链垂直整合中的利益分配策略研究［J］．华北电力大学学报（自然科学版），2015，42（3）：90－96．

［237］Lu Qin，Huo Jiazhen，Gao Junjun．Shapley profit distribution mechanism of 3PL involved supply chain based on VMI mode［J］．Computer Integrated Manufacturing Systems，2013，19（11）：2877－2883．

［238］Diao Lilin，Zhu Guilong，Xu Zhi．The profit allocation of alliances based on the multi－weighted shapley value［J］．Industrial Engineering and Management，2011，16（4）：79－91．

［239］Yong Wang，Xiaolei Ma，Mingwu Liu，et al．Cooperation and profit allocation in two－echelon logistics joint distribution network optimization［J］．Applied Soft Computing，2017，56：143－157．

［240］Luan Su，Dawei Hu．Research on the cooperative game between tourist spot's public operational vehicles and private operation vehicles［J］．Procedia－Social and Behavioral Sciences，2013，96：360－367．

［241］Shima Mohebbi，Xueping Li．Coalitional game theory approach to modeling suppliers' collaboration in supply network［J］．International Journal of Production Economics，2015，169：333－342．